KB040984

키르케고르의 『공포와 전율』 입문

키르케고르의 『공포와 전율』 입문

C. 칼리슬 지음 | 임규정 옮김

서광사

이 책은 Clare Carlisle의 *Kierkegaard's 'Fear and Trembling'* (Bloomsbury Publishing Plc., 2010)을 완역한 것이다.

키르케고르의 『공포와 전율』 입문

C. 칼리슬 지음
임규정 옮김

펴낸이 | 이숙
펴낸곳 | 도서출판 서광사
출판등록일 | 1977. 6. 30.
출판등록번호 | 제 406-2006-000010호

(10881) 경기도 파주시 회동길 77-12 (문발동)
Tel: (031) 955-4331 | Fax: (031) 955-4336
E-mail: phil6161@chol.com
http://www.seokwangsa.co.kr | http://www.seokwangsa.kr

제1판 제1쇄 펴낸날 · 2015년 4월 20일
제1판 제2쇄 펴낸날 · 2024년 8월 10일

ISBN 978-89-306-1409-2   93160

마르크를 위하여

옮긴이의 말

쇠렌 키르케고르(Søren Aabye Kierkegaard, 1813-1855)는 인간의 내면에 대한 통찰력 있는 심리학자, 20세기 실존주의를 창시한 철학자, 탁월한 문화 비평가, 그리고 그리스도교 신학자였다. 그는 생전에 다수의 저술을 발표하였으며, 철학사상 그 유례를 찾아보기 힘든 방대한 양의 일지를 남겼다. 그는 특이하게도 저서를 두 부류로 나누어 발표하였는데, 첫 번째 부류는 허구의 인물을 저자로 내세운 익명의 저작이고 두 번째 부류는 본명으로 발표한 종교적 저작이다. 익명의 저작은 주로 철학적·종교적 주제에 관한 이른바 심미적 저작들로, 이 가운데 일부의 저작에는 성서에 등장하는 인물과 허구의 인물이 등장하고 있다. 종교적 저작은 일부를 제외하고는 주로 설교 형식의 강화집이다. 그가 이렇게 특이한 저술전략을 채택한 까닭은 독자에게 말을 걸면서 독자 자신의 삶을 성찰하도록 촉구하기 위함이었을 것이다.

 키르케고르는 진리를 객관적 진리와 주체적 진리로 구분하고서, 실존하는 인간에게 특히 중요한 것은 확실성을 결여한 주체적 진리라고 주장하였다. 또한 그는 그리스도교와 관련해서 예수의 역사적 생애, 성육신에 대한 그리스도교 교리 등이 앎의 문제가 아니라 믿음의 문제이며, 특히 후자는 인간 이성이 파악할 수 없는 역설이라고 주장한다. 그렇기 때문에 키르케고르는 우리에게 중요한 것이 이러한 믿음에 우리가 어떻게 관계하는가, 또 어떻게 그 믿음이 매 순간 실천되는가라고 역설한다.

키르케고르가 1843년에 발표한 『공포와 전율: 한 편의 변증법적 서
정시』는 익명의 저작, 즉 심미적 저작에 속하는 것으로, 요하네스 데
실렌티오(Johannes de Silentio)라는 허구의 인물을 저자로 내세우고
있다. 『공포와 전율』은 그 난해함에도, 아마 키르케고르의 많은 저작
가운데 가장 인기가 있고 또 가장 매력적인 작품일 것이다. 『공포와 전
율』은 구약성서에 등장하는 아브라함과 이사악의 이야기를 다루고 있
는데 이 책에서 익명의 저자 요하네스 데 실렌티오는 아브라함의 행위
가 도덕적 정당화를 결여하고 있으며 또한, 우리가 실존적 딜레마에 직
면했을 때 그 딜레마를 근본적으로 해결해 줄 수 있는 지식은 없다고
주장한다. 요하네스 데 실렌티오의 주장대로라면 선택의 결과는 항상
미래와 관련되어 있고, 미래는 언제나 미지의 것이다. 요하네스는 하느
님이 아브라함에게 그의 아들 이사악을 제물로 바치라고 명령하고 또
그가 이 명령에 따르기로 결정했을 때, 그는 그 명령이 최후의 순간에
어떤 결과를 가져올지 알 수 없었다고 말한다.

『키르케고르의 『공포와 전율』 입문』에서 저자 칼리슬(Clare Carl-
isle)은 난해하기 짝이 없는 키르케고르의 『공포와 전율』을 철저히 분
석하여 치밀하게 재구성함으로써 독자를 『공포와 전율』에 대한 명료
하면서도 쉽게 접할 수 있는 길잡이를 제공한다. 특히 처음으로 키르케
고르를 접하는 학생들의 어려움을 덜어주기 위해 저술된 이 책은 키르
케고르 사상의 철학적 맥락과 역사적 맥락, 『공포와 전율』에서 다루어
지고 있는 핵심 주제들, 『공포와 전율』의 본문 읽기, 『공포와 전율』에
담겨 있는 키르케고르 철학의 수용과 영향, 그리고 『공포와 전율』과 관
련하여 더 읽으면 좋은 책들 등에 대한 아주 탁월한 지침을 제공한다.
독자들은 이 탁월한 입문서를 통하여 키르케고르의 『공포와 전율』을

정확하게 이해하게 될 것이다.

　이 책을 쓴 클레어 칼리슬(Clare Carlisle)은 케임브리지대학에서 신학과 철학을 전공하였으며, 1998년에 문학석사 학위를, 2002년에 철학박사 학위를 취득하였다. 그녀는 세 권의 키르케고르 연구서와 펠릭스 라베송(Félix Ravaisson)의 De l'habitude 영어번역서를 출판하였다. 이밖에도 키르케고르에 관한 다수의 논문을 발표하였다. 현재 런던 소재의 킹스칼리지(King's College), AKC(Associateship of King's College) 디렉터로 근무하면서 이 대학 신학과(Department of Theology & Religious Studies)에서 종교철학 강의를 하고 있다.

2015년 봄
미룡동에서 옮긴이 씀

❖ 일러두기 ❖

본문에서 인용되고 있는 성서 구절은 "공동번역 성서"의 번역을 채택하였으며,
성서에 나오는 인명과 지명 등은 공동번역 성서의 표기를 따른 것이다.

서문

이 책을 저술하는 동안 몇 번이나 나는 왜 이 책을 쓰는가 하는 의문이 들었다. 이런 의문이 드는 것이 늘 특별히 달가운 것은 아니었으며, 또 그 의문에 대한 답을 찾기는 생각보다 훨씬 어려웠다. 내 생각으로는 키르케고르의 『공포와 전율』에 대한 명쾌한 안내서를 새로 써야 할 충분한 이유가 있다. 『공포와 전율』은 매우 도발적이고 난해한 저서이다. 적지 않은 독자들이 이 저서가 다른 많은 철학서보다 더 많은 매력을 가지고 있다고 생각하지만, 누구라도 자신이 이해하지 못하는 책은 십중팔구 싫증이 날 것이다. 결국 『공포와 전율』에 대한 이해하기 쉬운 해설서를 집필하는 한 가지 이유는 독자들이 『공포와 전율』을 끝까지 독파해서 깊이 있게 이해할 수 있도록 하기 위함이다. 그럼으로써 저자인 키르케고르를 정당하게 평가할 뿐만 아니라, 매력적이고 심오한, 또 후대에 많은 영향을 끼친 저서, 읽지 않으면 부끄러운 일이 될 저서에 의해 보답을 받을 수 있을 것이다.

어쨌거나, 처음에 이 『독자의 안내서』를 써달라는 부탁을 받았을 때, 나는 『공포와 전율』에 대한 탁월한 입문서가 이미 나와 있다는 사실을 알고 있었다. 예컨대, 리피트(John Lippitt)가 저술한 『키르케고르 그리고 공포와 전율에 대한 루트리지 철학안내서』(*Routledge Philosophy Guidebook to Kierkegaard and Fear and Trembling*, 2003)와 무니(Edward Mooney)의 『믿음과 체념의 기사들: 키르케고르의 공포와 전율

읽기』(*Knights of Faith and Resignation: Reading Kierkegaard's Fear and Trembling*, 1991) 등이 적극적으로 추천할 만한 것들이며, 『공포와 전율』에 대한 다양한 영어 번역서들, 예를 들면 에반스(C. Stephen Evans)와 왈쉬(Sylvia Walsh), 해니(Alastair Hannay), 그리고 홍 부부(Howard and Edna Hong) 등에 의한 영어 번역서들에 실려 있는 편집자의 소개글들이 모두 권위가 있고 또 계몽적이다.

그러니 문제는, 이제 분명해졌는 바, **내가**『공포와 전율』에 대한 안내서를 써야 할 이유가 무엇인가 하는 것이었다. 이 물음에 대한 한 가지 일반적인 그럴듯한 대답은 이 책이 내가 생각했던 것보다 훨씬 난해하다는 사실, 그리고 내가 짐작했던 것보다 이 책을 훨씬 덜 이해하고 있다는 사실을 깨닫기 위해서라는 것이고, 좀 더 구체적인 대답은 용기에 관해서 생각해 보기 위해서라는 것이다. 이 『독자의 안내서』를 써 달라는 부탁을 받기 전에 나는 이미 (단언하건대)『공포와 전율』을 읽었었다. 사실 나는 이 책을 여러 번 읽었으며, 이 책을 읽을 때마다 늘 새로운 물음이 제기되었고 또 신선한 통찰을 얻었다. 나는 그 정확한 이유도 모른 채 언제나 믿음의 사람은 '역설적이고 겸손한 용기'에 의해 차별화된다는 저자의 주장에 흥미를 느끼고 또 감동을 받았다. 그런데 금년 여름에 이 책을 다시 읽으면서 이 책 전체에 걸쳐서 용기에 대한 언급들에 과거 그 어느 때보다 더 많이 주목하였다. 이 때문에 나는 용기에 관해서, 키르케고르는 왜 용기가 중요하다고 생각했는지에 관해서, 그리고 왜 지금 용기가 중요하다고 생각해야 하는지에 관해서 성찰하게 되었다. 1784년의 소론 '계몽이란 무엇인가?'에서 독일 철학자 칸트(Immanuel Kant)는 독자들에게 용기를 내서 스스로 존재자들을 이해하라고 촉구했지만('Sapere Aude!'), 키르케고르의 경우 우리가 우리 이해의 한계에 도달할 때, 지식과 계산 그리고 계획이 우리를 실망시킬 때, 우리가 미지의 세계로 들어갈 때, 그 이상의 그리고 추측건 대 훨씬 철저한 종류의 용기가 요구된다. 이러한 미지의 영역에는 하느 님의 존재와 본질, 타인과 심지어 우리 자신의 내면의 삶, 그리고 또, 당연한 말이지만, 미래가 포함된다.

내가 이런 사적인 소견을 내놓는 것은 독자 여러분에게 나 자신에 관 해 말하기 위함이 아니라 키르케고르와 『공포와 전율』에 관해서 말하 기 위함이며, 또 단지 이 사상가에게 있어서, 그리고 『공포와 전율』에 서 용기가 차지하는 의의를 지적하기 위함만은 아니다. 진리, 자유, 자 기, 수난, 사랑, 책임 그리고 정신적 성장 등의 주제에 관한 — 이것들 은 모두, 용기와 더불어, 『공포와 전율』에 핵심적인 주제들이거니와 — 키르케고르의 철학적 성찰의 출발점 가운데 하나가 실존하는 것은 끊 임없는 생성의 과정에 있는 것이라는 그의 인식이다. 『공포와 전율』은 사람은 같은 강물에 결코 두 번 들어갈 수 없다는 헤라클레이토스의 말 을 언급하면서 끝나는데, 강물이 아니라 강물에 걸어 들어가는 사람에 주목할 때 우리는 이 고대의 철학적 단편에서 제일 많은 것을 배울 것 이다.

자신의 저서 『반복』의 첫 장에서 키르케고르는 '반복의 문제 — 반복 은 가능한가 가능하지 않은가, 반복은 어떤 중요성을 지니고 있는가, 반복될 때 얻거나 잃는 것이 있는가' 를 제기하는데, 이런 문제는 다른 행위와 경험에도 관련이 있지만 책을 읽는 행위와도 마찬가지로 관련 이 있다. 나는 가끔 내 학생들에게 어떤 책이건 그 의미와 가치에 관한 심지어 예비적 판단이라도 시도하기 전에 적어도 두 번 이상 그 책을 꼭 읽으라고 충고한다. 그러나 독자가 같은 책을 두 번 읽을 수 있을 까? 책을 읽을 때마다 우리는 다른데, 왜냐하면 우리는 우리의 행위와 경험에 의해서, 사소하게나마, 끊임없이 형성되기 때문이다. 적어도,

『공포와 전율』을 두 번째로 읽는 사람은 이 책을 처음 읽는 사람과는 달리 과거에 이 책을 한 번 읽은 적이 있는 사람이다.

추측건대 만일 내가 『공포와 전율』에 대한 『독자 안내서』를 두 번째로 쓰려고 한다면, 이것은 존 리피트, 무니, 그리고 독자들에게 이 고전을 소개하려는 노력을 틀림없이 되풀이할 또 다른 미래의 저자들에 의한 안내서는 물론이거니와 지금 내가 쓰고 있는 안내서와도 많이 다를 것이다. 어쨌거나, 이 책에서 제시되는 내용은 키르케고르의 저서에 대한 가능한 한 가지 해석이라는 것, 그리고 키르케고르의 저서 그 자체는 아브라함이 그의 아들 이삭을 희생하는 성서 이야기에 대한 가능한 한 가지 해석이라는 것을 명심해 주기 바란다. 달리 말하자면 만일 여러분이 『공포와 전율』의 진지한 독자라면 여러분은 이 안내서와 함께 『공포와 전율』 그 자체를 왕성한 탐구 정신으로 접근할 것이다. 키르케고르는 늘 자신의 저서를 자기 자신의 삶에 대한 성찰의 한 계기로 진지하게 받아들이는 독자를 꿈꾸곤 하였다. 물론 여러분의 희망 사항이 단순히 『공포와 전율』에 대한 더 나은 이해일 수도 있다. 그러나 만일 그렇다면, 나는 이 『독자의 안내서』가 여러분 스스로 키르케고르의 저서에서 제기된 많은 물음을 인식하고 또 곰곰이 생각해 보는 데 도움이 되기를 바랄 뿐이다.

이 책은 비평보다는 설명과 해설이 대부분을 차지하고 있다. 이는 내가 독자들이 키르케고르의 사상에 동의하도록 설득하기 위함이 아니며, 『공포와 전율』에 설명을 요하는 부분이 많이 있기 때문이다. 그래서 내 일차적 목표는 원전에 대한 더 나은 이해에 기여하는 것이다. 어쨌거나, 아무리 우리가 『공포와 전율』을 잘 이해한다고 하더라도, 『공포와 전율』은 저자의 입장을 파악하기 어렵게 만드는 핵심적이고 의도적인 애매성과 다양한 해석 가능성을 담고 있다. 이런 이유 때문에 우리가 무엇을 음미하고 평가할 것인지가 전혀 명쾌하지 않다. 그러나 나는 내 책의 마지막 장에서는 『공포와 전율』에서 한 발 물러나 그것에 대한 몇몇 비판적 입장을 고찰할 것이다. 『공포와 전율』에 대한 비교적 짧막한, 총괄적 논의를 선호하는 독자는 '주제와 맥락의 개관'을 읽은 다음, 양이 많은 '본문 읽기'를 건너뛰고, 곧장 '수용과 영향'으로 넘어가도 될 것이다.

　나는 모건(Ben Morgan), 패티오스(Georgios Patios), 싱클레어(Mark Sinclair), 와츠(Dan Watts) 그리고 와튼(Kate Wharton)에게 고맙다는 말을 하고 싶다. 이들은 모두 이 책의 원고 전부 혹은 일부를 읽고 비평해 주었다. 나는 또 리버풀대학 철학과의 내 동료들에게도 감사의 말을 전하고 싶다. 그들의 도움으로 나는 2009년 가을 학기를 연구 학기로 보낼 수 있었다.

차례

옮긴이의 말   7

서문   11

원전에 대한 간단한 언급   19

제1장 주제와 맥락의 개관   21

제2장 본문 읽기   65

　　서문   65

　　조율하기   81

　　아브라함에 대한 찬사   105

　　마음으로부터의 예비적 객출   128

　　문제 I: 윤리적인 것의 목적론적 중지는 있는가?   171

　　문제 II: 하느님에 대한 절대적 의무는 있는가?   203

　　문제 III: 아브라함이 그가 떠맡은 과업을 사라, 엘리에

　　　　　　젤, 그리고 이삭에게 말하지 않은 것은 윤리적

　　　　　　으로 변명의 여지가 있는가?   219

　　에필로그   281

제3장 수용과 영향   287

제4장 더 읽어야 할 책들   331

찾아보기   335

원전에 대한 간단한 언급

키르케고르의『공포와 전율』에 대한 모든 언급은 에반스(C. S. Evans)와 왈쉬(Sylvia Walsh)가 영어로 옮기고 편집한 2006년 케임브리지대학 출판부 판본을 이용하였다. 해니(Alastair Hannay)가 영어로 옮긴 1985년 펭귄고전판본도 마찬가지지만, 케임브리지 판본은 훌륭한 소개와 유용한 각주를 담고 있는 얇은 책이어서 대학생용으로 안성맞춤이다.

『공포와 전율』에 대한 표준적이고 학술적인 영어 번역본은 홍부부(Howard V. Hong과 Edna H. Hong)가 영어로 옮기고 1983년에 발간한 프린스턴대학 출판부 판본으로, 여기에는『반복』도 포함되어 있다. 홍부부의 판본에는 짤막한 역사적 소개, 각주 그리고 그 두 권의 저서와 관련된 보충 자료가 실려 있는데, 이 자료 대부분은 키르케고르의 일지와 기록에서 발췌한 것들이다.

1장
주제와 맥락의 개관

이 책의 대부분은 『공포와 전율』에 담겨 있는 사상과 문제들을 이해하고, 탐구하고, 또 반성하기 위하여 『공포와 전율』을 꼼꼼히 읽는 데 충당되었다. 1장에서는 오로지 이 주제들에 대한 간략한 개관을 제공하여, 독자에게 예비적 방향정립을 가능하게 하고 또 용이하게도 100쪽 남짓한 분량에서 많은 다양한 것들을 한꺼번에 다루고 있는 『공포와 전율』의 의미심장함과 복잡성의 의미를 전달하고자 한다. 나는 또 이 원전에 대한 철학적·신학적 그리고 문화적 배경의 일부를 기술하고자 한다.

　주의 깊은 독자라면, 『공포와 전율』을 펴보자마자, 이 저서에 서로 다른 두 명의 저자가 있는 것처럼 보인다는 사실을 알아차릴 것이다. 이 책의 모든 판본의 겉표지에는 '키르케고르'(Søren Kierkegaard)의 이름이 실려 있겠지만, 책의 첫 장에서는 『공포와 전율』이 '요하네스 데 실렌티오'(Johannes de silentio)에 의해 저술된 '변증법적 서정시'라고 적시(摘示)하고 있을 것이다. 이것은 단순한 익명을 나타내는 것이 아니라 키르케고르가 창조한 허구적 인격이다. 앞으로 우리가 살펴보겠지만, 『공포와 전율』이 극도로 사적인 작품인데도 이 저작에 요하네스 데 실렌티오의 서명이 있다는 사실은 저자와 그의 저작 간에 일정한 간격을 설정하고 있다. 우리는 이 저작에서 표현되고 있는 견해를 키르케고르 자신의 것으로 생각해서는 안 될 것이다. 『공포와 전율』을 논할 때 나는 그 내용을 요하네스 데 실렌티오라는 익명의 것으로 간주할 것이며, 그것이 키르케고르의 것으로도 간주될 수 있는가 하는 문제는 미해결의 상태로 놔두겠다. 이 저작과 키르케고르가 다른 익명의 이름하에 저술한 여타의 저작들 간의 관계와의 유사성 때문에 『공포와 전율』은 두드러지게 '키르케고르적인' 철학적 저작 체계에는 속하지 않는다고 생각할 여지가 많은 것은 사실이다.

　『공포와 전율』은 1843년 10월 16일 코펜하겐에서 출판되었다. 키르케고르가 저술한 두 권의 짤막한 저서도 같은 날 출판되었는데, 콘스탄틴 콘스탄티우스(Constantin Constantius)라는 익명의 이름하에 저술된 『반복』과, 키르케고르 자신의 이름하에 출판된 성서의 일화들에 기초한 설교문 같은 강화 모음집 『세 편의 건덕적(健德的) 강화집』이 그것이다.[1] 이 종교적 강화집은 "사랑은 허다한 죄를 용서해 줍니다"(베드로의 첫 번째 편지 4장 7절: 옮긴이 주)에 관한 두 편의 강화와 "내적 인간으로 굳세게 합니다"(에페소인들에게 보낸 편지 3장 16절: 옮긴이 주)에 관한 한 편의 강화로 구성되어 있으며, 1843년에서 1844년에 걸쳐 출판된 동일한 성격의 '건덕적' 모음집 여섯 권 가운데 하나인데, 이 여섯 권 각각은 키르케고르의 아버지 미사엘 키르케고르(Michael Pedersen Kierkegaard)에게 헌정되고 있다. 『반복』과 『세 편의 건덕적 강화집』은 『공포와 전율』에 대한 직접적 배경을 제공하고 있어서, 이 세 권의 저작을 일종의 문학적 3부작으로 간주할 수 있을 것이다. 왜냐하면 비록 이 저작들이 겉보기에는 세 명의 상이한 저자에 의해 저술된 전혀 다른 저작들처럼 보이지만, 최소한 몇몇 주제를 공통적으로 공유

1　Søren Kierkegaard, *Eighteen Upbuilding Discourses*, edited and translated by Howard V. Hong and Edna H. Hong (Princeton University Press, 1990), pp. 49-101을 보라.

하고 있기 때문이다. 이 장에서는 이 주제들을 개략적으로 살펴보고 그런 다음 이 책 전체에 걸쳐서 더욱 상세하게 논구할 것이다.[2]

가끔 연구자들은 『공포와 전율』이 '정말로 다루고 있는 것'이 무엇인가에 관한 논쟁에 참여하기도 한다. 이런 사실 자체가 이 저작의 수수께끼 같은 성격을 말해 주는 것이지만, 그러나 내가 보기에 『공포와 전율』은 분명히 다층적이며, 또 사실 이런 특성은 이 저작의 영속적인 의의에 기여할 뿐만 아니라 많은 다양한 종류의 독자에 대한 호소력의 한 원인이기도 하다. 이런 이유 때문에 이 저작의 주제들을 분류하기는 항상 쉽지 않은 일이지만, 이 장에서 나는 핵심 주제들을 두서너 항목 하에 조직함으로써 정확한 분류를 시도해 보겠다. 처음 세 부분은 요하네스 데 실렌티오의 ① 신앙 분석의 측면들, ② 하느님에 대한 관계의 관념, ③ 인간 조건을 규정하는 연약함과 덧없음, ④ 성실함, 사랑 그리고 진리의 주제들에 초점을 맞추겠다.(번호는 옮긴이가 독자의 편의를 돕기 위하여 임의로 붙인 것임) 그 다음 두 부분은 종교적 신앙과 윤리적 삶 간의 관계의 문제를 다룰 것이다. 나는 이 문제가 『공포와 전율』에서 어떻게 이야기되는가를 고찰하기 전에 먼저 윤리성의 범주가, 키르케고르의 사상에서, 어떻게 세 '실존 영역' 가운데 한 영역인지를 보여 줌으로써 그 문제를 전체적인 맥락 안에서 다루고자 한다. 6부는 근대에 대한, 근대 철학에 대한 요하네스 데 실렌티오의 비판을 검토하고, 마지막 부분은 이 저작의 문학 형태를 일별한 다음, 이 저작의 비밀스러운 제사(題詞)를 논구할 것이다.

---

2   『세 편의 교화를 위한 강화집』의 견지에서 『공포와 전율』을 읽는 것으로는, George Pattison, *Kierkegaard's Upbuilding Discourses: Philosophy, Literature, Theology* (London: Routledge, 2002), pp.193–202를 보라.

신앙의 과제: 하느님과 관계함

하느님에 대한 개인의 관계의 주제, 그리고 어떻게 이 관계가 개인의 삶과 개인의 세계내존재 방식에 영향을 주는가에 관한 문제들이 『공포와 전율』의 중심에 놓여 있다. 키르케고르의 많은 저작처럼, 이 책은 성서를 철학적 반성의 출발점으로 취하고 있다. 가장 직접적으로 그리고 가장 명백하게, 『공포와 전율』의 주제는, 창세기 22장에서 진술되고 있는, 하느님이 아브라함에게 그의 아들 이사악을 희생시키라고 명령하신 것에 대한 아브라함의 반응에 관한 일화이다. 이 일화는 더러 '아케다'(Akedah)로 지칭되기도 하는데, 그것은 '결박'을 의미한다. 아브라함은 이사악을 모리아산으로 데리고 가서, 제단을 쌓고, 아들을 결박한 다음, 칼을 높이 들어 이사악의 목을 겨눈다. 이런 반응은 이전에 하느님이 아브라함에게 해 주신 바 아브라함이 위대한 나라의 아버지가 될 거라는 약속에 비추어 고찰되어야 한다. 이사악은 이 약속의 성취를 의미하며, 따라서 그가 희생되어야 한다는 요구는 그 약속과 모순된다. 요하네스 데 실렌티오에 따르면, 아브라함의 신앙은 단순히 하느님의 명령에 대한 순종에 있는 것이 아니라 하느님이 그럼에도 당신의 약속을 지킬 거라는 아브라함의 변함없는 믿음에 있다.

어쨌거나, 요하네스 데 실렌티오의 신앙 분석은 유대교의 성서(구약성서; 옮긴이 주)와 그리스도교의 성서(신약성서; 옮긴이 주) 사이를 오가고 있다. 『공포와 전율』이라는 제목은 초기 그리스도교 문서 중 하나인 바울로가 필립비인들에게 보낸 편지에서 취한 것이다. 바울로는 필립비에 있는 그리스도교인들의 공동체에게 "두렵고 떨리는 마음으로 여러분 자신의 구원을 위해서 힘쓰"라고, 왜냐하면 "여러분 안에 계셔서 여러분에게 당신의 뜻에 맞는 일을 하고자 하는 마음을 일으켜 주시고 그 일을 할 힘을 주시는 분은 하느님이"기 때문이라고 촉구한

다.(필립비인들에게 보낸 편지 2장 12-13절)[3] 바울로의 전언은 책임에
대한 소명을 인간적 자부심의 부정과 결부시킨다. 영적 삶은 하느님의
역사하심에 의해서 '가능하게' 되지만, 인간사회의 각 사람은 저마다
'그리스도의 복음을 받은 사람다운 생활을 하'고, '주님을 믿으며 굳세
게 살아가'라는 것이다.(필립비인들에게 보낸 편지 1장 27절, 4장 1절)
『공포와 전율』은 이 전언을 반영하고 있는데, 왜냐하면 이 저작이 책임
과 겸손한 수용 간의 긴장을 탐구하기 때문이거니와, 이 긴장이야말로
믿음의 핵심에 놓여 있는 것으로 보인다. 이 저작이 바울로의 서한을
닮아 있는 또 한 가지는 특정의 역사적 상황의 맥락에서 이 저작의 저
자와 같은 시대의 그리스도교인들에게 직접 발언한다는 것이다. 언젠
가 키르케고르도 말했듯이, '시대는 저마다 다르고 또 요구하는 바도
다르다.'[4]

　당시의 덴마크와 독일의 많은 사람들이 그랬던 것처럼 키르케고르
역시 루터파교회의 품안에서 성장하고 또 이 교회의 의식을 실천하였
다. 16세기에 루터의 카톨릭교회의 개혁을 촉발하게 된 원인은 종교적
삶이 지나치게 세속화되고, 너무 형식적 계율에만 집중하게 되었으며,
보통사람들과 하느님 사이에 존재한다는 교회의 제도에 너무 많이 지
배되고 말았다는 루터 자신의 견해였다. 루터가 강조한 것은 믿음이,
다시 말하자면, 하느님에 대한 개인의 내면의, 인격적 관계가 그리스도
교인의 삶의 핵심에 있다는 것이었다. 19세기 무렵에는 그러나 루터파
그리스도교 자체가 기성교회가 되었으며, 덴마크의 공식적인 국교였
다. 키르케고르는, 전적으로 루터의 정신에 입각해서, 이처럼 관습화된

3　어쨌거나, 시편 2장의 다음 구절을 주목하라. '경건되이 야훼께 예배드리고, 두려
워 떨며 그 발아래 꿇어 엎드려라.'
4　*Papirer* X B 2 (1851).

공식적 종교가 사람들을 기만해서 그들이, 단순히 그리스도교국가에 태어나 그 관행에 참여함으로써, 예컨대 일요일마다 교회에 출석함으로써, 자신들을 당연히 그리스도교인인 것으로 착각하게 만든 것을 염려하였다. 간단히 말하자면, 키르케고르는 19세기 덴마크의 문화가 종교적 자기만족을 조장하였다고 생각한 것이다.

　요하네스 데 실렌티오는 이 문화 안에 살고 있는 그리스도교인들이 직면해 있는 믿음이라는 과제의 본질을 탐구하는 데 아브라함의 사례를 이용한다. 아브라함의 믿음이 요하네스 데 실렌티오에게 출발점을 제공하는 한 가지 이유는 그것이 어떤 의미에서는 종교 없는 믿음, 교리 없는 믿음, 제도 없는 믿음, 공동의 관습과 관행에 의해 형성된 종교적 공동체가 없는 믿음이라는 사실이다. 아브라함의 믿음은 전적으로 하느님에 대한 그의 개인적 관계에 있으며, 또 창세기에서 진술되고 있는 그의 삶에 대한 이야기는 하느님과의 지속적인 대화의 형식을 취하고 있다. 아브라함의 믿음이 이사악을 희생시키라는 하느님의 명령에 의해 극한까지 시험받는 것처럼, 『공포와 전율』에서 키르케고르의 익명은 자신과 동시대의 사람들이 아브라함이 했던 것처럼 처신할 것인가 하는 문제, 그리고 그들이 심지어 아브라함의 믿음을 이해할 수는 있을 것인가 하는 문제를 제기함으로써 그들의 믿음을 시험하고자 한다. 이렇게 『공포와 전율』은, 키르케고르의 다른 많은 저서가 그런 것처럼, 그리스도교인이 된다는 과제에 관한 진정한 반성을 이끌어 내려는 목적으로 저술되었다. 요하네스 데 실렌티오의 전략의 일부는 그리스도교가 과제**라는** 사실, 다시 말하면, 사람들은 그리스도교도로 태어나지 않았으며, 그리스도교도가 되어야 하는 과제에 직면한다는 사실을 보여 주는 것이다. 그러나 『공포와 전율』의 끝 부분에 이르러서야 비로소 이 점이 분명해진다. 이 저작의 짤막한 후기는 '그 과제'를 여

러 번 언급하고 있으며, '그 과제들에 주목해야 할' 필요가 있음을 선
언한다. 그러고서 '그 과제는 언제나 평생의 과제로 족하다'는(108) 점
을 강조한다.

　『공포와 전율』의 후기는 이 저작이 전체적으로 정확히 믿음의 과제
가 수반하는 바를 탐구하고자 애쓰고 있다는 것을 함축하고 있다. 앞으
로 우리가 살펴보겠지만, 이 저작에서 제시되고 있는 아브라함에 대한
해석은 믿음이 단순히 인생의 최고의 과제일 뿐만 아니라 가장 어려운
과제이기도 하다는 점을 시사하고 있다. 이것은 물론 독자들이 의문을
제기하고 싶을 수도 있는 견해인데, 그 까닭은 아마도 독자들이 아브라
함의 일화에 대한 요하네스 데 실렌티오의 읽기에 동의하지 않기 때문
일 것이며, 추측건대 독자들은 그리스도교인으로 존재한다는 생각 내
지 그리스도교인이 되고 싶다는 열망을 요하네스의 의중에 있던 독자
와 공유하지 않고, 따라서 하느님에 대한 관계가 그들의 삶에, 본질적
이 아니라는 것은 말할 것도 없고, 심지어 적절한 것으로도 간주하지
않기 때문일 것이다. 비록 키르케고르가, 다양한 익명의 모습으로 저술
하면서, 사람들이 그리스도교도로 태어난다는 사상을 반박하고는 있어
도, 19세기 유럽인들이 그리스도교인이 되어야 하는 **과제**를 안고 태어
난다고 말하는 것은 아마도 여전히 옳을 것이다. 이와는 달리 20세기나
21세기에 태어난 우리 가운데 많은 사람은, 무슨 과제를 떠맡아야 하는
지를 파악하는 과제를 포함한, 다른 과제를 물려받았지만, 믿음의 과제
에 대한 요하네스 데 실렌티오의 분석이 우리 자신의 상황과 관련이 있
다는 것은 여전히 맞는 말일 것이다. 그리스도교인으로 존재한다는 그
리스도교인의 주장의 정당성을 문제삼음으로써, 요하네스는 우리가 우
리 스스로 떠맡는 정체성과 역할에 충실한가 그리고 어떻게 그러한가
하는 더욱 일반적인 문제를 제기한다.

당분간, 하느님을 믿는 자, 그리고 신앙을 자신의 과제로 받아들이는 자의 관점에서 신앙을 고찰해 보도록 하자. 믿음은 어째서 어려운 것일까? 하느님, 요컨대 모든 것들의 창조주이자 근원인 하느님과의 관계를 유지하는 것이 왜 어려울까? 『공포와 전율』에서 요하네스 데 실렌티오는 믿음은 의심과 죄라는 강력한 두 힘과 다투어야 한다는 사실을 보여 준다. 믿음은 한편으로는 의심의 반대이고 다른 한편으로는 죄의 반대이다. 의심은 하느님의 실존과 선함에 대한 사람의 믿음과 확신을 잠식한다. 믿음은 지식이 아니며, 그렇기 때문에 언제나 의심에 의해 시험받기 쉽다. 이는 아마도 우주의 시초와 인간의 본질에 관한 과학적 이론들이 창조주 하느님의 가설을 불필요한 것으로 만들기 때문일 것이며, 추측건대 우리가 세상에서 목격하는 수난, 잔인성 그리고 불의가 사랑이 충만한 하느님의 현존과 양립불가능하기 때문일 것이다. 『공포와 전율』에서 요하네스 데 실렌티오가 마음에 품고 있는 아브라함은 엄청난 불안을 낳는 의심으로 고통받는 모습으로 나타난다.

요하네스라는 익명이 죄의 범주를 아브라함에게 직접적으로 적용하지는 않지만, 그럼에도 죄는 이 저작, 특히 "문제 III"에서 중요한 역할을 담당하고 있거니와 더 일반적으로 말하자면 죄는 그리스도교적 믿음의 개념에 핵심적이다. 죄의 개념은 복합적인 것이며 오랜 역사를 지니고 있지만, 기본적으로 그것은 하느님에 대하여 올바른 관계를 갖는데 실패했음을 의미한다. 죄는 어떻게든 하느님에게서 떠나는 것을 의미하며, 또 그리스도교의 신학적 전통에 따르면 하느님-관계에 대한 이러한 회피는 보편적인 인간적 성향으로서, 다양한 방식으로 표현될 수 있다. 키르케고르의 경우, 자신이 죄의 상태에 있다는 사실, 하느님에 대하여 명예롭지도 않고 충족되지도 않은 관계를 맺고 있다는 사실을 깨닫는 것이 그리스도교인이 되어야 한다는 과제의 첫 번째 핵심적

인 단계이다. 1846년의 『결론으로서의 비학문적 후서』에서, 그의 익명
요하네스 클리마쿠스(Johannes Climacus)는, 『공포와 전율』을 논하는
과정에서, '죄는 종교적 실존을 위한 결정적 표현이다…죄는 종교적
존재체계의 출발점이다.' 라고 쓰고 있다.[5] 신학적 전통에 깊이 젖어 있
는 개념도, 우리가 그것이 일차적으로 부도덕하거나 불법적이거나 혹
은 교회에 의해 논박된 것을 행하는 것과 관련이 있는 게 아니라 인생
에서 뼛속 깊이 가장 중요한 것을 무시하는 특정 경향과 관련이 있다는
사실을 명심하는 한 그런 신학적 전통을 넘어서서 적절한 것으로 이해
될 수 있을 것이다.

　자신들이 하느님에 대한 관계를 맺고 있다는 주장, 혹은 그런 관계를
맺고 있을지도 모른다는 주장을 받아들이지 않거나 이해하지 못하는
독자들은 자신들이 스스로에 대한 관계를 맺고 있다는 사상을 호의적
으로 받아들이는 것이 더 쉬운 일이라고 생각할지도 모른다. 요하네스
데 실렌티오의 아브라함 해석에서 흥미로운 점 한 가지는 하느님에 대
한 아브라함의 관계와 자기 자신에 대한 아브라함의 관계를 구별하는
것이 어렵다는 제언이다. 어째서 아브라함은 이사악을 희생시키겠다는
선택을 하는가? '하느님을 위하여, 그리고 이것과 전적으로 같은 말인
데, 그 자신을 위하여' [52]. 만일 사람이 자신에 대한 관계, '스스로에
게 진실할' 가능성을 의미 있게 해 줄 그런 관계를 맺고 있다고 말하는
것이 옳다면, 의심과 죄의 범주는 특정 종교의 믿음의 과제에 한정될
필요가 없다. 사람은 자신이 자기-의심과 싸우는 것을 깨닫는 경우가
있을 수 있다. 사람은 자신이 자기 내면의 어떤 것, 만일 그것이 그의
주의를 끄는 데 성공하면, 그의 존재에 필수적인 것으로 판명될 수도

5　Kierkegaard, *Concluding Unscientific Postscript* translated by Alastair Hannay
(Cambridge University Press, 2009), p. 268.

있는 것을 무시하거나 회피하고 있다는 느낌을 어렴풋이 받을 때가 있
다. 그리고 사실, 요하네스 데 실렌티오가 아브라함이 맞서 싸우고 있
는 것으로 상상하고 있는 의심은 하느님의 실존과 본질에 관한 의심이
아니라 자신에 관한 의심, 자신이 하느님의 명령과 관련해서 착각하는
것은 아닌가, 정말로 자신이 스스로를 사랑하는 것보다 이사악을 더 사
랑하는 것인가 하는 의심이다.

믿음과 은사(恩賜)

『공포와 전율』에서 중요한 또 하나의 주제는 종교적 믿음과 일상생활
간의, 탈속(脫俗)과 우리가 '세상'이라고 부르는 것 간의 관계이다. 특
히 아브라함의 이사악 희생은 요하네스 데 실렌티오에게 가족 관계의
문제를 제기할 기회를 제공한다. 이 익명은 루가복음서의 '하느님에
대한 절대적 의무에 관한 놀랄 만한 가르침'을[63] 조명하는데, 여기에
서 예수는 이렇게 말하고 있다. '누구든지 나에게 올 때 자기 부모나 처
자나 형제자매나 심지어 자기 자신마저 미워하지 않으면 내 제자가 될
수 없다…너희 가운데 누구든지 나의 제자가 되려면 자기가 가지고 있
는 것을 모두 버려야 한다'(루가복음서 14장 26절, 33절). 요하네스 데
실렌티오는 이 '거친 말'을 피해서는 안 된다고 주장한다. 그러면서도
그는 또 아브라함이, 세상에서 물러나기는커녕, 세상 속에서 행복하게
살면서 다양한 인간관계에서 큰 기쁨을 얻는다는 믿음을 예증한다고도
주장한다.
   그런 믿음은 사람의 유한한, 세속적 실존을 모든 자질구레한 부분까
지 세세하게 하느님으로부터의 은총으로 받아들이는 것을 포함한다.

그러나 하느님으로부터의 이러한 은총은 개인이 자신의 것을 포기할 때, 다시 말하자면 그의 삶, 그리고 그 삶 내부의 모든 것이 애당초 자신의 것이라는 생각을 포기할 때 비로소 주어질 수 있고 또 받아들여질 수 있다. 이 견해에 의하면, 세상 것들에 대한 종교적 인간의 부정은 그 자체가 믿음의 과제를 구성하는 것이 아니며, 다만 믿음을 가능하게 하는 예비적 행동인 것이다. 키르케고르의 익명 몇몇은 세상 것들에 대한 관심사에 몰입하는 것이 사람이 하느님에 대한(혹은, 영적 존재자로 간주되는, 스스로에 대한) 자신의 관계를 무시하는 아주 효과적인 흔한 방식이라는 것을 지적한다. 그러나 이들은 또 믿음이 그 자체가 세상 안에서 살아가는 한 방식이라는 것도 강조한다. 요하네스 데 실렌티오에 따르면 아브라함의 성취는 '그가 정확히 현세의 삶을 위해서 믿었다'는[17] 사실, '그가 내세에 언젠가 축복받을 거라고 믿은 게 아니라 여기 이 세상에서 더 없이 행복하게 될 거라고 믿었다'는[30] 사실에 있는 것이다.

『공포와 전율』은 하느님에 대한 관계가 유지되는 조건들, 종교적 삶이 영위되는 조건들에 대한 지속적인 탐구를 제공한다. 이 조건들이 바로 인간 실존의 조건들이다. 아브라함의 이야기에 대한 해석에서 요하네스 데 실렌티오는 수난과 상실, 유한성과 필멸성을 강조한다. 은총의 주제는 그리스도교신학뿐만 아니라 인간 조건에 대한 바로 이러한 견해에 고정되어 있다. 예컨대, 꼭 창조주 하느님을 믿어야만 자신의 삶에서 그 어느 것도 자신이 직접 만든 것이 없다는 생각이 드는 것은 아니다. 나는 내 몸, 내 지성, 내 부모, 거리 혹은 내가 발을 딛고 살고 있는 이 지구를 창조하지 않았다. 이 말은 우리가 자신의 삶에 관하여 선택을 한다는 것, 우리가 자신의 노력과 행위를 통하여 우정을, 가족을 그리고 경력을 만들어 간다는 사실을 부정하는 것이 아니다. 그러나 우

리는 친구나 배우자나 동료가 되는 사람들을 창조하지 않으며, 또 그들
과의 최초의 조우를 만들어 내지도 않는다. 우리는 우리에게 특정 경력
을 가능하게 해 주는 재능과 능력을 만들지도 않았다. 아이를 갖고 싶
어 하는 사람들 가운데, 어떤 이유에서건, 아이를 낳을 수 없는 사람들
이 있다는 사실은 아이를 갖는 일이, 우리가 실제로 부모가 되건 못 되
건 간에, 우리 자신의 능력 밖에 있는 것이기도 하다는 사실을 시사한
다. 게다가 우리는 또한 일단 우리가 그것을 가져서 내 것이 된 것을 계
속 견지할 수도 없다.

　아브라함의 상황은 인간 조건의 이러한 측면에 주의를 집중시킨다.
그와 사라는 늙을 때까지 아이가 없다. 아들 이사악이 태어났을 때 이
아이는 하느님의 은총이었다. 뒤이어서 이사악은 희생제물로 요구된
다. 성서에 나오는 욥의 이야기도, 이는 키르케고르의 익명의 저작 『반
복』에서 논구되거니와, 비슷한 전언을 담고 있다. 욥은 자신의 모든 자
녀, 소유한 가축 전부, 그리고 거느리고 있는 종들 모두를 잃는다. 아브
라함이 그런 것처럼, 욥의 소유 또한 마지막에는 하느님에게서 돌려받
는다. '야훼께서 욥의 소유를 전보다 두 배나 돌려 주셨다' (욥기 42장
10절). 아브라함 역시 '두 번째로 아들을 얻은 것' 처럼 말이다[7]. 키
르케고르는 분명히 사람은 은총에 의해서 본디 자신인 바일 따름이고,
또 은총에 의해서 자신이 가지고 있는 바를 가지고 있을 뿐이라는 생
각, 그리고 그렇게 은총으로 주어진 것은 또 회수될 수도 있다는 생각
에 매료되었다. 『공포와 전율』에서는 이런 인간적 연약함이 '사랑하는
이의 머리 위에 매달려 있는 칼' 에 대한 요하네스 데 실렌티오의 언급
에 의해 생생하게 묘사되고 있는데[43], 이 이미지는 아브라함 일화의
정점을 언제나 모든 인간관계에 붙어 다니는 필멸성과 덧없음에 대한
의식과 연결시키고 있다. 키르케고르는 '선하고 완전한 모든 은총은

하늘에서 온다.'와 '주께서 주셨으니, 주께서 가져가셨다; 주의 이름이
축복받을지어다' 등과 같은 성서와 관련된 1843년의 종교적 강화에서
은총의 주제로 돌아가는데, 이 강화들을『공포와 전율』과『반복』보다
몇 달 뒤에 자신의 실명으로 출판하였다.[6]

　『공포와 전율』에서 은총이라는 말이 실제로 나오지는 않지만, 나는
은총이 이 저작에서 중요한 주제라고 생각한다. 어쨌거나 요하네스 데
실렌티오는 믿음이란 자기 자신의 노력을 통해서 성취할 수 있는 것이
아니라는 사실을 빈번히 강조하면서 아브라함의 믿음은 이사악을 되돌
려 받을 수 있는 그의 능력에 있는 것이지 그가 하느님의 명령에 순종
해서 자신의 아들 이사악을 포기하는 데 있는 게 아니라는 것을 강조한
다. 아마도 요하네스가 은총이나 자비와 관련해서 말하지 않는 이유는,
우리가 앞으로 살펴보겠지만, 그가 사랑의 하느님이라는 관념을 이해
하려고 애쓰는 인물, 따라서 아브라함이 **어떻게** 이사악을 은총으로 돌
려받는지를 이해하지 못하는 인물이기 때문이다.

　그런데 은총의 관념에서 무엇이 철학적으로 문제가 되는가? 이것은
우리가『공포와 전율』을 읽어 나가면서 직면할 필요가 있는 문제지만,
여기에서 나는 단순히 은총과 희생의 개념들과, 또 윤리학과 정의에 관
한 우리의 사고의 많은 부분에 대한 기초를 제공하는 인간의 권리라는
관념 간의 차이를 지적할 것이다. 인간의 권리에 관한 강화(講話)는 은
총의 논리와는 무관한 자격의 개념을 함축하고 있다. 은총은 그것이 전
적으로 불필요한 것일 때, 그것이 정당한 대가를 치르고 획득되거나 받
은 것이 아닐 때, 그리고 그것을 받는 사람에게 의무를 부여하지 않을

6　Søren Kierkegaard, *Eighteen Upbuilding Discourses*, edited and translated by
Howard V. Hong and Edna H. Hong (Princeton University Press, 1990), pp. 103–
58.

때, 가장 순수하게 은총이다. 그런데 이런 불필요한 것은 보증의 결여
와 결합되어 있고 심지어 짐작건대 그것에 의존하는 것처럼 보인다.

만일 요하네스 데 실렌티오가 시사하는 것처럼 우리가 사랑하는 것
을 잃을지도 모른다는 의심과 예상에 직면해서 인생이 영위되는 것이
라면, 사람들이 이러한 실존적 상황에 공포와 불안, 공포와 전율로써
반응하는 것은 자연스러운 일이다. 이런 이유 때문에 이 익명의 논구
과정 전반에 걸쳐서 훌륭한 삶의 필수 요소로 간주되는 전통적 가치 가
운데 용기가 가장 중요한 것으로 떠오르는 것이다. 『공포와 전율』 전반
에 걸쳐 용기에 대한 언급들이 나타나며, 요하네스 데 실렌티오는 그
자신의 한정된 용기를, 그가 암시하는 바, 그의 이해의 범위를 벗어난
믿음의 용기와 비교한다.

쇠렌과 레기네: 신실함, 사랑 그리고 진리

성서가 『공포와 전율』에서 제시된 믿음에 대한 논의의 유일한 출발점
은 아니며, 요하네스 데 실렌티오의 반성 또한 종교적 삶에 관한 문제
에 한정되어 있지도 않다. 『공포와 전율』의 저술에 대한 성서적 배경은
이 저작에 대한 또 다른 차원을 드러낸다. 우리가 앞에서도 살펴본 것
처럼, 키르케고르는 『공포와 전율』과 『반복』을 1843년 10월 같은 날 발
표하였다. 이 두 권의 저작은 1843년 5월에 이루어진 놀랄 정도의 생산
적인 3주간의 베를린 방문 기간에 저술되었다. 그보다 18달 전인 1841
년 가을에 키르케고르는 레기네 올센(Regine Olsen)이라는 젊은 여인
과 파혼하였다. 그는 올센과 일 년 넘게 약혼 관계를 지속해 오던 차였
다. 이 결정과 그에 따른 결과는 키르케고르의 내면의 삶뿐만 아니라

그의 지적 발전에도 커다란 영향을 미쳤으며,『반복』은 진리와 윤리의 문제에 관한 철학적 성찰의 기초로 파혼 이야기를 활용하고 있다. 다른 익명의 저작들 역시 결혼과 낭만적 사랑에 대해 몰두하고 있는 키르케고르를 보여 주고 있다. 1843년 봄에 발표된『이것이냐 저것이냐』는 결혼에 대한 상이한 두 입장을 묘사하고 있으며,『인생길의 여러 단계』(1845)에서는 파혼 이야기로 돌아왔다.『공포와 전율』에서 가장 많은 분량을 차지하고 있는 장인 '문제 III'의 대부분이 결혼할 것이냐 말 것이냐의 결심에 직면해 있는 다양한 연인들의 이야기에 초점을 맞추고 있다.

어떤 비평가들은『공포와 전율』에 대한 자신들의 분석에서 레기네와 키르케고르의 관계에 얽힌 이야기를 제외시키는 것을 선호하기도 하는데, 확실한 것은 저자의 사생활과 관련된 것을 알지 않아도 이 저작을 읽고 종교적 믿음에 대한 탐구와 관련하여 철학적으로 반성하는 것이 가능하다는 점이다. 이러한 전기적 배경을 배제하는 한 가지 이유는 이 저작이 파혼에 '관한' 것이라고 간주하는 것이 이 저작의 철학적 의의를 훼손하지 않을까 하는 우려 때문이다. 어쨌거나, 레기네와 결혼하지 않기로 한 키르케고르의 결단은 인간의 자유에 관한, 그가 '실존 영역'이라고 부르는 바에 대한, 실존하는 개인의 관계에 관한, 불확실한 미래에 직면해서 또 다른 사람에게 마음을 쏟을 가능성에 관한 심도 깊은 철학적 반성의 자극이 되었다. 사실, 레기네와 키르케고르의 파혼이 '실존주의'의 탄생의 시각과 장소를 결정했다고 주장하는 것이 전적으로 터무니없는 것은 아닐지도 모른다. 그건 어떻든 간에, 우리가 키르케고르의 파혼을 염두에 두면서 아브라함에 대한 요하네스 데 실렌티오의 논의를 읽을 때,『공포와 전율』이 단지 하느님에 대한 개인의 관계뿐만 아니라 다른 관계들에 관한 것이기도 하다는 사실은 분명해진

다. 『공포와 전율』과 『반복』에 관하여 반성하면서 키르케고르의 익명
요하네스 클리마쿠스는 '연애사는 실존한다는 것이 의미하는 바와 관
련해서 언제나 유용한 주제…이다'[7]라고 주장한다.

키르케고르는 레기네와의 파혼을 다음과 같이 해석한 것처럼 보인
다.[8] 그는 레기네를 사랑하였다. 그녀에게 청혼한 후, 그는 자신의 성격
이 신경질적인데다 우울증까지 있고, 자신의 내면의 삶을 온전히 다른
사람과 공유할 수 없다는 걸 느꼈으며, 자신의 시간을 전적으로 사색과
저술에 바치고 싶어 했기 때문에 자신이 결혼에 적합하지 않다고 느꼈
으며, 또 바로 이런 이유들 때문에, 그리고 아마도 또 다른 이유들 때문
에, 남편으로서 레기네를 행복하게 해 주지 못할 거라고 생각했다.
1843년에, 그와 관련하여, 그는 '나는 그 관계를 원하였으나 그럴 능력
이 없었다'고 썼다.[9] 키르케고르가 그들의 관계를 끝장냈을 때 그와 레
기네 모두 고뇌에 사로잡혔다. 그녀의 아버지는 심지어 키르케고르에
게 재고할 것을 간청하기까지 하였다. 윤리적 관점에서 보자면, 약혼을
깨는 것은, 다른 약속을 깨는 것처럼, 잘못된 것이었다. 게다가, 키르케
고르는 레기네에게 자신을 해명하는 것이 난감하다는 것을 깨달았으
며, 심지어 그녀가 파혼을 더 쉽게 이겨낼 수 있게 하기 위해서는 그녀
를 사랑하지 않는 척 하는 것, 그래서 그가 자신의 약속을 지켜야 하는
의무뿐만 아니라 정직해야 하는 도덕적 의무까지도 위반한 척 하는 것
이 최선이라고까지 생각하였다.

이런 상황에서 철학적 물음이 출현하였다. 윤리적 요구가 인간에 대

---

7 앞의 책, p. 265.
8 이 이야기의 레기네쪽 사정에 대해서는, Bruce Kirmmse (ed.), *Encounters with Kierkegaard* (Princeton University Press, 2006), pp. 33-54를 보라.
9 Kirkegaard, *Journals and Papers*, translated by Howard V. and Edna Hong (Indiana University Press, 1976), 5663(1843). 앞으로는 JP로 약하기로 함.

한 최고의 요구인가? 만일 그렇다면, 키르케고르의 행위는, 레기네의
이익을 희생하는 대가로 자기 자신의 이익을 주장한 것을 의미하는 한,
전적으로 옳지 못한 것이었다. 그러나 그의 배신과 기만을 일종의 내면
의 진실성의 표현들로, 단순히 무엇이 옳은가에 관한 그 자신의 점점
발전하는 느낌들에 충실하겠다는 결정이 아니라 레기네를 향한 그의
사랑에 충실하겠다는 결정으로 간주하는 것이 가능한가? 윤리적 요구
에 못 미치는 행위가 그런 요구를 초월하는 사랑의 표현들일 수도 있을
까?

　이것들이 요하네스 데 실렌티오가 아브라함의 이야기에 대한 반응으
로 제기하는 문제들의 일부이다. 그 두 상황은 분명히 몇몇 구조적 유
사성을 지니고 있다. 요하네스 데 실렌티오는 이사악을 희생시키려는
아브라함의 결정을 '윤리적인 것의 목적론적 중지'로 기술하고 있으며
[49], 『결론으로서의 비학문적 후서』에서 키르케고르의 익명 요하네스
클리마쿠스는 『공포와 전율』과 『반복』이 모두 파혼에 관한 것으로 '목
적론적 중지의 연장선상에서 깨어진 맹세에 대한 해석'을 제시하고 있
다고 주장한다.[10] 1849년 일지에서 키르케고르는 '『공포와 전율』은 사
실상 내 자신의 삶을 재현한 것이다'고 썼다.[11] 그런데 이것이 아브라함
의 이야기가 단순히 레기네에 대한 키르케고르의 관계에 대한 이야기
의 대체일 뿐이라고 결론지어야 한다는 것을 의미하지는 않는다. 사실,
이 두 상황 간의 한 가지 분명한 차이는 적어도 부분적으로는 키르케고
르가 레기네를 위한 염려 때문에 동기가 유발되었다고 생각하기는 비
교적 쉬운 반면, 아브라함이 이사악을 희생시키겠다고 결심할 때 이사
악의 이익을 깊이 마음에 두고 있었다고 주장하기는 어렵다는 점이다.

10　Kierkegaard, *Concluding Unscientific Postscript*, p. 266.
11　JP VI 6491.

그렇지만 키르케고르가 『공포와 전율』에서 레기네와의 경험과 아브라
함에 대한 논의 사이의 관련을 분명히 알았다는 사실은 믿음에 대한 요
하네스 데 실렌티오의 분석이 특정 종교적 맥락의 바깥에서도 적절하
다는 것, 그 분석이 하느님에 대한 개인의 관계뿐만 아니라 인간 간의
사랑과 신실함에 관한 문제들까지도 관계가 있다는 것을 시사한다.

   키르케고르에게 있어서 레기네와의 파혼은, 아브라함의 이야기가 그
런 것처럼, '[자신의] 사랑에 변함없이 진실하다'는 것이 무엇을 의미
하는가 하는 문제를 제기하였다[106]. 그의 익명 요하네스 클리마쿠스
는 『이것이냐 저것이냐』가 '지식으로서의 진리를 반박하는 논쟁'이라
는 것을 주장하는데,[12] 이러한 기술은 키르케고르의 저작 전체에도 적
용될 수 있을 것이다. 『공포와 전율』에는 앎의 대상으로서의 진리(만
일, 정말로, 그런 진리가 존재한다면)와 삶으로 실천되는 진리 간의 대
립, 이 저작과 같은 시점에 발표된 『반복』에서 더 상세하게 표현되는
대립이 잠재되어 있다.[13] 삶에서 실천되는 진리, 혹은 진실함은 정직,
성실, 진정성 그리고 충실함 등처럼 다양한 형태를 취할 수 있다. 이것
들은 모두 주체적 진리들이거니와, 개인이 실존하는 방식들이라는 의
미에서, 개인이 타인들에게나 혹은 자기 자신에게 관계하는 방식들이
라는 의미에서 그렇다. 충실함의 가능성은 아브라함의 성취가 그의 사
랑에 변함없이 진실하다는 것이었다는 요하네스 데 실렌티오의 주장에
의해서도 인용되고 있지만, 또 『공포와 전율』과 『반복』을 저술하던
1843년 5월 베를린에서의 일지에 기록된 바, '만일 내게 믿음이 있었
더라면, 나는 레기네에게 남아 있었을 것'이라는 키르케고르의 반성에

---

12   Kierkegaard, *Concluding Unscientific Postscript*, p. 252.
13   Kierkegaard, *Repetition*, translated by Howard V. Hong and Edna H. Hong
(Princeton University Press, 1983), p. 131을 보라.

의해서도 인용되고 있다.[14]

키르케고르의 철학에서 진리의 주제는 운동의 주제와 결합되어 있다. 또다시 이러한 연관은 아마도 『공포와 전율』보다는 『반복』에서 훨씬 명백하지만, 그런데도 『공포와 전율』은 운동들로 가득 차 있다. 실제로 키르케고르는 '운동들과 입장들'을(또 다른 대안은 '서로서로 사이에서' 였다) 이 저작의 표제 내지 부제로 쓰는 것을 검토했던 것으로 보인다.[15] 이 저작의 한 곳에서 요하네스 데 실렌티오는 '만일 내가 내 보잘것없는 실천의 과정에서 맞닥뜨렸던 온갖 잡다한 오해들, 눈치 없는 태도들, 부주의한 운동들을 견뎌 낼 각오가 있었더라면 책 전체를 쓰는 것도 어렵지 않았을' [38] 것이라고 언급하면서, 또 되풀이해서 믿음을 '이중의 운동'이라고 기술하고 있다. 운동에 대한 그런 직접적인 언급뿐만 아니라, 믿음의 본질까지도 아브라함의 모리아산 여행, 발레 무희의 비약 등과 같은 운동의 비유를 통하여 표현되고 있다. 『공포와 전율』은 운동의 가능성에 관한 고대 그리스의 철학적 논쟁에 대한 언급으로 끝을 맺고 있으며, 『반복』은 이 주제를 다시 취하면서 시작되고 있다.

'자신의 사랑에 변함없이 진실한' 것이 왜 어려울까 하는 한 가지 이유는, 키르케고르의 익명들이 자주 지적하는 것처럼, 실존하는 개인들이 시간 안에서 살고, 언제나 운동의 과정 안에 존재하면서, 영원히 생성되고 있기 때문이다. 이 사상은 키르케고르에게 고유한 것이 결코 아니다. 예컨대 플라톤의 『향연』에서 우리는 다음과 같은 주장을 찾아볼 수 있다.

---

14   JP V 5664.
15   Hong and Hong의 번역본 (Princeton University Press, 1983)의 『공포와 전율』에 대한 '보유', p. 243을 보라.

살아 있는 모든 존재가 살면서 자신의 동일성을 유지한다고 말할 수 있는
기간 동안 — 사람이, 예를 들어, 소년부터 노년까지 동일한 사람으로 일
컬어지는 것처럼 — 그 존재는 사실은 동일한 속성을 지니고 있는 것이 아
니다. 아무리 그가 동일한 사람이라고 일컬어지더라도 말이다. 그는 언제
나 새로운 존재로 생성되고 있으며 상실과 보수의 과정을 겪고 있거니와,
이는 그의 머리, 그의 살, 그의 뼈, 그의 피, 그리고 그의 몸 전체에 영향을
미친다. 그리고 그의 몸뿐만 아니라 그의 영혼도 마찬가지다.[16]

만일 변화와 운동이 인간의 조건에 필수적이라면, 이것은 중요한 윤리
적 결과를 갖는다. 우리가 우리 자신이나 혹은 타인과 관계를 맺을 때,
우리는 **시간 속을 통과하면서** 그렇게 한다. 자기는 그 현재의 존재에 의
해 남김없이 소진되는 것이 아니며, 역행적으로 과거 속으로 그리고 앞
으로 미래를 향하여 펼쳐진다. 따라서, 예를 들어, 사람이 약속을 할
때, 그는 자신이 앞으로 되어야 하는 미래의 자기를 대신해서 약속하는
것이다. 그 약속을 하는 현재의 자기에게 진실해야 하는 책임을 미래의
자기에게 부담시키는 것이다. 진정으로 약속한다는 바로 그 행위를 통
하여 '현재의 자기'는 자신의 존재가, 사실은, 현재의 순간에 제한되어
있지 않으며, 오히려 미래에 대한 관계를 포함하고 있다는 것을 보여
준다. 그러나 우리는 정확히 우리 미래의 자기가 누가, 혹은 어떻게 될
것인지를 알지 못한다. 이런 식으로, 다른 것들에서도 마찬가지지만,
충실함에서 문제가 되고 있는 진리의 종류는 지식을 통하여 붙잡을 수
있는 것이 아니거니와, 적어도 지식 한 가지만으로는 붙잡을 수 없다.

---

16 Plato, *Symposium*, 207d.

실존의 영역들: 심미적, 윤리적, 그리고 종교적 영역

키르케고르의 많은 익명의 저작에서 세 '실존의 영역,' 심미적, 윤리적 그리고 종교적 영역 간에 — 어떤 때는 명백하게, 어떤 때는 덜 공공연하게 — 구별이 이루어지고 있다. 요하네스 데 실렌티오가 '실존의 영역들'이라는 말을 사용하는 것은 아니지만, 그런데도 심미적, 윤리적 그리고 종교적 관점 간의 구별이, 그리고 이 영역들 간의 관계의 문제가 믿음에 대한 그의 분석에서 핵심이 되고 있다. 이러한 상이한 영역들의 성격규정은 키르케고르의 저작 전체에 걸쳐서 상당히 유동적이며, 특히 윤리적 영역은 저작에 따라 달라진다. 그것은 어떤 경우에는, 『공포와 전율』에서처럼, 상당히 제한적인 방식으로 도덕의 영역으로 묘사된다. 다른 저작들에서 '윤리성'은, 훨씬 광범위하고 또 추측건대 훨씬 적극적으로, 자유의 행사로, 기꺼이 결단과 관여를 행하겠다는, 그리고 자신에 대한 책임을 떠맡겠다는 자발성으로 특징지어지는 삶의 양식을 의미한다. 이렇게 볼 때 윤리적 영역은 종교적 삶에서도 또한 중요한 요소들을 포함하고 있다. 물론 종교적 영역에서는 자유의 이러한 표현들이, 단순히 인간적 관계가 아니라, 하느님에 대한 관계에 입각해서 이해되지만 말이다. 그러나 아무리 한정되어 있을망정, 윤리적 영역은 키르케고르에게 있어서 언제나 인간적 자율의 범위이며, 또 그것은 그가 '현실성'이라고 부르는 바와 관련되어 있고, 자기 자신뿐만 아니라 다른 사람들까지 포함하는 경우가 잦은 현실적 삶의 상황, 결단과 관여가 실제로 문제가 되는 상황과 항상 관련되어 있다.

심미적 영역은 이러한 현실성을 결여하기 때문에 윤리적 영역과 뚜렷이 구별된다. 그것은 흔히 '관념성' 내지 '반성'의 형태로 기술되곤 하는데, 이는 순전히 지적이거나 가설적인 추상적 사유의 종류뿐만 아

니라 상상과 환상을 포함한다. 심미적 영역은 또 정조(情調), 감정 그리
고 성향과도 관련되는데, 이것들은, 인간의 삶에 안정과 항구성을 가져
오는 윤리적 관여와는 대조적으로, 일시적이다.

실존의 세 영역을 구별하는 한 가지 방법은 각각의 영역 내부에서 동
기부여의 원칙으로 작동하는 가치들을 언급하는 것이다. 심미적 삶의
형태는 즐거운, 기분 좋은 혹은 흥미 있는 것을 가치 있는 것으로 인식
하는데, 이는 그것이 주관적이고 상대적이라는 것을 의미한다. 왜냐하
면 그런 가치는 개인의 사적인 취미와 기호에 전적으로 의존하는 까닭
이다. 게다가, 오늘 즐거운 것이거나 혹은 자극적인 것이 내일은 지루
한 것이 될 수도 있다는 사실은 이런 종류의 가치를 변하기 쉬운 것, 불
안정한 것으로 만든다. 전형적인 심미적 캐릭터는 많은 다른 상대들을
유혹하는, 그렇지만 자신이 욕망하는 바를 얻지 못하는, 혹은 그것을
얻기는 하지만 바로 싫증을 느껴서 계속해서 다른 새 인물로 옮겨가는
바람둥이 내지 유혹자이다. 키르케고르의 저서 『이것이냐 저것이냐』는
이런 식으로 살아가는 한 젊은이를 묘사하고 있는데, 우리는 이 저서에
서, 그의 후기의 저작 몇몇에서와 마찬가지로, 순전히 심미적 삶에서
볼 때 그 어떤 지속적 만족이나 성취도 획득될 수 없다는 암시를 발견
한다. 윤리적 영역에서는 이와 대조적으로 최고의 가치가 도덕적 의무
이며, 이는 훨씬 오래 지속되고 또 훨씬 객관적인 공공의 가치 형태이
다. 종교적 영역 안에서 최고의 가치는 하느님에 대한 개인의 관계, 다
시 말하자면 개인의 믿음이다.

중요한 것은 심미적, 윤리적, 그리고 종교적 영역에 대한 키르케고르
의 구별이 사람들이 **무엇을** 행하느냐가 아니라 그것을 **어떻게** 행하느
냐와 관련되어 있다는 점이다. 예를 들자면, 그리스도교인이 되는 심미
적, 윤리적 그리고 종교적 방식을 구별할 수 있을 것이다. 각각의 경우

에, 사람들은 교회에 가고, 성경을 읽고, 기도하고, 부활에 대한 믿음을 고백하고 특정 어휘를 사용하는 등과 같은 전형적으로 '그리스도교적인' 활동에 종사한다. 그러나 심미가에게 있어서 이것은 일종의 통과 단계일 것이다. 추측건대 단순히 그리스도교가 흥미로운 혹은 재미있는 경험을 제공하는 것 같으니까 실험 삼아서 혹은 재미 삼아서 그런 활동을 한다는 말이다. 윤리적 인간에게 이것은 특정 개념의 선한, 도덕적 삶에 대한 의무 관념이 강한 관여, 그리고 특정 공동체에 대한 참여의 구성 요소일 것이다. 종교적 인간에게 있어서 그것은 하느님에 대한 개인의 관계에 대한 표현일 것이다. 다시 말하자면, 세 실존 영역의 각각은 자기와, 세계와, 그리고 타인과 관계를 맺는 특정 방식을 지칭한다. 키르케고르의 저작의 주제인 그리스도교도가 되어야 한다는 과제의 맥락에서, 세 영역 간의 구별은 키르케고르가 동시대인들의 자기만족을 조장했다고 생각한 환상을 분석하기 위한 골격을 제공한다. 진정한 그리스도교인이 된다는 것은 종교적으로 실존한다는 것을 의미하지만, 대안적인 실존 영역들을 확인한다는 것은 심미적 혹은 윤리적 존재 방식 안에 머무는 동안 그리스도교적 삶의 활동을 겪음으로써 자신을 기만하는 것이 가능하다는 것을 가리킨다.

『공포와 전율』의 독자가 맞닥뜨리는 한 가지 중요한 문제는, 도덕적 행위의 영역이라는 훨씬 특수한 의미에서 이해되는, 요하네스 데 실렌티오가 불러일으킨, '윤리성'의 본질과 관련된다. 철학의 역사를 돌이켜 훑어보면, 도덕성에 대한 많은 상이한 설명을 볼 수 있다. 철학자들은 무엇이 옳고 그른지, 선하고 악한지에 관한 논쟁에 관여하기만 하는 것이 아니라, 도덕적 가치에 관한 주장들이 어떻게 정당화될 수 있는가를 설명하려고 시도하기도 한다. 도덕성에 대한 가장 영향력 있는 설명 가운데 특정 계율을 규정하는 것들이 있다. 예컨대 십계명이나, 혹은 원수를 사랑하고 남을 심판하지 말라는 예수의 명령, '남에게 대접받고 싶으면 먼저 남을 대접하라'와 같은 훨씬 일반적, 형식적 계율에 바탕을 둔 설명들, 정의, 관용, 용기 그리고 진실성 등과 같은 특정 도덕적 성격특성들에 초점을 맞추는 설명들, 도덕적 행위의 가치를 전적으로 그것들로부터 초래하는 전체적인 행복이나 피해에 의거해서 평가하는 것들, 그리고 '선'에 대한 앎으로, 문화적 규범과 개인의 선호와는 무관하게, 객관적으로 실존하는 것으로서 이해되는 그런 앎으로 나아가게 될 지혜의 계발을 강조하는 것들이 있다. 또 우리는 도덕체계의 권위가 인간의 이성에, 전통에, 자연에, 신성한 계시에, 혹은 상이한 개인들과 이해집단들 간의 지속적인 협상 과정에 근거를 두고 있다고 생각할 수도 있다.

  앞으로 우리가 살펴보겠지만, 『공포와 전율』에서 요하네스 데 실렌티오는 도덕적 요구가 만인에게 적용된다는, 또 인간 이성에 근거를 두고 있다는 주장으로 특징지어지는 윤리적 시각에서 아브라함의 이야기를 고찰하고 있다. 이 익명은 이러한 '윤리적 영역'이 독립적이라는 것을 강조한다. '그것은 그 자체에 내적으로 기초를 두고 있거니와, 그것의 텔로스(telos, 목적, 목표, 선)인 것을 그 자체의 바깥에 두고 있지 않으며, 다만 그 자체가 그것의 바깥에 있는 모든 것을 위한 텔로스이다'[46]. 이렇게 윤리성을 정의한 다음, 요하네스는 어떻게 기꺼이 자기 아들을 죽일 각오가 되어 있었다는 이유로 아브라함을 찬양할 수 있는 것인지 묻는다. 그는 만일 우리가 아브라함이 이사악을 기꺼이 죽이고자 했던 마음을 윤리적 기준에 따라 판단한다면 우리는 그를 살인자라고 비난하는 것 이외에 달리 할 수 있는 게 없다고 주장한다. 왜냐하면 순진무구한 어린 아들을 죽이는 아버지에게 찬양할 만한 그 무엇이 있을 수 있겠느냐는 것이다.

종교와 윤리; 믿음과 이성

윤리성은 '자신의 텔로스인 바를 자신의 바깥에 두고 있지 않다'라고 주장하는 것과 같은 그런 방식으로 윤리성을 정의함으로써, 요하네스 데 실렌티오는 윤리와 종교의 관계라는 주제를 제기한다. 만일 윤리적 영역이 합리적, 보편적인 도덕 법칙보다 더 높은 가치를 인정하지 않는다면, 이는 오로지 종교적 믿음과 실천이 이 법칙과 일치하는 정도까지만 종교적 믿음과 실천을 받아들일 수 있다는 것을 의미한다. 독일 철학자 칸트(Immanuel Kant)는 '**선한 삶 ‒ 영위를 제외하면, 인간이 하느님에게 미쁜 존재가 되기 위해서 자신이 할 수 있다고 생각하는 그 어떤 것도 단순한 종교적 망상이자 하느님에 대한 거짓 섬김이다**'라고 말하고 있으며, 또 그렇기 때문에 아브라함이 자신의 아들을 죽이라는 하느님의 명령에 복종한 것은 잘못된 일이라고 주장한다.[17] 요하네스 데 실렌티오는 아브라함의 행위가 도덕적으로 비난받을 만하다는 칸트의 주장에 동의한다. 이 익명에 따르면, 아브라함은 하느님에 대한 자기 자신의 관계를 위해서 자신의 윤리적 의무를 어기는 것일 따름이다. 이는 만일 하느님에 대한 이러한 관계, 즉 이러한 믿음이 윤리적 영역보다 더 높은 차원으로 인정될 수 없다면, 우리의 유일한 선택은 아브라함을 살인자로 간주하는 것뿐이다. 칸트의 견해는 요하네스 데 실렌티오가 독자에게 제시하는 딜레마의 한 뿔이다. 그러나 이 익명은, 칸트와는 달리, 아브라함의 믿음이, 비록 이해될 수는 없을지언정, 찬양받을 만하다는 가능성을 계속 열어 놓고 싶어 한다.

---

17 Immanuel Kant, *Religion within the Boundaries of Mere Reason*, edited and translated by Allen Wood and George Di Giovanni (Cambridge University Press, 1998), p. 166 (강조는 원저자의 것).

참된 종교적 믿음은 오로지 '선한 삶-영위'라는 윤리적 요구를, 힘 닿는 데까지 최선을 다해서, 수행하는 데 있다는 칸트의 견해에 — 헤 겔 또한 이 견해의 변형을 공유하였는데 — 이의를 제기고자 하는 몇몇 이유가 있다. 이런 이유 중 하나는, 칸트와 헤겔 모두에게 있어서, 윤리 적 영역이 독립적 영역이라는 것, 이 영역의 내부에서 인간은 자신에게 삶의 지표로 삼을 도덕 법칙을 부여한다는 것이다. 아마도 키르케고르 아니 요하네스 데 실렌티오는 이것이 충분히 정당한 것처럼 보인다는 데 동의할 것이다. 그러면 그리스도교는 이처럼 자율적이고 유한한 윤 리적 영역의 내부에 한정되어야 할 것인가? 확실히 하느님을 진정으로 믿는 사람은 그의 능력이 인간 행위의 제한된 범위를 넘어서는 일들도 가능하게 만든다는 것을 인정하지 않겠는가? 요하네스 데 실렌티오가 말하고 있는 것처럼, '영적으로 말하건대, 모든 것이 가능하지만, 그러 나 유한한 세계에서는 가능하지 않은 일이 많다' [37].

아브라함의 일화에 대한 요하네스 데 실렌티오의 분석을 루터(Mar-tin Luther)가 창세기 강론에서 제시하고 있는 것과 비교하는 것도 흥 미로운 일이다. 이 희생에 대한 루터의 해석은 우리에게 『공포와 전율』 에 대한 역사적 배경의 일부를 제공해 주지만, 여기에서 중요한 것은 아브라함에 대한 요하네스 데 실렌티오의 논의가 어떻게 루터의 그것 과 다른지 지적하는 것이다. 『공포와 전율』을 거칠게 읽으면 이 저작에 서 제시되는 믿음에 대한 분석이 본질적으로 루터의 설명과 같다는 잘 못된 견해를 갖게 될 수 있거니와, 루터의 설명은 아브라함의 하느님에 대한 절대적 순종과 이성에 대한 거부를 평가하고 있다.

루터는 아브라함을 많은 민족의 조상으로 만들겠다는 하느님의 약속 과 아브라함에게 이사악을 희생시키라고 한 하느님의 뒤이은 요구 간 의 모순을 강조하면서, 다음과 같이 지적한다. '인간의 이성은 단순히 그 약속이 거짓이라거나 아니면 그 명령이 하느님의 명령이 아니라 악마의 명령이라고 결론 내릴 것이다. 왜냐하면 명백한 모순이 존재하기 때문이다. 만일 이사악이 살해되어야 한다면, 그 약속은 공허하다. 그러나 만일 그 약속이 확실하다면, 이 요구가 하느님의 명령이라는 것은 불가능하다.' [18] 이런 이유 때문에, 루터에 따르면, '우리가 이 시련의 위대함을 온전히 이해하기란 불가능한 일이다.' 루터는 다음과 같이 고백하고 있다. '나는 그 상황을 지켜볼 수 없었을 것이며, 하물며 당사자로서 자식을 살해하는 것은 더더욱 할 수 없었을 것이다. 자식의 한없는 사랑을 받는 아버지가 칼을 들어 자신이 끔찍이 사랑하는 아들의 목에 겨눈다는 것은 가공할 상황이며, 그래서 나는 언어에 의해서도 혹은 그들에 대한 반성에 의해서도 그들의 생각과 감정에 도달할 수 없다는 것을 분명히 인정한다.' [19]

요하네스 데 실렌티오는 아브라함이 직면한 모순을 강조하고, 아브라함의 믿음은 이해될 수 없다고 주장하며, 또 아브라함이 행한 바를 행할 수 없는 자기 자신의 무능을 지적한다는 점에서 루터를 따르고 있다. 이 16세기 신학자는 아브라함을 무조건적으로 찬양하고 있는 반면, 키르케고르의 익명은 훨씬 더 애매하다. '아브라함은…내 찬미를 불러일으키는 한편, 또 나를 섬뜩하게 만들기도 한다' [53]. 요하네스가 『공포와 전율』의 독자에게 제시하는 딜레마는 결코 완전하게 풀리지 않는다. 우리는, 칸트와 함께, 아브라함이 살인자보다 나을 것이 없다고 결론짓거**나, 아니면**, 루터가 그처럼 기꺼이 인정하는 것처럼, 종교적 믿음은 윤리와 이성의 요구를 초월한다는 것을 인정해야 한다.

---

18   *Luther's Works*, volume 4; edited by Jaroslav Pelikan (Saint Louis: Concordia 1964), p. 95.
19   같은 책, pp. 92; 114.

요하네스 데 실렌티오의 애매한 입장을 정확하게 파악하는 것이 우리가『공포와 전율』이 단순히 윤리학에 대한 '신성한 명령' 이론을 장려하는 것이 아니라는 점을 인식하는 데 도움이 될 것인데, 이 이론에 따르면 '선'은 하느님의 의지와 동일시된다. 만일 이 저작이 그런 이론을 장려하는 것이라면, 요하네스 데 실렌티오는 윤리적 근거에 입각해서 아브라함을 찬양하는 데 아무런 어려움이 없을 것이며, 이사악의 희생이 '윤리적인 것의 목적론적 중지'를 함축한다고 주장하지도 않을 것이다. 뿐만 아니라, 그는 아브라함을 찬미하는 근거인 믿음을 하느님의 명령에 대한 단순한 순종과 구별하지도 않을 테지만, 의심의 여지없이 그는 '조율하기'에서 이런 구별을 하고 있다. 여기에서 그는 믿음이 없으면서도 하느님에게 복종하는 다른 아브라함들을 상상한다. 신성한 명령의 윤리의 기초 위에서, 문제가 되는 것은 하느님이 그에게 명령하는 바를 아브라함이 행한다는 것이지만, 이것은 분명히 요하네스 데 실렌티오의 견해는 아니다. 아브라함에 대한 루터의 반응은 이와 달리 신성한 명령의 윤리를 옹호하는 것으로 보인다. 창세기 강론에서 그는 아브라함이 '하느님이 명령을 내리셨다. 그렇기 때문에 우리는 하느님의 명령에 순종해야 한다'라고 말함으로써 이사악에게 그 상황을 설명하는 광경을 상상한다.[20] 또 다른 곳에서도 루터는 이성이 하느님의 의지에 도전해서는 안 된다는 것을 예증하기 위한 사례로 아케다(Akedah) 이야기를 이용하면서, 아브라함이 '하느님에게는 자신의 눈먼 이성으로 파악할 수 있는 것보다 이사악의 자손과 관련된 약속을 실현하는 훨씬 많은 방법과 수단이 있다는 것을 알고서, 모든 것을 하느님의 전능과 지혜에 맡긴 것'처럼, '똑같은 방식으로 우리는 (하느님)의…명령

---

20   앞의 책, p. 113.

을, 어떻게 그것이 우리 이성과 조화될 것인지 혹은 어떻게 그런 일이 가능한지에 관한 아무런 의심도 논증도 없이, 한없이 겸손한 마음과 순종의 마음으로, 믿어야 한다'고 주장하고 있다.[21] 많은 사람, 특히 이들 가운데 종교적 신자들은 그런 무조건적인 '눈 먼 믿음'을 수상쩍게 생각하겠지만, 루터에게는 이성이야말로 신성한 실재의 진리에 도달하는 것이 불가능하다는 점에서 '눈 먼' 것이다.

믿음과 이성의 관계에 관한 요하네스 데 실렌티오의 견해는 루터의 그것보다 더 미묘한 뉘앙스가 있는데다 훨씬 불가해하다. 이 익명은 아브라함의 믿음을 역설적이고 불합리한 것으로, '믿음은 정확히 사유가 떠나는 지점에서 시작하기 때문에 그 어떤 사유도 붙잡을 수 없는'[46] 것으로 기술하고 있다. 이것은 이성의 범위는 제한될 수 있다는 것과 믿음은 이러한 제한을 넘어서는 것일 수 있다는 점을 나타내기는 하지만, 그렇다고 이성이 '눈 먼' 것이라는 의미는 아니다. 역설을 역설로 인식하기 위해서는 이성이 있어야 하며, 일단 이성이 그런 인식을 한 다음에는, 그런 역설을 불합리한 것으로 물리치던가, 아니면 이성을 넘어서는 그 무엇의 가치 혹은 중요성을 인정하던가에 대한 선택이 행해지는 것이다. 이것은 요하네스 데 실렌티오가 그의 독자에게 제시하는 딜레마의 또 다른 형식화를 의미한다. 이런 형식화에 따르면, 이성의 한계 안에 머무는 것 또한, 그 한계를 넘어서는 것이 그런 것처럼, 결단을 내리는 것을 함축한다는 점에 주목하라.

우리는 요하네스 데 실렌티오가 아브라함의 믿음을 이해할 수 없다고 주장할 때 그가 말하고자 하는 바를 우리가 알고 있다고 너무 성급하게 생각하지 않도록 신중해야 할 필요가 있다. 서문에서 그는 다음과

---

21 Martin Luther, *The Book of Concord*, edited by T. Tappert (Philadelphia: Fortress Press, 1959), p. 578.

같이 주장하고 있다. '설령 누군가 믿음의 모든 내용을 개념적 형태로 번역할 있다고 하더라도, 그렇다고 그가 믿음을 완벽하게 이해했다는 결론, 어떻게 믿음 속으로 들어갔는지 혹은 어떻게 믿음이 그의 마음속으로 들어갔는지를 완벽하게 이해했다는 결론이 나오는 것은 아니다' [5]. 여기에서, 그는 '믿음을 완벽하게 이해하는 것'을 믿음이 **어떻게** 획득되었는지 이해하는 것과 동일시하는 것처럼 보인다. 요하네스 데 실렌티오는 믿음이 무엇인지, 혹은 오히려, 믿음이 어떤 **것이겠는지**를, 만일 도대체 그런 것이 존재한다면, 그런 믿음이 어떻게 성취될 수 있는지를 깨닫지 못하고서도, 이해하는 것처럼 보인다. 그는, 아브라함과는 대조적으로, 자신은 믿음의 운동을 할 수 없다고 진술한다. '나로 말하자면, 나는 믿음의 운동을 기술하는 것은 아주 잘 할 수 있지만, 그 운동을 실행할 수는 없다. 어떤 사람이 수영하는 법을 배우고 싶을 때, 천정에 매달아 놓은 줄에 묶인 채 수영 동작을 능숙하게 실습할 수는 있겠지만, 그렇다고 그가 수영을 하는 것은 아니다. 마찬가지로, 나는 믿음의 운동을 기술할 수는 있다…' [31]. 이 익명에게 부족한 이해는 이론적인 것이라기보다는 실천적인 것이다. 이것은 이론적 혹은 개념적 역설과 실천적 내지 실존적 역설 간에 차이가 있는가 하는 문제를 제기한다. 우리가 앞으로 『공포와 전율』에 있는 '마음으로부터의 예비적 객출'의 절을 고찰할 때 살펴보겠지만, 아브라함의 믿음이 실천적 내지 실존적 의미에서 역설적이고 불합리하다고 생각할 만한 근거들이 있다. 다시 말하자면, 요하네스 데 실렌티오가 그것이 불합리하다는 것을 암시할 때, 그가 의도하는 바는 자신은 신앙의 운동이 어디에 존재하는지는 파악하지만 어떻게 그 운동을 해야 하는지는 이해하지 못한다는 것이다.

　더욱이, 짐작건대 우리는 요하네스 데 실렌티오가 믿음과 이성 간의 관계에 대한 문제와 관련해서 최종적인 판단을 한다고 추측하는 것에 대해 신중을 기해야 할 것이다. 1850년의 키르케고르 일지의 한 항목은, 『공포와 전율』과 관련해서, 이 익명이, 믿음이 부족하다는 것을 인정하면서, 자신에게는 실제로 믿음을 가진 사람과는 공유될 수 없을 특별한 견해를 가지고 있다는 것을 시사하고 있다.

내가 믿을 때, 그때는 장담하건대 믿음도 또 믿음의 내용도 불합리하지 않다. 오, 전혀, 그렇지 않다. 그러나 나는 믿지 않는 사람에게는 믿음과 믿음의 내용이 불합리하다는 것을 너무나도 잘 이해하고 있으며, 그리고 나는 또 내 자신이 믿음 안에 존재하지 않는 바로 그 순간, 연약한 순간, 아마도 의심이 끓어오르기 시작할 때, 그때 믿음과 믿음의 내용은 나에게 점차로 불합리한 것이 되기 시작한다는 것도 이해하고 있다.[22]

왜 믿음의 불합리성이 특정 관점에 의존한다는 것인가? 어째서 믿음이 믿는 자에게는 불합리 하지 않은가? 이는 단순히 하느님을 믿는 자가, 정확히 자신이 믿는 것을 가능하게 만들기 위하여, 자신의 합리적 능력을 포기하고, 그래서 그 결과 자신의 믿음이 불합리하다는 것을 깨닫지 못하기 때문인가? 아니면 하느님을 신뢰하기로 결정한 자는 자신의 삶과 또 세상에 대한 자신의 관계를 이러한 신뢰에 기초해서 이해하고, 그런 까닭에 믿음에는, 어떤 의미에서, 그 자체의 논리, 그 자체의 이해 형식이 존재하기 때문인가? 아니면 혹시 일반적인 개인적 관계들은 합리적 차원의 것이 아니고, 따라서 사람이 어떤 관계 안에 있을 때는 이성의 범주들이 단순히 적용되지 않으며, 또 믿음이 하느님에 대한 개인

---

22 *Kierkegaard;s Journals and Papers*, 6598 (1850).

적 관계이기 때문인가. 어쩌면 관계라는 게 그 안에서 이해되는 것과 동일한 방식으로 그 바깥에서 이해될 수는 없는 것인가. 또는 대안으로, 만일 불합리성의 문제가 믿음의 **어떻게**와 관련된 것이라면, 한 사람은 믿음 안에서 사는 방법을 이해하는 반면 다른 사람은 이런 이해가 없다고 말하는 것, 혹은 똑같은 한 사람이 어떤 때는 믿음을 이해하고 또 어떤 때는 믿음을 이해하지 못한다고 말하는 것도 일리가 있을 것이다. 우리가 이러한 가능성들을 이해하기 위해 노력해야 할지도 모르지만, 어떤 경우건 믿음은 오직 그 외부의 관점에서만 불합리하다는 키르케고르의 주장은 『공포와 전율』 내부에서의 요하네스 데 실렌티오 자신의 특수한 입장과 관련된 문제를 잊지 않도록 고무해 준다. 만일 그가 독자에게 아브라함의 믿음이 불합리하다고 설득하려고 애쓰고 있는 것이라면, 이것은 어째서 그럴 것인가? 앞에서 언급된 바 있는 일지 항목에 따르면, 아브라함의 믿음을 이해할 수 없다고 느끼는 사람은 자신이 신앙인이 아니라고 결론 내릴 수 있다는 사실을 주목하라. 그리고 또, 만일 독자가 믿음이 역설적이고 불합리하다는 요하네스 데 실렌티오의 해석을 공유하게 된다면, 그는 또한 자신이 그 익명과 똑같이 믿음을 가지고 있지 않다는 것을 인정하게 될 수밖에 없다. 그리고 이런 깨달음은 그를 그리스도교인이 되어야 한다는 과제를 받아들일 것인가 하는 문제에 관한 결단에 더 가까이 가게 해 줄 것이다.

근대의 – 그리고 근대 철학의 비판

키르케고르는 그가 살던 사회의 상태에 관한 통찰력이 있는 비평가이자, 독일 철학자 헤겔(G. W. F. Hegel)에게서 예리한 역사의식을 물려

받은 사람이다. 헤겔은 1831년에 세상을 떠났는데, 그때 키르케고르는 코펜하겐대학에 재학 중이었다. 그런데 헤겔은 역사가 철학의 인도하에 더욱 계몽된 세계를 향하여 진보하고 있다고 생각한 반면, 키르케고르는 자신의 시대를 진보가 아닌 몰락의 관점에서 해석하였다. 또 그는 근대 철학을 이런 몰락의 징후로 간주하였다. 키르케고르의 저서는 근대의 문제들에 관한 많은 언급을 담고 있다. 예컨대 『문예비평』(1846)에서 그는 독자들에게 그들이 '모든 것을 정지된 상태로 남겨 두지만 교활하게 거기에서 의미를 없애 버리는' 반성적이고 정열이 없는 시대'에 살고 있다고 말한다. 그런 시대에는 '아무런 가치도 없으며, 또 모든 것이 표상적 관념으로 바뀐다…결국 돈이야말로 사람이 욕망하는 단 한 가지가 될 것인데, 그것은 더욱이 그저 표상적일 뿐이며, 일종의 추상일 따름이다…삶의 모든 것이 도덕적인 것도 그렇다고 비도덕적인 것도 아니라 애매한 것이 (되고 만다).' [23] 이러한 언급들은 키르케고르가 그의 시대의 특징을 가치의 위기로 생각했다는 것을 가리킨다. 그리고 『공포와 전율』은 정확히 이런 주제로 시작된다. 요하네스 데 실렌티오는 '상업계뿐만 아니라 관념의 세계에서도 우리 시대는 진짜 재고 정리를 하고 있다' 고[3] 제언하면서 이 저작의 서문을 시작하고 있으며, 또 후기에서는 '정신의 세계에서' [107] 쇠락하는 가치에 대한 이러한 우려로 돌아가고 있다.

더 구체적으로 말하자면, 요하네스 데 실렌티오는 종교적 믿음이 무가치한 것으로 여겨지는 사태를 염려하고 있다. 그는 믿음이 쉬운 것이라는 자만의 생각을 이러한 태도의 한 측면으로 간주한다. 그렇기 때문에, 믿음의 가치를 높이기 위해서 이 익명은 그것의 어려움을 강조하려

---

23 Søren Kierkegaard, *Two Ages*, translated by Howard V. Hong and Edna H. Hong (Princeton University Press, 1978), pp. 75-8.

고 애를 쓴다. 앞으로 살펴보겠지만, 아브라함의 이야기에 대한 그의
해석이 목표하는 바는 바로 이것을 하는 것이다. 아브라함의 상황에서
의 공포, 고뇌, 외로움 그리고 불안을 조명한 후, 또 아들을 기꺼이 죽
이려고 한 아브라함의 처사를 윤리적 관점에 입각해서는 결코 찬양할
수 없다는 것을 강조하고, 요하네스는 독자에게 믿음과 관련한 모든 자
만을 송두리째 흔들리게 하는 딜레마, 즉 아브라함이 단순한 살인자이
거나, 혹은 그의 믿음이 인생의 최고의 과제를 나타낸다는, 그러나 절
대적으로 역설적이라는 딜레마를 제시한다. 이러한 딜레마는 독자에게
단순히 아브라함의 이야기와 관련해서 뿐만 아니라 자기 자신과 관련
해서도, 즉 독자 자신은 진실로 믿음을 가지고 있는 것인지, **이것**(아브
라함의 이야기; 옮긴이)이 믿음을 갖는다는 것이 수반하는 것이라고 할
때, 자신이 정말로 믿음을 갖는 것을 원하는지 결단할 것을 촉구한다.

  믿음의 가치가 쇠락하고 있다는 우려와 밀접하게 관련된 것이 바로
이러한 과정이 종교적 믿음 그 자체의 몰락으로 귀결될 거라는 생각이
다. 요하네스 데 실렌티오가 서문에서 말하고 있듯이, '뭐든지 너무나
싼 값으로 가질 수 있는 탓에 종국에는 도대체 가지려고 나서는 사람이
있을지 의문이다' [3]. 달리 말하자면, 믿음의 가치 저하가 현재는 모든
사람이 믿음을 가지고 있다는 자기만족적 생각으로 나타나지만, 결국
은 사람들이 믿음을 통째로 포기할 것이다. 이제 19세기를 회고해 보건
대, 우리는 사실 그 시대를 사람들이 종교적 신념에 의문을 제기하고
또 그런 신념을 물리치던 시기로 알고 있다. 오늘날 유럽에서 그리스도
교는 더 이상 옛날에 그랬던 것처럼 지배적 세력이 아니다. 물론 여전
히 많은 방식으로 우리 문화를 좌우하고 있지만 말이다. 다윈(Charles
Darwin)의 진화론과 같은 과학적 발전과 마르크스(Karl Marx)의 자
본주의 분석과 같은 지적 발전 등이 물론 이러한 세속화 과정의 원인

들, 혹은 징후들로 간주될 수 있을 것이다. 19세기 말에 독일 철학자 니체(Friedrich Nietzsche)는 잘 알려진 것처럼 '신의 죽음'을 선언했거니와 — 이 선언으로 그가 의미하고자 했던 것은 종교적 믿음의 포기였는데 — 그는 도덕적 가치에 대한, 지식의 가능성에 대한, 심지어 진리 그 자체의 가치에 대한 믿음 등이 그런 종교적 믿음에 기초를 두고 있다고 강조하였다.[24] 그러나 우리는 『공포와 전율』에서 이런 사건의 예측을 보게 되는데, 왜냐하면 요하네스 데 실렌티오는 '인류의 전 실존이 완벽한 영역으로 자체 안에서 그 자체를 바꾸는, 그리고 윤리적인 것이 그 한계이자 그 완성인' 그런 상황을 기술하면서, '하느님은 눈에 보이지 않는 소멸점, 무기력한 생각이 된다…'라고 쓰고 있기 때문이다.[59]

니체에 따르면 신의 죽음에는 불가피한 그 무엇이 있다. 그것은 단순히 사람들이 그들의 믿음을 포기하기로 결정한다는 것이 아니라, 그리스도교적 믿음을 받아들이기 불가능하게 된다는 것이다. 한편으로 이러한 신의 죽음과 관련한 요하네스 데 실렌티오의 염려와, 다른 한편으로 쇠락하는 믿음의 가치 간의 긴장이 존재하는 것도 당연하다. 만일 믿음의 어려움을 강조함으로써 믿음의 가치를 높이려는 그의 시도가 어떤 영향이 있다면, 그 효과는 세속화의 과정을 더 가속화하는 일일 것이다. 가격이 너무 떨어지면 아무도 사려고 하지 않는다는 요하네스 데 실렌티오의 제언은 옳을 테지만, 가격이 너무 올라도 사려는 사람이 없기는 마찬가지일 것이다. 하느님에 대한 믿음은 합리적 근거가 결여되어 있다는, 다시 말해서, 불합리하다는 이 익명의 제언을 받아들이는 『공포와 전율』의 독자는 믿음의 과제에 몸을 내맡기는 응답을 할 수도

---

24 Friedrich Nietzsche, *The Gay Science*, translated by Walter Kaufmann (New York: Vintage Books, 1974), §§125, 343.

있고 또 이 과제를 단념하는 반응을 할 가능성도 마찬가지로 존재한다. 아마도 아브라함의 이야기에 대한 요하네스 데 실렌티오의 분석은 믿음을 이성의 경계 너머로 결정적으로 밀어붙이는 데 성공하는 듯하다.

키르케고르는 당대 사회가 가치의 위기를 겪고 있다고 제언한 19세기 코펜하겐의 유일한 인물이 아니었다. 사실 근대에 대한 그의 진단은 부분적으로 덴마크의 헤겔학파 작가 헤이베르(Johan Ludvig Heiberg)의 그것과 많이 비슷한데, 헤이베르의 1833년 소론 [현대에서의 철학의 의의에 관하여]는 종교와 문화의 위기를 허무주의적 상대주의로의 몰락과 동일시하고 있다.[25] 그렇지만 헤이베르가 헤겔의 철학을 이러한 상황의 해결책을 의미하는 것으로 믿은 반면, 키르케고르는 헤겔 사상의 대중성을 몰락의 한 징후로 생각하였다. 『공포와 전율』을 포함한 키르케고르의 많은 저작에서 근대에서의 믿음의 가치 문제는 근대 철학, 특히 헤겔 사상에 대한 비판과 연결되어 있다.

비록 키르케고르가 헤겔 사상에 영향을 받았지만, 그는 이 사상의 기본 원칙 몇몇에는 동의하지 않았다. 여기에는 진보적 역사 해석, 그리고 자연, 종교, 예술, 윤리학, 정치학 등 모든 것을 합리적 체계로 통합시키려는 열망이 포함되어 있다. 키르케고르에 따르면, 그리스도교적 믿음의 내용을 개념적 형태로 번역하려는 헤겔의 시도가 믿음의 평가 절하에 일조하였다. 그는 헤겔과 그의 추종자들이 세계를 이해하려는 철학의 과제를 하느님에 대한 관계 안에서 실존해야 하는 믿음의 과제보다 더 어렵고 훨씬 중요하고 더 가치 있는 것이라고 믿는 자들이라고

---

25 Johan Ludvig Heiberg, *Om Philosophiens Betydning for den nuvaerende Tid*, Copenhagen 1833. ASKB 568을 보라. Heiberg의 저서에 대한 포괄적인 논의에 대해서는, Jon Stewart, *kierkegaard's Relations to Hegel Reconsidered* (Cambridge University Press, 2003), pp. 50-8을 보라.

주장한다. 키르케고르는 특히 헤이베르와 마르텐센(Hans Lassen Martensen) 등의 몇몇 덴마크 헤겔학파들에게 적대적이었으며, '체계'를 반박하는 그의 익명들의 논쟁은 헤겔 그 자신보다 이러한 인물들을 더 직접적으로 겨냥한 것처럼 보이는 경우가 많았다. 요하네스 데 실렌티오가 『공포와 전율』의 서문에서 당대인들은 믿음을 평생의 과제로 간주하는 게 아니라 믿음에 도달했다고 그리고 믿음을 넘어서서 나아갔다고 상상한다고 불평할 때, 아마도 마르텐센이 그 표적일 것이다. 마르텐센은 자서전에서 다음과 같이 쓰고 있다. '다양한 방법으로 [키르케고르는] 나를, 내 능력을, 그리고 내 업적을 비방하려고 애를 썼다. …그의 저작은 당연히 사변에 대한 온갖 종류의 논쟁적이고 풍자적인 공격을 포함하고 있거니와[i.e. Hegelian philosophy], 그 공격의 일부는 내가 표적이었다.'[26]

이야기 말하기 – 그리고 요하네스 데 실렌티오는 누구인가?

『공포와 전율』은 많은 이야기를 담고 있다. 요하네스 데 실렌티오는 유대-그리스도교적 전통 안에서 아브라함이 차지하고 있는 '믿음의 아버지'라는 특별한 위상을 활용하지만, 그는 창세기 22장을 문학적 교재로 다루고 있으며, 또 그는 비성서적 문헌의 대안적 해석을 제안하는 것처럼 아브라함과 이사악의 이야기에 대한 상상에 의한 변형들도 전개하고 있다. 그는 또한, 종교적 장르와 비종교적 장르, 허구와 역사적

---

26   Bruce Kirmmse (ed.), *Encounters with Kierkegaard*, pp. 196-7을 보라. 원래 출처는 H. L. Martensen, *Af mit Levnet* [나의 삶으로부터] (Copenhagen: Gyldendal, 1882-1883), vol. 2, pp. 140-2이다.

사실을 구분하지 않은 채, 연극과 민속 우화의 등장인물들과 함께 성서의 다른 등장인물들을 고찰하고 있다.

아브라함의 이야기는 처음에 아브라함의 모리아산 여행과 이사악의 희생을 위한 아브라함의 준비과정을 목격하기를 열망하는 사람에 관한 또 다른 이야기의 일부로 도입되고 있다. 아브라함의 이야기에 대한 그의 해석의 과정에서 요하네스 데 실렌티오는 에우리피데스(Euripides)의 연극 「아울리스의 이피게네이아」, 셰익스피어의 희곡 「리처드 3세」, 성서의 사사기와 토비트에 나오는 이야기들, 아그네스(Agnes)와 인어에 관한 덴마크의 전설, 영혼을 악마에게 판 독일의 파우스트 이야기, 최후의 순간에 결혼하지 않기로 결정하는 신랑에 관한, 아리스토텔레스의 『시학』에 나오는 이야기 등을 논하고 있다. 그리고 이 익명은 무수히 많은 다른 드라마, 신화 그리고 전설들을 짤막짤막하게 언급하고 있다. 그 다음에는 레기네와 키르케고르의 밝혀지지 않은 약혼 이야기가 있다. 더욱이, 요하네스 데 실렌티오 자신도 이야기의 한 등장인물로 간주될 수 있을 것이다.

이 장의 첫 부분에서 나는 키르케고르가 익명의 저자를 내세워 『공포와 전율』을 발표했다는 사실에 주의를 환기시킨 적이 있었다. 사실, 익명을 사용하는 것은 키르케고르가 살던 당대의 코펜하겐에서는 문학계와 언론계의 일반적 관행이었지만 앞에서도 언급한 바 있듯이, '요하네스 데 실렌티오'는 단순한 필명이 아니고 허구의 인격의 이름이다. 이것이 우리에게 『공포와 전율』의 두 판을 구분하게 해 준다. 하나는 요하네스 데 실렌티오가 쓴 판, 그리고 다른 하나는 키르케고르가 쓴 판이 그것인데, 후자는 요하네스 데 실렌티오가 그 작중 인물에 포함된다. 이 두 원전을 구성하는 단어, 문장 그리고 장들은 동일하다. 그러나 요하네스 데 실렌티오의 역할은 우리가 어떤 판을 읽느냐에 따라

달라진다.

'아브라함에 대한 찬사'라는 제목의 장의 첫 부분에서 요하네스는 영웅과 시인, 또는 이야기꾼의 역할에 대해서 반성하고 있다. 그가 『공포와 전율』의 저자로 간주되는 한, 이 익명은 자신의 영웅 아브라함의 이야기를 하는 시인으로 존재한다. 앞으로 살펴보겠지만, 요하네스 데 실렌티오의 이야기 스타일은 그 자신의 목적을 위하여 원래의 이야기를 재해석하는 것을 포함하는 경우가 많다. 그는 아브라함의 이야기를 단순히 되풀이하지 않고 창세기의 서사에 대한 그 자신의 해석을 전개하기 위하여 '시적 자유'를 이용한다. 더욱이, 아브라함을 이 익명의 '영웅'으로 기술하는 것은 문제의 여지가 없지 않은데, 왜냐하면 요하네스는 자주 이 이스라엘의 조상에 대한 찬양심을 표현하고 있지만, 이 이야기에 대한 그의 논의는 아브라함을 이해하기 어렵다는 점을 강조하면서 어떻게 아들을 기꺼이 죽이려고 하는 아버지를 찬양할 수 있는가 하는 문제를 제기하기 때문이다. 아마도 그는 아브라함의 행위를 찬양하는 것보다는 19세기에도 여전히 지배적이던, 아브라함을 '믿음의 아버지'로 숭배해야 한다는 전통적인 그리스도교적 견해에 이의를 제기하는 것에 더 관심이 있을 것이다.

어쨌거나, 키르케고르가 이 저서의 저자인 한, **그는** 시인이며, 또 이 사실은 요하네스 데 실렌티오가, 사실은, 그의 영웅일 가능성을 높여 준다. 아브라함을 『공포와 전율』의 영웅으로 간주하는 것은 당연하게도 자연스러운 일이다. 물론 그를 찬미하는 것이 어떻게 가능한가 하는 문제가 끊임없이 우리에게 일깨워지지만 말이다. 흔히들 말하거니와, 믿음을 갖기를 열망하는 모든 사람에게 아브라함은 영웅이다. 그러나 요하네스 데 실렌티오는 어떤 종류의 영웅일 수 있는가? 그는 자신이 믿음이 없다고, 또 아브라함도 하느님에 대한 아브라함의 믿음도 이해할 수 없다고 고백하는 인물이기 때문에, 모범적인 그리스도교도로, 또 모범적인 철학자로 간주될 수 있을 것이다. 자기 자신의 한계에 대한 그의 인정은, 키르케고르의 관점에서 보건대, 그리스도교도가 된다는 과제의 핵심적인 부분이다. 그리고 자신은 아브라함의 믿음을 이해할 수 없다는 그의 인정은 그가 적어도 자신이 이해하는 것과 이해하지 못하는 것의 차이를 이해하고 있다는 것을 나타내거니와, 그런 이해는 철학자가 된다는 과제의 핵심적인 부분이다.

　요하네스라는 익명의 역할에 대한 이런 반성들은 『공포와 전율』의 첫 부분에 있는 수수께끼 같은 제사(題詞)인 '자부왕(自負王) 타르퀴니우스가 자신의 정원에서 꺾은 양귀비꽃과 나눈 대화를 그의 아들은 이해하였으나 그의 사자(使者)는 이해하지 못하였다'[2]를 해석하는 한 가지 방법을 시사한다. 이 인용문은 18세기 독일 사상가 하만(Johann Georg Hamann)의 저서에서 따온 것이었다. 키르케고르는 하만을 무척 존경하였다. (일지의 한 항목에서, 키르케고르는 자기 자신의 '논제', 즉, '믿음은 이해될 수 없다는 것을 이해한다는 것 혹은 (더 윤리적이고 하느님을 두려워하는 측면인) 믿음은 이해되어서는 안 된다는 것을 이해한다는 것'의 근원을 하만에게서 찾고 있다.[27] 자부왕 타르퀴니우스는 기원전 5세기 로마의 왕이었는데, 하만의 이 말은 로마와 전쟁 중이던 가비시(市)를 어떻게 처리해야 할지를 묻는 아들의 전언에 대한 타르퀴니우스의 반응을 언급하고 있다. 사자를 믿지 못하는 탓에 타르퀴니우스는 단순히 자신의 정원에서 가장 키가 큰 양귀비꽃을 지팡이로 꺾기만 한다. 당혹감에 사로잡힌 사자가 돌아와서 이 일을 타르퀴니우스의 아들에게 이야기하자, 타르퀴니우스의 아들은 가비의 지도

27　JP 1559 (1849).

자들을 처형하라는 지시를 받았다는 것을 이해한다. 이 이야기는 따라서 자기 자신은 이해하지 못하는 침묵의 전언을 전달하는 사자의 관념을 전달한다. 요하네스 데 실렌티오는 『공포와 전율』의 독자에게 키르케고르의 언외(言外)의 전언을 이해하지 못하는 사자, 자신이 시인이라고 생각하는, 그러나 사실은, 철학의 한계와 믿음의 불가능성에 관한 전언을 전달하기 위해 창조된 사자라는 것일까?

이 표제의 대안적 독해는, 이 독해 또한 요하네스 데 실렌티오를 이해력이 부족한 사자로 간주하는데, 『공포와 전율』이 레기네 올센에게 은밀한 전언을 전달하는 것으로 생각하는 것이다. 이러한 해석은, 요하네스 데 실렌티오가 결코 키르케고르나 레기네를 언급하지 않기 때문에, 그래서 그의 이름 자체가 그들의 이야기와 관련한 그의 침묵에 대한 언급일 수 있기 때문에 효과가 있지만, 그런데도 그들의 이야기는 우리가 앞에서 이미 일별한 것처럼, 그 저서 전체에 걸쳐서 공명하고 있다. 이 견해에 따르면, 요하네스 데 실렌티오는 자신이 그저 아브라함의 상황을 논하고 있다고 생각하지만, 실제로는 레기네에 관한 키르케고르의 상황을 논하고 있는 셈이다.

또 다른 가능성은 어쨌거나 제사가 언급하고 있는 사자가 요하네스 데 실렌티오가 아니라 아브라함 자신이라는 것이다. 그리고 이런 독해에 따르면, 키르케고르와 그의 익명이 모두 전언의 발송인으로 간주될 수 있다는 것이다. 아브라함의 이야기가 독자에게 그리스도교적 믿음을 전달하는 데 이용되는 까닭에 이런 독해는 일리가 있다. 다음 장에서 우리가 더욱 상세하게 아브라함의 믿음에 대한 요하네스 데 실렌티오의 해석을 고찰할 때 살펴보겠지만, 이사악의 희생에 대한 이야기는 아브라함은 의식하지 못한 그리스도교적 의의를 품고 있는 것으로, 소급적으로, 이해될 수 있다. 이것은 현실적으로 두 가지 차원에서 작용

할 수 있다. 구약성서에 대한 몇몇 그리스도교 독자는 아브라함이 이사
악을 희생한 이야기가 하느님이 당신의 아들 예수를 희생하는 사건을
예고하는 예언적 차원을 담고 있는 것으로 간주한다.[28] 대안적으로, 아
브라함의 믿음은 그 내용보다 형식의 측면에서 그리스도교적 믿음을
예시(豫示)하고 있다. 그것은 창세기의 저자가 아무래도 그리스도의 복
음을 예시하고 있다는 것이 아니라, 충돌하는 요구들에 직면해 있는 아
브라함의 하느님에 대한 개인적인, 절대 신뢰 관계가 그리스도교의 영
적 삶을 위한 한 모범을 제공한다는 것이다. 내 생각에는 이 후자가
『공포와 전율』에 더 잘 들어맞을 것 같다. 우리가 앞에서 고찰한 바 있
는 1850년의 일지의 항목에서 키르케고르는 '비록 아브라함의 믿음에
본질적으로 후대의 역사적 사건과 관계하는 그리스도교적 믿음의 내용
이 담겨 있다는 생각을 그리스도교회가 한 적은 결코 없더라도, 아브라
함은 믿음의 형식적 조건을 갖고서 오성에 반하는 믿음을 견지하기 때
문에 신앙의 아버지로 일컬어진다'라고 쓰고 있다.[29] 이는 예수의 죽음
과 부활에 대한 예언적 예시(豫示)를 배제하는 것처럼 보인다. 물론 그
리스도교회 내부의 사상가들이 그런 해석을 시도한 적이 없다는 키르
케고르의 주장은, 루터 자신이 특히 그리스도교적 방식으로 창세기 22
장을 읽고 있다는 사실을 감안할 때, 매우 놀라운 일이지만 말이다.[30]

28　이 문장의 해석에 대한 논의와 관련해서는, John Lippitt, 'What neither Abra-
ham nor Johannes de silentio could say' in *Proceedings of the Aristotelian Society
Supplementary* vol. 82, 2008, pp. 79-99를 보라.

29　같은 곳.

30　Luther's lectures On Genesis in *Luther's Works*, vol. 4, pp. 113-16을 보라. 여
기에서, 루터는 이사악과 관련된 하느님의 약속과 이사악을 희생시키라는 명령 간의
모순을 삶과 죽음 간의 대립과 연관시키고 있으며, 또 아브라함이 첫 번째의 모순을
어떻게든 '해결하는' 것처럼 후자의 대립은 예수의 죽음과 부활의 이야기에서, 그리
고 그리스도교도들에게 주어진 구원의 약속에서 해결된다. '그런 모순적 진술들은 인

그렇다고 하더라도, 『공포와 전율』 안에서 믿음의 어려움과 관련하여
19세기의 그리스도교도에게 전언을 전달하는 데, 그리고 종교적 삶을
단순히 인간적이고 윤리적인 영역으로 동화시키려는, 칸트와 헤겔의
철학에서 형식화된 경향에 반대하는 경고를 전달하는 데 아브라함이
이용된다. 문제 II에서, 요하네스 데 실렌티오는 아브라함의 상황을 예
수의 제자들의 그것과 비교한다. 그것은 이들이 같은 믿음을 공유하기
때문이 아니라, 예수를 따를 것을 결단한 것이, 이사악을 희생시킬 것
을 결단한 것처럼, 종교적 요구를 윤리적 요구보다 더 높은 것으로 인
식하는 것을 함축하고 있었기 때문이다.

간 이성이나 철학에 의해서는 결코 해결될 수 없다. 그러나 말씀은 이러한 둘, 즉, 죽
은 자가 산다는 것을 해결한다…하느님은 죽음을 물리쳐서 그것을 삶으로 바꿀 수 있
고 또 그렇게 하기를 원한다는 것을 이성이 믿는다는 것은 놀랍고도 불가능한 일이
다.

2장
본문 읽기

서문

책의 서문을 단순히 부차적이고 형식적인 것, 혹은 수사적 장식이라는 인상하에 무시하거나 혹은 대충 훑어보려는 유혹을 받을 수 있다. 가끔 이런 인상이 옳을 때도 있지만, 『공포와 전율』의 서문은 건너뛸 수 없는 것이다. 이 저서의 서문과 후기는 서로를 반영하고 있는데, 그것들이 동일한 주제를 논하고 또 동일한 비유를 채용하고 있기 때문만이 아니라, 그 부분들 중 그 어느 것도 이 저서 전체의 초점인 아브라함의 이야기에 대한 언급을 담고 있지 않기 때문이기도 하다. 아브라함의 이야기를 소개하거나 결론짓는 대신, 서문과 후기는 그것들 사이의 공간에서 전개되고 있는 이 이야기에 대한 해석을 위한, 맥락화하는 골격을 제공한다. 일단 서문이 제대로 이해되면, 그것이 이 저서를 독해하는 데 대한 실마리를 제공한다.

이렇게 말했지만, 현대의 독자는 틀림없이 서문 그 자체를 이해하는 데 어려움에 직면하고 만다. 요하네스 데 실렌티오라는 익명의 음성과 씨름하는 것에 더해서 ― 키르케고르가 왜 그 자신의 이름으로 이 책을 저술하지 않는 것을 선택했는지 의아해 하면서, 또 키르케고르와 그의 익명 간의 가능한 차이에 대해 당혹해 하면서 ― 독자는 『공포와 전율』의 이 첫 부분에서 비판의 대상이 되고 있는 것처럼 보이는 특정 사상가에 대한 베일에 싸인 암시를 해독해야 한다. 마르텐센(Hans Lassen Martensen), 헤이베르(Johan Ludvig Heiberg), 그리고 닐센(Rasmus Nielsen) 등과 같은 덴마크 헤겔학파를 실명으로 언급하는 대신, 이 익명은 1840년대의 독자들이라면 이 인물들을 떠올렸을, 그러나 현대에는 주목받지 못한 채 또 이해되지도 못한 채 쉽게 지나칠 가능성이 큰, 특정 표현을 사용한다. 따라서, 저자로서의 그 자신의 정체성에 의문을 제기하는 것뿐만 아니라, 키르케고르는 또 그의 논적들의 정체성도 애매하게 만드는 것이다! 이 서문의 또 다른 도발적 측면은 그것이, 중요한 주제와 관념들을 직접적으로 분명하게 논의하는 대신, 그것들에 대해 간접적으로 표현을 하는 방식이다.

의심과 믿음

『공포와 전율』은 상업계와 사상계 간의 비교로 시작된다. 이 두 분야 모두에서, 요하네스 데 실렌티오는 넌지시 말하거니와, '우리 시대는 의심의 여지없는 몽땅 떨이 할인 판매를 하고 있다'[3]. 이 비유의 경상(鏡像)이 후기에서 사용되는데, 후기에서 이 익명은, 덴마크의 향신료 상인들이 재고 상품의 가격을 올리기 위해서 그들의 화물을 바다에 처넣은 사건을 상기시킨 후, '정신의 세계에서도 비슷한 절차가 필요하다'[107]고 제안한다. 이것을 같이 살펴보면, 이러한 상업 관련 비유는 근대 — 다시 말하자면, 19세기 유럽의 문화의 특징은 가치의 몰락이라는 것, 그리고 이런 추세를 역전시키기 위해서는 뭔가가 행해져야 한다는 것을 나타낸다. '상업계'에서는 가치가 화폐로 표현되지만, '정신의 세계'에서 문제가 되고 있는 가치는 그와는 성질이 다른 그리고 훨씬 식별하기가 어려운 차원의 것이다. 그것은 추측건대 정신적 가치의 문제이리라. 그런데 이것이 의미하는 바는 무엇일까?

『공포와 전율』에서 제시되고 있는 아브라함의 이야기에 대한 해석은 정확히 바다에서 향신료를 버리는 상인들과 비교될 수 있는, 감지되고 있는 정신적 타락을 저지하고 또 역전시키려는 시도를 나타낸다. 그렇지만 무엇이, 요하네스 데 실렌티오에 따를 때, 가치가 떨어지는 것이고, 또 떠받쳐야 할 필요가 있는 것인가? 이 물음에 대한 예비적 답변은 서문에서 조금 뒤에, 의심과 믿음의 문제가 도입될 때 나온다.

의심과 믿음은 대립적인 것들인 것처럼 보일 수도 있다. 그렇지만, 우리는 적어도 키르케고르의 저술 과정 전체에 걸쳐 제시되고 있는 그리스도교에 대한 그의 이해에 따를 때, 의심과 믿음은 모두 똑같이 앎과 확실성에 대립되기 때문에, 동류라는 점을 잊지 말아야 한다. 만일 내가 어떤 것을 절대적으로 확실하게 안다면, 나는 그것을 의심하지 않는다. 마찬가지로, 어느 정도의 불확실성이 있을 때만 뭔가를 믿거나 혹은 그 뭔가에 대한 믿음을 품고 있다고 주장할 것이다. 따라서, 예를 들어, 만일 내가 그리스도교도라면 나는 사후의 내 실존의 연속성에 대한 믿음을 가지고 있거나 아니면 그에 대한 의심을 품고 있을 것이다. 왜냐하면 내 사후의 삶은 내가 죽기 전에는 알 수 없는 것이기 때문이다. 이와는 대조적으로, 내가 현재 살아 있다는 것, 혹은 내가 여자라는 것을 믿는다거나 또는 의심한다고 말하는 것은 참 이상하게 들릴 것이다. 왜냐하면 나는 이런 사실을 확실히 알고 있기 때문이다.

요하네스 데 실렌티오는 근대 철학자들이 모든 것을 의심했을 뿐만 아니라, 그보다 더 '나갔다고' 주장한다. 여기에서 그는 매우 특별한 지적 맥락을 염두에 두고 있는데, 그것은 두 갈래로서, 첫째는, 17세기 프랑스 사상가 데카르트(René Descartes)의 업적인데, 그는 종종 근대철학의 아버지로 간주된다. 둘째는, 데카르트의 철학적 방법이, 19세기에, 헤겔과 그의 추종자들에 의해 논의되는 방식이다. 데카르트는, 사

람의 추측, 의견, 믿음과 편견이 지식의 추구를 위한 건전한 기초를 제
공하지 않는다는 것을 인식하고서, 확실성을 얻기 위해서는 맨 먼저 자
신이 지금까지 확실하고 또 참인 것이라고 믿어 왔던 모든 것을 의심해
야 한다고 생각했다. 자신의 감각 지각과 심지어 ('2+2=4'와 같은)
수학적 진리에 대한 이해까지도 문제를 삼은 끝에, 데카르트는 그 자신
의 실존에 대한 자신의 믿음에 도달해서 이것도 의심하고자 하였다. 그
렇지만, 그는 만일 자신이 의심하고 있다면 그렇다면, 자신은 생각하고
있지 않으면 안 되며, 만일 자신이 생각하고 있다면 그렇다면 자신은
반드시 존재해야 한다는 것을 명확하게 알았다. 그렇게 그는, 자신의
보편적 의심의 방법을 통하여, 확실성의 기초, 그로부터 다른 진리들에
대한 앎을 확실하게 하는 데까지 나아갈 수 있는 기초를 확립했다.

   데카르트의 방법적 의심에 대한 요하네스 데 실렌티오의 언급은 결
코 우연한 것이 아니다. 이 익명은 각기 저마다의 방식으로 의심의 실
천을 제한하는 것으로 보이는 두 구절을 인용하고 있다. 첫 구절은, 데
카르트의 『철학 원리』에서 인용된 것으로, '하느님이 우리에게 드러내
보여 주신 것은 무엇이든 다른 어떤 것보다 더 확실한 것으로 인정되어
야' 하기 때문에, 의심은 사실 보편적인 것이 아니라는 것, '우리 자신
의 판단보다 하느님의 권위를…우리는 믿어야 한다'는 것을 제언한다.
이 주장은 데카르트 사상의 다른 경향과 대치된다. 여기에서 이 프랑스
의 철학자는 인간 이성의 자율성, 인간 이성의 자족성, 즉 하느님, 성서
그리고 교회로부터의 인간 이성의 독립성을 훼손하고 있다. 그러나 이
런 자율성은, 전적으로 그 자신의 노력을 통하여, 오로지 합리적 사유
를 사용해서, 지식의 기초에 도달하려는 그의 시도처럼, 그의 저작 어
디에서나 역설되고 있는 것으로 보인다.

   인간의 자율성의 문제는 『공포와 불안』의 핵심이며, 역사적 관점에

서 보건대 그것은 특히 데카르트의 철학에서 중요시되는 문제이다. 데카르트는 중세적 세계관과 근대적 세계관 사이의 과도기적 인물이며, 이러한 두 역사적 시대의 변천은 자율성의 주제를 중심으로 하고 있다. 중세의 지적 전통은 전통적 권위에 대한 존중, 특히 성서, 교회, 그리고 아우구스티누스와 같은 정통 그리스도교 사상가들의 권위에 대한 존중, 그리고 신학에 대한 철학의 예속을 그 특징으로 하고 있다. 왜냐하면 이 시기 동안 철학은 종교적 진리를 명확히 하고 분명히 선포하기 위한 한 방법으로 간주되었기 때문이다. 물론, 인간의 하느님에 대한 의존의 정도의 문제에 관해 자기들 사이에서 갑론을박한 많은 이질적인 중세 학파가 있었지만, 그런데도 어떻게 해서 근대의 시대적 특징이 인간의 자율성에 대한 새로운 역설이 되었는지를 설명하기 위해 그러한 중세의 일반적 성격규정을 제시할 수 있을 것이다. 예를 들어, 자신의『성찰』에서 데카르트는 신의 존재에 대한 예증을 시도하는데, 이는 그 형식적 구조에서 11세기에 안셀무스가 내놓은 '존재론적 논증'과 유사하다. 그런데 데카르트와 안셀무스가 비슷한 결론에 도달하기는 하지만, 그들의 출발점은 각기 상이하다. 안셀무스의 논증은『대어록(對語錄)』안에서 제시되고 있는데, 이 저서는 하느님에게 직접 간구하는 기도의 형식을 취하고 있으며, 또 하느님의 인도하심 없이는, 하느님을 찾는 것은 말할 것도 없고, 하느님에게 다가갈 수도 없는 저자의 무능함을 여러 번 되풀이해서 표현하고 있다. 이와는 대조적으로, 데카르트판 논증은 방법론적 의심의 과정을 따라가는데, 이 과정을 통해서 그는 자신의 합리적 능력을 신뢰할 수 있게 되고, 또 그럼으로써 하느님의 실존에 대한 예증의 기초를 그 자신의 지성에 대한 앞서의 확증에 둘 수 있게 된다. 그 결과 한편으로 데카르트는 종교적 권위에 대한 중세의 예속과 단절한다. 다른 한편, 그는 그런데도 계속해서 하느님의 계시에 호소하고 싶어 하는 것처럼 보이는데, 이는 요하네스 데 실렌티오가 인용한 첫 번째 구절에서 입증된 바이다.

자율성의 주제에 관한 과도기적이고 애매한 사상가로서 데카르트가 서문에 출현하는 것은 이 주제를 문제 삼으려는 키르케고르의 관심을 나타낸다. 인용된 특정 구절을 좀 더 상세하게 살펴보면 우리는 중세적 세계관과 근대적 세계관 사이의 변천, 애매성 혹은 긴장이 그 안에 분명히 언명되고 있음을 알 수 있다. '비록 이성의 빛이, 극도의 명확성과 증거로써, 뭔가 다른 것을 제안하는 것처럼 보일지라도, 우리는 우리 자신의 판단보다 하느님의 권위를 더 믿어야 한다.' 『공포와 전율』에서는 그러나 인간의 자율성의 정도와 한계뿐만 아니라, 자율성의 역설의 함의도 문제가 되고 있는데, 후자의 경우, 데카르트에게 있어서는 부분적일 뿐이었다면, 그의 18세기 및 19세기 계승자들의 철학에서는 점차 더 근본적인 것이 되었다. 이런 역사적 전개과정과, 서문의 첫 부분에서 암시되고 있는 믿음의 가치의 쇠락 사이에는 연관이 있는 것인가?

데카르트에게서 따 온 첫 번째 인용구가 의심이 모든 것에 적용된다는 의미에서 보편적이어야 한다는 견해에 이의를 제기하는 것이라면, 두 번째 인용구는 또 다른 의미에서 의심의 보편성을 훼손한다. 이 인용은, 데카르트의 『방법서설』에서 따 온 것인데, 이 프랑스 철학자의 의심의 방법이, 모든 사람이 따라야 할, 보편적 규범으로 의도된 것이 아니라 개인적 필요성에 의한 것이었음을, 즉 요하네스 데 실렌티오가 표현하고 있듯이, 그것은 '오로지 그 자신에게만 중요한 것이었음'을 시사한다. 이 주제와 관련하여, 자율성의 문제는 물론이거니와, 데카르트와 덴마크의 헤겔학파 사이에 암묵적인 비판적 비교가 이루어지고 있다. 요하네스가 특별히 마르텐센을 암시하고 있을 가능성이 높으며, 또 그런 암시를 당대의 독자들이 놓쳤을 리 만무하다. 마르텐센은 그의

여러 저서에서 라틴어 구절 'de omnibus dubitandum est' ('모든 것은
의심되어야 한다')를 되풀이해서 사용했는데, 특히 1837년의 논문「인
간의 자기-의식의 자율성에 관하여」와 — 이 논문에서 그는 자율성의
개념을 근대 철학의 특징적인 것으로 간주하고 있으며 — 또 코펜하겐
대학에서 행한 그의 인기 높은 강의 원고에서도 예외가 아니다.[1]『공포
와 전율』을 저술하기 몇 달 전인 1842-3년 겨울에 키르케고르는『요하
네스 클리마쿠스; 혹은, 모든 것은 의심되어야 한다(De omnibus dubi-
tandum est)』라는 제목의 저서를 집필하기 시작했다. 이 미완의 저작
은 모든 것을 의심하라는 스승의 권고에 매혹된, 그러나 이런 원칙을
실천하려고 하는 과정에서 그것을 터무니없는 지경에까지 몰고 가는
것으로 끝장이 나게 되는 한 학생에 의해 진술되는 철학적 풍자이다.
여기에서도 또한 마르텐센이 이 풍자의 대상일 것이다.

　키르케고르에게 있어서, 마르텐센은 데카르트적 의심과 관련되어 있
을 뿐만 아니라,『공포와 전율』의 서문에서 두서너 차례 암시되고 있
는, 의심을 넘어서서 '더 나아가고자' 하는 열망과도 연관되어 있다. 이
런 열망은 선행자들의 결론을 자신들의 출발점으로 삼곤 했던, 그래서
선행자들을 넘어서고자 했던 당대의 헤겔학파 사상가들의 경향, 역사
는 진리에 대한 점진적으로 명확하고 완벽한 파악을 향하여 전진한다
는 헤겔 자신의 사상에 뿌리를 둔 경향의 구체적인 한 예이다. (물론
마르텐센이 헤겔 철학에 대한 전폭적인 옹호자였던 것은 결코 아니며,
사실 많은 경우에 헤겔 철학과 거리를 두었지만, 그런데도 그가 헤겔에
게 영향을 받은 것은 의심의 여지가 없는 사실이었으며 또 당대의 사람
들에게 헤겔학파의 일원으로 간주되는 경우가 잦았다.) 서문에서 요하

1　Jon Stewart, *Kierkegaard's Relations to Hegel Reconsidered* (Cambridge Univer-
sity Press, 2003), pp. 110-11; 242-6; 307-8을 보라.

네스 데 실렌티오는 데카르트의 '신중함'과 '겸손'을 칭찬하는 한편, 데카르트의 철학적 업적을 능가한다는 마르텐센의 주장은 자만심에 가득 찬, 과장된 것임을 암시하고 있다. 이런 식으로, 이 익명은 전통의 위대한 사상가들을 뛰어넘고 싶은 당대의 덴마크인들의 열망의 오만성과, 또, 더 중요하게는, 뒤따르는 세대들이 진리를 향하여 더욱더 앞으로 앞으로 전진한다는, 저변에 깔려 있는 신념에 대한 키르케고르의 격렬한 반대를 분명히 선포하고 있다. 잠시 후에 이 마지막 요점을 다시 살펴볼 것이다. 오만함의 비판에 대한 반응으로서, 마르텐센의 성격과 태도가 어떠했든 간에, 그가 헤겔에게서 취했던 것으로 보이는 역사적 진보주의는 진리는 언제나 특정 사회, 문화 그리고 삶의 형식에 새겨진 역사적 시각에 입각해서 분명하게 선언된다는, 또 그렇기 때문에 고정된 채 머물러 있지 않고 시간을 통하여 발전한다는 사상에 전적으로 철학적 기초를 두고 있다. 이전의 철학자를 넘어선다는 주장을 오만함과 같은 심리적 요인에 기인하는 것으로 간주하는 것은 철학적 핵심을 놓칠 위험을 안고 있지만 키르케고르는 아마도 이 점을 잘 알고 있었을 것이며, 또 마르텐센의 헤겔 사상에 반대하는 그의 풍자적 논쟁에 이용하기 위해서 그 두 주제를 치밀하게 섞었다.

미완성작품인 『요하네스 클리마쿠스; 혹은, 모든 것은 의심되어야 한다』에서 시도된 마르텐센에 대한 비판과, 『공포와 전율』 첫 부분의 의심에 관한 요하네스 데 실렌티오의 발언 사이에는 밀접한 관련이 있지만, 『공포와 전율』에는 (지식의 타당성, 범위 그리고 방법들을 다루는 철학의 한 분야인) 인식론에 대한 초점으로부터 훨씬 더 실존적인 주제에 대한 관심으로의 변화가 있는 것으로 보인다. 이러한 실존적 주제들은 서문에서는 확인되지도 또 탐구되지도 않지만 — 그것들은 서문 다음에 나오는 아브라함에 대한 논의의 주제들이다 — 그러나 여기

에서 의심이 믿음과 짝을 이루고 있다는 사실은 의미심장하다. 이 익명
은, 그 시대의 사람들이 자신들은 의심을 넘어섰다고 생각하는 것처럼,
'우리 시대에는 아무도 믿음에서 멈추지 않고 더 나아간다'고 말하고
있다[4]. 만일 우리가 잠정적으로, 여기에서 문제가 되고 있는 믿음이
종교적 믿음이라고 가정한다면, 우리는 믿음과 짝을 이루는, 그리고 믿
음이 더불어 싸우는 의심의 종류는, 예컨대, 하느님이 진실로 사랑의
신일까, 하느님이 우리의 기도를 들어주실까, 혹은 심지어 하느님이 도
대체 존재하기는 하는 걸까라는 헌신적인 그리스도교인의 의심들은,
철학자가 채택하는 방법론적 의심과는 상당히 다르다는 것을 확인할
수 있다. 종교적 인간의 의심은 전략적이지 않다. 그것은 단순히 지적
으로 도전적인 것이 아니라, 정서적으로 또 실존적으로 최대한의 노력
이 요구되는 것인 바, 왜냐하면 그것들에는 불안과 절망, '공포와 전
율'이 붙어 다니기 때문이다. 그렇지만, 인식론적 의심과 실존적 의심
을 이렇게 구분한 지금, 우리는 이런 구분이 명쾌한 것이 아니라는 점
을 명심해야 한다. 협잡꾼에게 속거나, 혹은 가까운 친구에게 배신당하
고 나서 타인의 신뢰성과, 무엇이 옳고 그른지에 대한 자기 자신의 판
단을 모두 문제 삼는 사람의 경우, 그가 겪은 의심의 경험은 철학자의
그것과 종교적 인간의 그것을 다소간 공유할 것이다. 인간에 대한 그의
신뢰는 심각하게 그리고 고통스럽게 깨졌을 것이며, 또 그는 타인이 그
에게 말해 주는 모든 것을 믿지 않는다는 전략적 원칙 또한 채용할 것
이다.

역사의 시간과 삶의 시간

의심과 믿음은 모두 서문에서 '과제'로 기술되어 있다. 믿음과 관련해
서 제기되는 세 가지 핵심적인 주장은 그것이 지적 과제가 아니라는

것, 어려운 과제라는 것, 그리고 '평생의 과제'라는 것이다[5]. 내가 앞 단락에서 시사한 것처럼, 믿음은 지적인 것이라기보다 실존적인 것이며, 또 이것이 의미하는 바는 요하네스 데 실렌티오의 다음과 같은 주장에 의해 드러나고 있다. '비록 누군가가 믿음의 전 내용을 개념적 형태로 전환시킬 수 있다고 하더라도, 그가 믿음을 파악했다는, 어떻게 믿음 속으로 들어가는지 혹은 어떻게 믿음이 그의 내부로 들어가는지 이해했다는 것은 결코 아니다.'[5] '믿음의 전 내용을 개념적 형태로 전환시키려는' 시도는 특별히 헤겔 철학과 관련되어 있으며, 키르케고르는 믿음의 이러한 지성화에 반대하고 있다. 키르케고르 철학의 한 가지 중요한 측면은 '무엇'과 '어떻게'의 구별이다. 1846년의 저서 『결론으로서의 비학문적 후서』에서 이런 구별은 '객관적' 진리와 '주체적' 진리 간의 대비에 의거해서 형식화되고 있다. 믿음의 경우, 사람이 믿는 대상은 그가 그것을 믿는 방식과 구별된다. 믿음의 '어떻게', 혹은 믿음의 주체성은 믿음에 대한 사람의 관계의 문제, 즉, 믿음 속으로 들어가서 그 안에 거하는 것, 혹은 그것을 전유하는 일, 그것을 마음에 새기는 것이다. 요하네스 데 실렌티오가 어려운 '평생의' 과제로 묘사하고 싶어 하는 것이 바로 이 주체적 관계이다. 『후서』의 이 부분에서는 믿음이 의미하는 바가 무엇인지, 그리고 믿음의 과제가 무엇인지는 언급되어 있지 않으며, 다만 진즉에 믿음은 실존적 위험이 크기 때문에 어렵다는 암시가 있을 따름이다. 또 믿음이 평생의 과제인 까닭은 단순히 그것이 성취하기 어렵기 때문만이 아니라, 훨씬 본질적으로, 믿음 그 자체가 한 사람의 인생을, 하루하루 그리고 심지어 순간순간, 영위하는 방식이기 때문이다. 이런 이유 때문에, 이 과제는 날마다 새로워지며 또 삶 자체가 끝날 때까지 결코 완결되지 않는다.

　서문에서 중요한 한 가지 주제는 그렇다면 시간의 두 가지 차원, 역

사의 시간, 그리고 출생으로 시작해서 죽음으로 끝나는 한 개인의 삶의
시간 간의 대비이다. 물론 이러한 시간의 차원들은 서로 분리될 수 없
는데 왜냐하면 각 개인의 삶의 시간은 역사 안에서 그리고 역사로 전개
되기 때문이며, 또 역사의 시간은 실존하는 개인들의 평생의 시간의 한
가운데에서 이들 개인 각자에 의해 파악되고 또 이해되기 때문이다. 그
렇지만, 삶의 시간과 역사 사이의 이러한 관계를 부정하지 않으면서 키
르케고르가 관심을 두고 있는 것은 진리를 얻는 과정을 역사에서 삶으
로 바꾸는 것이다. 혹은 적어도 그는 문제를 제기하고 싶어 한다: 우리
는 어떤 시간 속에서 배우는 것인가? 어떤 시간 속에서 우리는 진리를
획득하는 것인가? 그의 익명은 다음과 같은 헤겔적 견해, 즉 진리의 추
구는 일종의 계주와 같아서, 각 세대가 지식의 바통을 다음 세대에게
넘겨주며, 줄곧 '절대적 앎' 이라는 결승선에 끊임없이 가까이 다가간
다는 헤겔적 견해, 헤겔 자신의 역사 철학의 단순화라고 할 수 있는 그
런 견해를 반박한다. 서문에서 시사되고 있는 시간의 두 차원 간의 구
별은 후기에서 분명하게 선언되는, 이러한 헤겔적 진보주의에 대한 훨
씬 노골적인 도전을 위한 길을 예비하거니와, 후기에서 요하네스 데 실
렌티오는 다음과 같이 주장한다. '어떤 세대도 이전 세대로부터 진정
으로 인간적인 것을 배우지 않는다. 이런 측면에서, 모든 세대는 처음
부터 시작하는 것이고, 각자의 앞선 세대와 다른 그 어떤 과제도 가지
고 있지 않으며, 앞선 세대 이상으로 나아가지도 않는다…따라서 그
어떤 세대도 이전 세대에게서 사랑을 배운 적이 없다' [107]. 이 구절이
시사하는 바처럼, 『공포와 전율』에서 제시되고 있는, 배워야 한다는 우
리의 과제가 무엇인지와 관련한, 진리에 대한 해석은 이 과제를 역사의
무대에서 개인의 실존의 무대로 옮겨 놓으려고 시도할 뿐만 아니라, 진
리 자체에 대한 대안적 개념을 제안하기도 한다. 지식으로서의 진리 대

신에, 인간의 삶의 텔로스는 사랑의 진리이어야 한다는 것이다. 아브라함 이야기의 의의는, 이 익명에게는, '그가 자신의 사랑에 변함없이 충실하였다'는 것이다[106].

요하네스 데 실렌티오는 그가 덴마크의 헤겔학파에 귀속시키고 있는 진리의 역사적 이해를 문제삼을 뿐만 아니라, 당대의 진보주의에 반대해서, 그 자신의 역사 해석을 서문에서 제안하기까지 하는데, 이 해석은 몰락을 강조하고 있다. 우리가 앞에서 논의한 바 있는 가치의 몰락은 역사적 맥락 속에 놓여 있다. 이 익명은 앞선 사상가들, 고대 그리스의 회의주의자들, 그리고 심지어 데카르트까지 현대의 사상가들보다 더 고귀한 철학자라는 것을 넌지시 언급한다. 그는 데카르트와 그리스인들 모두를 '훌륭한' 사상가들로 기술하는 반면(3, 5), 동시대인들에 대한 그의 태도는 냉소적이고 경멸적이다.

키르케고르는 요하네스 데 실렌티오라는 이름으로 '우리 시대'에 대한 진단을 제시하는데, 이 표현은 서문에서 여러 번 되풀이되고 있으며 또 그가 헤겔의 역사주의를 비판하기를 원하는 바로 그 시점에서 그가 그 역사주의에 영향을 받고 있다는 것을 보여 주는 것이기도 하다. 정말로, 『공포와 전율』의 이 부분에서의 덴마크 헤겔학파에 대한 완곡한 언급은 이 학파가 정신적 몰락의, 비록 원인은 아닐지 몰라도, 한 징후라는 것을 암시하거니와, 이러한 견해는 키르케고르의 『결론으로서의 비학문적 후서』의 익명의 저자인 요하네스 클리마쿠스에 의해 다음과 같이 훨씬 직접적으로 표현되고 있다.

호열자가 창궐하기 직전에 다른 때는 보이지 않는 파리 같은 것이 많아진다. 이처럼 믿을 수 없을 정도로 순수한 사상가들의 출현은 인류에게 닥쳐오고 있는, 예컨대, 윤리성과 종교성의 상실과 같은, 재앙의 징조가 아니겠는가?[2]

그런데 정확히 무슨 까닭으로 키르케고르는 그의 시대가 정신적 몰락의 시대라고 생각하는가? 그가 인식하고 있는 문제는 무엇인가? 그의 요지는, 단순히 그와 동시대인들이 자기들이 의심과 믿음을 온전히 이해했다고, 그리고 그것들을 넘어섰다고 착각하는, 왜냐하면 믿음은 진실로 전 생애의 과제이기 때문이라는, 잘못을 범하고 있다는 것뿐만이 아니다. 그는 또 이런 잘못된 착각이 위험한 — 그런 착각이 위험한 까닭은 인생의 가장 본질적인 관심사를 놓치기 때문이고, 또 따라서 인생의 가치를 훼손하기 때문이라는 것이다 — 자기만족의 징후라고 믿고 있다. 키르케고르에 따르면, 이러한 자기만족은 근대 철학자들에게만 국한되는 게 아니고, 그가 코펜하겐에서 함께 어울린, 사실상 그와 비슷한, 도시의 중산층 덴마크인들에 의해서도 공유되고 있으며, 또 그런 까닭에, 예컨대, 요하네스 데 실렌티오는 졸음 가득한 신도들이 편안한 마음으로 앉아서 아브라함에 관한 설교에 귀를 기울이며, 자신들이 그 내용을 이해하고 있다고 생각하고, 자신들이야말로 신실한 그리스도교도라는 것을 확신하고 있는 장면을 상상한다. 문제는 그렇다면 사람들이 자신은 믿음을 가지고 있는가 하는 문제를, 믿음을 가진다는 것이 무엇을 의미한다는 것인가 하는 문제는 말할 것도 없고, 제기하지 않기 때문에, 믿음이 과제라는 것, 그것도 결코 쉬운 과제가 아니라는 것을 깨닫지 못한다는 것이다. 또한, 우리는 이러한 견해가 그리스도교와 관련해서 어떻게 분명하게 선언되고 있는지를 알아보기 위해서 미리 『결론으로서의 비학문적 후서』에 의지할 수 있을 것이다.

2　Søren Kierkegaard, *Concluding Unscientific Postscript*, translated by Alastair Hannay (Cambridge University Press, 2009), p. 257.

이제, 우리는 그리스도교인이 된다는 것이 아무것도 아니라는, 그런데 그
리스도교를 이해하는 것은 매우 어렵고 또 힘든 과제라는 희문(戱文)에 거
의 도달했다. 모든 것이 그럼으로써 뒤집힌다. 그리스도교는 일종의 철학
적 이론으로 바뀌고, 그때 난제는 무척 당연하게도 그것을 이해하는 것이
된다. 그러나 그리스도교는 본질적으로 실존과 관계되는 것이며, 또 어려
운 것은 그리스도교도가 되는 것이다.[3]

『후서』에서 익명 요하네스 클리마쿠스가 자신의 독자들이 그리스도교
도가 되어야 하는 과제에 당당히 맞서도록 격려하기 위하여 그리스도
교의 어려움을 강조하고자 하는 것처럼, 『공포와 전율』의 전략 또한 믿
음의 어려움을 강조하는 것이다. 요하네스 데 실렌티오가 제시한 아브
라함 이야기의 해석은 이러한 전략의 일부이다. 왜냐하면 그는 아브라
함의 믿음이 획득하기에 극도로 어렵다는 것, 심지어 불가능하다는 것
을 암시하고 있기 때문이다.

  이런 사상에 대한 반응으로, 우리는 개인의 정신적 발전을 그 개인의
역사적 상황에서 분리시키려는 요하네스 데 실렌티오의 ― 그가 '모든
세대는 처음부터 시작한다'라고 주장할 때처럼 ― 시도와 그 자신의
역사주의의 변형, 즉 역사를 믿음의 가치의 몰락에 입각하여 해석하는
그런 변형 사이에 긴장이 있는가 하는 문제를 제기해야 할 것이다. 헤
겔 철학에 대한 이러한 이중의 공격은 '양다리를 걸치려는' 일관성 잃
은 시도인가? 개인의 내면의 삶은 역사에 의해 조건지어지는 것인가,
아닌가? 일관성을 잃었다는 이러한 비난으로부터 요하네스 데 실렌티
오를 변론하는 한 가지 가능한 방법은 그가 그리스도교도가 되어야 하

---

3 앞의 책, pp. 311-12.

는 과제는 언제나 개인이 그 스스로 새롭게 시작해야 한다는 과제라고, 그러나 이러한 과제에 직면하는 역사적 상황은 그 과제를 더 어렵게도 더 쉽게도 만들 수 있다고, 그리고 심지어 그 과제의 본질을 흐리게 할 수도 있다고 주장하는 것으로 이해하는 일이다. 그런데도 『공포와 전율』에서의 역사의 의의에 대한 설명은 여전히 애매한데, 이것이 이 저작의 약점일 수도 있다.

'이것은 체계가 아니다'

서문의 마지막 구절에서 이 익명은 자신에 관한 약간의 언급을 하고 있다. 그의 주된 관심사는 여기에서는 자신이 '결코 철학자가 아니' 라고 주장하는 것[5], 또 **체계**로부터, 이는 헤겔 철학을 지칭하거니와, 멀어지는 것이다. 명백히 자신의 경멸을, 비꼬는 투로, 전달하는 지나치게 경의를 표하는 어조를 채택하면서, 요하네스 데 실렌티오는 자신의 서문을 다음과 같이 선언하면서 끝을 맺고 있다. '이것은 **체계**가 아니며, **체계**와는 아무런 관련도 없다. 나는 체계에 대해 그리고 이러한 승합마차와 관련된 덴마크 투자자들에 대해 행운을 기원한다…[6]' 1843년에는 '승합마차' 가 화젯거리였는데, 왜냐하면 3년쯤 전에 코펜하겐에 이러한 형태의 대중교통수단이 도입되었기 때문이다. 서문을 시작하면서 사용했던 상업적 비유를 되풀이함으로써, 이 익명은, 가치의 몰락을 알리는 것에 덧붙여서, 이 비유가 당대의 사상가들이 자기본위의 세속성에 의해 이끌린다는 것을 함축하고 있음을 나타낸다. 따라서, 자신이 **'체계'** 와 떨어져 있음을 강조함으로써, 그는 헤겔 사상의 세부적인 것들과의 불일치를 표현하고 있을 뿐만 아니라, 세속적인, 전문화된 지적 이론으로 이해되는 '철학' 에 대한 자신의 경멸을 드러내기까지 한다. 당대인들의, 그리고 특히 마르텐센의, 세속적인 야망에 대한 이런 종류의 경멸은 키르케고르 자신의 야망을, 그리고 마르텐센의 성공에 대한 그의 분노를 드러내는 것이라고 말할 수도 있을 것이다. 어쩌면 키르케고르의 동기는 그가 자신의 익명들에게 부여하고 있는 것들보다 덜 고귀한 것인지도 모르지만, 중요한 것은 그가 이러한 주제들을 제기하는 것이 당대의 정신적 몰락에 대한 그의 진단, 다시 말하자면 오직 키르케고르 자신이 그의 경쟁자들을 희생시키고 자신의 명성을 높이려고 했다는 증거에 의해서만 강화될 수 있는 그런 진단에 입각한 것이라는 사실이다.

결론 부분은 또 『공포와 전율』의 가능한 수용에 관한 약간의 언급도 포함하고 있다. 이것은 키르케고르의 저작에서 아주 흔한 현상이다. 그는 자신의 저술 작품, 저자로서의 자신의 위상, 그리고 독자에 대한 관계와 독자에게 주는 영향 등에 관해서 놀랄 만치 자의식이 강한 사람이다. 여기에서, 요하네스 데 실렌티오는 최소한 자신의 저서에 대한 가능한 세 가지 반응을 예상하고 있다. 자신이 무시될 거라는 것, '질투심에 사로잡힌 비판'을 되풀이해서 받을 거라는 것[6], 그리고 '한 두 명의 모험심이 왕성한 요약꾼들이…자신을 구절들로 찢어발길 거라는' 것[6]. (익명이 여기에서 이 저작과 자신을 절대적으로 동일시한다는 것이 놀라운 일이다.) 첫 번째와 두 번째 가능성은 서로 대치되며, 또 그렇지만 요하네스는 그 둘이 모두 '예견된다'고 주장한다. 세 번째 가능성은, 다른 한편으로, ― 그는 이것이 앞의 두 가능성보다 '훨씬 더 끔찍한' 것이라고 두려워하는데 ― 특히 적절해 보이며, 또 『공포와 전율』에 대한 안내서의 저자로서 나를 불편한 상황에 처하게 만든다. 『공포와 전율』의 각 부분을 차례로 살펴보면서, 나는 저자로, 여러분은 독자로, 그의 책이 그가 원하는 바대로 읽히지 않고, 오히려 냉정한 음미와 분석에 얽매일 거라는 익명의 두려운 예감을 실현시키는 행위에 봉착하는 것인가? 요하네스 데 실렌티오는 어떻게 읽히기를 원하는 것인가?

조율하기[4]

『공포와 전율』의 서문이, 어떤 의미에서, 이 저작의 방향성과 목적에 대한 열쇠로서 그것의 바깥에 있다고 할 때, '조율하기' 라는 부분은 아브라함과 이사악의 이야기를 소개하고 있다는 점에서 제2의 시작을 나타낸다. '조율하기' 는 라틴어 'Exordium' 을 쉬운 말로 표현한 것인데, 이 말은 단순히 '시작' 을 의미한다. 사실, 우리는『공포와 전율』에 대한 적어도 세 번의 시작을 확인할 수 있다. 첫째 서문, 지금의 '조율하기', 그리고 그 다음 '마음으로부터의 머리말' 이나 혹은 '예비적 내뱉음' 으로 옮겨지기도 하는 '마음으로부터의 예비적 객출'. 이것은 마치 이 원전의 저자가 마치 시작하려고 발버둥치는 것만 같은데, 이것은 아마도 이 원전의 주제의 어려움 때문일 것이다. 사람들은 아브라함에 관한 이야기를 어떻게 시작하는가?

아브라함의 이야기

사실, '조율하기' 는 아브라함의 이야기를, 명확하고 간명한 요약으로써, 다음과 같이 딱 한 문장으로 아주 직접적으로 시작하는 것처럼 보인다. '옛날 한 남자가 있었는데 그는 어린 시절 하느님이 어떻게 아브라함을 시험했는지 그리고 아브라함이 어떻게 그 시험을 성공적으로

---

4 이 장의 제목이 Alastair Hannay의『공포와 전율』번역본에서는 '조율' (Attunement)이고, Hong 부부의 번역본에서는 '서두' (Exordium)이다.

견디고, 믿음을 유지했으며, 예상과 달리 두 번째로 아들을 얻었는지에 관한 저 아름다운 이야기를 들었다' [7]. 이미, 그런데, 이 원전의 주제는 둘로 나뉘고 있다. 아브라함이 있고, 아브라함의 이야기를 듣는 사람이 있다. 이 원전의 두 번째 부분을 지배하는 것은 후자이지만, 우리가 그를 더 상세하게 고찰하기 전에 우리는 아브라함의 이야기에 대한 요하네스 데 실렌티오의 생생한 요약을 숙고해 보아야 한다.

아브라함의 삶 원래의 이야기는 헤브라이 성서의 첫 번째 책인 창세기의 열다섯 장이 전개되는 전 과정에 걸쳐서 진술되고 있다. 아브라함은 11장에서 태어나서, 25장에서, '노인으로 한껏 살다가' 세상을 떠난다. 창세기 12장은 하느님이 어떻게 아브라함을 성별해서, 그의 나라를, 그의 조상을, 그의 형제를 떠나라고, 그리고 '내가 너에게 보여 줄' 새 땅으로 가라고 명령했는지 말하고 있다. '내가 너를 큰 민족이 되게 하고 너에게 복을 내릴 것이다'라고 하느님은 약속하신다. 아브라함과 그의 아내 사라는 그들의 목적지, 가나안 땅을 향해서 떠나는데, 하느님은 이 땅을 그들의 후손에게 주시겠다고 약속하신다. 그렇지만 사라는 임신이 불가능하다. 그녀는 아브라함에게 그녀의 하녀, 하가르에게서 아이를 낳을 것을 제안하는데 — 하가르는 결과적으로 대리모가 될 것인데, 왜냐하면 태어날 아이가 사라에게 주어지게 되기 때문이다 — 이 아이의 이름이 이스마엘이다. 17장은 아브라함과 하느님의 성약을 기술하고 있는데, 이 성약에서는 그가 '많은 민족들'의 아버지가 될 것이며, 가나안을 그와 그의 후손의 땅으로 주겠다는 약속이 갱신된다. 그 대신, 아브라함의 후손들은 모두 하느님과 그들의 특별한 관계의 징표로 할례를 받아야 한다. 여기에서, 하느님은 사라가 아들, 이사악을 낳을 것이며, 그가 앞으로 올 세대의 아버지가 될 거라고 약속하신다. 아브라함은 웃음을 터뜨리는데, 왜냐하면 그는 이제 백 살이 거의 다되었고, 또 사라는 아흔 살이기 때문이다. 사라 역시 이 소식을 듣고 웃음을 참지 못한다. 그러나, 21장에서, 이사악이 태어난다(그리고 할례를 받는다). 이때 이 가족은 브에르 세바라는 곳에서 살고 있다. 이스마엘을 자기 아들의 경쟁자로 생각하고서 사라는 아브라함에게 하가르와 이스마엘을 집에서 쫓아내 사막으로 보내라고 말한다. 22장은 『공포와 전율』의 초점이 되고 있는 아브라함의 삶의 한 일화를 진술하고 있다.

> 이런 일들이 있은 뒤, 하느님께서 아브라함을 시험해 보시려고 "아브라함아!" 하고 부르시자, 그가 "예, 여기 있습니다." 하고 대답하였다. 그분께서 말씀하셨다. "너의 아들, 네가 사랑하는 외아들 이사악을 데리고 모리야 땅으로 가거라. 그곳, 내가 너에게 일러 주는 산에서 그를 나에게 번제물로 바쳐라." 아브라함은 아침 일찍 일어나 나귀에 안장을 얹고 두 하인과 아들 이사악을 데리고서는, 번제물을 사를 장작을 팬 뒤 하느님께서 자기에게 말씀하신 곳으로 길을 떠났다. 사흘째 되는 날에 아브라함이 눈을 들자, 멀리 있는 그곳을 볼 수 있었다. 아브라함이 하인들에게 말하였다. "너희는 나귀와 함께 여기에 머물러 있어라. 나와 이 아이는 저리로 가서 경배하고 너희에게 돌아오겠다." 그러고 나서 아브라함은 번제물을 사를 장작을 가져다 아들 이사악에게 지우고, 자기는 손에 불과 칼을 들었다. 그렇게 둘은 함께 걸어갔다. 이사악이 아버지 아브라함에게 "아버지!" 하고 부르자, 그가 "얘야, 왜 그러느냐?" 하고 대답하였다. 이사악이 "불과 장작은 여기 있는데, 번제물로 바칠 양은 어디 있습니까?" 하고 묻자, 아브라함이 "얘야, 번제물로 바칠 양은 하느님께서 손수 마련하실 거란다." 하고 대답하였다. 둘은 계속 함께 걸어갔다.
>
> 그들이 하느님께서 아브라함에게 말씀하신 곳에 다다르자, 아브라함은

그곳에 제단을 쌓고 장작을 얹어 놓았다. 그러고 나서 아들 이사악을 묶어 제단 장작 위에 올려놓았다. 아브라함이 손을 뻗쳐 칼을 잡고 자기 아들을 죽이려 하였다. 그때, 주님의 천사가 하늘에서 "아브라함아, 아브라함아!" 하고 그를 불렀다. 그가 "예, 여기 있습니다." 하고 대답하자 천사가 말하였다. "그 아이에게 손대지 마라. 그에게 아무 해도 입히지 마라. 네가 너의 아들, 너의 외아들까지 나를 위하여 아끼지 않았으니, 네가 하느님을 경외하는 줄을 이제 내가 알았다." 아브라함이 들어 보니, 덤불에 뿔이 걸린 숫양 한 마리가 있었다. 아브라함은 가서 그 숫양을 끌어와 아들 대신 번제물로 바쳤다. 아브라함은 그곳의 이름을 '야훼 이레'라 하였다. 그래서 오늘도 사람들은 '주님의 산에서 마련된다.'고들 한다.

주님의 천사가 하늘에서 두 번째로 아브라함을 불러 말하였다. "나는 나 자신을 걸고 맹세한다. 주님의 말씀이다. 네가 이 일을 하였으니, 곧 너의 아들, 너의 외아들까지 아끼지 않았으니, 나는 너에게 한껏 복을 내리고, 네 후손이 하늘의 별처럼, 바닷가의 모래처럼 한껏 번성하게 해 주겠다. 너의 후손은 원수들의 성문을 차지할 것이다. 네가 나에게 순종하였으니, 세상의 모든 민족들이 너의 후손을 통하여 복을 받을 것이다." 아브라함은 하인들에게 돌아왔다. 그들은 함께 브에르 세바를 향하여 길을 떠났다. 그리하여 아브라함은 브에르 세바에서 살았다.[5]

이 이야기에 대한 짤막한 예비적 요약에서, 요하네스 데 실렌티오는 세 개의 핵심적 요소를 골라낸다. 첫째, '하느님이 아브라함을 시험하시고…아브라함은 그 시험을 이겨 냈다.' 여기에서 '시험'으로 옮겨진 덴마크어는 Fristelsen인데, 이 말은 영적 시험과 — 일반적으로 아브라함

---

5   성서, 창세기 22장 1–19절.

이 겪는 '시험'을 이해하는 것처럼 — 유혹을 모두 의미하는데, 이 두 가지 의미 모두 『공포와 전율』에서 제시되고 있는 아브라함의 이야기에 대한 해석에서 적용되고 있다. 아브라함은 하느님에 대한 순종을 증명하라는 요구를 받고 있기 때문에 **시험당하고** 있으며, 또 이사악을 희생시키라는 명령에 직면해서 반항하고 싶은 **유혹** 또한 받고 있다. 아브라함은 아들에 대한 자신의 도덕적 의무를 거론함으로써, 그리고 또 (그가 다른 일, 예컨대 하갈과 이스마엘의 처리 등과 관련해서 했던 것처럼) 하느님의 명령을 알았더라면 틀림없이 이사악을 살려야 한다고 주장했을 것이 분명한 아내 사라의 의지에 굴복함으로써, 그의 불복종을 쉽게 정당화할 수 있었을 것이기 때문에 그러한 유혹은 특히 강력하다. 그런 즉 여기에서, '유혹은', 요하네스 데 실렌티오가 원전에서 계속해서 주장하는 것처럼, '윤리성 그 자체이며'[52], 또 이것은 이상한 상황인데, 왜냐하면 보통 유혹은 도덕적 의무로부터 밀어내는 것으로 이해되기 때문이다.

익명의 개요에서 선택된 이야기의 두 번째 요소는 아브라함이 '믿음을 지켰다'는 것이다. 이것은 무엇을 의미하는가? 믿음의 문제는 '조율하기'에서 논의되지 않고, 원전의 그 다음 부분까지 미루어진다. 세 번째 요소는 아브라함이 '예상과는 달리 두 번째로 아들을 얻었다'는 것이다. 이것을 강조함으로써, 요하네스 데 실렌티오는 독자에게 이사악의 탄생이 하느님의 은총의 선물, 일종의 기적이었다는 것, 왜냐하면 사라는 늙고 또 불임이었기 때문이라는 것을 상기시킨다. 모리아산에서 최후의 순간에 구원을 받을 때, 아브라함은 아들을 되돌려 받았다. 어떤 의미에서 이사악은 두 번째로 은총의 선물로 주어졌는데, 왜냐하면 그는 잃어버린 것으로 보였으며, 또 이사악을 죽이라는 하느님의 명령에 비추어 볼 때, 이 은총의 선물은 첫 번째 선물 때도 그랬던 것처럼

'예상과 다른' 것이다. 따라서, 이사악은 첫 번째로 은총의 선물로 주어졌고, 상실되었으며 — 아니 적어도 겉보기에는 상실되었으며, 그리고 다시 주어졌다. 이것은 일종의 반복이며, 또 반복은 키르케고르에게는, 비록 요하네스 데 실렌티오가 분명하게 논의하고 있지는 않지만, 『공포와 전율』에 적절한 아주 중요한 관념이다.

아브라함 이해하기

아브라함의 이야기를 충분히 알아본 지금, 우리는 이제 그 이야기에 사로잡혀 있는 인물로 돌아갈 수 있다. 나이가 들수록, 이 남자는 이 이야기에 더욱 매료되게 되고, 또 그런데도 그는 점점 더 그것을 이해하지 못하게 된다. 의미심장한 것은 그의 정열과 이해가 이런 식으로 반대로 관련되어 있다는 사실이다. 아브라함을 이해하지 못하는 이 남자의 무능함은 헤겔 철학을 이해하지 못한다는, 서문에서의, 요하네스 데 실렌티오의 주장의 반향이며, 게다가 그의 입장은 모든 것을 이해하면서도, 지적으로 말하자면, 정작 정열이 없다고 비난받는 당대의 사상가들에게 키르케고르가 귀속시키고 있는 입장과는 정반대이다.[6] (이 주제는 후기에서 더 분명하게 논의되고 있다.) 만일 그 남자가 히브리어를 읽을 수 있었더라면 아브라함을 이해할 수 있었을 것이라는 익명의 언급은 냉소적인데, 왜냐하면, 『공포와 전율』의 뒷부분에서 더 분명해질 테지만, 여기에서 문제가 되고 있는 아브라함에 대한 이해의 종류는 성서에 대한 더 나은 지식에 의해 얻어질 수 있는 것은 아니기 때문이다. 만일 헤겔 철학이 19세기 역사주의의 한 측면을 대표한다면, 이러한 역사적 사유의 또 다른 측면은 성서에 대해 더욱더 비판적이 된 접근법인

---

6   *Two Ages*에서의 '현대'에 대한 키르케고르의 비판, 예컨대, pp. 68, 77, 91을 보라.

데, 왜냐하면 성서가 특정 관점에서 저술된, 그리고 특정의 도덕적, 문화적 혹은 정치적 의제를 위한, 인간이 만들어 낸 책이라는 견해가 더욱 주류가 되었기 때문이다. 키르케고르가 성서에 대한 이런 근대적 접근법에 꼭 반대한 것은 아니지만, 그는 확실히 해석상의 전문적 기술에 의해 얻을 수 있는 성서에 대한 지식이 아브라함의 이야기를 밝혀 주지 못할 것이라고, 왜냐하면 그는 분명히 그 이야기에서 가장 중요한 것이 아브라함의 실존적 상황이고, 또 이 이야기가 제기하는 문제는 믿음의 본질에 관한 것이기 때문이라고 주장하고 싶어 하기 때문이다. 설령 아브라함이 그저 무명의 저자에 의해, 알 수 없는 시점에서 창조된 허구적 인물로 간주되더라도 그런 문제는 여전히 남는다. 키르케고르의 경우, 역사적 연구에 의해 추구되는 객관적 지식은 아브라함의 이야기에서 문제가 되고 있는 주체적 진리와는 다른 차원의 것이다.

'삶은 아이의 단순성에 있어서 결합되었던 것을 분리시켰다'는[7] 제언이 요하네스 데 실렌티오에 의해서 아브라함에 대한 그 남자의 점증하는 찬미의 한 근거로 제시되고 있으며, 또 그런데도 이렇게 추측되는 설명은 이 단계에서는 불가해하다. **무엇이** '처음에 결합되었고', 또 그 다음에 '분리되게' 되었다는 것인가? 이 원전의 뒷부분에 비추어서만 우리는 이 물음에 대한 대답을 시도할 수 있는데, 왜냐하면 이 물음은 우리가 경험하는 바, 종교적 믿음과 세상과의 관계와 관련되어 있기 때문이다. 만일 어린 시절에 사랑으로 충만한 하느님이 세상을 창조했다고, 또 그 세상이 공정하다고 믿었다면, 그렇다면 세월이 흐르면서 거의 틀림없이 이런 믿음과 세상이 실제로는 거칠고 불공정하다는 사실 간의 불일치가 출현할 것이다. 종교적 믿음과 '실제 삶의' 경험 간의 갈등이라는 이러한 주제는, 가끔, 종교적 용어로 '악의 문제'로 형식화되기도 하려니와, 또 이 문제는 하느님의 실존에 대한 주장의 토대를 훼손하는데,『공포와 전율』의 후속 부분에서 다루어진다.

'이 남자는 사상가가 아니었고, 믿음을 넘어서서 가야 할 아무런 필요도 느끼지 못했다.' 라고 요하네스 데 실렌티오는 쓰고 있으며, 게다가 '그에게는, 비록 아무도 몰랐어도, 믿음을 갖는 것이 부러운 운명임에…틀림없는 것으로 생각되었다' 라고도 쓰고 있다[8]. 믿음을 넘어 그 이상 가야 할 아무런 열망도 가지고 있지 않을 뿐만 아니라, 그 남자는, 이렇게 암시되고 있거니와, 심지어 믿음의 차원까지도 가지 못했다. 사실 믿음 그 자체가 그에게는 하나의 열망이다. 이것은 키르케고르의 입장에서 일종의 전략적 방법으로서, 서문에서 암시되고 있는 바, 당대인들 사이에 널리 퍼져 있는 종교적 자기만족에 대한 도전을 의도하고 있다. 자신의 믿음의 결여를 절감하고 있는 누군가의 눈을 통해 아브라함을 바라봄으로써, 키르케고르는 독자들에게 믿음을 가지고 있다는 그들 자신의 억측을 문제삼을 것을 권유한다. 만일 독자가 자신을 익명과, 혹은 그 익명이 아브라함의 이야기에 관해서 열정적이라고 기술하고 있는 남자와(그런데 아마도 이 인물은 요하네스 데 실렌티오일 텐데) 동일시한다는 것을 깨달으면, 그는 믿음이 소유가 아니라 오히려 열망이라는 견해에 공감할 것이다.

이 점에서, 키르케고르의 접근법은 소크라테스의 그것과 비교될 수 있는데, 이 비교에 관해서 키르케고르는 그의 다른 저작들 어딘가에서 직접 주의를 환기시키고 있다. 플라톤의 대화록들에서, 소크라테스는 흔히 당대인들의 억측, 즉 자신들이 앎, 혹은 지혜를 소유하고 있다는 생각을 흔들리게 하는 것으로 제시되고 있다. 소크라테스는, 적어도 그는 플라톤에 의해 이렇게 묘사되고 있는데, 철학을 진리를 찾는다는 궁극적 목적을 지닌 과제로 보았으며, 이 과제는 확실히 달성하기가 어려웠고, 아마도 심지어 불가능하기까지 했을 것이다. 만일 사람들이 자신들은 이미 진리를 소유하고 있다고 잘못 착각을 한다면, 이 억측은 그들이 철학의 과제에 착수하는 것에 대해서조차 방해물이 될 것이다. 마찬가지로, 키르케고르는 믿음과 관련된 잘못된 자기만족이 사람들이 믿음의 과제를 떠맡는 데 방해가 될 거라고 생각했다. 소크라테스는 분명히 아테네에 사는 그의 친지들이 무지한 탓에 자기만족에 빠져 있다고 생각한 것으로 보이며, 이것을 드러내고 또 그의 대화자들을 훨씬 철학적인 방향으로 인도하고자 하는 그의 시도들 때문에 어떤 사람들에게는 인기 없는 사람이 되고, 또 다른 사람들에게는 존경의 대상이 되었다. 플라톤의 『국가』에서, 예를 들면, 소크라테스는 정의의 본질과 가치에 관해 몇 가지 상이한 인물들에게 질문을 던지고, 대화가 진행되는 과정에서 정의가 무엇인지 안다고 생각한 사람들이, 정의가 유익한 것이건 혹은 손해가 되건 간에, 잘못 억측했다는 사실이 분명해진다.

『국가』에서의 많은 논의가 실재와 현상 간의 구별에 집중되고 있으며, 또 이것에 함축되어 있는 것 중 하나는 단순히 정의로운 것처럼 보이는 것과 진실로 정의로운 것 사이의, 다시 말하자면, 정의롭다는 평판을 듣는 것과, 실제로 정의롭게 사는 것 사이의 훨씬 구체적인 구별에 대한 주장이다. 소크라테스는 아테네에서의 정의의 문제에 관한 대부분의 논의가 외부 사물에, 정의롭다는 평판에, 그리고 좋은 평판 내지 나쁜 평판으로부터 결과하는 보상이나 피해에 집중되고 있다고 넌지시 말하고 있으며, 또 논쟁을 훨씬 내면의 방향으로 재정립하기 위하여 그는 남들의 시선에서 완전히 벗어나 있을 때는 어떻게 처신해야 하는가 하는 문제를 제기한다. 비슷한 문제가 『공포와 전율』에서도 제기되고 있다. 아브라함을 찬미하는 사람이 '설령 알아주는 사람이 아무도 없어도' 믿음을 갖는다는 것은 '부러울' 거라고 생각한다는 사실을 주목하라. 소크라테스가 진정한, 내면의 정의가 훨씬 중요하다고 주장

하는 것처럼, 키르케고르도 또한 중요한 것은 겉으로 보이는 믿음이 아
니라, 하느님에 대한 개인의 내면적 관계라고 제언한다.

  이것은 우리를 아브라함과 이사악의 드라마의 실제 공간인 주체적
진리의 영역으로 데려간다. 그렇지만 아브라함을 찬미하는 사람은 아
브라함을 이해하는 데 실패하고 이 드라마의 특정 부분에 그의, 그리고
결과적으로, 독자의 주의를 집중시킨다. 그는 그의 영웅이 살았던 '아
름다운' 고대의 땅, 남편이자 조상으로서의 아브라함의 '축복받은' 그
리고 '훌륭한' 위상, 그리고 이사악의 '강건한' 유년에는 무관심하다.
그가 바라는 것은 오직 아브라함과 이사악의 3일 간의 모리아산 여행
에 동행하는 것뿐이다. 그는, 한 걸음 떼어놓을 때마다 아브라함이 아
들을 죽여야 할 순간에 점점 더 가까이 다가갈 때, 그 희생으로 나아가
는 순간들, 처음 모리아산이 보이는 순간, 산으로 올라가는 순간에 존
재하기를 원한다. 이 이야기의 심미적 요소들이라고 할 만한 것에 초점
을 맞추는 대신, 이것들은 찬미하기가 쉬운 것인데, 이 남자는 그저
'생각의 전율'에 관심을 두고 있을 따름이다[8].

믿음이 없는 네 명의 아브라함

아브라함의 찬미자에 대한 이러한 성격규정에 뒤이어 이 희생 이야기
의 네 가지 대안적 해석이 따라 나오는데, 각각은 아브라함이 '믿음을
지켰으며, 두 번째로 아들을 얻었다'는 해석으로부터의 변형들이고,
또 이 창세기 설화의 각기 상이한 요소들을 강조하고 있다. 몇 가지 세
부사항들이 이 원래의 것에 덧붙여져서, 이 대안적 이야기들이 아브라
함과 함께 모리아산으로 가기를 원하는 사람의 상상 안에서 창조되고
있다는 것을 암시하고 있다. 사실, 이러한 상상이 이 동행의 실체 바로
그것이다. 이 남자는 자신의 상상 속에서 아브라함과 함께 이 여행을

같이 한다. 그것들을 읽으면서, 우리는 꿈의 한 장면이라는, 반복되는 가운데 저변에 깔려 있는 공포 내지 불안을 드러내는 반복적 꿈 혹은 악몽이라는 인상을 받는다. 이런 상상 속 혹은 꿈속의 아브라함이 결코 믿음을 얻는 데까지 이르지 못한다는 사실은 아마도 아브라함을 이해하지 못하는 이 사람의 무능을 의미할 것이다. 짐작건대, 심지어, '이 이야기를 제대로 이해하지' 못하는 되풀이되는 실패는 믿음을 얻는 것의 어려움 내지 불가능함을 가리킬 것이다. 각각의 해석에서 아브라함은 시험을 당하고, 또 이사악을 희생시키라는 하느님의 명령에 복종하는 한 그 시험을 이겨 내지만 그러나 그의 반응은 믿음에서 비롯된 것이 아니다.

이 이야기의 첫 번째 대안적 해석에서, 사라는 남편과 아들이 시야에서 사라질 때까지 그들을 지켜본다. 그녀의 시각의 도입은, 이는 창세기 설화에는 없는 것인데, 『공포와 전율』에서, 특히 「문제 3」에서 계속해서 그 이야기의 분석에 중요한 것이 될 이야기의 한 차원을 나타내고 있다. 이 해석은 이사악의 역할에 관해서도 몇 가지 세부사항을 추가하고 있다. 이 소년은 어떤 일이 일어나는지 잘 알고 있으며 아버지에게 자신을 죽이지 말라고 사정한다. 그 대답으로, 아브라함은 그를 희생시키는 것이, 하느님의 명령이 아니라, 자기 자신의 소원인 것인 양 위장한다. 하느님을 향한 이사악의 믿음을 구하기 위해서 말이다. 이 이야기의 결과는, 그렇다면, 비록 아브라함이 기꺼이 아들을 죽일 자세가 되어 있기는 해도, 자기 자신의 이익보다 이사악의 이익을 더 우선시하는 방법으로 이러한 행위과정을 취한다는 것이다. 하느님을 향한 '믿음을 잃는 것보다 차라리 내가 괴물이라고 믿는 편이 분명히 그에게 훨씬 낫다' [9]. 그 희생이 아무리 끔찍하더라도, 그렇다면, 아브라함은 여전히 아들을 사랑하는 아버지로 묘사되는 것이다.

이 이야기와 관련해서 첫 번째로 상상되는 해석처럼, 두 번째 해석은 사라를 집중 조명하며, 이사악이 '그녀의 자랑, 모든 세대를 위한 그녀의 희망'이었다고 덧붙인다[9]. 이번에는, 모리아산에서의 사건이 아브라함을 절망에 빠뜨리고, 하느님에 대한 그의 관계는 근본적으로 변화된다. 그날 이후, '그는 더 이상 기쁨을 알지 못했다'[9].

세 번째 해석 역시 아들에 대한 사라의 사랑을 강조하지만, 여기에서 사라는 젊은 어머니가 되어 있다. 마치 그녀가 꿈같은 변신을 경험하기라도 한 양 말이다. 앞의 해석에서처럼, 아브라함은 시도된 희생에 의해 여전히 고통을 겪지만, 여기에서 변화된 것은 하느님에 대한 그의 관계가 아니라 그 자신에 대한 그의 관계이다. '그는 모리아산에 올라가서, 칼을 뽑았다'[10]는 이 이야기에 대한 아주 짤막한 요약 후, 초점은 그 사건의 결과로 옮겨진다. 아브라함은 서너 차례 되풀이해서, 그러나 언제나 해질 무렵에만, 그 여행을 반복하고, 아들에 대한 의무를 다 하지 못한 죄를 용서해 달라고 하느님에게 빈다. 이것이 의무에 대한 첫 번째 언급인데, 문제가 되고 있는 아버지의 의무의 정확한 본질은 명확하지 않다. 그렇지만 이 의무는 아들을 사랑하는 것이며, 또 그래서 그것은 오직 이러한 사랑이 부재하거나 혹은 부적절할 때만 위반되는 것처럼 보인다. 이것은 아마도 의무에 대한 가능한 위반이 기꺼이 이사악을 희생시키고자 했던 아브라함의 의지에 있는 게 아니라 아들에 대한 그의 내면의 관계에 있다는 것을 의미하는 것이리라. 희생 그 자체는 사랑에 실패했다는 것을 의미하지 않는다. 오히려, 다름 아닌 아브라함이 이사악을 사랑하기 때문에 그것이 희생인 것이며, 또 그 희생의 가치는 이 사랑에 비례하는 것이다. 이사악은 그의 고유한 가치 때문이 아니라 그가 아브라함에게 있는 것 중 '최고의 것'으로, 아브라함 자신의 삶보다 수백 배 더 귀한, 훨씬 더 가치 있는 것으로 간주되기 때문에 번제로 요구되는 것이다. 그 이야기의 이러한 해석은 아브라함의 상황의 모순을 강조한다. 한편으로, 그는 '자신에게 있는 것 중 가장 귀한 것, 그것을 위해서라면 백 번 천 번 자신의 생명조차도 기꺼이 버릴 수 있었던 것을 기꺼이 하느님에게 희생제물로 드리고자' 했던 일이 죄라는 것을 이해할 수 없다[10]. 그러나 다른 한편으로, 만일 그의 행위가 죄가 되는 것이라면, 그 행위가 이사악에 대한 그의 사랑을 표현한 것이 아니었다면 그것은 죄가 되었을 텐데, 그렇다면 그는 도대체 어떻게 이것이 용서될 수 있을 것인지를 이해할 수 없다. 여기에서 우리는 고뇌에 빠진 아브라함을 상상하는데, 왜냐하면 그는 그의 행위가 사랑에 의한 것이었는지 여부를 알 수 없기 때문이다. 어느 쪽으로도, 그는 그 행위의 의미를 이해할 수 없다.

네 번째 해석에서, 세부사항은 두 번째 해석의 그것들과 비슷하다. 아브라함은 절망에 빠져 있다. 그러나 이번에는 나중에가 아니라 희생의 순간에, 이사악의 앞에서, 혼자서 절망한다. 두 번째 해석에서 '이사악은 전과 다름없이 잘 자란' 반면[9], 여기에서는 아버지의 절망을 목격한 결과 믿음을 잃는다.

이 네 가지 대안적 각본은 상상 속에서 아브라함을 따라 함께 여행을 한 그 남자의 사례로 제시되고 있으며, 저마다 상이하게 믿음의 응답을 마음속에 그리지 못하는 것으로 끝이 난다. 이 절의 마지막에서 우리는 이것들이 모리아산으로의 가상의 '순례여행'이라는 훨씬 커다란 연쇄에 속하는 것이라는 언급을 보게 된다. 우리는 대안적 설명들의 특수한 세부사항뿐만 아니라, 이것들이 성서를 해석하기 위한 어떤 접근법을 제공하기 위해 함께 제시되는 방식에도 또한 아울러 주목해야 할 필요가 있다. 창세기의 묘사와 반복적으로 상상되는 해석 간의 가장 결정적인 차이는 창세기는, 마치 눈에 보이지 않는 관찰자에 의한 것인 양, 객관적인 서사로 기술되고 있다는 것, 그래서 주인공들의 생각, 감정, 동작 그리고 몸짓언어에 대한 그 어떤 언급도 하지 않는다는 것이다. 내적인 것에 대한 그 어떤 징조도 전혀 없다. 키르케고르의 것에서는, 그렇지만, 이 이야기의 해석들은 아브라함에게, 이사악에게 그리고 사라에게 내면성을 덧붙이고 있다. 모두 합쳐서 그들은 가족이 정서적 끈으로 함께 묶여 있는 세계를 불러낸다. 이러한 접합의 결과는 모리아산으로의 여행의 수난과 고뇌가 더 직접적이고 더 생생하게 된다는 것이다. 물론, 창세기 서사도 똑같은 파토스로 읽혀질 수 있지만, 키르케고르의 관심은 이 이야기의 결과가 아주 친숙해서, 왜냐하면 우리가 이사악이 구원될 거라는 사실을 알고 있기 때문에, 이사악을 겨눈 칼이 높이 들어 올려지는 시점에 이르기까지의 그 상황의 '공포와 전율'에 관해서 잊어버리게 된다는 것이다.

이러한 간과는 '조율하기'에서의 이 이야기의 다시 말하기라는 또 다른 효과로 연결된다. 이 이야기의 반복은 단순히 독자에게, 해피엔딩으로 달려가는 대신, 느긋해질 것을, 그리고 아브라함의 여행에 관해서 새롭게 성찰해 볼 것을 권유하는 것에 그치지 않는다. 그것은 또 아브라함이 그의 아들을 희생시키라는 하느님의 명령에 어떻게 응할 것인지 선택해야 했다는 점도 강조한다. 선택하라는 이런 요구는 이 원전의 제목이 지칭하는 '공포와 전율'의 본질적 요소이다. 아브라함의 고뇌는 희생의 행위가 아니라 결단에, 그리고 이 결단이 수반하는 책임의 짐에 있다. 만일 그가 선택의 여지없이 아들을 죽이지 않을 수 없다면, 그는 비탄, 고통, 슬픔 그리고 분노를 겪을 것이다. 그러나 그 선택은 이러한 다른 감정들에 고뇌를 추가한다. 아브라함에 대한 이러한 해석은 키르케고르의 사유에서 훨씬 일반적인 주제의 특수한 한 가지 사례이다. 그는 결단의 중요성을, 특히 종교적 삶에 있어서, 강조하며, 또 자유는 언제나 불안이 수반된다는 것을 넌지시 암시한다. 인간의 자유에 대한 이러한 분석은 『불안의 개념』(1844)에서 더 분명하게 형식화되지만, 그러나 『공포와 전율』에서도 확실히 잠재되어 있다.

상상 여행들의 연쇄는 또 아브라함이 단순히 순종과 불순종 사이의 선택에 직면한 것이 아니라는 것, 어떻게 순종하느냐 혹은 어떻게 불순종하느냐를 결정해야 했다는 것을 가리키고 있다. 아브라함의 믿음은 단지 하느님에 대한 순종에 있는 것이 아니라 — 왜냐하면 물론 그가 모든 대안적 해석에서 순종하고 있지만, 그는 여전히 믿음을 얻지 못하고 있기 때문이다 — 그의 순종의 방식에 있다. 아브라함이 선택할 수도 있었을 다른 가능성들을 제시함으로써, 그의 선택의 사실 그 자체가 더욱 전면에 부각된다. 그리고 대안적 가능성들이 아무리 마음 아프더라도, 이 가능성들은 아브라함의 실제 반응보다 어느 정도 더 이해될 수 있는 것, 훨씬 쉽게 부합하는 것처럼 보인다.

물론, 아브라함의 실제 반응에 관해서 이야기할 때 우리가 역사적 사실을 상술하고 있는 것이 아니며, 또 심지어 성서에 근거한 독해를 제공하고 있는 것도 아닌데, 왜냐하면 지금까지 우리가 살펴본 것처럼 이 원전은 오로지 외부의 관점에서 봤을 때 발생하는 일을 기술하고 있을 따름이며 또 따라서 그것은 대안적 해석들에서 극화되고 있는 믿음 없는 모든 반응과 비교 가능하다. 아브라함의 실제 반응은, 그 시험에 대한, 만일 그가 진실로 믿음의 남자라면 마땅히 그렇게 했을 만한, 그의 내면의 반응의 재구성이다.

만일 믿음이 단순히 하느님에 대한 순종의 문제가 아니라 내면의 그 무엇, 이러한 순종의 '어떻게'와 관련된 그 무엇이라면, 그렇다면 그것은 무엇일까? 원전의 이 부분은 우리에게 이것에 대한 아무런 적극적인 설명도 해 주지 않지만, 그러나 믿음이 무엇이 아닌지는 말하고 있

다. 네 가지 대안에서 등장하는 아브라함들은 그들의 외면적인 행위에
서는 다르지 않지만, 그러나 이 각본들 각각에서 그 상황의 원동력은
근본적으로 바뀐다. 첫째, 이사악은 아버지를 잃는다. 둘째, 아브라함
은 기쁨을 빼앗긴다. 셋째, 아브라함은 마음의 평화를 찾지 못한다. 넷
째, 이사악은 하느님에 대한 믿음을 잃는다. 따라서 비록 '조율하기'가
믿음 그 자체의 기술을 뒤로 미루고 있지만, 그런데도 그것은 다른 반
응들에 믿음을 비교함으로써 믿음의 특별함을 강조하고 있다. 우리는
믿음과 그 대안들 간의 이러한 비교가 원전의 뒷부분들에서 되풀이되
고 있음을 알게 될 것이다. '마음으로부터의 예비적 객출'에서 믿음은
체념과 대비되고 있고, 또 '문제 I'에서 아브라함은 자식을 기꺼이 죽
이고자 하는 의지 때문에 '비극적 영웅'이 되는, 그러나 믿음의 사람은
되지 못한, 다른 아버지들과 비교되고 있다.

어머니와 아들

모리아산으로의 상상 여행의 네 가지 기술들 각각은 아들에게 젖을 떼
는 어머니에 관한 짤막한 구절을 수반하고 있다. 이 구절들은 수수께끼
같고, 우화 같지만, 그것들이 아브라함과 이사악 간의 관계에 대한 여
성적 상대물을 제공하고 있다고 생각하는 것이 자연스러운 일이다. 그
리고 사실, 이 여행의 첫 번째 해석에 따라 나오는 구절은 그 해석에 일
치하는 것처럼 보인다. 아브라함이 하느님에 대한 아들 이사악의 믿음
을 유지하게 하기 위해 자신이 '괴물'인 양 가장하는 것처럼, 어머니는
젖가슴을 까맣게 칠해서 아이에게 정이 떨어지게 만들어 더 이상 젖을
빨아먹지 못하는 고통을 줄여 주려고 한다. 어쨌거나, 어머니와 아들에
관한 나머지의 구절들은 그 구절들을 이끌고 나오는 이야기들과의 유
사성이 덜 분명하며, 그래서 비평가들은 그 결합들을 일관성 있는 것으

로 해 주는 해석들을 제시하기 위해 애를 써 왔다.[7] 만일 그 희생 이야기의 대안적 해석들이 되풀이되는 꿈들, 혹은 악몽들의 연쇄와 같은 것이라면, 그것들과 병렬적으로 배치되어 있는 짤막한 우화들은 계속되는 꿈의 단편들의 선언논리를 보여 주는 것이다. 그러나 추측건대 이처럼 선언(選言)으로 보이는 것들은 근저에 놓여 있는 사유의 연속을 감추고 있을 것이다.

잠시 아브라함 이야기를 한쪽으로 젖혀 놓은 다음, 오직 아이에게 젖을 떼는 어머니에 관한 네 가지 우화들의 묶음을 살펴본다면, 우리는 분리와 상실의 주제를 확인할 수 있다. 이것은 어머니와 아들 모두에게 알쏭달쏭한 변화이다. 이들의 결합은 한때 그랬던 것보다 느슨해져 있으며, 또 그렇지만 이것은 그들 각각에게 더 많은 독립심, 더 많은 자율을 허용하고, 또 아이의 성장을 촉진시킨다. 우화의 각각의 해석에서, 아들에 대한 어머니의 사랑은 분명하다. 첫 번째 해석에서 어머니는 젖을 까맣게 칠한다. 두 번째 해석에서 어머니와 아들은 그들의 분리를 같이 슬퍼하고, 이 '짧은 슬픔'을 함께 나눈다[10]. 그리고 마지막 해석에서 어머니는 아들을 위해 먹을 것을 예비해 둔 것을 확인한다. 보기에 따라서, 이것들은 정겨운 장면들이지만, 각각의 경우에서 그것들은 어머니나 아들이 젖 떼는 과정, 분리와 상실의 과정을 이렇게 한정된 방식으로 겪는 것은 다행이라는 취지의 절규에 의해 흐릿해진다. 이러한 우화들의 배경에는 그것들을 이해하는 데 도움이 되는 해석적 맥락을 제공하는 인물이 붙어 다니고 있다.

그 인물은 레기네 올센이며, 또 그 맥락은, 최소한 표면상으로는, 사

---

7   어머니와 아이의 우화들을 모두 그것들이 뒤따르고 있는 아브라함의 이야기의 해석과 연결시키려는 시도와 관련해서는, L. Williams, 'Kierkegaard's Weanings' in *Philosophy Today*, 42, 3 (1998), 310–18을 보라.

적인 것이다. 키르케고르는 1841년 서너 달 동안 약혼한 상태였다. 그
는 그녀와 파혼한 직후인 1841년 10월에 2주간 베를린에 다녀온 적이
있는데, 베를린 체류 기간 동안 그는 결혼의 주제에 관한 철학적 저술
의 다채로운 선집인 『이것이냐 저것이냐』를 저술했다. 그는 1843년 부
활절에 교회에서 레기네와 조우한 직후 두 번째로 베를린을 찾았으며,
이때의 방문 기간 동안 『반복』과 『공포와 전율』을 저술했다. 『반복』의
익명의 해설자는 베를린에서의 첫 번째 경험을 반복해 보기 위하여 두
번째로 베를린 여행을 한다. 『반복』의 또 한 명의 등장인물은 젊은 약
혼자로서, 위기를 겪은 후에, 약혼을 깨고 시인이 된다. 1843년 5월 17
일, 베를린에서 『공포와 전율』을 저술하던 중에, 키르케고르는 일지에
다음과 같이 썼다. '만일 내게 믿음이 있었더라면, 나는 레기네에게 남
아 있었을 것이다.'[8] 이 모든 것이, 최소한, 키르케고르가 『공포와 전
율』을 집필하고 있는 동안에는 레기네가 그의 마음속에 있었다는 사실
을 분명히 해 주고 있다. 키르케고르는 저술 작업을 하는 과정에서 자
신의 내면의 삶의 모호한 과정을 악전고투하며 겪은 후에, 자신에 대한
그리고 자신과 함께 하는 이해에 도달한 것처럼 보인다. 더 나아가, 그
의 저술은, 철학적, 정신적 문제들을 다루는 동시에 그의 개인적인 관
점에서 레기네와의 관계를 극화하기도 하였다. 깨져 버린 약혼은, 육체
적 활력의 의미와 정서적 활력의 의미 모두에서, 그의 철학적 반성의
자양분을 공급해 주었다.

분리와 상실에 관한 네 가지 우화는 약혼뿐만 아니라, 키르케고르와
레기네가 헤어진 후에도 그들 간에 지속되어 온 것처럼 보이는 깊은 인
연까지 깨는 가능한 방법들로 읽힐 수 있다. 어머니가 젖가슴을 까맣게

---

8   JP V 5664.

칠하는 것처럼, 키르케고르는 어떻게든 레기네에게 자신을 덜 매력적인 존재로 만들 수 있을 것이다. 이러한 가능성이 『반복』에서도 또한 고찰되고 있는데, 여기에서 익명 콘스탄틴 콘스탄티우스는 젊은이에게 그에 대한 그의 약혼녀의 집착에서 벗어나기 위해서 성실하지 않은 것처럼 행세하라고 조언하는데, 아마도 그런 전략은 『이것이냐 저것이냐』에서, 구체적으로는 이 저작 가운데 냉소적이고 또 도덕관념도 없는 '유혹자의 일기'에서 키르케고르에 의해 실제로 시도되었을 것이다. 키르케고르의 전기에서 브란데스(Georg Brandes)는 다음과 같이 쓰고 있다. '약혼자에 대한 부당함 내지 가혹함의 몇몇 특징은 (이는, 그것들이 사실인 한에 있어서, 모두 그 젊은 처녀가 그에게 진저리치게 만들기 위한, 그녀 앞에서 그 자신의 나쁜 면을 강조하기 위한 또 그럼으로써 그녀를 위해 결별의 고통을 덜어 주기 위한 그의 노력에 기인하는 것이었는데) [코펜하겐] 이곳저곳에서 소문으로 나도는 것들이었다.'[9] 이 대신으로, 어머니가 자신의 젖가슴을 가리는 것처럼, 키르케고르 역시, 베를린으로 떠난 것 같이, 레기네의 눈에 띄지 않거나 혹은 도시를 떠남으로써 그 자신을 감출 수도 있을 것이다. 세 번째 우화에서는 어머니 자신의 슬픔이 강조되고, 또 어머니는 아이와 함께 상실을 슬퍼하지만, 이것은 그저 짧은 슬픔일 뿐인데 왜냐하면 어머니와 아이는 여전히 친밀한 관계이기 때문이다. 이러한 가능성은 레기네와의 결별에 대한 언급으로 읽히는 경우에는 통렬한 것처럼 보인다. '아이를 그처럼 가까운 사이로 유지하고서 더 이상 슬퍼할 필요가 없었던 이는 얼마나 행복한가!' 분리를 수행하는 마지막 방법은 아이를 위해 충실한 먹거리를 준비하는 것이다. 레기네와 관련해서 이것은 무엇을 의미

---

9   Kierkegaard, *Fear and Trembling*, translated by Howard V. Hong and Edna H. Hong, pp. xxvii-xxviii을 보라.

하는 걸까? 그가 레기네에게 제공하는 '훨씬 딱딱한 영양분'이 그의 저작이라는 걸까? 1843년의 저작들의 집필 동기에 관해 언급하는 1849년의 한 일지 항목에서, 키르케고르는 (1843년 5월에 출판된) 『이것이냐 저것이냐』와 『두 편의 건덕적 강화집』이 모두 어떻게 보면 레기네에게, 그리고 레기네를 위하여 저술된 것이라는 사실을 지적하고 있다.[10] 아니면 그는 레기네에게 다른 누군가와 결혼할 것을 권하려고 애쓰는 것일까?

물론, 젖떼기에 관한 우화는 그의 동기가 레기네를 향한 사랑이었다는 점, 그리고 그녀를 위해서 그렇게 처신하고 있다는 점을 그의 독자들에게, 그게 레기네와 그녀의 가족이건, 아니면 그의 행위를 비난하는 수다쟁이들이건 간에, 확신시키려는 키르케고르의 노력의 일환으로, 더 냉소적으로 읽힐 수도 있었을 테지만, 그 반면 아마도 그가 약혼을 깬 이유는 자신이 시사하는 것보다 더 평범하고 덜 고상한 것이었을 것이다. 그러나 이런 독해는 오해일 텐데, 왜냐하면 동기의 문제는 바로 『공포와 전율』에서 문제로 제기되고 있는 것이기 때문이다. 만일 이 우화들이 아브라함보다 레기네와 더 밀접한 관련이 있는 것처럼 보인다면, 그 우화들을 희생 이야기의 대안적 해석들과 병치시킴으로써 키르케고르는 레기네와 자신의 관계를 이사악과 아브라함의 관계와 연결시키고 있는 것이다. 지금까지 살펴본 바와 같이, 서로 다른 독해들에서 강조되고 있는 아브라함 이야기의 한 가지 요소는 그의 고뇌의 근원으로 이해되는 그의 선택, 그의 자유이다. 그리고 이 요소는, 이는 어머니의 우화에는 빠져 있는데, 키르케고르가 레기네에게 한 처사에 관한 것이다. 모리아산으로의 여행의 세 번째 해석이 특히 이와 관련이 있는

10　JP VI 6388.

데, 왜냐하면 아브라함이 마음의 평화를 찾을 수 없는 것은 그가 진실로 아들을 사랑하는가라는 풀 수 없는 문제 때문이다. 이것은 키르케고르가, 냉소적인 독자를 예견하고서, 레기네에 대한 자신의 사랑과 관련한 의심에 의해 촉발되는 내면의 투쟁을 극화하고 있다는 점을 가리킨다. 『공포와 전율』의 이 부분 초고의 여백에 적혀 있는 한 구절이 이것을 더욱 분명하게 해 준다.

전체 이야기의 요점은 아브라함 자신이 그 자신보다 이사악을 더 사랑한다는 것을 진정으로 확신하고 있다는 것이다. 의심은 두려운 것이다. 누가 그것을 결정하는가? 크렛 사람들과 펠렛 사람들(모든 종류의 사람들; 사무엘기 하권의 언급)에게 하는 보장은 아무 소용이 없다. 여기에서 문제는 모든 개인에게 있어서의 하느님-의식인데, 왜냐하면 외적인 표현, 즉 행위가 그것과 모순되고 있기 때문이다…만일 그가 잘못이라면, 그에게 어떤 구원이 있는 것인가?[11]

젖떼기와 관련한 우화들을 고찰한 결과, 이제, 우리는 또 다시 그 우화들을 함께 상기시키는 한 가지의 해석에 도달하였다. 만일 모리아산으로의 상상속의 여행이 믿음의 결핍을 기술한다면, 그렇다면 우화의 연쇄 또한, 파혼에 대한 가능한 반응들로 읽혀지거니와, 마찬가지로 믿음의 결여를 가리키는 것이다. '만일 나에게 믿음이 있었더라면, 나는 레기네에게 남아 있었을 것이다.'

어머니와 아들의 우화들의 의미, 그리고 아브라함의 이야기에 대한 그 우화들의 연관관계를 이해하는 데 도움이 될 수도 있는 두 번째 해

---

11 JP I 908.

석적 맥락이 있다. 분리와 상실의 주제는 인간관계의 영역에서뿐만 아
니라, 유대-그리스도교적 전통의 핵심인 신과 인간 간의 관계에서도
(그리고 또, 당연하게도, 다른 유신론적 전통에서도, 물론 이런 것들은
키르케고르의 관심사가 아니지만) 적절한 것이다. 구약성서에서 이러
한 관계는 종종 틈에 의거해서, 아마도 훨씬 근원적인 단일성에서 따라
나오는 분리에 의거해서 표상된다. 여기에서 우리는 에덴동산에서의
하느님과, 최초의 인간들인 아담과 이브 간의 틈에 관해서, 혹은 천국
에서 쫓겨난 천사 루시퍼에 관해서 생각할 수도 있다. 이 두 이야기 모
두, 이 구절의 원래의 의미에서, 은총으로부터의 타락을 극화하고 있
다. 아이의 젖떼기가 다의적인 것처럼, 분리가 상실과 자유를 모두 의
미하는 한, 이러한 종교적 분리들 또한 마찬가지로 상반되는 의미를 지
니고 있다. 앞 절에서『공포와 전율』의 서문을 고찰했을 때, 우리는, 역
사적으로 그리고 일차적으로 철학적 전통 안에서의 인간의 자기-충족
성의 주장에 입각해서 이해되는, 자율의 주제를 어떻게 그 서문이 문제
삼는지 살펴보았다 — 그러나 인간이 하느님으로부터 점차 독립해 왔
다는 이야기는 성서에서 이미 이야기되고 있다.

　이 이야기는 그리스도교적 전통에서는 어떻게 이해되는가? 신학적
논쟁에 들어가지 않고서는 이 문제를 고찰할 수 없는데, 왜냐하면 그것
은 예수가 누구인가 그리고 예수의 가르침이 어떻게 이해되어야 하는
가에 달려 있기 때문이다. 한편으로, 그리스도라는 인간 형태로의 신성
의 성육신은 하느님과 인간 간의 화해를 초래한다. 다른 한편, 이 사건
은 원래 하느님과 아브라함 사이에 맺어졌던 율법적 성약으로부터 하
느님의 백성을 자유롭게 해 주고 또 인간의 마음속에 '하늘의 왕국' 을
세워 주기 때문에 인간세계에 더 많은 자율을 허용한다고 주장될 수도
있을 것이다. 키르케고르의 경우, 내가 생각하기에는, 의심과 믿음의

주제는 명백히 사람과 사람 사이의, 상관적인 것이며 또 그는 예수와 그의 제자 간의 그리고 예수와 하느님 간의 모든 관계를 믿음의 **문제**에 의거해서 바라본다. 이것은 단순히 믿음의 본질에 관한 객관적 문제가 아닌 주체적 문제이며, 믿음**에 관한**, 내가 믿음을 가지고 있는가, 혹은 믿음을 얻을 수 있는가에 관한 문제, 그러나 또한 믿음은 그 자체가 문제라는 의미에서의 믿음**의** 문제이기도 하다. 우리는 『공포와 전율』을 읽고 아브라함과 이사악의 이야기에서 예수의 죽음에 대한 예견을 찾을 필요는 없는데, 왜냐하면 십자가 처형은, 신학적으로는, 희생으로 — 아브라함의 희생의 일종의 반전으로, 왜냐하면 하느님을 위하여 사람이 희생하는 대신, 하느님이 사람을 위하여 희생하기 때문에 — 이해되기 때문인 동시에 예수가 십자가에 매달릴 때 하느님에 의해 포기되었다는 의미 때문이기도 하다. 창세기 이야기에서 이사악이 장작을 짊어지고 모리아산을 올라가 제단까지 가는 것처럼, 예수 역시 나무 십자가를 짊어지고 언덕을 올라가 자신의 처형장소까지 간다. (물론, 이러한 비교는 신약성서에 끼친 구약성서의 영향 때문으로 돌릴 수 있을 것이다. 예수의 죽음의 이야기는 아브라함과 이사악의 이야기를 모델로 삼았을 가능성이 있다.) 요하네스 데 실렌티오는 '조율하기'에서, 특히 이사악이 아버지가 자신을 버렸다고 생각하는 첫 번째 해석에서, 아브라함의 이야기에 대한 대안적 묘사에서 그런 그리스도교적 반향을 암시하고 있으며, 또 아브라함의 상황의 그리스도교적 의미가 『공포와 전율』의 훨씬 뒷부분에서 더욱 분명하게 나타나고 있다.

우리는 이 같은 원전의 수수께끼 같은 부분에서, 그렇다고 할 때, 이사악과 예수의, 이사악과 레기네의, 키르케고르와 아브라함의 비교를 목격하고 있는 것으로 보인다. 그리고 물론, 우리가 앞에서 살펴본 것처럼, 이러한 인물들의 이야기에서 현안이 되고 있는 믿음의 문제는 19

세기 그리스도교인들이 그들의 믿음과 관련하여 자기만족에 빠져 있다는, '현대'는 믿음의 가치가 몰락한 시대라는, 그리고 헤겔 철학의 인기가 이러한 몰락의 징후라는, 인간의 자율에 대한 주장과 관련하여 거짓 없는 문제제기, 말하자면 그 자체는 바로 이러한 주장의 표현이 아닌 그런 형태의 문제제기가 이루어질 필요가 있다는 염려에 대한 응답으로서 요하네스 데 실렌티오에 의해 논의되고 있다. 설령 우리가 이 모든 실타래를 풀려고 하더라도, 우리는 곧 그것들을 다시 얽어 놓고 있음을 깨닫게 될 터인데, 왜냐하면 그것들은 키르케고르의 사상의 재료를 구성하고 있기 때문이다.

철학적 텍스트를 '심리학화하는' 것, 다시 말하자면, 저자에 관한 전기적 사항들에 기초한 심리학적 관찰 내용이나 가설을 참조하면서 철학적 텍스트를 해석하는 것은 흔히 잘못으로 간주되는 경우가 많으며 또 『공포와 전율』을 키르케고르의 파혼 이야기(혹은, 마찬가지로 이따금 시도되는 것처럼, 아버지와 그와의 관계에 관한 이야기)로 축소시키려는 시도는 분명히 잘못된 일일 것이다. 그렇다고는 해도, 이 원전에 대한 우리의 해석에서 레기네와의 관계를 배제하는 것 역시 잘못을 범하는 것일 텐데, 왜냐하면 이러한 사적 관계는 키르케고르의 철학적 작업에 대한 영감을 제공했을 뿐만 아니라, 모든 실존적 개인에게 해당하는 철학적 문제들의 특수한 예증을 구성하고 있는 까닭이다. 어떻게 행위해야 하는지를 나는 어떻게 알 수 있는가? 내 결정의 근거는 무엇인가? 진실되게 산다는 것이 무엇을 의미할 수 있단 말인가? 키르케고르는 직접 "[아브라함의] 이러한 난제들을 해명한 이가 나의 삶을 풀어 설명하였다"고 썼다.[12] 더욱이, 레기네와의 파혼을 유의하는 것이 『공

---

12 JP V 5640.

포와 전율』에서 믿음이 단순한 종교적 범주가 아니라는 사실 — 혹은, 적어도, 그것이 하느님과의 관계에 국한된 것이 아니라, 인간관계에도 관련되어 있다는 사실을 밝히는 데 도움이 된다.

몇몇 독자들은『공포와 전율』과 같은 텍스트의 개인적, 철학적, 신학적, 영적, 심미적 그리고 문화적 쟁점들의 진기한 융합과, 간헐적으로 나타나는 이 텍스트의 신학적 반성, 서정적 묘사, 자기반성, 논쟁, 문학적 인유(引喩) 그리고 성서에 대한 언급들의 불가해한 혼합이 '진정한 철학'에 해당하지 않는다고 비판할지도 모른다. 다른 독자들은 키르케고르의 사유가 그 자신의 삶을 반영하고 또 그의 직접적 환경에 반응하는 방식에 감탄하는가 하면, 그가 물려받은 지적, 종교적 그리고 문학적 전통들을 이용하기도 한다. 그들은 심지어 이러한 다양한 요소들의 환원불가능한 종합을 키르케고르의 철학적 재능과 심오함의 증거로 간주하기도 한다.

아브라함에 대한 찬사[13]

제목이 시사하는 것처럼, 요하네스 데 실렌티오의 아브라함에 대한 '찬사'는, 그 앞의 절처럼, 성서적 영웅을 존경하는 이의 관점에서 씌었다. 그렇기는 하지만 그 문학적 양식은 '조율하기'와는 많이 다르다. 그것은 일종의 찬미로서, 자의식이 강한 정도로 수사적인데, 앞의 절에 나오는 이야기들과 우화들의 연쇄는 독자를 상상과 성찰이라는 조용한

---

13 이 장의 제목이 Alastair Hannay가 번역한 *Fear and Trembling*에서는 '아브라함을 찬미하는 연설'(Speech in Praise of Abraham)이고, Hong 부부의 번역본에서는 '아브라함에 대한 찬미'(Eulogy on Abraham)이다.

사적 세계로 초대하는 반면, '아브라함에 대한 찬사'는 대중 연설의 형태를 취하고 있다.

이 찬사의 정서적 어조 내지 분위기 또한 '조율하기'의 그것과는 다르다. 여기에서 요하네스 데 실렌티오는, 마치 대중 공연의 무대에 오르기라도 하는 것처럼, 명랑하다. 그의 연설은 멋진 구절과 감탄사로 가득하다. 음울하게 아브라함의 고뇌와 씨름하는 대신, 그는 아브라함의 믿음을 찬양한다. 이 익명의 정조는 확신에 차 있으며, 즐겁고, 열광적이며, 무척 고무되어 있다.

이 절에 깃들어 있는 한 가지 사상은 아브라함이, 믿음의 원형인 한에서, 절망에 대한 해독제이며, '고뇌에 찬 인간을 구해 주는 향도성'[18]이라는 것이다. 절망의 위협이 첫 구절에서 생생히 기술되고 있는데, 여기에서 익명 요하네스 데 실렌티오는 만일 '인간 내면의 영원한 의식'과 '인류를 하나로 묶어 주는 신성한 유대'[12]가 없다면 삶 전체를 규정지을 것이 분명한 '공허함', '생각 없음,' '절망적임' 그리고 '무익함'[12]을 불러일으키고 있다. 여기에서는, 그렇기 때문에, 현실에 대한 희망적인 종교적 비전과, 절망적인 세속적 세계관 간의 명확한 대비가 독자에게 제시되고 있으며, 익명 요하네스는 마찬가지로 분명하게 희망적인 종교적 비전을 선호한다. 이 점에 관한 그의 추론은 우리에게 익숙한 것이 아니다. 그는 믿음 없는 삶의 절망적임 그 자체가 세속적인 종합의 오류에 대한 논증이며 — 혹은, 심지어 훨씬 강하게는, 특정 종류의 증거라고 주장하는 것처럼 보인다. 우리에게는 '그렇지만 그것이야말로 사정이 그렇지 않은 까닭이다'라는 요하네스 데 실렌티오의 놀랄 만한 확신에 의문을 제기할 근거가 있거니와, 특히 우리가 이것이, 이 책의 첫 두 절에서, 의심에 사로잡혀 있는 것처럼 보였던 사람에게서 비롯되는 것이라고 생각할 때 더욱 그렇다. 그렇지만,

이 있음직하지 않은 허장성세의 밑바닥에 놓여 있는 것은, 아브라함의
의의를 강조하고자 하는 시도, 아브라함의 믿음의 문제에 대한 관여가
그 이상 고귀할 수 없을 거라는 사실을 지적하고자 하는 시도이다. 그
것은 인생의 가치의 문제이다. 이 익명에 따르면, 아브라함의 이야기는
아브라함의 믿음뿐만 아니라 '하느님의 은총'까지도 증거한다[19].

시인과 영웅들

요하네스 데 실렌티오가 아브라함에 대한 찬사를 시작하면서 제기하고
있는 '삶은 절망적인가 혹은 희망적인가' 하는 문제는, 얼핏 보기에도
직접적으로, '영웅'과 '시인 내지 강연자'의 역할에 대한 논의로 이어
진다. 이 익명의 담론은 여기에서 반성적이다. 시인으로서 혹은 강연자
로서 그는 영웅으로서의 아브라함에 대한 찬미를 바치면서, 이 두 역할
사이의 상호적 관계에 관해서 성찰하고 있는데, 그는 이 관계를 남자와
여자의 관계에 비유한다. 그에 의하면 영웅과 시인은 — 말 그대로, 왜
냐하면 그는 하느님의 창조에 관해서 말하고 있기 때문에 — 서로서로
를 위해 창조되었다는 것이다. 그런 까닭에 삶의 의미와 가치의 문제에
그 중요성이 놓여 있는 것은 아브라함뿐만이 아니거니와, 요하네스의
아브라함 해석이 아브라함의 중요성에 핵심적이기 때문이다. '영웅은
말하자면 [시인의] 더 나은 본질인 것처럼'[12], '시인은 이른바 영웅
의 더 나은 본질이다'[13]. 만일 사람들이 절망으로부터 구원받기 위하
여 영웅을 필요로 한다면, 그들은 또한 이러한 영웅들에게 다가갈 수
있는 길을 제공함으로써, 영웅들의 행위와 품성을 기술하고, 문학적 전
통이라는 집단의 기억 속에 이러한 것들을 보존함으로써 이러한 구원
을 손쉽게 하기 위하여 시인을 필요로 하는 것이다. 예를 들어, 소크라
테스, 예수 그리고 부타와 같은 인물들은, 스스로는 아무것도 기록하지

않았거니와, 그들의 삶과 가르침에 관한 이야기들을 알려 주는 설교들과 문헌들이 — 그리고 강연자들과 시인들이 — 있을 때만 비로소 지속적으로 사람들을 인도하고 깨우칠 수 있는 것이다. 플라톤, 바울, 그리고 신약성서 복음서들과 팔리어 강론들의 저자들이 없었다면, 이러한 현인들과 성자들은 아마도 이미 오래 전에 잊혔을 것이다. 요하네스 데 실렌티오가 아무리 영웅과 시인 간의 부조화를 강조하더라도, '영웅이 성취해 내는 업적을 시인이 행하지 못하는 한, 시인은 오직 영웅을 찬미하고, 연모하고 찬양할 따름이며'. 이러한 과업의 수행을 통해서 시인은 '변함없이 자신의 사랑에 충실하다' [13] — 또한 이 익명이 이 구절을 쓰고 있다는 것이 의미심장한 점인데, 왜냐하면 이 구절은 정확히 『공포와 전율』 거의 끝부분에 아브라함의 업적을 개괄하는 데 사용되는 구절이기 때문이다[106을 보라]. 이 사실은 자신의 사랑에 충실하다는 것이 많은 다양한 형태를 취할 수 있다는 것을 함축하는 것이다.

영웅의 역할과 시인의 역할 간의 이러한 비교는 우리가 『공포와 전율』을 읽으면서 끊임없이 제기할 필요가 있는 일련의 물음, 즉 '요하네스 데 실렌티오는 누구인가? 그의 요점은 무엇인가? 우리는 그에게 어떻게 대꾸해야 하는가?' 라는 물음들의 전조가 되고 있다. 더욱이, 우리는 그런 물음들을 이중의 방식으로, 즉 첫 번째는 키르케고르와 동시대의 독자의 관점에서, 그리고 두 번째는 우리 자신의 개인적 시각에서 제기할 필요가 있다. 우리가 첫 번째 시각에서 이 익명에 관해 생각한다면, 우리는 19세기의 독자들이 스스로를 그리스도교인으로 간주했을 가능성이 농후하다는 것, 그리고 아브라함과 그의 믿음에 대한 긍정적 견해를 지니고 있었을 가능성이 크다는 것을 유념해야 하며, 또 우리는 요하네스 데 실렌티오의 제언 — 이는 키르케고르의 다른 익명들에 의해서도 반향되고 있거니와 — 즉 그 시대의 특징은 종교적 자기만족이었다는 사실 또한 명심해야 한다.

이런 관점에서 보건대, 우리에게는 『공포와 전율』의 이 절에서 제시되고 있는 영웅과 시인의 역할들의 날카로운 대비를 문제삼을 만한 이유가 있다. 요하네스가 영웅 아브라함과의 관련하에서 시인의 역할을 맡고 있다는 것은 쉽게 알 수 있는데, 요하네스를 영웅으로 간주하는 것도 과연 가능할 것인가? 그리고 이 경우, 키르케고르 자신은 시인의 역할을 맡고 있는 것인가? 정확히 이 익명은 그가, 동시대인들에게 귀속되는 자기-기만적 자기만족과는 대조적으로, 아브라함을 이해하지 못하는 자신의 무능함과 부족한 믿음을 절감하는 정도까지 영웅이란 말인가? 소크라테스가 아테네에서 가장 지혜로운 사람으로 간주될 수 있는 것은 그가, 자신들이 지혜를 소유하고 있다고 잘못 착각하고 있던 당대의 사람들과는 달리, 자신에게는 지혜가 없다는 것을 알고 있기 때문인 것처럼, 요하네스 데 실렌티오 또한 최소한 자기 자신의 영적 한계를 깨닫고 있기 때문에 가장 지혜로운 아니 심지어 가장 종교적인 인간으로 간주될 수 있는 것이다.

더욱이, 그리스도교인으로 존재한다는 것의 핵심적 측면이 그런 한계에 대한 고백이라는 점에서 이것은 특이한 가능성이다. 특별히 그리스도교적 관점에서 보자면, 하느님의 은총이 필요한 까닭은 정확히 인간이 자신만의 노력으로는 선한 삶을 살 수 없기 때문이다. 그리스도의 도움이 필수불가결한 까닭은 인간이 하느님과의 온전한 관계를 유지할 수 없기 때문이다. 만일 그리스도교인이 되어야 한다는 과제가 오직 믿음의 과제일 뿐이라면, 그렇게 되기 위한 첫 단계는 자신에게는 아직 믿음이 없다는 사실과 그렇기 때문에 그 과제가 과제**라는 것**을 깨달아야 한다는 것이다. 그래서 요하네스 데 실렌티오는, 자신에게는 이미 믿음이 있다고 생각하면서 자신의 영적 과제에 계속 무지한 상태로 남아 있는 미망에 빠져 있는 사람보다는 그리스도교인이 되는 것에 적어도 한 발은 더 가까이 가 있는 것처럼 생각될 것이다. 그런 독자에게는 그 경우 이 익명 자신이 영웅이 되는 것이며, 또 그를 영웅으로 보게 되기까지의 바로 그 과정이 이 독자 자신의 믿음의 길을 내딛는 첫 걸음일 것이다.

'하느님을 사랑하는 이'

『공포와 전율』의 이 절의 나머지 부분은 아브라함의 위대함을 다루고 있다. 여기에서 우리는 믿음의 본질에 대한 첫 번째 적극적인 지적을 얻게 되는데, 왜냐하면 앞 절들에서는 믿음이 무엇이 아닌지만 언급되었을 뿐이며, 또 믿음의 가치에 대한 문제가 제시되었기 때문이다. '조율하기'는, 이사악을 희생제물로 드리라는 하느님의 명령에 대한 가능한 다양한 내면의 반응들을 제시하는 가운데, 믿음이 그저 복종에 있는 것도 아니고 그렇다고 어떤 다른 외적 행위에 있는 것은 더더욱 아니라고 주장하는데, 왜냐하면 믿음 없는 가상의 아브라함의 네 가지 사례 모두가 하느님에게 복종하여 희생의 조치를 취하고 있기 때문이다. 믿음은 내면성에 있으며, 또 자신의 영웅에 대한 찬미를 통해서 침묵의 요한네스는 아브라함의 위대함에 속하는 내면성의 세 가지 양상 내지 성질, 즉 사랑, 기대, 투쟁을 확인하고 있다.

성질들로 기술되고는 있지만, 여기에서 그것들이 행위라는 것에 유의해야 한다. 그것들은 인간의 정적 특성이 아니며, 시간의 흐름을 통해서 일어나는 역동적인 과정, 즉 사랑하고, 기대하고, 투쟁하는 것이다. 그것들은 내면의 행위 내지 운동이며, 또 그런 운동의 개념이 키르케고르 사상 전체에 핵심적인 것이다. 일반적으로 운동에 관해서 생각할 때, 우리는 이동, 즉 공간적 운동을 생각하지만, 아브라함의 위대함을 이루고 있는 운동의 종류는 물리적인 것이 아니라 영적인 것, 시간-공간적인 것이 아니라 시간적인 것이다. '내면(으로)의' 라는 말 자체가 운동을 함축하고 있다는 사실을 유념해야 하는데, 왜냐하면 그것은, '앞으로', '뒤로', '위로' 등의 방향을 가리키기 때문이다. '내면성' 은 키르케고르에게 아주 중요한 개념인데, 이것은 인간 내부의 특정 종류의 공간, 그 속에서 운동이 일어나는 그런 공간을 뜻하는 것이 아니며, 그 대신 운동 그 자체를 의미한다. 간혹, 이러한 운동에 관해서 논술하면서 키르케고르는 (또는 그의 익명들은) 그것을 '강화(强化)', '내면의 심화', 또는 '빈틈없는 운동' 으로 기술하고 있다. 아브라함의 경우, 모리아산으로의 여행이나 칼을 높이 들어 올리는 것과 같은 그의 외적인 운동은 그의 믿음이 아니고, 심지어 믿음의 표현도 아니며, 오히려 그의 사랑, 기대 그리고 투쟁 등의 내면의 운동을 **상징하는**데, 이것들은 그 자체가 그 어떤 외적인 표현이나 징후를 지니고 있지 않다.

내면성에 대한 키르케고르의 강조는 우리가 당연히 문제시하고 싶은 종교적 삶에 대한 그의 설명의 한 측면이다. 물론 믿음의 내면성과 전달불가능성에 대한 그의 강조가 반드시 개인주의에 해당하는 것은 아니지만 — 왜냐하면 그것에는 하느님뿐만 아니라 타인과의 진정한 관계에 대한 고려가 수반되고 있기 때문이다 — 그것은 순수한, 비-물질적 영성이라는 의심스러운 개념에 호소하는 것처럼 보인다. 우리의 체현(體現)이 믿음에 대한 장애가 아니라, 그와는 반대로, 종교적 삶의 중심에 있을 수도 있는 타인들과의 친교를 가능하게 해 준다는 주장을 어떻게 생각할 것인가? 그는 '연민' 이 다른 존재의 내적 감정에 대한 실재적인, 체감된 경험을 뜻한다는 사실, 그리고 이런 식으로 우리가 타인과 '접촉하고' 또 타인에게 '접촉될' 수 있다는 사실을 영적으로 적절치 않은 것으로, 아마도 '단순히 심미적인 것' 으로 무시하려고 할 것인가? 만일 그렇다면, 이때 그의 철학에 그처럼 핵심적인 수용성의 개념에 중요한 차원이 결여된 셈이다.

인간의 내면에서 일어나는, 혹은 사람이 내면에서 수행하는 운동의 관념은 또한 『반복』에서도 주제로 다루어지고 있거니와, 『반복』은 『공포와 전율』과 한 쌍을 이루는 중요한 방식들 중 하나를 묘사하고 있다. 『반복』에서 익명의 저자 콘스탄틴 콘스탄티우스(Constantin Constantius)는 반복이 가능한가를 알아보기 위하여 두 번째 베를린 여행을 떠나지만, 그의 여행은, 이 저서에서 암시되고 있는 것처럼, 부지불식간의 '서툰 모방'인데, 왜냐하면 그것은 내면의 여행이어야 하기 때문이다. 이 저서의 다른 주요 등장인물인 젊은 약혼자의 행위는 콘스탄틴의 물리적 운동과 비교될 수 있는데, 왜냐하면 그가 자신의 실존적 위기를 해소하려고 애쓸 때 그는 '내면에' 머무른 채 '현장에서 꿈쩍도 하지 않기' 때문이다.[14] 『반복』에서 나타나는 전언은 물리적 세계에서 진정한 반복이 있을 수 없는 반면, 영적 영역에서는 가능하다는 것, 그런데 그곳에서 반복은 오랫동안 상실되었던 어떤 것의 회복, 복귀 혹은 복구를 의미한다는 것이다. 젊은 약혼자라는 작중인물은 그가 약혼함으로써 자신을, 혹은 자유를 상실했다는 사실을 깨닫는다. 그가 자신을 되찾을 때, 그는 반복이 일어났음을 진술한다. 그는 또 이러한 반복이 혼자 힘으로 성취하는 어떤 것이 아니라 남에게서 받는 것이라고 주장하는데, 이것은 자신의 자유를 상실하는 사람은 그것을 혼자 힘으로 되찾을 위치에 있지 않다는 것을 가리키는 것일 수 있다 — 왜냐하면 만일 그가 이것을 할 수 있다면, 그의 자유는 결코 실제로는 상실된 적이 없는 것이기 때문이다.

---

14   Kierkegaard, *Repetition*, p. 214를 보라.

콘스탄틴 콘스탄티우스의 책에서 반복이라는 내면의 운동은 아브라함에게 귀속되는 믿음이라는 내면의 운동을 비추고 있다. 반복과 관련한 콘스탄틴의 '혼란'은 '이것에 있다. 즉 반복의 가능성의 가장 내적인 문제가 외적으로 표현되고 있는 것이다. 마치 반복이, 만일 그런 것이 가능하다면, 개인의 외부에서 발견될 수 있는 것처럼 말이다. 바로이런 이유 때문에 그 젊은이는 정말로 정반대의 것을 하는 것이다…' [15]『반복』에서 내면의 운동이라는 관념은 또 성서의 독해와도 연결되어있다. 여기에서 영웅은 아브라함이 아니라 욥인데, 이 두 인물을 종교적 내면성에 대한 논의의 초점으로 만드는 것은 이들 간의 유사성이다. 우리는 나중에 운동의 주제로 다시 돌아갈 것이며, 또 반복 개념의 의의로 돌아갈 것이다.

요하네스 데 실렌티오는 아브라함이 그가 사랑한 이, 그리고 그가 더불어 투쟁한 이의 위대함에 비례하여 위대하다고 주장한다. '하느님을 사랑한 [그] 사람은 모든 사람보다 더 위대하게 되었다…불가능한 것을 기대한 그 사람은 모든 사람보다 위대하게 되었다…하느님과 함께 투쟁한 그 사람은 모든 사람보다 더 위대하게 되었다' [13]. 우리는 이제 이 세 가지의 내면의 운동을 하나하나씩 차례로 고찰할 것이다. 아브라함이 하느님을 사랑하는 것으로 묘사될 수 있는 이유를 이해하는 것은 어렵지 않은 것처럼 생각될 수도 있지만, 사실 이것은 아브라함이 이사악을 희생제물로 바치려고 한 사건에 대한 창세기의 묘사에 의하건대 결코 명백한 것이 아니다. 사실, 천사가 중간에 끼어들어서 아브라함이 이사악을 죽이지 못하게 방해하면서 이렇게 말한다. '이제 나는

---

15   같은 책, p. 304. 이 구절은 *Repetition*에서 인용된 것이 아니라, 이 저서에 대한 . L. Heiberg의 언급에 대한 응답으로, Constantin Constantius의 이름하에 작성된 편지 초고에서 발췌한 것이다.

네가 하느님을 두려워하는 것을 아노니, 너의 아들, 너의 하나밖에 없는 아들을 나를 위하여 아끼지 않았기 때문이다.' (공동번역 성서에는 다음과 같이 되어 있다; '이제 나는 네가 얼마나 나를 공경하는지 알았다. 너는 하나밖에 없는 아들마저도 서슴지 않고 나에게 바쳤다.' 창세기 22장 12절) 두려움 때문에 행하는 것은 사랑하기 때문에 행하는 것과는 아주 다르다. 우리가 앞 절에서 살펴본 것처럼, 『공포와 전율』에서 수행되고 있는 해석 작업은, 무엇보다도, 성서에는 현존하지 않는 내면성을 아브라함에게 귀속시키는 데 있다. 창세기 설화를 읽으면 우리는 아브라함이 하느님의 명령에 복종한다는 사실을 알지만, 문제는 그가 하느님의 명령에 **어떻게** 복종하는가, 사랑하기 때문인가 아니면 두려움 때문인가, 믿음에 의한 것인가 아니면 절망해서인가이다. 이것을 말한 다음, 창세기 22장에서 하느님에 대한 아브라함의 두려움이 언급되는 부분은 이사악을 희생제물로 바치라는 하느님의 명령을 수행하고자 하는 그의 내면의 동기를 가리키는 것으로 간주될 수 있으며, 또 이 경우 요하네스 데 실렌티오의 독해는 이 이야기의 본래의 성서적 해석에서 벗어날 것이다. 어쨌거나, 이것을 문제삼을 이유가 있으며, 또 아브라함이 두려움이 아니라 사랑 때문에 행하였다는 주장을 옹호할 이유 또한 존재한다.

물론 성서의 설화에서 천사가 아브라함의 두려움을 언급하는 것은 아브라함의 내면적 자세가 아닌 외면적 행위와 관련이 있다고 주장할 수도 있을 것이다. 이 논리가 성서 전체의 맥락과도 더 잘 부합된다는 일반적 근거와, 왜냐하면 성서는 사람들이 생각하거나 느낀 것보다 그들이 말하고 행한 것을 기술하고 있기 때문이며, 또 아브라함이 그 사건 이후에 받게 되는 축복이 '너는 이것을 행하였으니…너는 내 말에 순종하였으니' (공동번역성서에는 다음과 같이 되어 있다; '네가 충성을 다하였으니…네가 이렇게 내 말을 들었으니…창세기 22장 15-18절) 주어진다는 더 특수한 근거에서 말이다. 만일 우리가 이 논증을 받아들인다면, 이것은 아브라함의 행위를 촉발한 동기의 문제를 미결로 남겨 두게 된다. 우리가 아브라함의 상황을 고찰할 때, 그가 하느님에 대한 두려움 때문에 행했을 거라는 견해의 정당성은 그에게 더 이상 잃을 것이 없기 때문에 두려워할 것이 아무것도 없다는 사실에 의해 심히 약화된다. 만일 그가 이사악, 즉 미래 세대에 대한 약속을 담고 있는 그의 유일한 아들을 포기한다면, 그는 가장 귀중한 것을 잃는 것이며, 이제 더 이상 나쁜 일은 일어날 수 없는 것이다. 하느님이 자신을 벌할까 무서워서 아브라함이 이사악을 희생제물로 바치는 것이라고 말하는 것은 이치에 맞지 않는데, 왜냐하면 그 어떤 벌도 아브라함의 외아들을 잃는 것과는 견줄 수 없기 때문이다. 이것은 그렇기 때문에 아브라함이 하느님의 명령에 복종하는 것이 하느님에 대한 그의 사랑에 기인하는 것일 수 있다는 요하네스 데 실렌티오의 주장을 지지한다.

우리가 기대의 문제를 고찰하는 것으로 넘어가기 전에, 여기에서 명심해야 할 또 다른 중요한 점 하나는 하느님에 대한 아브라함의 사랑이 이사악에 대한 그의 사랑을 통합한다는 사실이다. 이 두 종류의 사랑은 분리될 수 없다. 이것은 단순히 이사악이 하느님이 주신 선물이기 때문만은 아니다. 만일 이사악의 희생의 동기가 하느님에 대한 사랑이라면, 그것은 오로지 아브라함이 이사악을 사랑하기 때문이다. 만일 아브라함이 다른 어떤 것보다도 더 이사악을 사랑하지 않았다면 희생은 가치가 없을 것이며 또 진정한 희생도 아닐 것이다. 정확히 그것이 이사악을 향한 아브라함의 사랑의 상징인 그 정도로 그것은 하느님에 대한 아브라함의 사랑의 상징이다. 『공포와 전율』의 이 절에서 요하네스 데 실렌티오는 아브라함이, 하느님의 명령에 대한 다른 반응으로, 이사악을 희생시키는 대신 자신의 목숨을 끊었을 수도 있다고, 그렇게 하면서 '이것이…내가 가진 가장 소중한 것을 희생시키는 것은 아니라'는[17] 사실을 인정하면서, 주장한다. 물론, 만일 아브라함이 이사악보다 자신을 더 사랑했었다면, 아들을 희생하는 것이 훨씬 상실감이 덜 했을 것이며, 또 더 귀한 것, 즉 그 자신의 생명을 잃을까 하는 두려움이 동기가 되었을 것이다.

불가능함을 기대함

아브라함이 '불가능한 것'을 기대했다는 생각은 『공포와 전율』에서 제시되고 있는 아브라함의 믿음에 대한 해석의 핵심이다. 그렇다면 정확히 그는 무엇을 기대했으며, 또 어떻게 이것이 불가능했는가? 그는 자신을 많은 민족의, 큰 민족의 조상이 되게 하겠다는 하느님의 약속이 이루어질 것을 기대했으며, 이것을 두 번이나 기대했는데, 그것도 번번이 명백하게 극복할 수 없는 장애에 직면해서까지 그렇게 될 것을 믿었다. 첫 번째, 그는 심지어 자신과 사라가 늙어서 생산할 능력이 없어졌음에도 이것을 기대했는데, 이 희망은 이사악이 태어나면서 실현되었다. 이사악은 처음부터 불가능한 아이, 기적, 하느님으로부터의 은총이었다. 다음으로, 두 번째, 그는 하느님이 이사악을 희생제물로 바치라고 명령할 때도 여전히 그것에 대한 기대를 버리지 않는다. 그들의 유일한 아들이 죽는다면 어떻게 한 민족의 조상이, 사라와 더불어, 될 거라는 약속이 이루어질 수 있단 말인가? 이것은 불가능한 것처럼 보인다. 물론, 하느님에게는 모든 것이 가능하다고, 왜냐하면 하느님은 전능하시며 또 역사에 개입해서 어떤 일이든, 심지어, 자연법칙을 무시하고라도, 일어나게 할 수 있다고 반박할 수도 있을 것이다. 그리고 실제로 『공포와 전율』의 다음 절에서 요하네스 데 실렌티오는, 마태오의 복음서, 마르코의 복음서, 루가의 복음서를 인용하면서, '하느님에게는 모든 것이 가능하다'[39]고 쓰고 있다.[16] 이것은 키르케고르에게 중요한 관념이다. 훗날,『죽음에 이르는 병』(1849)에서, 그의 익명 안티클리마쿠스는 이 관념을 하느님에 관한 주장에서 하느님에 대한 **정의**로 바꾸면서, '하느님은 모든 것이 가능한 분**이며**, 또 모든 것이 가능한 이가 하느님이다' 라고[17] 주장한다. 그래서 아브라함의 기대의 실현은 오직 인간적으로 말해서 불가능할 따름이다. 그것은 하느님이 부재하는 세계에서는 불가능하다. 이것은 하느님을 믿는 자는, 언제든, 불가능한 것을 기대해야 한다는 것을 함축하는 것으로 보이며, 또, 사실 하느님은 '모든 것이 가능한 분' **이다** 라고 말하는 것은 하느님에 대한 믿음은 모든 것이 가능하다라고 하는 믿음**이다** 라는 견해로 귀결된다. 다른 말로 하자면, 만일 우리가 약속이 맨 처음에 하느님에게서 온다는 것을 받아들인다면, 그것의 실현을 확실히 기대해야 하는 것인가?

어쨌거나, 우리는 여기에서 신중해야 할 필요가 있다. 모든 것이 가능하다는 믿음과, 하느님의 약속은 실현될 것이라는 믿음 간에는 차이가 있다. 첫 번째 믿음은 기대로 귀결되지 않는다. 아브라함은 자신에게 아들을 주겠다는 약속을 실현하는 것이 하느님의 권능 안에 있다는 것을, 하느님이 실제로 그렇게 할 것이라고 기대하지 않으면서도, 믿을 수 있었다. 하느님이 마음을 바꿔서 자신의 약속을 지키지 않기로 결정했을 수도 있다. 설령 백발이 성성한 사라에게서 이사악이 태어났을 때 하느님이 아브라함에게 아들을 줄 수 있는 당신의 능력을 생생하게 입

---

16 마태오의 복음서 19장 26절, 마르코의 복음서 10장 27절, 루가의 복음서 18장 26절을 보라.

17 Søren Kierkegaard, *Sickness Unto Death*, translated by Howard V. Hong and Edna H. Hong (Princeton University Press, 1980), p. 40 (강조는 원저자의 것임).

증했더라도, 하느님은 또 그 아이를 데려갈 수도 있었다 — 그리고 실제로 아브라함에게 이사악을 희생제물로 드리라는 하느님의 명령은 바로 그러한 마음의 변화로 해석될 수 있을 것이다. 그 두 믿음 간의 차이는 단순히 하느님이 존재하신다고 믿는 것과, 하느님의 본성과 관련된 그 무엇을 믿는 것 간의 차이이다. 모든 것이 가능하다는 믿음은 하느님의 존재에 대한 믿음으로부터 귀결되지만, 이것이 하느님이 당신의 약속을 지킬 거라는 것을 수반하지는 않는다. 이것은 하느님이 사랑의 하느님이라는 그 이상의 믿음을 요구한다. 그러나 심지어 이것조차도 아브라함의 기대를 온전히 정당화하지는 않는데, 왜냐하면 사랑이 넘치는 하느님이 아브라함이 이해할 수 없거나 혹은 깨닫지 못할 어떤 불가사의한 '더 큰 선'을 위해 마음을 바꿔서 당신의 약속을 깰 수 있기 때문이다. 아브라함의 기대는 그렇다면 하느님이 **아브라함 자신을** 사랑하신다는 그의 믿음에 기초해 있다. 이 믿음은 사적이다. 그것은 하느님에 대한 그 자신의 특별한 관계에 대한 믿음이다. 이와는 대조적으로, 하느님이 사랑이 넘치는 존재라는 믿음, 혹은 '하느님이 사랑이라'는 믿음은 이런 특수성의 요소를 결여하고 있다 — 그리고 정확히 이것이 아브라함의 믿음에 대한 요하네스 데 실렌티오의 해석에 결정적인 것이다.

　물론, 아브라함의 기대가 하느님이 자신을 사랑하신다는 그의 믿음에 기초해 있다는 주장은 이 후자의 믿음의 근거가 무엇인가 하는 문제를 야기한다. 그것은 하느님의 자비에 대한 이전의 경험, 예컨대, 이사악이라는 원래의 은총 같은 것에 근거하는 것인가? 아니다. 왜냐하면 아브라함은 이 첫 번째 은총을 믿음 안에서 기대했기 때문이며, 또 설령 그가 하느님의 사랑에 대한 증거로 다른 좋은 것들을 기억할 수 있더라도, 그는 하느님이 그에게 은혜를 베풀지 않았던 일, 예컨대 그의 아내의 불임 같은 사건을 가리킬 수도 있는 고통스러운 것들을 똑같이 기억할 수도 있는 것이다. 더욱이, 하느님이 처음에 이사악을 주신 것이 오직 나중에 마음을 바꾸기 위함이라면, 요하네스 데 실렌티오가 지적하듯이, '차라리 그런 일이 결코 일어나지 않았던 것보다 훨씬 끔찍한 일!'[16]일 것이며, 또 그런 하느님이라면 변덕이 심할 뿐만 아니라, 잔인하기까지 할 것이다. 하느님이 자기를 사랑한다는 아브라함의 믿음은 증거를 평가한 결과가 아니다. 사실, 『공포와 전율』에서의 아브라함의 믿음에 대한 해석은 하느님에 대한 그의 믿음이 그로 하여금 하느님의 은총을 받아들이게 만든다는 것을 시사할 따름이지, 그 은총이 하느님에 대한 그의 믿음의 근거를 제공한다는 것을 시사하는 것이 아니다. 그렇기 때문에 아마도 우리는 하느님이 자기를 사랑한다는 아브라함의 믿음은 **무**에 근거하고 있다고, 그것은 근거가 없고, 정당화되지도 않고, 또 불합리하다고 결론지어야 할 것이다. 요하네스 데 실렌티오는 아브라함의 믿음을 '터무니없는 것'[17]이라고 기술하고 있다. 이 생각은 『공포와 전율』의 뒤따르는 절들에서 더 상세하게 논구될 것이다.

자신의 '찬사'에서 요하네스 데 실렌티오는 아브라함의 이사악 희생에 관한 이야기에서, 요하네스의 주장에 따르면, 잠재되어 있는 세 가지 '문제들'로 화제를 돌려 논의할 때, 자신이 훨씬 더 오랫동안 번영할 것이라는 아브라함의 기대의 본질과 관련해서 뭔가 중요한 것을 언급하고 있다. 요하네스는 아브라함이 하느님의 약속을 '그 약속을 포기하고 난 후에도'[15] 반드시 성취될 거라는 아브라함 자신의 기대를 언급했다는 사실을 지적한다. 이 익명은 여기에서 '영원한 것을 꼭 붙들고 있다는 것은 위대한 일이지만, 시간적인 것을 포기해 버린 이후에도 그것을 철석같이 고수한다는 것은 더 위대한 일이다'[15]라고 덧붙인다. 아브라함은 정확히 이사악을 희생제물로 바치라는 하느님의 명령에 복종함으로써, 그의 어린 아들 이사악을 향해 칼을 들어 올림으로써, 그의 기대를 포기한다. 그러나 그것은 아브라함이 자신의 기대를 부정하고 그 다음에, 그 다음에서야 비로소, 그 기대를 다시 붙잡는 것 같은 그런 것은 아니다. 만일 이런 것이라면 아브라함은 희생제물로 이사악을 준비하였을 때 이미 절망에 빠져 버렸을 것이다. 더 분명한 것은, 정말로 이해할 수 없는 일로서, 아브라함이 큰 민족의 아버지가 된다는 희망을 포기하면서도 **그와 동시에** 하느님이 약속을 지킬 거라고 믿고 있다는 것이다. 그는 이사악을 포기하고 **그와 동시에** 그를 꼭 붙들 수 있을 거라고 기대한다. 어떤 의미에서, 그렇다면, 아브라함이 그의 기대를 포기한 '다음에' 여전히 그 기대를 견지하고 있다고 주장하는 것은 잘못된 것이다. 설령 그런데도 아브라함이 이사악을 희생제물로 바치라는 명령을 받고서 그 명령에 복종하기로 결정한 다음에도 그의 기대를 버리지 않고 있다고 말하는 것이 — 적어도, 이 이야기에 대한 요하네스 데 실렌티오의 해석에 따르면 — 옳다고 하더라도 말이다. 아브라함의 이야기에 의해 제기되는 '문제들'을 끌어들이는 '마음으로부터의 예비적 객출'에서, 요하네스 데 실렌티오는 믿음을 '이중의 운동'이라고[29] 기술하고 있다. 이 이중성은 한편으로는 기대의 부정, 다른 한편으로는 기대의 보전에 있다.

　'시간적인 것을 고수한다'는 것에 관한 이 익명의 발언은, 기대와 관련된 이 마지막 요점과 연결되어 있거니와, 또한 『공포와 전율』의 뒤따르는 절들에서 이루어지는 아브라함에 대한 그의 분석의 한 중요한 요소를 미리 알리고 있다. 그는 '영원한 것'을 붙잡는 사람을 시간적인 것을 고수하는 사람과 비교하고, 또 '오직 미래의 삶을 위해서만' 믿음을 가지고 있는 사람을 — 그는 이런 것이 도대체 정말로 믿음인지 의심하는데 — '이승에서의 삶을 위해 믿었던'[17] 아브라함과 비교한다. 이런 것들은 같은 차이를 지닌 서로 다른 해석들이다. 저승의, 영원한 세계에, 이곳은 영원한 하느님이 거주하는 그리고 인간 영혼이 육체적 죽음 이후에 영원히 사는 천국이라고 하겠는데, 집중하는 믿음, 혹은 사이비-믿음과, 이승의 삶, 우리가 지금 살아가고 있는 이 세계에 집중하는 믿음 간의 차이 말이다. 첫 번째 믿음은 영원성으로 정향되어 있고, 두 번째 믿음은 시간성과 유한성에 맞춰져 있는데, 이것들은 이 세계에서의 인간의 상황의 조건들이다. 요하네스 데 실렌티오가 아브라함을 존경하는 이유는 아브라함의 믿음이 이 후자의 종류이기 때문이다: '아브라함은 정확히 이승에서의 삶을 위하여, 이 땅에서 늙어가고, 사람들에게 존경을 받으며, 후손들에게 축복받고, 평생 제일 사랑하는 그의 아들 이사악을 통해서 영원히 기억될 것을 믿었다⋯' [17]

하느님과 싸우다

이제 아브라함이 하느님과 싸웠기 때문에 가장 위대하다는 주장을 살펴보자. 아브라함이 자기 자신과, 의심과, 절망과 싸운다고 말하는 것은 같은 말이다 — 그렇지만 어떤 의미에서 그가 하느님과 싸웠다는 것인가? 분명히 그의 복종은 투쟁이 아니라 굴복을 표현하는 것이 아닌가? 이것을 이해하는 한 가지 방법은 '하느님과'라는 말을 '하느님에 대항해서'가 아니라 '하느님과 한편이 되어'를 의미하는 것으로 받아들이는 것이다. 어쨌거나, 여기에서 투쟁과 정복에 대한 언급은 아브라함의 투쟁이 적어도 하느님과의 대결이라는 것을 시사한다. 설령 그것이 역설적 투쟁이라고 하더라도 말이다. 왜냐하면 아브라함의 승리는, 이 익명에 따르건대, 그의 '무능력함'에[13] 의해 얻어지는 것이기 때문이다. 이 구절에서 일반적인 위대함의 전도(顚倒)는 그리스도교 경전의 맥락을 암시한다. 아브라함이 '위대한 까닭은 무능력함을 그 장점으로 하는 힘 때문이었고(성서에는 다음과 같이 나와 있다: 내 권능은 약한 자 안에서 완전히 드러난다)[고린토인들에게 보낸 둘째 편지 12장 9-10절], 그 비밀이 어리석음인 지혜 때문이었으며(성서에는 다음과 같이 나와 있다: 지혜로운 사람이 되려면 바보가 되어야 합니다)[고린토인들에게 보낸 첫째 편지 3장 18-19절]…자신에 대한 미움인 사랑 때문이었다(성서에는 다음과 같이 나와 있다: 이 세상에서 자기 목숨을 미워하는 사람은 목숨을 보존하며 영원히 살게 될 것이다)[요한의 복음서 12장 25절]' [14]. 우리는 앞에서 아브라함의 믿음에 대한, 그리고 따라서 그의 위대함에 대한 단서가 — 만일, 달리 말해서, 믿음이 고귀한 것으로 평가된다면 — 하느님에 대한 아브라함의 복종이 아니라 복종의 내면적 방식에, 그리고 그가 복종하는 동안 견지하고 있는 '터무니없는' 기대에 있다는 것을 살펴본 바 있다. 그의 투쟁 역시 여기에 있어야 하거니와, 만일 그가 단순히 하느님에게 복종하고서 이사악을 계속 곁에 둘 수 있다는 희망과 큰 민족의 조상이 될 거라는 희망을 포기했다면 그는 하느님과 싸우지 않고 오히려 간단히 하느님에게 굴복했을 것이기 때문이다. 물론, 아브라함은 하느님에게 적대적으로 저항하지 않으며, 또 어떤 의미에서 그의 복종은 절대적 굴복**이다**. 그렇지만, 하느님의 약속은 실현될 거라는 자신의 기대를 견지함으로써 그는 암암리에 하느님에게 약속을 지키게 하고 있으며 또 그렇기 때문에 순전히 내면적이고 비폭력적 방법으로 그 희생에 맞서 싸운다고 말할 수도 있을 것이다. 아마도 이것이 바로 요하네스 데 실렌티오가 다음 절에서, 아브라함의 역설적이고 겸허한 용기 [41]를 찬양할 때 언급하고 있는 것이리라.

아브라함의 투쟁은 내면적이기 때문에 관찰자에게는 보이지 않는다. 외부에서 볼 때 믿음의 운동은 아무 힘도 들이지 않는 것처럼 보이지만, 요하네스 데 실렌티오는 독자가 겉모습에 기만당하는 일이 없도록 확인하고 싶어 한다. 서문에서 살펴본 것처럼, 그는 사람들이, 믿음을 뭔가 쉬운 것이라고 억측하고서, 자만심에 사로잡혀서 자신들이 당연히 믿음을 가지고 있는 것으로 전제하고 있을 정도로 믿음이 평가절하되고 있다고 주장한다. 믿음의 가치를 높이려는 그의 노력의 일환이 믿음 안에 포함되어 있는 어려움, 투쟁, '공포와 전율'을 강조하는 것이다. 따라서, ― 이 익명에 의하면 ― 아브라함이 의심하지 않았다는 사실이 그가 투쟁하지 않았다는 것을 의미하는 것으로 해석되어서는 안 된다는 것이다. 이러한 내면의 투쟁의 본질은『공포와 전율』의 뒤따르는 절에서 제시되는 무희의 비유를 통해 아주 훌륭하게 예증되고 있다. 발레리나의 우아함은 그녀가 자신의 운동과 자세를 쉬운 것처럼 보이게 만드는 능력에 있지만, 이것은 오직 엄청난 노력에 의해서만, 즉 근육을 만들고, 완벽한 균형을 완성하기 위한 장기간의 격렬하고 고통스러운 훈련에 의해서만 이루어지는 것이다. 끈질긴 투쟁이 겉보기에는 전혀 힘들이지 않은 발레의 우아함 속에 감춰져 있으며, 마찬가지로 하느님에 대한 아브라함의 온전한 복종과 하느님에 대한 추호도 흔들림 없는 그의 신뢰 안에도 그런 힘든 싸움이 숨어 있는 것이다.

이러한 무희의 비유를 통해서 우리는 요하네스 데 실렌티오가 종교적 삶에 핵심적인 수련을 무시하는 것과 관련된 ― 이는 키르케고르의 저서 곳곳에서 반향되고 있는데 ― 문제로 돌아갈 수 있을 것이다. 무희가 다양한 신체적 운동을 실행함으로써 무희가 되는 것처럼, 그리스도교인 또한 최소한 부분적으로는 기도, 고백, 성서 읽기, 영성체 참여 등과 같은 영적 실천의식을 통해서 그리스도교인이 된다. 그리고 이러한 수련의식들은, 무희의 기교처럼, 훨씬 경험 많은 전문가에게 배워야 하며, 또 가끔 집단적으로 습득되기도 한다 ― 가정에서, 주일학교에

서, 교회에서. 믿음의 내면성에 대한 요하네스 데 실렌티오의 주장은
종교의 이처럼 훨씬 공적인 측면에 너무 가벼운 비중을 두고, 또 지나
치게 작은 가치를 부여하는 것인가? 우리는 '외로운 개인'에 대한 요
하네스의 강조를 키르케고르가 그 자신의 사회에서 인식한 사회적으로
자리 잡은 종교성의 결점들에 대한 일종의 교정제로 이해해야 하는 것
인가, 아니면 이러한 강조는 믿음의 본질을 가리키는 것으로 상정되는
것인가?

내면성과 해석

그의 '찬미'에서, 그 다음으로, 요하네스 데 실렌티오는 아브라함이 위
대한 까닭은 믿음의 내면적 운동으로 간주되어야 하는 그의 사랑, 기대
그리고 투쟁 때문이라고 주장한다. 그러나 이 익명은 어떻게 그의 영웅
이 그가 기술하는 방식으로 사랑하고, 기대하고 또 투쟁했다는 것을 아
는가? 이 물음에 대한 간단한 대답은 그것을 모른다는 것 — 그리고 알
수도 없다는 것이다. 만일 이러한 운동들이 순전히 내면적이라면, 그것
들은 타인에게는 접근불가능한 것이다. 아마도 그것들은 심지어 그 운
동들이 일어나는 개인에게조차도 접근불가능한 것일 텐데, 이것은 요
하네스가, '조율하기'에서, 아브라함이 정말로 그 자신보다 이사악을
더 사랑하는지에 관한 아브라함의 회의를 언급할 때 요하네스가 인정
하는 가능성이다. 아브라함의 믿음의 본질에 관해서 말하는 데 있어서,
이 익명은 오직 상상하고 해석할 수 있을 따름이다. 이것이 그의 과제
가 믿음의 과제인 까닭이다. 그는 **만일 아브라함이 믿음 안에서 행하였
다면 일어났을 것임이 틀림없을** 아브라함의 내면적 운동을 상상 속에서
재구성한다. 이 '만일'은 결코 간과되어서는 안 된다. 『공포와 전율』의
이 절에서의 요하네스 데 실렌티오의 외견상의 확신에도 불구하고 말

이다. 믿음은 여전히 의문의 여지가 있는 것으로 남아 있으며, 또 하나의 의문이다. 그리고 우리는 또한 아브라함의 내적 삶에 대한 그의 상상의 차원에서의 해석적 설명이, 이 삶이 아브라함의 믿음을 구성하는 한, 믿음 그 자체가 뜻하는 바에 관한 결정으로 귀결된다는 것을 명심해야 한다. 여기에서 피할 수 없는 순환이 존재한다. 이 익명은 아브라함의 믿음을 그가 오로지 아브라함에게 귀속시키는 믿음의, 말하자면, 특정 관념으로부터만 이끌어 낼 수 있을 뿐인 불가지의 내면의 운동들에 의거해서 기술하고 있다. 우리가 '아브라함에 대한 찬사'에서 찾아볼 수 있는 것은 모두, 다른 말로 하자면, 믿음에 대한 한 가지 해석인 것이다.

이런 해석은 결정적으로 그리스도교적 성격을 지니고 있거니와, 이는 『공포와 전율』의 이 절에서의 복음과 바울로의 서신들에 대한 다양한 언급들로 알 수 있다. 요하네스는 믿음이라는 그리스도교적 개념을 아브라함의 이야기에 은근슬쩍 편입시키려고 하고 있는 것인가? 만일 그렇다면, 그 경우 키르케고르, 기만의 대가였던 그는 분명히 자신의 흔적을 훨씬 신중하게 덮어 버렸을 것이다. 만일 『공포와 전율』이 창세기 22장 1-19절에 대한 역사적, 비판적 주석을 제공하는 것처럼 꾸미고 있는 것이라면, 학자들에 대항해서 그것을 변론하기가 어려울 테지만, 이것 자체가 이것이 키르케고르의 의도가 아니라는 것을 가리키는 것이다. '서문'은, 비록 완곡하게나마, 요하네스 데 실렌티오의 주된 관심사가 19세기에서의 믿음의 가치라는 것을 선언하고 있으며, 또 이것은 『공포와 전율』 전체에 의해 제기된 핵심적인 물음 가운데 하나가 당대의 독자, 스스로를 그리스도교인으로 그리고 믿음의 사람으로 간주하는 것으로 추정되는 당대의 독자가 아브라함을 '믿음의 조상'으로 찬미하는 것이 과연 가능한가 그리고 어떻게 가능한가라는 물음이라는 것을 의미한다. 만일 아브라함의 믿음이, 실제로 창세기 묘사와 모순됨이 없이, 그것을 그리스도교적 믿음에 가능한 한 가깝게 끌어당기는 방식으로 해석된다면, 그렇다면 이것은 오직 이 물음을 『공포와 전율』의 의도된 독자에게 더욱 적절한 것으로 만들 따름이다.

지금까지 살펴 본 것처럼, 요하네스 데 실렌티오의 전략은 성서의 희생 이야기에서 제시되고 있는 아브라함의 외적, 신체적 행위에 대한 기술을 해석함으로써 아브라함에게 내면성을 귀속시키는 것이다. 이런 주관적 시각은 구약성서에는 빠져 있기 때문에, 혹은 적어도 상상에 맡겨져 있기 때문에, 이 익명이 원래의 설화를 해치는 일이 없이 자신만의 해석을 자유롭게 펼칠 수 있게 해 준다. 다른 한편, 성서의 설화는 그 해석에 대한 증거도 마찬가지로 제공할 수 없다. 예를 들어, 이 익명은 아브라함이 '아침 일찍 일어났다'는 문장을, 일부러 꾸물거리기는커녕, 아브라함이 '마치 축제에라도 가는 양 서둘렀다'고 해석한다. 그러나 다른 해석은, 마찬가지로 성서의 원문과 모순되지 않는데, 아브라함이 절망에 빠져서, 가능한 한 빨리 그 희생을 끝내 버리기를 원했다는 것이다. 이러한 해석들 가운데서 결정을 내리는 그 어떤 객관적 방법도 존재하지 않으며, 또 이것은 아브라함이 실제로 요하네스 데 실렌티오가 그에게 귀속시키고 있는 종류의 믿음을, 혹은 정말로, 다른 종류의 믿음이라도 가지고 있었는지 여부를 알 방법이 없다는 것을 의미한다.

한편으로, 이 익명은 추측건대 자기만족에 사로잡힌 독자를 위하여 아브라함의 믿음이 얼마나 힘들고 어려운 것인지 강조하고 싶어 한다. 이 절에서 요하네스가 자신의 영웅이 상상할 수 있는 가장 힘든 시험, 즉 '그에게 요구될 수 있는 가장 어려운 희생'에 직면해서 발휘한 용기를 생생하게 기술하고 있는 것은, 그의 시적 사명에 따라서, 아브라함을 망각으로부터 구해 내려는 시도를 상징하는 것이다. 망각의 위기에 놓인 것은 아브라함의 이름도 아니고, 그렇다고 '믿음의 조상'이라는 그의 명성도 아니며, 이 희생의 이야기에 감춰져 있으면서 그 이야기를 진정으로 믿음에 관한 이야기로 만드는 내면의 운동이다. 이 익명은 아브라함이 이사악을 정면으로 바라보면서 아들의 머리 위로 칼을 높이 쳐들 수 있었을 때, 누구라도 그를 바라보았다면 '온몸이 마비되고' '두 눈이 멀어졌을' 것이라고 주장한다. 그렇지만, 이것은 이 이야기가 근대의 청중이나 독자들에게 일반적으로 불러일으키는 효과가 아니거니와, 이들은 이 이야기의 결말을 잘 아는 까닭에 아브라함의 내면의 운동을 망각하고 있는 것이다. '우리는 모두 그것을 잘 알고 있지 — 그것은 그냥 시험일 뿐이었잖아' [19].

다른 한편으로, 내면성에 대한 이러한 강조는 아브라함의 이야기에서 가장 문제가 되는 것이 그의 상황의 극단성이 아니라, 이것이 물론 예외적인 것은 아닐지 몰라도 희귀한 예인 점은 분명하지만, 그의 믿음의 기본 요소들, 즉 그의 사랑, 그의 기대, 그리고 그의 투쟁이라는 사실을 의미한다. 만일 믿음이 하느님을 사랑한다는 뜻이라면, 그래서 하느님이 당신을 사랑한다고 믿고 또 그 분이 이에 따라 행하실 것을 기대하며, 그렇고 그런 난관에 직면해서 이런 신념을 견지하기 위해 분투 노력하는 것이라면 (이것은 우리가 다음 절에서 논구하게 될 바의 일반적 본질이다), 그렇다면 아브라함의 성취는 실제로는 믿음의 사람에게서 기대될 수 있는 가장 최소한의 것이 아닐까? 비록 그의 특별한 이야기가 극단적 환경에서의 이런 믿음에 대한 시험을 포함하고는 있지만, 그의 믿음 그 자체가 예외적인 것일까? 이것은 중요한 문제이며, 나는 이것이 『공포와 전율』에서 공들여 제기되고 있는 문제라고 생각한다. 요하네스 데 실렌티오가 '130년이 지나도 그대는 믿음 이상으로

나아가지 못했다' 라고 말하면서 아브라함에 대하여 화산처럼 터져 나
오는 그의 찬미를 끝내고 있다는 사실은 의미심장하다. 이것이 그의 영
웅의 업적인 것이다. 아브라함에 대한 그의 찬미는 또한 믿음에 대한
찬미이기도 하다. 만일 아브라함이 예외적 인물이라면, 그것은 믿음 그
자체가 예외적이기 때문이다. 만일 아브라함이 설명불가능하다면, 그
것은 믿음 그 자체가 이해될 수 없는 것이기 때문이다. 만일 독자 스스
로 아브라함이 이사악을 희생제물로 바치라는 명령을 받고 행한 것처
럼 자신도 과연 그렇게 했을 것인가에 대하여 확신이 서지 않는다는 것
을 깨닫는다면, 그는 자신이 도대체 믿음을 가지고 있는 것인가도 의심
해 보아야 한다는 결론이 나오는 것이다.

마음으로부터의 예비적 객출[18]

이 절의 제목은 이 절의 핵심 주제에 대한 약간의 암시를 주는 말놀이
를 포함하고 있다. 덴마크어 제목에 대한 또 다른 번역은 '예비적 내뱉
음'(Preliminary Expectoration)이다. 'expectoration' 라는 단어는 라
틴어 '…으로부터' 라는 의미의 ex와, '가슴' 이라는 의미의 pectus에서
파생되었으며, 따라서 그것의 의미는 '가슴으로부터 터져 나오다, 혹
은 가슴에서 분출하다' 이다. 이 용어는, 흔히 의학 분야에서, '기침을
하여 뱉어 내다', '목이나 폐의 노폐물을 내뱉다' 라는 의미로 사용된
다. 요하네스 데 실렌티오의 '예비적 객출' 은 그렇다면 그가 말하기에

---

18 이 장의 제목이 *Fear and Trembling*에 대한 Alastair Hannay의 번역본에서는,
'마음으로부터의 서문'(Preamble from Heart)이고, Hong 부부의 번역본에서는 '예
비적 객출'(Preliminary Expectoration)이다.

앞서서 먼저 기침을 하고 있다거나 혹은 목을 깨끗이 하고 있다는 뜻을 함축한다. 다른 한편으로, 『공포와 전율』의 케임브리지판에서의 이 구절의 번역이 가리키는 것처럼, 그것은 '마음으로부터 우러나다'를 의미하는 것으로 훨씬 비유적으로 받아들여질 수 있을 것이다.

마음의 문제들

마음에 대한 이러한 언급은 중요한데, 왜냐하면 이 절에서의 요하네스의 논술은 전통적으로 마음과 연관되어 있는 세 가지 행위 내지 과정, 즉 사랑, 수난, 그리고 용기와 관련되어 있기 때문이다. (우리의 단어 'courage'는 라틴어 cor에서 파생되었으며, 이것이 마음을 의미한다는 사실을 주목하라. 이런 어원관계는 프랑스어 coeur와 courage에 더욱 명백하게 남아 있다.) 마음과의 이러한 공통의 연관관계는 믿음에 대한 요하네스 데 실렌티오의 설명에서 사랑, 수난 그리고 용기가 밀접하게 상호 연결되어 있는 방식을 조명하고 있다. 이 세 가지 모두는 사실상 열린 마음의 형식들로 이해될 수 있을 것이다.

낱말들이 마음에서 유래한다는 이 익명의 생각은 또한 종교적 믿음에 대한 그의 열정적 논의의 본질과도 잘 어울린다. 내가 주제들에 대한 개관에서도 설명했듯이, 키르케고르는 몇몇 다양한 익명을 이용해서 저술했는데 이 익명들 각각은 각자만의 시각을 가지고 있다 ─ 그리고 요하네스 데 실렌티오의 특징적 성격 하나가 그의 열정이다. 이 점은 '조율하기'에서 분명한데, 여기에서 요하네스는 아브라함을, 말하자면, **내면으로부터** 이해하고자 하는 '욕망'과 '바람'을 가지고 있는 특정인의 시각에서 그의 이야기를 소개하고 있으며, 또 그것은 아브라함에게 바치는 그의 '찬사'의 열정적 어조에서도 분명하다. 그의 '마음으로부터의 예비적 객출'에서 이 익명은, 한 중요한 각주에서, 열정이

그가 '무한성의 운동'이라고 부르는 바를 만드는 가운데 얻어진다고
강조하고 있으며, 또 그는 '우리 시대는 열정을…결여하고 있다'[35]
라고 주상한다. 여기에서, 물론, 우리는 키르케고르의 관심사 중 하나
가, 그의 많은 저작에서도 표현되고 있거니와, 근대의 지식인의 삶은
고대 그리스에서 철학활동에 원동력을 제공했던 정열을 상실해 버렸다
는 일반적인 논점임을 알아차릴 수 있다. 키르케고르의 철학에서 정열
의 개념은 플라톤의 철학에서 에로스(eros)의 개념과 유사한 어떤 것을
의미하는데, 플라톤의 철학에서 에로스는 일반적으로 욕망을 뜻하지
만, 아주 특별하게는 영원한 진리, 선 그리고 아름다움에 대한 욕망을
의미한다. 예컨대 『결론으로서의 비학문적 후서』에서 익명 요하네스
클리마쿠스는 플라톤의 『향연』을 여러 차례 비중 있게 언급하고 있는
데, 『향연』은 진리에 대한 소크라테스의 욕망이 논의되고 또 가장 분명
하게 극화되고 있는 대화편이다. 소크라테스는, 이 대화편에서, 철학자
에게 동기를 제공하는 진리, 선, 그리고 정신적 아름다움에 대한 욕망
이 관능적 쾌락과 육체적 아름다움에 대한 욕망의 상위 버전이라고 주
장하는 반면, 요하네스 클리마쿠스는 관능적 열정은 정신적 내지 '이
상적' 정열을 침해한다고 주장한다.[19] 우리는 요하네스 데 실렌티오의
저술에서 소크라테스의 열정을 반영하는, 그의 주제에 대한 관능적 관
계를 탐지할 수 있다.

　이 절의 제목과 관련해서 제기되어야 할 마지막 논점은 마음에 대한
언급이 내면성에 대한 요하네스 데 실렌티오의 강조를 두드러지게 하
는 데 기여하고, 또 그와 동시에 전달의 문제를 제기한다는 것이다. 믿
음에 대한 그의 논의가 '마음으로부터' 나온다는 주장은 키르케고르

19　Kierkegaard, *Concluding Unscientific Postscript*, trans. Hannay, pp. 261–2를 보
라.

가, 그의 저서 전체에 걸쳐서, 개인이 진리를 그 자신의 것으로 만들고
또 그 진리를 자신의 삶과 하나가 되게 만드는 방법으로 구상하고 있는
전유의 과정에 대한 일종의 경상(鏡像)을 제공한다. 이것을 예증하기
위해서 우리는 다시 또 『결론으로서의 비학문적 후서』를 참조할 수 있
는데, 이 저서에서 요하네스 클리마쿠스는 객관적 진리 혹은 지식과,
이것은 전통적으로 관념 내지 명제와 실재 사이에 존재하는 것으로 생
각되고 있거니와, 주체적 내지 정신적 진리를, 이것은 '그 자신 안에서
의 주체의 변화'로 귀결되는 '마음 깊은 곳에 새김'에 있는 것인 바, 구
별하고 있다.[20] 여기에서 '마음 깊은 곳에 새김'으로 번역되고 있는 덴
마크어는 Inderliggjørelse인데, 이것의 의미는 '내면으로 향함'이며 그
래서 달리는, 『후서』의 다른 번역본에서는, '내면으로의 심화' 내지 '내
면성의 심화'로 옮겨지고 있다.

전달의 문제는 키르케고르의 저서, 특히 『공포와 전율』에서 자주 문
제가 되고 있는데, 이 저서에서 아브라함의 이야기에서 제기되는 세 가
지 '문제' 중 하나가 이사악을 희생제물로 바치려는 자신의 의도를 전
달할 수 없는 아브라함의 무능력함이다. 물론, 이것이 뜻하는 바는 요
하네스 데 실렌티오가 중요한 의미에서 이야기될 수 없는 그 무엇 ―
아브라함의 믿음 ― 에 관하여 이야기한다는 난제에 직면해 있다는 것
이다. 그러나 다른 한편으로 글쓴이의 **마음으로부터** 나오는 담론이라
는 생각이 독자에 의해서 **마음 깊은 곳까지 취해져야** 한다는 것은 참으
로 주체적인 전달의 과정을 함축하고 있다. 모르긴 몰라도 이것은 자신
의 이상적인 독자가 『공포와 전율』을 이러저러하게 떠맡기를 바라고
또 이 저서에 이러저러하게 반응하기를 바라는 키르케고르의 희망에

---

20   Kierkegaard, *Concluding Unscientific Postscript*, trans. by Hannay, p. 33.

대한 일종의 암시를 제공하는 것이다. 이것은 분명코 이 저서가 개성
없는 진부한 진리를, 지식의 조각의 형태로, 이 마음에서 저 마음으로
옮기는 결과를 일으키려고 한다고 주장하는 것이 아니다. 이 익명의 담
론을 마음으로 취하는 독자는 누구나 저마다의 고유한 방식으로 그렇
게 하기 때문에 우리는 전달의 과정이 정확히 어떻게 된다고 미리 말할
수 없다. 그러나 가능성이 큰 것 하나는 두 마음 간에 오고가는 것이 믿
음에 관한 물음이라는 것이다. 오로지 그것이 내면적인 것이 될 때만,
개인에 의해 그의 고유한 실존과 관련해서 제기될 때만 제대로 의미 있
는 것이 되는 그런 물음말이다.

악의 문제

'마음으로부터의 예비적 객출'이라는 제목이 여러 의미로 읽힐 수 있
는 것처럼, 이 절의 첫 구절 역시 이중의 의미를 지니고 있다. 아주 직
접적으로는, '일하는 자만 빵을 얻는다'라는 격언에 대한 요하네스 데
실렌티오의 논의는 믿음에 함축된 '일,' 믿음을 가지는 것뿐만 아니라,
믿음을 이해하는 것, 그래서 또한 아브라함을 이해하는 것에까지 함축
된 '일'과 관련되어 있다. 익명은 비록 그 격언이 '눈에 보이는 외부세
계'에는 적용되지 않는다고 해도, '정신의 세계…'에서는 '오직 일하
는 자만이 빵을 얻고, 불안 가운데 있었던 자만이 안식을 찾으며, 지하
세계에 내려가는 자만이 사랑하는 이를 구하고, 칼을 빼드는 자만이 이
사악을 구한다는 것이 사실이다'[21]라고 주장하고 있다. 이것은 이러
한 맥락에서 '일'이 실존적 투쟁을, 정서적 내맡김을, 기꺼이 고통을
무릅쓰고자 하는 의지를 지칭한다는 사실을 분명히 하고 있다. 우리는
이미 이 짧은 구절에서 사랑, 수난 그리고 용기라는 주제들에 대한 암
시를 찾아볼 수 있다.

표면 아래 조금 더 심층적인 차원에는, 어쨌거나, 이 훨씬 직접적인 것과 연결되어 있는, 그리고 『공포와 전율』의 이 절 전체에 걸쳐서 믿음과 관련된 논의를 위한 일종의 배경 내지 맥락을 제공하는 또 다른 관념에 대한 암시들이 있다. 요하네스 데 실렌티오가 믿음의 '일'이라는 개념을 외부세계와 정신의 세계 간의 비교를 통해서 도입한다는 사실이 의미심장한데, 왜냐하면 그는 믿음의 문제가 정확히 이 두 세계 간의 모순과 관련이 있다고 믿기 때문이다. 개인이 동시에 이 두 세계 모두에서 살아야 한다는 사실은 이러한 모순에 심오한 실존적 의의가 담겨 있다는 것을 의미한다. 그리고 이것이, 앞으로 우리가 살펴보겠지만, 종교적 믿음의 실체이다. 게다가, 이 익명은 외부세계와 정신의 세계를 대비함으로써 정의의 주제를 드러내고 있다. 그는 '외부세계가 불완전의 법칙,' 또는 불의의 법칙에 '종속되어 있다'라고 주장한다. '이 세계에서는 일하지 않는 자가 또한 빵도 얻고, 또 잠자는 자가 일하는 자보다 훨씬 더 많은 빵을 얻는 일이 재삼재사 일어나기' 때문이라는 것이다[21]. 달리 말하자면, 외부세계에서는 보상이 노력에 비례하지 않는다는 것이다. 행복은 노력하는 것이나 혹은 행위하는 것과는 '무관하다'. 정신의 세계에서는 이와는 대조적으로 언제나 정의가 이루어진다. '여기에서는 신의 영원한 질서가 지배하고, 여기에서는 정의로운 자와 불의한 자 모두에게 비가 내리는 일이 없으며, 여기에서는 태양이 선한 자와 악한 자를 모두 비추는 일이 없다'[21].

이 두 주제, 즉 외부세계와 정신적인 세계의 대조, 그리고 외부세계에서의 명백한 불공평성은, 말하자면, 전통적인 '악의 문제'의 핵심 요소로서 종교적 믿음에 대한 반론의 증거로 종종 동원되곤 한다. 이 문제에 대한 몇몇 이형(異形)이 있지만, 그러나 기본 논증은 종교적 인간의 믿음, 즉 세상을 창조하고 세상의 변화과정을 주관하시는 전능하고 정의로우며 사랑이 넘치는 신이 있다는 믿음과 이 세계가 이 익명이 여기에서 지적하는 것처럼 불공평한 경우가 잦다는 사실 간의 불일치를 (혹은, 요하네스 데 실렌티오가 표현하고 있듯이, '같은 기준으로 잴 수 없음'을) 지적한다. 그 가장 거친 형태에서의 '악의 문제'는 고난과 악행을 종교적 믿음에 대한 반박 증거로 가리키지만, 이 문제의 가장 강력한 형태는 정의의 문제에 집중되고 있다. 인간의 자유는 악한 행위를 저지를 능력을 요구할 수 있으며, 또 아마도 고난은 삶의 일부이겠지만, 분명한 것은 선한 신이라면 무고하고 고결한 사람이 잔인하고 비도덕적으로 처신하는 사람보다 더 많은 고난을 당하게 하지는 않아야 하지 않겠는가? 이 문제는 단순히 실재의 본질에 관한 믿음에 대한 지적 반론만이 아니며, 종교적 믿음을 가진 이들 자신이 직면해 있는 실존적 문제이기도 하다. 그것은 믿음이 늘 싸워야 하는 심각한 문제이며, 또 흔히 이 문제를 통해서 믿음이 시험받기도 한다. 앞으로 우리가 살펴보겠지만, '마음으로부터의 예비적 객출'에서 믿음에 대한 요하네스 데 실렌티오의 논의는 바로 이 문제를 중심으로 이루어지고 있다. 물론 그가 '악의 문제'를 명시적으로 형식화하고 또 도입하지는 않지만 말이다. 그는 종교적 개인을 두 형태, 즉 체념의 기사와 믿음의 기사로 구분한다. 체념과 믿음 모두 종교적 신념과 세계의 존재 방식 간의 부조화, 이 문제를 더 주체적 내지 '내면적으로' 표현하자면, 하느님에 대한 개인의 관계와 세계에 대한 개인의 관계 간의 부조화에 대한 반응이다. 믿음에 대한 이 익명의 성격규정은 다른 철학자들과 신학자들에 의해 제안된 종교적 신념에 대한 옹호와는 상당히 차이가 나는, 고전적인 '악의 문제'에 대한 암묵적 반응을 제시하고 있다.

모방 살인

체념과 믿음의 입장을 자세히 따져 보기 전에 어쨌거나 먼저 '마음으로부터의 예비적 객출'의 처음 두서너 쪽에 걸쳐 나오는 아브라함을 이해하는 정신적 '작업'에 대한 요하네스 데 실렌티오의 논의를 살펴볼 필요가 있다. 그는 그 자신이 아브라함의 희생 이야기에 반응하는 전형적인 방식으로 간주하는 바에 대한 성격규정을 제시하는 것으로 시작하는데, 너무나도 자만심에 사로잡혀 있고 또 팔자가 좋은 탓에 곧 잠에 곯아떨어지는 청중에게 이 이야기에 관해서 설교하는 사람을 상상하는 것으로 시작한다. 이 사람들은 — 목사를 포함해서 — 아브라함의 상황을 이해하는 노력을 할 생각이 전혀 없다. 그들은 독백조로 '위대한 것은 그가 하느님을 그처럼 사랑하사 기꺼이 자신의 가장 귀한 것조차 하느님에게 희생제물로 바치고자 했다는 사실이다'라고 말하지만[22], 그러나 여기 '아브라함의 이야기에서 남는 것은 불안이다'[23]. 요하네스 데 실렌티오는 이 설교에 귀 기울여 듣고 집에 돌아가서 아브라함이 행한 바를 하기로, 즉 자기 자신의 아들을 죽이기로 결심하는 인물을 소개함으로써 이 평화로운 장면을 깨뜨린다. 목사는 당연하게도 그의 행위에 분노한다. '당신은 혐오스러운 인간이요, 당신은 사회의 부랑자요, 도대체 당신에게 어떤 악마가 씌었길래 아들을 죽이려 든단 말이요?' — 그러나 만일, 이 익명은 계속해서 말하는데, 그 사람이 '단도직입적으로 말해서, 그것은 목사님 당신이 지난 일요일에 설교한 내용이었습니다'라고 대꾸한다면?[23] 요하네스는 아브라함에 관해서 이야기할 때 자신이 말하고 있던 바를 알지 못한 목사의 단순한 잘못이, 그것이 불러오는 결과들에 의거해서 볼 때, 무한히 희극적인 동시에 무한히 비극적이라고 주장한다.

물론, 이 이야기는 종교적 자기만족에 대한 패러디이다. 그렇지만 그것은 몇몇 심각한 문제를 제기한다. '그 목사의 설교와 같은 모순을 어떻게 설명할 것인가?…아브라함이 행한 바에 대한 윤리적 표현은 그가 이사악을 살해할 의도가 있었다는 것이다; 종교적 표현은 그가 이사악을 희생제물로 바칠 용의가 있었다는 것이다. 그런데 이러한 모순에는 바로 사람을 정말로 잠 못 들게 만들 수 있는 불안이 놓여 있으며, 또 아브라함은 이런 불안이 없는 그런 인간이 아니다'[24]. 바깥에서 보자면, 살인과 희생 간에는 아무런 차이가 없다. 두 경우 모두에서, 아브라함은 산에 올라가서, 아들을 묶고, 칼을 높이 쳐든다. 두 경우의 유일한 차이는 — 만일 그런 차이가 있다고 한다면, 그리고 이러한 '만일'은 요하네스 데 실렌티오가 독자에게 제기하는 물음 중의 하나인데 — 믿음의 순전히 내면적인 운동에 놓여 있다. 이것은 '모방' 살인이, 이 익명에 의해 상상되고 있는 것처럼, 언제나 오해를, '정신적 혼란'을 드러낸다는 사실을 의미하는데, 왜냐하면 '우리가 아브라함과 같아질 수 있는 것은 오로지 믿음에 의해서이지, 살인에 의한 것이 아니기' 때문이라는 것이다[25]. '모방할' 수 있는 것은 모두 해 봤자 외적 운동들인데, 왜냐하면 오로지 그런 것들만 관찰될 수 있기 때문이며, 또 이것은 아브라함이, 그가 믿음의 사람인 한에 있어서, 전혀 모방될 수 없다는 것을 의미한다. 그의 믿음은 절대적으로 유일한 것이며, 또 믿음의 운동을 하는 모든 사람은 각기 자신의 상황에서, 특정의 요구에 대한 반응으로, 그렇게 하는 것이다.

이렇게 말했으니, 이제 우리는 아브라함을 따라하는 방식으로 행위하는 사람들을 어떻게 보아야 할 것인가 하는 문제를 더 자세하게 고찰할 필요가 있다. 요하네스 데 실렌티오도 지적하듯이, 아브라함에 대한 우리의 반응이 위인으로서, '믿음의 아버지'로서의 그의 명성에 가려지지 않아야 한다는 것이 중요하며, 또 그 자신의 의지와 비슷한 것으

로 보이는 경우들을 고찰하는 것이 우리가 아브라함의 위대함에 대한
선개념들로부터 우리의 판단을 분리시키는 데 도움이 된다. 내가 『공
포와 전율』을 가르칠 때, 학생들은 흔히 아브라함을 2001년 9월 11일
에 뉴욕의 세계무역센터로 비행기를 타고 돌진한 이슬람 테러리스트들
이나 혹은 2005년 7월 7일에 런던 지하철과 버스에 폭탄을 터뜨린 테
러리스트들과 비교하곤 한다. 물론 이런 테러리스트들에 대한 윤리적
표현은 살인이지만, 그러나 그들이 종교적 견지에서 숭배될 수 있을 것
인가? 의심의 여지없이 그들을 숭배하는 사람들이 존재하며, 아마도,
아브라함처럼, 이들 테러리스트들에게도 또한 미래세대를 위해 그들의
이름과 행적을 기억 속에 보존할 그들의 시인들이 있을 것이다. 물론
그런 견해에 질겁을 할 사람들도 분명히 많을 것이다. (마찬가지로, 요
하네스 데 실렌티오의 주장에 의하면, 우리는 아브라함의 이야기를 들
을 때 '아브라함의 삶의 의미인 그 놀라운 역설에 두려움을 느끼는 법
을 배워'야 한다는 것이다[45]). 종교적 명분 아래 남들뿐만 아니라 자
신들도 죽였으니, 이슬람 테러리스트들은, 아브라함처럼, 그들에게 믿
음의 영웅으로서 명성을 얻게 해 주는 희생을 하고 있었던 것인가?
　이런 물음들은 섣불리 대답될 수 없는 것들이다. 요하네스 데 실렌티
오가 아브라함을 이해할 수 없는 자신의 무능함을 고백하는 것처럼, 우
리 또한 아마도 테러리스트들의 공격에 대한 정치학적, 사회학적 혹은
심리학적 설명으로 이 사안을 처리하려고 하기 전에 먼저 잠시 멈춰서
생각해야 할 것이다. 다른 한편, 아브라함과 테러리스트들 간의 비교를
철저히 따져 볼 때 반드시 중시해야 할 점들이 있다. 첫째, 우리는 요하
네스 데 실렌티오가 오로지 아브라함의 내면의 운동에만 관심이 있다
는 사실을 상기할 수 있는데, 아브라함의 운동을 그는 자신의 '헌사'에
서 사랑, 기대 그리고 투쟁으로 규정하고 있으며 현재의 절에서는 사

랑, 수난 그리고 용기로 규정하고 있다. 이 중에 가장 중요한 것은 사랑이며 — 이것이 아마도 사랑이 두 절 모두에서 현저하게 두드러지는 이유 텐데 — 또 요하네스는 그 희생에 대한 해석은 아브라함이 자기자신보다 이사악을 더 사랑하는가의 문제에 의해 결정된다고 생각한다 [26을 보라]. 둘째, 우리는 아브라함이 처한 상황의 모순 내지 역설이그가 기꺼이 살해하려는 대상과 그의 사랑이 완벽히 일치한다는 사실이라는 것을 분명히 할 필요가 있다. 그가 사랑하는 이도 이사악이요, 그가 기꺼이 죽이고자 하는 이도 또한 이사악이다. 이것은 윤리적 관점에서 아브라함의 유죄를 입증하는 것이 바로 종교적 관점에서 그를 고양시키는 것이라는 사실을 의미한다. 이것이 그의 상황의 역설이다. 그러나 우리가 테러리스트들의 공격을 고찰할 때는 상황이 전혀 다르다. 자살폭탄범들이 자살을 감행할 때, 우리는, 아브라함의 경우와 마찬가지로, 그들이 사랑하는 대상이 그들이 살해하는 대상과 일치한다고 말할 수 있을 것이다. 그러나 그들이 윤리적으로 비난받게 되는 근거는그들의 자살 행위가 아니라, 그들이 다른 사람들을 살해했다는 사실이다. 그리고 이러한 살해행위의 표적이 그들의 사랑의 대상과 일치한다는 아무런 표시도 없다. 물론, 사랑은 내면적이기 때문에 우리는 테러리스트들이 그들의 희생자들을 사랑하지 않았다는 것을 절대적으로 확신할 수는 없지만, 그들이 마음속에 사랑보다는 공포나 증오를 품고 살해했을 가능성이 더 커 보인다. 만일 이것이 사실이라면, 그들이 저지른 살인은 희생으로 간주될 수 없는 것이다.

만일 우리가 아브라함의 믿음의 내면적 운동에 초점을 맞춘다면, 여기에서 실제로 문제가 되는 것은 사랑, 기대, 투쟁, 수난 그리고 용기이다. 키르케고르가 아브라함의 이야기와 레기네 올센과 관련한 자신의상황 간의 유사점을 볼 수 있었던 것은 바로 이러한 것들과 관련해서이다. 이 사례에서의 공통의 근거는 종교적 신념의 명분하에 기꺼이 살인을 저지르려는 의지가 아니라, 도덕적으로 비난받을 만한 결정에 의해서, 키르케고르의 경우에는 레기네와 결혼하겠다는 자신의 약속을 깸으로써, 자신이 사랑하는 이를 잃을 것이라는 전망이다. 아브라함처럼, 그는 자신이 사랑하는 사람에게 해를 끼쳤다. (그리고 사실, 나는 연인 사이건, 친구 사이건, 아니면 친척 사이건 간에, 어떤 식으로건 서로에게 상처를 주는 것으로 끝나지 않는 한 쌍의 사랑하는 사람들을 찾기란 쉽지 않을 거라고 생각한다. 사랑과 수난은 동전의 양면 같은 것이며, 또 이것이 사랑하는 것과 사랑받는 것에 용기가 필요한 이유이기도 하다.) 여기에서 꼭 파악해야 할 중요한 점은 아브라함의 이야기가 극단적인 상황뿐만 아니라 일상적인, 가정의 상황에도 해당된다는 것이다. 아브라함의 사례의 극단성은 평범하기 짝이 없는 소소한 상황에서 남김없이 나타날 수 있는 믿음의 문제들을 부각시키는 데 일조할 따름이다. 혹은, 이것을 다르게 보자면, 『공포와 전율』에서 제시되고 있는 아브라함의 이야기에 대한 해석은 이 모든 일상적 상황들이 예외적이며, 최소한 예외적일 수 있다는 것, 마치 이사악을 희생시키라는 명령이 아브라함을 시험에 빠뜨리고, 그래서 그의 한계**까지** 밀고 가는 것이 아니라, 모든 한계 너머로, 유한성 너머로 밀어 올리는 것처럼, 그것들이 사람을 이성의 한계까지 밀고 가서 절망의 심연으로 몰아넣을 수 있다는 것을 가리킨다. 이러한 시험에 대한 아브라함의 반응은 그의 믿음에 한계가 없다는 것을 보여 준다. 이것은 그에게 특별한 믿음이 있다는 증거인가, 아니면 그것은 차라리 한계가 있는 믿음은 실제로는 믿음이 전혀 아니라는 것을 시사하는 것인가?

'결단코 내게는 믿음이 없다'

'정신적 혼란에 처한 개인이 비슷한 방식으로 가서 행할 거라는 위험을 감수하지 않고서도 아브라함에 관해서 공정하게 말하는 것'이[25] 과연 가능한가 하는 문제를 제기하고서, 그가 어떻게 청중을 향하여 '그런즉 그들은 믿음의 변증법적 투쟁과 믿음의 거대한 정열을 진정으로 깨달았다'[26]고 말할 것인지를 묘사하는 것으로 대꾸한 다음, 요하네스 데 실렌티오는 자기 자신의 믿음의 문제를 제기한다. 그는 청중이 그에게는 '높은 수준의' 믿음이 있을 걸로 짐작할 거라는 점을 암시하면서, 즉시 이것을 반박한다. '결단코 내게는 믿음이 없다'[26]. 아브라함과는 대조적으로, 믿음이 없는 자와 자신을 동일시함으로써, 이 익명은 『공포와 전율』의 이 절 나머지 부분에서 상세히 설명되고 있는 체념과 믿음 간의 차이를 소개한다.

요하네스 데 실렌티오는 자신은 '영리한 인간'이며, 영리한 인간은 '무릇 믿음의 운동을 하는 데 언제나 커다란 어려움을 겪기 마련이다'[26]라고 말한다. 어째서 그렇다는 걸까? 아마도 지적인 사람들은 '단순한' 사람들보다 훨씬 더 자기만족적일 가능성이 크기 때문일 것이다. 아마도 영리함은 (말하자면) 머리에 있는 반면, 믿음은 마음속에 있고, 또 그렇기 때문에 영리한 사람은 이 익명이 믿음과 연관시키는 사랑, 수난, 용기 등등의 마음의 성질들을 묵살하거나 무시하는 경향이 있기 때문일 것이다. 요하네스는 영리한 사람이 믿음의 운동을 하는 데 겪는 어려움이 현대의 지식인의 삶에서는 특별히 심하다는 것, 혹은 아마도 특별히 명백하다는 것을 암시한다. 신학이 철학에 종속되어 있는 현대, 아주 일반적으로 말하자면, 믿음이 이성에 종속되어 있는 현대에는 말이다. 이처럼 고도로 세련된 현대의 환경에서는, 지적 성취에 주어지는 어려움이 ― 그리고, 잠재적으로, 가치가 ― 믿음의 그것보다

더 큰 것으로 간주된다. '헤겔을 이해하는 것은 어려운 일이지만 아브
라함을 이해하는 것은 사소한 문제라고들 말한다. 헤겔을 넘어서는 것
은 기적이지만 아브라함을 어떻게든 처리하는 것은 세상에서 가장 쉬
운 일이라는 것이다.'[27] 헤겔 철학을 이해하고 또 그것을 '넘어간다
는' 이러한 언급은 아마도 키르케고르의 동시대인물인 마르텐센을 겨
냥한 것일 텐데, 마르텐센은 헤겔 사상에 상당한 영향을 받았으며 자신
이 헤겔 사상 안에서 확인한 특정의 단점을 극복할 수 있는 철학을 전
개하려고 노력한 인물이었다.

자신을 아무리 해도 아브라함을 이해하는 데 실패하는 '영리한 인
간'으로 드러냄으로써, 요하네스 데 실렌티오는, 그가 묘사하고 있는
당대의 지적 장면과 반대로, 철학과 믿음에 주어진 각각의 가치를 전도
시키려고 시도한다. 그는 말하기를 자신은 헤겔 철학을 '어려움 없이,
자연스럽게' 연구하고 또 아주 잘 이해한 반면,

내가 아브라함에 관해서 생각해야 할 때면, 나는 사실상 좌절되다시피 했
다. 매 순간 나는 아브라함의 삶을 채우고 있는 저 놀라운 역설을 의식한
다. 매 순간 나는 격퇴당하고, 그 모든 정열에도 나의 사유는 그것을 통찰
하지 못하며, 머리카락 한 올 만큼도 전진하지 못한다. 나는 균형을 잡기
위해 모든 근육을 긴장시키지만, 바로 그 순간 마비되고 만다…나는 아무
리 해도 아브라함이 되어 생각할 수 없다. 그 높이에 도달할 때 나는 넘어
지고 마는데 왜냐하면 나에게 제시되는 것은 역설이기 때문이다. 그런데
도 나는 그렇다고 해서 믿음이 하찮은 것이라고 생각하지 않고 오히려 가
장 고귀한 것이라고 생각하며, 그에 더 해서 어떤 다른 것을 그 대신 내밀
고 믿음을 경시하는 것은 철학이 정직하지 못한 것이라고 생각한다. 철학
은 믿음을 제공할 수도 없고 또 그래서도 안 되며 다만 자신을 이해하고

자신이 무엇을 제공해야 하는지를 알아야 하며 아무것도 제거해서는 안
되고 또 특히 사람들로 하여금 그것이 아무것도 아니라고 생각하게 만듦
으로써 그들에게서 뭔가를 빼앗아서는 안 된다[27].

이것은 이 익명이 확인하고 있는 자기만족에 대한 간접적 도전이다. 이
것과 같은 구절들을 보건대 『공포와 전율』이 주로 지식인 독자를 염두
에 두고 저술되었다는 것이 분명하며, 또 헤겔은 이해하지만 아브라함
은 이해하지 못하는 인물과 맞닥뜨림으로써, 이러한 지식인 독자는 신
앙과 철학의 상대적 난점들과 관련하여 자기 자신에게 해당되는 가정
들을 곰곰이 따져 보게 된다. 그런 독자에게 자연스럽게 제기되는 문제
는 '어째서? 믿음은 무엇이 그리 어려운가?' 이며, 또 이것은 정확히
『공포와 전율』의 이 절이 도입하려고 하는 물음이다. 앞에서 인용된 구
절에서, '역설' 이라는 말이 『공포와 전율』에서 처음으로 나타난다.

요하네스 데 실렌티오 자신의 가정 즉 '나는 아무리 해도 아브라함
이 되어 생각할 수 없다' 는 가정은 그가 철학으로 하여금 행하기를 바
라는 바로 그 운동을 수행하고, 또 예증한다. 그는 주장하기를 철학은
믿음을 설명하는 대신 '스스로를 이해' 해야 하는데, 이 말로 그가 의미
하고자 하는 바는 철학의 과제의 일부는 그 자체의 한계를 깨닫게 되는
것이다. 마치 인간의 정신적 과제의 일부가 자신의 한계를 이해하는 일
인 것처럼 말이다. 이것은, 물론, 철학자는 지혜의 길을 따라 앞으로 나
아가기 위하여 먼저 자기 자신의 무지를 알아 가야 한다는 소크라테스
의 사상을 반영하는 것이다. 그런데 플라톤의 대화편에서는 철학적 사
유의 한계에 관한 문제가 미해결의 상태로 남아 있으며, 또 철학자는
자신의 지식의 부족을 이해하는 예비단계를 거친 다음 계속 나아가서
존재자들을 그것들이 실제로 존재하는 바대로 통찰할 수 있는 것이 분

명히 가능해 보인다. 요하네스 데 실렌티오는 철학의 한계에 대하여 훨씬 단호한 것처럼 보인다. 그의 입장은 명확하게 믿음이란 철학의 차원에서는 오로지 접근불가능한 것이라는 것이다. 그러나 이것에 관해서 주의 깊게 고찰할 때, 우리는 그가 자신의 입장을 플라톤의 입장과 구별해 주는 일종의 회의론을 제안하고 있는 것이 아니라는 것을 알게 되는데, 왜냐하면 그는 믿음이란 단순히 지식을 넘어서는 것이 아니라, 전적으로 다른 세계에 속하는 것이라고 주장하고 있기 때문이다. 믿음은 인간존재가 우연히도 알 수 없는 실재의 한 조각이 아니라, 철학적 사유 그 자체로는 개시할 수 없는 내면적, 실존적 운동이다. 실제로, 우리가 지금까지 살펴본 것처럼, 요하네스 데 실렌티오는 순전히 지적 반성은 믿음의 운동을 저해할 뿐이라고 생각한다.

무한한 체념

어떤 의미에서는 그렇다면, 요하네스 데 실렌티오가 아브라함을 믿음의 모범으로 제시하고 있는 것처럼, 키르케고르는 요하네스 데 실렌티오를 철학자의 전형으로 제시하고 있는 셈이다. 철학은 자기 자신의 한계를 감수해야 한다는 것을 시사한 후에, 이 익명은 자기 자신의 한계에 대한 탐구에 착수한다. 그는 '아브라함을 나는 이해할 수 없다. 어떤 의미에서 나는 경탄하는 것 말고는 그에게서 아무것도 배울 수가 없다'[31]라는 것을 되풀이해서 주장한다. 그러나 그의 한계는 지적일 뿐만 아니라 실존적이다. 그것은 그가 알 수 있거나 이해할 수 있는 것뿐만 아니라 그가 **행할** 수 있는 것과 관련되어 있다. '나로 말하자면, 나는 믿음의 운동을 아주 잘 기술할 수 있지만, 그 운동을 행할 수는 없다'[31]. 요하네스 데 실렌티오는, 그가 우리에게 말하기를, 수난에 대해서, '삶의 고난과 위험'[27]에 대해서 정통한 인물이다. 그리고 그는

'하느님이 사랑이라는 것을 확신' 한다. 그렇지만, 그는 아브라함의 믿음에는 미치지 못하는데, 왜냐하면 그에게는 자신의 영웅이 지녔던 용기가 없기 때문이다. '나는 끔찍한 것을 피하지 않고 직시하였다. 나는 비겁하게 그로부터 도망치지 않지만 그러나 설령 내가 용기를 내서 그것에 다가간다고 하더라도 내 용기는 믿음의 용기가 아니며 믿음의 용기와 비교할 때 아무것도 아니라는 것을 나는 너무나도 잘 알고 있다' [28]. 요하네스 데 실렌티오의 용기는 그가 '무한한 체념' 이라고 부르는 바에 속하는 것이다. 체념과 믿음의 차이는 용기의 문제에 달려 있다. 체념의 운동을 하기 위해서 개인은 자신의 수난과 정면으로 맞닥뜨려서 그것을 감수하고 또 받아들여야 한다. 그런데 믿음의 용기는 그 이상의 것이다. 이러한 '그 이상의 것' 을 이루고 있는 것을 밝히는 가운데 믿음의 용기의 진정한 어려움과 가치가 분명하게 드러나게 된다.

요하네스 데 실렌티오는 '내게 있어서 하느님의 사랑은…현실 전체와 전혀 어울리지 않는 것이다' [28]라고 고백한다. 다시 말하자면, 그는 자신의 수난을 온전히 느끼고, 또 그럼으로써 이러한 수난이 하느님은 자신을 사랑한다는 믿음과 모순된다고 생각하는 것이다. 만일 그가 자신의 고통스러운 '현실' 을 받아들일 수 없다면, 이것은 사랑의 하느님이라는 관념 자체에 대한 하나의 반증이 될 것이다. 수난을 받아들임으로써 그는 하느님을 받아들이는 것을 가능하게 한다. 그는 '하느님이 사랑이라는 것을 확신' 하지만, 그는 또 '나는 믿지 않으며, 이 용기가 내게는 없다' [28]는 것도 알고 있다. 이것은 무엇을 의미하는가? '하느님은 사랑이라는 것을 확신' 하는 것과 '믿는 것' 간의 차이는 무엇인가? 요하네스의 경우, 하느님의 사랑은 '사고' , 즉 그에게 어떤 때는 있기도 하고 또 어떤 때는 부재하기도 하는 관념이다. 그리고 그것이 하느님의 본성에 관한 관념인 한에 있어서 그것은 비-인격적인 것이다. '하느님은 사랑이다'라는 명제는, 그것을 아무리 열심히 믿어도, '하느님은 나를 사랑한다'라는 믿음과는 다르다. 또한, 내가 '아브라함에 대한 찬사'에 관한 언급에서 시사한 것처럼, 하느님이 그에게 한 약속을 지킬 것이라는 아브라함의 기대에 대한 근거를 아브라함에게 제공하는 것은 오직 이러한 개인적 믿음일 뿐이다. 요하네스 데 실렌티오는 하느님이 자신을 사랑한다는 것을 믿을 수 없다. 그는 아마도 자신의 수난을 상대적으로 더 큰 존재자의 체계의 일부로 받아들이고 사랑의 하느님이 존재한다는 것을 믿을 수는 있겠지만, 그는 자신의 고통스러운 실존 그 자체가 자신에 대한 하느님의 사랑의 표시라는 것을 절감할 수는 없다. 어떻게 그럴 수 있겠는가? 그렇기 때문에 하느님에 대한 이 익명의 관계는 어떤 의미에서는 그의 현실적 실존과는, 그 모든 수난에도 불구하고, 무관한 것이며, 이런 측면에서 그것은 비-인격적인 것이다. '나는 사소한 내 염려 때문에 하느님을 신경 쓰게 하지 않는다. 개별적인 것들은 나의 관심 밖이며, 나는 오직 내 사랑만을 응시할 뿐이고 또 그 사랑의 순결한 불꽃을 순수하고 깨끗하게 유지할 뿐이다'. 이에 반하여, '믿음은 하느님이 더할 나위 없이 하찮은 것에 대해서도 관심을 갖는다는 것을 확신한다'[28]. 이것이 체념과 믿음의 차이이다. 체념에는 수난을 거부하거나 회피하려고 하는 대신 그것을 받아들일 용기가 필요하다. 믿음에는 하느님에게 사랑받을 용기가 필요하다. 그리고 이것이 '역설적이고 겸손한 용기'[41]이다.

앞에서 보았다시피, 요하네스 데 실렌티오는 체념을 '무한한 것'이라고 기술하고 있으며, 중요한 것은 『공포와 전율』에서 이 개념이 의미하는 바를 이해하려고 노력해야 한다는 것이다. '무한성'은, 하느님에 대한 관계와 인간에 대한 관계 모두에서, 정신적 실재를 의미한다. 하느님은 그의 존재, 그의 권능 그리고 그의 사랑이 한계가 없고 또 끝이 없다는 점에서 무한한 것으로 생각될 수 있다. 하느님에게는 '모든 것이 가능하다' 라는 생각은 이러한 무한성을 표현한다. 실존하는 개인의 관점에서 볼 때, '무한성' 은 그것이 하느님의 무한한 실재와 이어져 있고 또 그것에 기초해 있다는 점에서 실존자의 자기를 의미한다. 그것은 또 그리스도교의 가르침의 일부이기도 한 자기, 혹은 영혼의 불멸을 의미하기도 한다. 체념은 유한한, 시간의 세계를 희생하는 대신 영적 차원과 관련되어 있기 때문에 '무한하다'. 그러나 그것은 또 다른, 훨씬 주체적인 의미에서 무한하다. 체념의 운동은 그것이 **모든 것**을 포기한다는 것을, 그리고 그것도 철저히 포기한다는 것을 의미한다는 점에서, 또 이 운동은 매 순간마다 '지속적으로' 행해져야 한다는 점에서 무한하다. 체념은 결코 완결되지 않는 과업이다. 최소한 삶 그 자체가 끝나지 않는 한 말이다. 이런 면에서 그것은 끝이 없는 과제이며, 결코 휴식을 찾을 수 없는 무한한 투쟁이다.

요하네스 데 실렌티오는 자신을 아브라함의 입장에 대입해서 상상함으로써 믿음과 체념의 비교를 생생하게 보여 주고 있다. 그에게는 하느님의 명령에 복종해서 모리아산으로 갈 용기는 있었겠지만, 그는 아마도 이렇게 스스로에게 말했을 것이다. '이제 모든 것을 잃었다. 하느님은 이사악을 요구하시고, 나는 그를 희생제물로 바칠 것이며 그와 함께 내 모든 기쁨도 희생할 것이다. 그런데도 하느님은 나에게 사랑이시며 앞으로도 여전히 사랑이실 것이다. 왜냐하면 시간 안에서는 하느님과 나는 서로 대화할 수 없으며, 우리에게는 공통의 언어가 없는 까닭이다' [29]. 시간성과 관련한 이러한 언급은 중요하다. 『공포와 전율』의 이 절에서 이 익명은 '시간성' 과 '유한성' 이라는 개념을 번갈아 가며 사용하면서 이 세계, 이 세계에서의 삶, 이 세계에서의 인간의 조건, 수난을 특징으로 하는 이 현실을 지칭하고 있다. 앞에서 살펴본 것처럼,

'마음으로부터의 예비적 객출'의 서두에서 요하네스는 바깥세계와 정신의 세계를 비교하면서 이 두 세계가 '전적으로 다르다'는 것을 시사한다. 그리고 이제 몇 쪽 뒤에서 그는 '시간 안에서 하느님과 나는', 공통의 언어가 없는 탓에, '서로 대화할 수 없다'고 주장함으로써 이 주장을 되풀이하고 있다. 다시금, 이것은 지상에서의 인간의 현실과 하느님의 정신적 존재는 별개의 것이며 심지어 전혀 어울리지 않는다는 것을 가리킨다. 요하네스 데 실렌티오의 '끝없는 체념'은 하느님과의 관계를 위해서 유한한 시간적 삶을 포기하는 것이다. 그 둘은 조화될 수 없기 때문에, 만일 그 중 하나를 보존하고자 한다면 다른 하나는 포기하지 않으면 안 된다. 유한성과 정신성 간의 이러한 양자택일은 전통적인 '악의 문제'의 논리를 반영한다. 부당한 수난의 사실을 사랑의 하느님에 대한 믿음의 결정적인 반증으로 생각하는 사람은 이러한 믿음을 포기할 것인 반면, 요하네스는 이 믿음을 고수하지만 그러나 그 대가로 자신의 구체적인 현실을 희생한다.

그런데 자신의 현실 내지 유한성을 포기한다는 것이 무엇을 의미하는가? 이 경우, 그것은 이사악을 희생하는 것을 의미하지만, 이러한 희생은 훨씬 내면적인 운동을 의미하는데, 이는 체념이 행해지는 모든 다양한 상황에서의 체념의 내용이 될 것이다. 이러한 내면의 운동은 현생의 삶에서의 행복과 정의에 대한 기대의 포기인데, 왜냐하면 실존의 고통과 사랑의 하느님에 대한 믿음 간의 갈등을 유발하는 것이 바로 이러한 기대이기 때문이다. '이제 모든 것을 잃었다'고 독백함으로써 요하네스 데 실렌티오는 이러한 기대를 포기하고 있다. 여기에서 우리는 이 익명이 자신의 '헌사'에서 아브라함이 위대한 까닭은 그의 기대 때문이라고 한 주장과, 이 기대가 하느님은 자신을 사랑하신다는 그의 믿음에 기초해 있는 방식을 상기할 수 있다. 요하네스는 이 믿음을 공유할 수 없기 때문에 아브라함의 기대도 또한 공유할 수 없는 것이다.

『공포와 전율』의 이 절에서 체념과 믿음 간의 차이가 시간적인 유한한 실존에 대한 상이한 관계에 놓여 있다는 것이 분명해진다. 체념은 이 삶에서의 기대의 실현을 포기하는 반면, 믿음의 운동은 이러한 기대를 고수한다. 아브라함의 이야기에서 이사악은 유한성을 상징하며, 또 그렇기 때문에 요하네스 데 실렌티오와 아브라함 간의 차이가 이사악에 대한 이 둘의 관계에서 명확해진다. 더 구체적으로 말하자면, 이 둘은 희생이 취소되고 난 후 이사악을 각기 다르게 받아들인다.

> 아브라함에게는 더할 나위 없이 쉽게 온 것이 내게는 어려웠을 것이다. 다시 한 번 이사악에게 기쁨이 있을지어다! 왜냐하면 자신의 영혼의 모든 무한성으로써, 자발적으로 그리고 자기 책임하에, [체념]의 무한한 운동을 행하고 또 그 이상은 더 할 수 없는 사람은 누구나 이사악을 오로지 고통 속에서만 지킬 뿐이다.[29]

아브라함이 한 것처럼 믿음을 가지고 있는 사람은 무한한 체념 '이상의 것을 행한다'는 것을 의미하며, 또 이러한 그 이상의 운동은 어떤 의미에서는 역설적인데 왜냐하면 개인은 모든 것을 포기하는 것 이상의 그 어떤 것도 행할 수 없기 때문이다. 요하네스 데 실렌티오는 '내 힘으로는 유한성에 속하는 것의 아주 작은 조각도 얻을 수 없다. 왜냐하면 나는 끊임없이 모든 것을 포기하는 데 내 모든 힘을 쓰기 때문이다'[42]라고 말한다. 그리고 실제로, 믿음의 운동은 특별한 종류의 '행함'을 포함하고 있는데 — 이는 아마도 실제로 전혀 '행하지' 않음일 것이다 — 왜냐하면 그것은 생산적 행위가 아니라 수용을 요구하기 때문이다. 믿음을 지니고 있다는 것은 이사악을 — 그리고 훨씬 일반적으로 말하자면, 자신의 유한한 실존을 — 하느님으로부터의 선물로, 다시 말하자면 특별한, 실존하는 개인으로서 **나에 대한** 하느님의 사랑의 징표 내지 표상으로 돌려받는 것을 의미한다.

믿음의 기사

체념의 종교는 초세속적이며, 자기 자신의 인격적 관심을 희생하고 하느님에게 초점이 맞추어져 있다. 그것은 일원론적 삶의 형태로, 혹은 초자연적인 '믿음'으로 기술될 수 있으며, 혹은 그것의 행복에 대한 기대가 유한한 실존의 수난에 대한 보상이 이루어지는 내세에 정향되어 있는 그런 삶의 형태 내지 믿음으로 기술될 수 있을 것이다. (이런 종류의 종교적 믿음은 독일 철학자 이마누엘 칸트에 의해 묘사되고 있으며, 또 어떤 의미에서 그것은 '악의 문제'에 대한 한 가지 반응을 대표한다. 칸트는 정의가 현생에서는 결여되어 있기 때문에 — 덕과 행복이 모두 포함되어 있는 — 최고선의 추구라는 도덕적 과제는, 다음 세계에서 정의의 회복을 촉진하는 공정한 신과 불멸의 영혼을 전제하지 않는 한, 사리가 맞지 않는다고 주장한다.) 참된 믿음의 경우, 이와는 대조적으로, '시간성, 유한성이야말로 그것이 관심을 갖고 있는 모든 것이다'[42]. 아브라함은 '내세에서 언젠가 축복을 받을 거라고 믿은 것이 아니라 여기 이 세상에서 더 없는 행복을 누리게 될 거라고 믿었다'[30].

요하네스 데 실렌티오는 몇 쪽의 지면을 잠시 아브라함의 이야기에서 벗어나서 이승의 삶과 — '시간성'과 '유한성'과 — 믿음의 관련을 논구한다. 처음에는 현대의 '믿음의 기사'에 대한 상상에 입각한 기술을 제공함으로써, 그 다음에는 낭만적 상황에서의 믿음의 운동을 기술함으로써.

　　현대의 믿음의 기사에 대한 이 익명의 묘사는 흥미로운데 왜냐하면 이 익명은 이러한 믿음의 기사의 세속성을 강조할 뿐만 아니라 믿음이 필연적으로 감지불가능한 방식도 강조하고 있기 때문이다. 물론, 아브라함의 믿음이 외적, 관찰가능한 행위가 아니라, 전적으로 내면적 운동에 있다는 점에서 이 주제는 이미 아브라함의 이야기와 관련해서 제기된 바 있으며, 또 우리는 앞에서 이것이 바로 그의 믿음이 오직 상상에 의해서만 접근가능한 때문이라는 것을 살펴본 바 있다. 어쨌거나, 현대의 믿음의 기사의 경우 이러한 기사는 익명의 존재이고, 바깥에서는 알아차릴 수 없다는 생각이 더욱 분명해진다.

> 체념의 기사는 쉽게 알아차릴 수 있는데, 그의 걸음걸이는 경쾌하면서 대담하다. 그렇지만, 믿음의 보물을 지닌 사람은 기만적인데 왜냐하면 그의 겉모습은 무한한 체념과 믿음이 공히 심히 경멸하는 것 즉 부르주아 속물근성과 놀랄 만큼 닮아 있기 때문이다.[31-2]

이것은 근대의 ─ 만일 있다고 한다면 ─ 극소수의 사람만이 진정으로 믿음을 지니고 있다는 요하네스 데 실렌티오의 제언과 관련된 문제들을 제기한다. 만일 누군가가 믿음을 지니고 있는지 여부를 아는 것이 불가능하다면, 이 익명은 어떻게 그런 주장을 할 수 있는 것인가? 이것은 우리에게 『공포와 전율』의 관심사가 믿음의 **문제**를 제기하는 것이라는 생각을 상기시키며, 또 당대의 정신성에 대한 요하네스의 비판을 꼼꼼히 따져 보면 우리는 그가 단순히 자신과 동시대인들에게 믿음이 없다고 말하는 것도 아니며, 또 그렇게 말할 수도 없다는 것을 알게 된다. 실제로, 그의 비판은 물음의 형태를 취한다. '우리 시대의 누구든 실제로 믿음의 운동을 할 수 있을까? [28] 그런데도 믿음은 순전히 내

면적인 것이라는, 또 그렇기 때문에 관찰자에게는 접근불가능한 것이
라는 그의 설명이 믿음은 희귀한 성취라는 그의 제언과 긴장관계에 있
다는 사실은 아마도 불가피할 것이다.

　그런 까닭에 이 익명이 그가 상상한 믿음의 기사를 소개할 때 이 긴
장은 수면 바로 아래에 잠복해 있다.

　솔직히 인정하건대 내 경험 속에서 나는 그 어떤 진정한 본보기도 찾아보
　지 못했다. 물론 그렇다고 어쩌면 다른 모든 사람이 그런 본보기일지도 모
　른다는 점을 부정하는 것은 아니다. 그런데도 나는 하나라도 찾아내려고
　몇 년 동안을 헛되이 노력했다…앞에서도 말한 것처럼, 나는 그런 사람을
　찾지 못했다. 그런데도 나는 그런 사람을 쉽게 상상할 수 있다.[31]

믿음의 기사는 익명의 존재이며, 전적으로 세상사에 몰두한 채 살면서
하느님에 대한 그 어떤 내면적 관계도 갖고 있지 못한 '부르주아 속물'
과 구별되지 않는 것은 바로 그 믿음의 기사가 유한한 구체적 세계에서
너무나도 평화롭게 있는 까닭이다.

　'그는 꼭 세리처럼 보인다.' 그런데도 그가 진짜로 그 사람이다. 나는 조
금 더 가까이 그에게 다가가서 혹시라도 무한성의 징후의 극미량의 이질
적인 파편이라도 드러나는지, 유한성과는 질적으로 다르게 무한성을 부지
불식간에 드러낸 눈빛, 태도, 자세, 슬퍼하는 안색, 웃음이 드러나는지 보
려고 아주 사소한 움직임까지 주의 깊게 살펴본다. 없다! 나는 혹시라도
무한성이 새어 나온 틈이라도 있는지 보기 위하여 그의 모습을 머리에서
발끝까지 훑어본다. 없다! 그는 철두철미 한결같다. 그의 걸음걸이? 그의
걸음은 확신에 차 있으며, 전적으로 유한성에 속해 있다. 잘 차려 입고 일

요일 오후에 프레데릭스베르에 외출하는 그 어떤 시민도 그보다 더 건장
하게 걸어가지는 않는다. 그는 온전히 이 세계에 속해 있다. 그 어떤 부르
주아 속물도 이 세상에 그보다 더 철두철미 속해 있을 수는 없을 것이다.
무한한 체념의 기사임을 인지할 수 있는 징표인 저 낯설고 고귀한 본성 같
은 것은 티끌만큼도 감지되지 않는다. 그는 모든 것에 참여하고 또 즐기
며, 사람들이 그가 뭔가 특정의 것에 참여하고 있는 것을 볼 때마다, 그는
마음이 그런 것들에 팔려 있는 그런 세속적인 인간들의 전형적인 특징인
끈기를 가지고 일을 한다…그 어떤 거룩한 모습도 또 질적으로 다른 것의
그 어떤 징후도 그를 드러내지 않는다[32-3].

이 사람은 정말 '부르주아 속물' 처럼 처신할 테지만, 그러나 내면적으
로 이 둘 간의 차이는 더할 나위 없이 크다. 믿음의 기사는 이미 자신의
수난에 직면해서 무한한 체념의 운동을 실행하였으며, 또 유한성에 대
한 그의 관계는 이 운동의 기초 위에서 유지되고 있다. 그는

> 무한성의 운동을 행하였고 또 매 순간마다 행하고 있다. 그는 무한한 체념
> 을 통해서 실존의 깊은 슬픔을 비우고, 무한성의 축복을 알고 있으며, 모
> 든 것을, 그가 이 세상에서 소유하고 있는 가장 소중한 것을 포기하는 고
> 통을 절감했으며, 그런데도 유한한 것들은 아직 더 고귀한 것들을 알지 못
> 하는 자들과 똑같이 그에게도 여전히 큰 즐거움을 준다.[34]

체념의 운동을 실행한 다음, 믿음의 사람은, 유한한, 세속적 존재로서,
'불합리성 덕분에 새로운 존재' [34]가 된다. 우리는 '불합리성' 의 개념
을 간단히 살펴볼 것이다.

『공포와 전율』의 이 절에서 나타나는 믿음에 대한 설명은 유한성과

무한성 간의 변증법을 확인한다. 요하네스 데 실렌티오는 이것을 예증하기 위하여 발레 무희의 비유를 사용한다. 춤을 전혀 추지 못하는 사람 — '벽의 꽃' (무도회에서 상대가 없는 젊은 여자, 옮긴이)은 앞에서 기술된 '부르주아 속물'을 나타낸다. 이 사람은 땅위에, 유한성에 머물러 있다. 무희가 허공으로 도약하는 것은 무한성의 운동을 상징한다. 무희의 하강은 유한성으로의 복귀를 의미한다. 체념의 기사는 위로 도약하지만, 적절하게 착륙할 수 없다. 이와는 대조적으로, 믿음의 기사는 전혀 뛰어오른 적이 없는 사람처럼 그렇게 지상에 안전하게 복귀한다.

무희가 뛰어올라 특정 자세를 취하는 것, 그것도 그 자세를 유지할 수 있는 시간이 단 1초도 없이 오직 도약하면서만 그 자세를 취하는 일은 가장 어려운 일이라고들 한다. 아마도 그 어떤 무희도 그런 건 할 수 없을 것이다. 그러나 그것을 [믿음의] 기사는 실행한다. 대다수의 사람들은 세속적인 슬픔과 기쁨에 매몰된 채 살아간다. 그들은 무도회에 참여하지 않는 벽의 꽃들인 것이다. 무한성의 기사는 무희이며 공중도약 자세를 유지한다. 그는 공중으로 뛰어오르는 운동을 하고 다시 지상으로 내려오는데, 이것 역시 불행한 소일거리도 아니고 그렇게 보기 흉한 것도 아니다. 그러나 내려오는 매 순간 그는 즉시 자세를 잡을 수 없다. 그는 한 순간 머뭇거리는데, 이러한 머뭇거림은 그가 이 세상에서 정말로 이방인이라는 것을 보여준다…그러나 마치 서 있는 동시에 걷고 있는 것처럼 보이는 방식으로 착지할 수 있다는 것, 삶의 비약을 걸음걸이로 바꿀 수 있다는 것, 숭고함을 보행자를 통해서 절대적으로 표현할 수 있다는 것, 그것은 오직 믿음의 기사만이 할 수 있으며, 또 그것이 유일한 기적이다[34].

'벽의 꽃' 내지 '속물'은 전적으로 유한성에, 세속적 관심사에 매몰되어 있다. 체념의 운동을 통해서 포기되는 것은 이러한 유한한, 개별적인 것들에 대한 집착이다. 체념의 기사는 유한성을 무한성과, 말하자면, 맞바꾼다. 이러한 운동을 행한 후, 믿음의 기사는 유한성과 무한성을 결합한다. '무한성의 운동을 행한 후, [믿음은] 유한성의 운동을 행한다'[31]. 믿음의 과제는 이처럼 명백히 대립적인 조건들의 종합을, 삶의 매 순간을 하느님의 선물로 영위하고 또 즐김으로써, 유지하는 것이다. 이것은 체념 이전에 영위되던 삶의 형태로 후퇴하는 것을 의미하는 것이 아닌데, 왜냐하면 유한한 세계를 단념한다는 것은 이것이 더이상 개인의 소유가 아니라는 것을 의미하기 때문이다. 그리고 오로지 그것이 더 이상 그의 것이 아니기 때문에 그것은 하느님으로부터의 선물로서 받을 수 있는 것이다. 선물의 논리는 재화와 교환의 관계를 지배하는 논리와는 다르다. 선물은 소유되는 동시에 소유되지 않는데, 왜냐하면 그것은, 말하자면, 이동 중에 있기 때문이다. 선물이 나에게 주어질 때 그것은 내 것이 된다. 그러나 내가 그것을 계속해서 선물로 간주하는 한, 나는 나 자신을 그것을 받는 사람으로 간주한다. 그리고 뭔가를 받는다는 것은 그것을 소유한다는 것과는 다르다. 체념 이전에, 사람은 자신의 삶이 그 자신의 것이라는 환상, 더 일반적으로 말하자면 유한한 세계가 완벽하고 또 자기충족적이라는 환상 속에 있다. 체념 이후에 뒤따르는 믿음에 있어서는, 그의 삶은, 그리고 그의 삶이 영위되는 유한성 전체는 하느님에게 뿌리박혀 있고 또 그것이 선물로 주어질 때에만 그것은 그의 것이다. 주체적 관점에서 보자면, 이것은 자신의 삶에 대한 그의 관계가 철저히 변화된다는 것을 의미하며, 또 그 자신의 삶에 대한 관계는 자신의 존재의 단순한 한 측면이 아니라 자신의 존재의 핵심 그 자체이기 때문에, 삶 자체가 변화되는 것이다.

무희의 비유에서 표현되는 상승-하강 운동은 아브라함의 모리아산 등반과 하산에서도 상징적으로 표현되고 있다. 아브라함을 체념의 기사와 구별해 주는 것은 그의 등반, 기꺼이 이사악을 희생키고자 하는 그의 의지가 아니라 그의 하산, 집과 가족으로의 귀환이다. 체념의 기사는 '이사악을 오로지 고통으로써 지키는 반면', 아브라함의 유한성으로의 귀환은 기쁨에 차 있다.

요하네스 데 실렌티오가 믿음을 유한성과 무한성 간의 변증법으로 설명하는 것은 이러한 개념들에 대한 논의를 예견하게 하는데 이를 우리는 키르케고르의 후기 저작들, 특히 『결론으로서의 비학문적 후서』와 『죽음에 이르는 병』에서 찾아볼 수 있다. 『죽음에 이르는 병』에서, 익명 안티클리마쿠스는 '자기'가 정신적 존재이며, '그 자신에게 이어지는 관계'로 정의된다는 것을 지적하면서, 인간은 제각기 그런 자기가 되어야 하는 과제를 가지고 있다고 주장한다. 이 익명에게, 자기는 핵심적인 종교적 범주이다. 자기는 하느님에 의해 세워졌으며, 또 계속해서 하느님의 권능에 뿌리를 두고 있다는 것이다. — 그런데 이것은 그것의 자기 관계가 또한 그와 동시에 하느님에게 이어짐이어야 한다는 것을 의미한다. 키르케고르의 여타의 익명들과는 달리, 안티클리마쿠스는 '하느님은 모든 것이 가능한 분이다'라고 하느님에 대한 정의를 제시하는 모험을 감행하고 있다. 또 그렇기 때문에 자기가 하느님에게 그 기초를 두고 있다고 주장하는 것은 자기가 무한한 가능성에, 무한한 권능에 기초를 두고 있다고 주장하는 것이다. 『죽음에 이르는 병』에서 제시되는 자기의 개념에 핵심적인 것은 유한성과 무한성 간의 관계 혹은 종합이다. 이러한 종합은 그 자신을 유한한 것인 동시에 무한한 것으로, 또 하느님에게 기초를 두고 있는 것으로 의식하게 됨으로써 그 자신에게 이어진다. 안티클리마쿠스는 이러한 과제를 성취하지 못하는 것, 어느 정도 자기가 되지 못하는 것을 절망이라고 기술하고 있다. 오로지 믿음 안에서만, 그는 주장하건대, 유한성과 무한성 간의 종합이 완결되며, 또 하느님에 대한 자신의 관계 안에서 그 자신을 온전히 의식한다는 것이다. 사실, 안티클리마쿠스에 따르면, 믿음은 이러한 자기-의식적인 관계적 운동에 다름 아니며 또 그것은 생성의 역동적인 과정이기 때문에, 자신의 연속성을 유지하기 위하여 끊임없이 반복되어야 한다. 흐르는 시간 속에서의 자기의 항구성은 그렇기 때문에 믿음의 운동의 반복에 달려 있는 것이다.

젊은 연인들: 체념과 믿음

끊임없이 유한성과 무한성 사이, 세계와 하느님 사이를 운동하는 개인으로서의 믿음의 기사를 기술한 후, 요하네스 데 실렌티오는 '그런 운동이 현실에 대해 맺고 있는 관계를 조명할 수 있는, 모든 것이 그 사례를 중심으로 돌고 있는,[34] 바로 그런 특별한 사례에서의 그런 운동을 기술' 하려는 의도를 발표한다. 그가 논구하는 '그 특별한 사례' 란 '아마도 실현될 수 없는, 십중팔구 관념성에서 현실성으로 옮겨질 수 없는' [35], 한 젊은 청년과 고귀한 처녀 간의 낭만적 관계일 것이다. 이것은 우연히 고른 사례가 아닌데, 왜냐하면 그것은 레기네 올센에 대한 키르케고르의 이루어지지 못한 사랑을 생각나게 하는바, 이 사랑이, '조율하기' 의 절에서 살펴본 것처럼, 『공포와 전율』의 저술에 영향을 주었다. 우리가 기억할 수 있는 것처럼, 『공포와 전율』을 저술하는 기간 동안 키르케고르는 일지에서 '만일 나에게 믿음이 있었다면, 나는 레기네에게 남아 있었을 것이다' 라고 쓰고 있다. 이것은 요하네스 데 실렌티오가 자신을 체념은 할 수 있지만 믿음은 가질 수 없는 존재로 확인한 것처럼, 키르케고르 역시 자신을 레기네와의 관계와 관련해서 체념의 기사로 생각했다는 것을 의미한다.

기품 있는 처녀에 대한 그 젊은 연인의 단념은 그녀를 잊는 것을 뜻하는 것도 아니고, 심지어 그녀를 원하는 것을 포기하는 것도 아니다. 그는 자신의 사랑과 그 사랑에 따르는 수난을 관념의 형태로, 추억의 형태로 보존하지만, 그러나 구체적인 의미에서 언젠가 그녀와 실제로 함께 할 것이라는 희망을 포기함으로써 '실존과 화해하게' 된다. 그의 유한한, 세속적인 사랑은 정신적으로 승화되고, 하느님에 대한 사랑으로 바뀌는 것처럼 보인다. 그 기품 있는 처녀에 대한 사랑이 그에게는 영원한 사랑의 표현이 되었고, 종교적 성격을 띠었으며, 영원한 존재에 대한 사랑으로 탈바꿈되었는 바, 이것은 분명히 그런 사랑의 성취는 부정하였으되 그런데도 그 어떤 현실성도 그에게서는 취할 수 없는 영원한 형태로, 그것의 타당성에 대한 영원한 의식의 차원에서 다시 한 번 그를 화해시켰다.[36-7]

자신의 삶을 사랑하는 연인과 함께 하고 싶다는 희망을 포기한 후, 그 젊은이는 평화와 일종의 자유를 얻는다. 왜냐하면 그는 잃을 것이 하나도 없기 때문이다.

요하네스는 이러한 체념의 기사에 대한 논의에 희한하지만 중요한 각주를 덧붙이는데, 여기에서 그는 현대 철학에서의 정열의 문제를 제기한다. 그는 정열은 '무한성의 운동'을 하기 위해서 반드시 필요하다는 것을 강조한다. 그는 또 '반성은 결코 운동을 낳지 못한다'고 강조하고, '우리 시대가 결여하고 있는 것은 반성이 아니라 정열이다'[35]라고 주장한다. 느닷없이 독자는 불행한 로맨스에 관한 서정적 이야기가 헤겔 철학에 대한 생동감 있는 비판으로 바뀌는 것을 발견한다. '이것이 그 운동을 설명해 주는 실존에서의 영원한 비약인데, 그 반면에 매개는 헤겔에 따르면 모든 것을 설명해 주는 괴물이며 또 헤겔이 결코 설명하려고 시도조차 한 적이 없는 것이기도 하다'[35]. 이 언급은 수수께끼 같지만, 키르케고르의 여타의 익명의 저술 중 몇몇에서 더욱 충분히 탐구되는 생각, 즉 헤겔의 철학은 인간 실존을 특징짓는 생성의 운동을 제대로 다루고 있지 못하다는 생각을 표현하고 있다. 헤겔 사상의 가장 중요한 공헌 한 가지는 과정을 강조한 것, 진리는 고정되어 있지 않고 또 정적인 것도 아니라는 것을 보여 주고, 또 사유와 역사적 전개 모두의 과정을 철학체계로 편입하려고 했다는 것이다. 키르케고르는 철학의 기본 과업 중 하나가 운동을 이해하는 것이라는, 그것도 특히 역동적 관점에서 진리를 이해하는 것이라는 데 헤겔과 의견을 같이하지만, 그는 헤겔이 운동을 합리적으로 개념화하려고 시도하는 우를 범했다는 의견을 여러 번 피력하였다. 키르케고르에게 있어서, 진정한 운동은 실존적인 것이지 지적인 것이 아니다. 그것은 정열, 다시 말해서 일종의 정신적 욕구에 의해 촉발되는 것이지 사유에 의해 촉발되는 것이 아니다. 그는 '비약'이라는 용어를 사용해서 이러한 실존적 운동을 표현하는데, 우리는 이 각주에서 요하네스 데 실렌티오가 비약을 언급하는 것이 그가 체념과 믿음의 운동을 예증하기 위해 제시하는 무희의 비유와 닮아 있다는 것을 알 수 있다.

이 익명은 그 젊은 연인이 그 기품 있는 처녀와 자신의 관계가 '불가능성'[35]이라는 것을 이해하고 또 받아들인 후 어떻게 체념의 운동을 하게 되는지를 기술하고 있다. 유한성과 무한성 간의 변증법이 믿음의 기사에 대한 그의 성격규정의 핵심에 놓여 있는 것처럼, 가능성과 불가능성의 주제들 역시 연애 상황에서의 체념과 믿음의 운동에 대한 이러한 기술에 핵심이 되고 있다. 그리고 사실, 요하네스 데 실렌티오가 불행한 연애 사건에 대한 믿음의 기사의 반응이 그가 묘사하고 있는 그

젊은이의 반응과 어떻게 달랐을 것인지를 고찰하게 될 때, 우리는 유한
성과 무한성에 대한 믿음의 종합이 불가능성과 가능성의 종합에 그대
로 반영되는 것으로 밝혀진다는 것을 안다. 이러한 개념들에 집중하면
서, 이 익명은 세 편의 공관복음서 모두에서 나타나는 예수의 말씀을
인용하고 있다. 부자는 하느님의 왕국에 들어가기가 어렵다는 것에 대
한 논의 다음에, 예수는 '그렇다면 누가 구원받을 수 있는가?' 라고 묻
고서, '사람에게는 그것이 불가능하지만 하느님께는 모든 것이 가능하
다' (마태오복음 19장 26절, 마르코복음 10장 27절), '사람에게는 불가
능한 것이라도 하느님께서는 가능하다' (루카복음 18장 27절)라고 대
답한다.

체념의 기사에게는, 비록 그 기품 있는 처녀와 그의 관계가 이 세상
에서는, 유한성에서는 불가능할지라도, '영적으로 말하자면' 영원성에
서는, 어떤 이상적 영역에서는, 혹은 내세에서는 아마도, 여전히 가능
하다. '영적으로 말하자면, 모든 것이 가능하지만, 유한한 세계에서는
가능하지 않은 것이 많이 있다. [체념의] 기사는 그런데도 이러한 불가
능성을 영적으로 표현함으로써 그것을 가능하게 만들지만, 그는 그것
을 포기함으로써 그것을 영적으로 표현한다' [37]. 요하네스 데 실렌티
오가 유한성과 무한성이 전혀 다르다는 것을 발견하고, 유한성을 단념
함으로써 이러한 불화를 받아들이는 것처럼, 이러한 체념의 젊은 기사
는 사랑의 성취의 영적 가능성이 그것의 세속적 불가능성과 불화를 빚
는 관계라는 것을 알고, 영적 가능성을 위해서 세속적 불가능성을 받아
들인다. 믿음의 기사는 그러나 그 이상의 운동을 실행한다. '그는 말한
다. "나는 그런데도 내가, 불합리성에 의해, 하느님에게는 모든 것이
가능하다는 사실에 의해 그녀를 얻을 것이라는 사실을 믿는다"' [39].
하느님에 대한 그의 믿음은 그 믿음이 영적 가능성을 그의 유한한 실존

속으로 가져오고, 그럼으로써 세속적 불가능성이 어떻게든, 기적적으로, 가능성으로 바뀔 거라는 그런 것이다. 또 다시, 이러한 변화는 하느님의 선물에 의해서만 발생한다. 영적 영역에 속하는 가능성이 이 세상 속으로 은총으로 주어지는데, 이 세상에서 믿음의 기사는 그것을 선물로 받는다. 이 선물을 받는 것은, 우리가 앞에서 살펴본 것처럼, 선행하는 체념의 운동에 의존한다.

'불합리성에 의해'

요하네스 데 실렌티오가 불가능한 것이 가능한 것임을 믿는 것에 의해서 믿음의 기사를 기술하는 방식은 믿음이 '불합리' 하다는 그의 주장으로 이어진다. 이것은 믿음이 이성을, 오성을 그리고 계산을 초월한다는 것을 의미한다. '불합리한 것은 오성의 고유한 영역 안에 있는 특징들에 속하지 않는다. 그것은 불가능한 것, 예측 불가한 것, 기대할 수 없는 것과 같은 것이 아니다' [39]. 다른 말로 하자면, 만일 믿음이 불합리하다면 그것은 단순히 인간적인 영역의 바깥에 있는 것이다. 물론 믿음의 운동에서 오성은 불가능한 것이 정말로 불가능한 것임을 절실히 깨닫는 데 여전히 중요한 역할을 하지만 말이다.

체념한 바로 그 순간 기사는 오성의 결론인, 인간적으로 말하자면, 불가능성을 확신하였으며, 또 그에게는 그것을 생각하기에 충분한 힘이 있었다. 무한한 의미에서는 그러나 그것을 체념함으로써 그것은 가능하였으며, 다만 이러한 [가능성의] 소유는, 그대도 알다시피, 또한 [그것의] 포기이기도 하다. 그렇지만 이러한 소유는 오성에게는 전혀 불합리성이 아닌데, 왜냐하면 오성은 자신이 지배하는 유한성의 세계에서는 그것이 불가능성이며 또 그 후로도 불가능성으로 남아 있다고 여전히 올바르게 주장하였기 때문이다. 믿음의 기사는 이것 역시 분명히 의식하고 있다. 결론적으로, 그를 구할 수 있는 유일한 것은 불합리성이며, 또 이것을 그는 믿음으로써 붙잡고 있다. 그는 그렇기 때문에 불가능성을 인정하는 바로 그 순간에 불합리성을 믿는데, 왜냐하면 만일 그가 자신의 영혼의 모든 정열로써 그리고 진심을 다하여 불가능성을 인정하지 않은 채 자신에게 믿음이 있다고 상상한다면, 그는 스스로를 기만하는 것이고 또 그의 증언은 여기에도 또 저기에도 없는 것인데 왜냐하면 그는 무한한 체념조차 얻지 못한 것이기 때문이다[39-40].

믿음이 불합리하다고 기술하는 것, 그리고 믿음이 유한성을 변화시키는 것은 오로지 하느님으로부터의 선물에 의해서만 가능하다고 주장하는 것은, 단순히 인간적인 영역을 닫혀 있는 것으로 그리고 자기충족적인 것으로 간주하는 것을 거부하는 것이다. 우리가 『공포와 전율』의 서문에서 살펴본 것처럼, 요하네스 데 실렌티오가 당대에서의 믿음의 쇠퇴를 인간의 자율의 사상의 출현과 밀접하게 연결되어 있다고 보는 것은 바로 이러한 이유 때문이다.

　체념과 믿음 간의 차이는 이러한 자율의 문제에 달려 있다. 체념은 인간의 운동이지만, 그 반면에 믿음은 하느님의 권능에 열려 있음을 함축하고 있으며 또 그럼으로써 유한한 모든 영역이 그것의 기초에, 은총의 형태로, 의존하는 것으로 간주된다. 『공포와 전율』의 이 절에서 이 익명은 체념의 운동을 통해서 개인이 그 자신에게 족하다는 것을 강조한다. '무한한 체념에는 평화와 안식이 존재한다. 그것을 적극적으로 원하는 사람은 누구나…스스로를 단련시켜서 이러한 운동을 행하는데, 이 운동은 그것이 수반하는 고통을 통해서 그 주체와 실존을 화해시킨다'[38]. 그는 이 점과 관련해서 여러 번 체념과 믿음을 대조하고 있다.

나는 그것이 무한한 체념의 운동을 실행하는 데 힘과 활력과 영적 자유가 필요하다는 것을 인식할 수 있다. 나는 또 그것이 실행될 수 있다는 것도 인식한다. 그 다음의 운동이 나를 아연케 한다. 내 두뇌는 내 머리 속에서 현기증을 일으키는데, 왜냐하면 체념의 운동을 실행한 후, 이제 불합리성의 덕분으로 모든 것을 얻는 것, 소망을, 온전한 상태로, 완전하게 이루는 것, 그것은 사람의 능력을 벗어나는 것, 곧 기적이기 때문이다.[40]

체념에 의해 나는 모든 것을 포기한다. 이 운동을 나는 나 스스로 실행하며, 또 만일 내가 그것을 행하지 않는다면, 그것은 내가 겁쟁이기 때문이다…이 운동을 나는 나 스스로 실행하며, 또 내가 그 결과로 얻는 것은 영원한 존재에 대한 나의 사랑으로써, 축복받은 조화가 이루어진 가운데 나의 영원한 의식에 있어서의 나 자신이다. 믿음에 의해서 나는 그 어떤 것도 포기하지 않는다. 그와는 반대로, 믿음에 의해서 나는 모든 것을 얻는다.[41]

나는 나 자신의 힘에 의해서 모든 것을 단념하고 또 그런 다음에 고통 속에서 평화와 안식을 발견한다…그러나 나 자신의 힘에 의해서 나는 유한성에 속하는 것을 티끌만큼도 얻지 못하는데, 왜냐하면 나는 모든 것을 포기하는 데 끊임없이 내 힘을 쓰기 때문이다.[42]

믿음은, '불합리성 때문에', 역설적이거니와, 그것이 유한성과 무한성 간의, 불가능성과 가능성 간의, 인간의 차원에서는 조화가 불가능한, 대립을 영위하는 것을 의미하는 한에서 그렇다. 체념의 운동이 '순전히 인간적인 용기'를 필요로 하는 반면, 개인은 '그 다음에 불합리성에 의해 시간성 전부를 붙잡기 위해서는 역설적이고 또 겸손한 용기를' 지니고 있어야 하는데, '이것이 믿음의 용기이다'[41].

믿음은 불합리하다는 요하네스 데 실렌티오의 주장을 주의 깊게 고찰하는 것이 중요한데, 왜냐하면 그것이 『공포와 전율』의 핵심 사상 가운데 하나이기 때문이다. 정확히 어째서 아브라함의 믿음이 — 자신이 이사악을 지킬 것이라는, 혹은 다시 되돌려 받을 것이라는 그의 기대가 — 불합리한가? 결국, 그가 이사악을 되돌려 받는 것은, 기적에 의해서가 아니라 하느님의 입장에서의 외관상의 심경의 변화에 의해서이다. 『공포와 전율』의 이 절에서의 체념과 믿음에 대한 서술을 어느 정도 깊이 있게 그리고 상세히 논의한 두 명의 비평가 로버트 애덤스(Robert A. Adams)와 샤론 크리셰크(Sharon Krishek)는 이 문제를 철저히 생각하도록 도움을 주는 설명적인 언급을 한 바 있다. 애덤스는 하느님이 처음 내린 명령을 번복할 새로운 명령을 내릴 거라는 생각은, 비록 사건의 그러한 전환이 가능성이 없고 또 예기치 않은 것일 수는 있지만, 불합리하지 않다고 지적하거니와, 이는 바로, 우리가 앞에서 살펴본 바 있는 것처럼, 요하네스 데 실렌티오가 세심하게 주의를 기울여서 불합리성과 구별하는 특징들이다. 사실, 애덤스가 시사하는 것처럼, 이사악을 희생시키라는 하느님의 명령이 아브라함에게 그 이전에 주신 약속과 모순된다는 사실은 이 명령 자체를 모순된 것이 되게 할 가능성을 훨씬 높여 준다. 애덤스가 불합리한 것으로 인식하는 것은 그러나 아브라함 마음속에서의 '이중의 운동'이거니와, 이 운동을 통하여 아브라함은 이사악을 포기하는 **바로 그 순간**에 이사악을 돌려받는다. '불합리성이 그 상황 속으로 들어오는 것은 믿음의 운동이 체념의 운동을 끝내지 않고, 오히려 체념과 동시에 실행되어야 하기 때문이다.'[21] 이것은 다른 비평가들이, 이들은 그런 '명백히 지지할 수 없는', '심하게 받아

---

21   Robert Merrihew Adams, 'The Knight of Faith' in *Faith and Philosophy* 7 (4) (1990), 383–95 : 386을 보라.

들이기 어려운' 그리고 '논리적 일관성을 결여한' 입장을 받아들이려
고 하지도 않거니와,[22] 이사악을 결박하고 칼을 높이 들어 올리는 순간
에 아브라함이 정확히 무엇을 믿고 있는지, 스스로 이사악을 죽일 거라
고 믿고 있는지, 혹은 이사악을 죽이지 않을 거라고 믿고 있는지에 관
한 논쟁에, 한 명의 그런 비평가인 존 리피트(John Lippitt)가 '모순적
인 믿음들의 문제'[23]라고 기술하고 있는 바를 극복하기 위한 한 가지 시
도로서, 참여했다는 사실에 의해 입증되는 것처럼 보인다.

　애덤스는 아브라함의 믿음의 불합리성이 믿음들 간의 모순에 기인하
는 것일 수 없다고 주장한다. 왜냐하면 아브라함은 심지어, 그가 더 이
상 이사악의 희생이 그에게 요구되었다고 믿지 않는 때인, 모리아산에
서 집으로 돌아오는 중에도, 체념과 믿음의 '이중 운동'을 지속적으로
실행하고 있기 때문이라는 것이다. 모순은 그렇다면 단순히 체념과 믿
음 간에, 자신의 기대를, 유한한 실존의 본성에 따라서, 포기하는 것과,
모든 것이 가능한 하느님에게 자신이 사랑받고 있다는 믿음에 따라서,
그 기대를 품고 있는 것 사이에 존재한다. 이것이 두 대립적인 **믿음들**
간의 모순을 함축하고 있는지는 확실하지 않다. 그렇다고 해도 물론 나
는 명제적 신념들로서의 체념과 믿음을 통해 도달되는 입장을 형식화
하는 것이 가능할 거라고 믿는다.

　자신의 최근의 저작 『키르케고르, 믿음과 사랑에 관하여』에서, 크리
셰크는 애덤스의 분석을 이용하고 또 전개하면서, 다음과 같이 강조하
고 있다.

　Andrew Cross, 'Fear and Trembling's unorthodox ideal' in Philosophical Top-
ics 27 (2) (1999) 227–53; 238을 보라.

23　John Lippitt, Routledge Philosophy Guidebook to Kierkegaard and Fear and
Trembling (London: Routledge, 2003), p. 68. Andrew Cross에 대한 응답으로 이 주
제를 논하고 있는 것과 관련해서는 pp. 66–76을 보라.

칼을 들어 올리는 극적인 순간은 오직 아브라함이 그 시험 이전에 실행하는 그리고 그 시험 이후에도 계속해서 실행하는 운동의 한 현상 — 사실, 가능한 가장 극단적이고 무서운 현상일 뿐이다…아브라함에게 그 시험은 오로지 그가 줄곧 수행한 뭔가의 표현일 뿐이었다.[24]

크리셰크는 아브라함이 모순적 믿음을 고수한다는 것을 부인하는 애덤스의 주장을 따르지 않으며, 오히려 그녀는 체념과 믿음의 이중 운동이 몇 가지 다른 종류의 모순을 함축하고 있다는 것을 보여 준다. 체념은, 그녀가 시사하는 바, 이미 '자기모순적 태도를 표상하는데', 왜냐하면

아브라함은 아들을 희생시키기를 원하지는 않지만, 그러나 **포기함으로써** 그는…아들을 기꺼이 희생제물로 바칠 준비가 되어 있기 때문이다. 그렇기는 하지만, 이것을 **기꺼운 마음으로** 실행하는 동안, 그는 그러면서도 여전히 아들을 꼭 지킬 수 있기를 아주 정열적으로 **원하고** 있다.[25]

그리고 체념이 이러한 '의지들의 역설'을 함축하는 반면, 믿음은 단순히 신념들의 역설만을 함축하는 게 아니라, 또한 '정서들의 역설'까지도 함축한다. '믿음은 무한한 고통(체념의 고통)의 상태와 형언할 수 없는 기쁨의 상태에 있다는 역설적 결합을 함축한다.'[26] 크리셰크는, 그런 다음, 믿음의 기사의 삶은 '(의지, 신념 그리고 정서의) 모순적 힘들

---

24 Sharon Krishek, *Kierkegaard on Faith and Love* (Cambridge University Press, 2009), p. 79.
25 앞의 책, p. 78.
26 같은 책, p. 80.

을 조화롭게 고수하는 심오한 드라마' [27]라고 결론짓는다. 이는 분명히 요하네스 데 실렌티오가 믿음을 실존의 한 방식으로, '실존에 대한 나의 대립이 매 순간마다 실존과의 가장 아름답고 가장 확실한 조화로 표현되는'[42] 그런 방식으로, 기술하는 것과 일치한다.

체념과 믿음의 '이중 운동'을 구성하는 불합리성과 역설의 본질에 관한 애덤스와 크리셰크의 고찰은 이 운동이 단순히 이론적 모순을 함축할 뿐만 아니라, 실천적 혹은 실존적 모순도 함축한다는 사실을 예증하는 데 일조한다. 그것은 단순히 두 믿음 간의 대립의 문제, 예컨대, 이사악이 죽을 거라는 믿음과 이사악이 살 거라는 믿음의 대립, 혹은 예수가 인간이자 신이라는 믿음, 혹은 불공평한 세계가 정의로운 하느님에 의해 창조되었다는 믿음의 문제가 아니라, '실존과의 조화로' 표현되고 있는 개인의 '실존에 대한 대립'의 문제이다. 그것은 '매 순간마다' 이 세상에서의, 인간에게 있는 유일한 삶인, 자신의 삶을 하느님에 대한 그의 관계와 결합시켜야 하는 문제이다. 요하네스 데 실렌티오에 따르면, 이것은 지성의 역설일 뿐만 아니라 감정의 역설이기도 하다. 그는 그러한 '이중 운동'이 수반하는 **바**는 이해할 수 있지만, 이러한 운동이 **어떻게** 실행될 수 있는지는 이해할 수 없다. 믿음의 불합리성의 실천적 본질에 대한 이러한 강조는 어째서 키르케고르가, 『공포와 전율』에 관하여 고찰하고 있는 후기의 일지에서, 믿음은 오직 믿음이 없는 사람의 관점에서만 불합리할 뿐이라고 주장하는지를 설명하는 데 도움이 될 것이다.

내가 믿을 때, 그때는 확실히 믿음도 또 믿음의 내용도 불합리하지 않다…

---

27   같은 책, p. 81.

그러나…믿지 않는 사람에게는, 그때 믿음도 또 믿음의 내용도 불합리하며, 그리고…나 자신이 믿음 가운데 있지 않는 순간, 연약한 순간, 의심이 끓어오르는 순간, 그때 믿음과 믿음의 내용이 나에게 점점 불합리해지기 시작한다.[28]

이것이냐 / 저것이냐

참된 종교적 믿음은 오로지 '불합리성 때문에', 불가능성의 극복을 함축하는 일종의 '기적'으로 나타난다는 그 익명의 주장은 확실히 그 믿음이 매우 희귀한 것임에 틀림없다는 결론을 가리킨다. 그리고 이것은, 당연한 일이지만,『공포와 전율』의 전략의 일부이다. 키르케고르는 독자가 믿음의 가치를 제대로 평가하기 위해서, 그리고 스스로에게, 만일 이것이 믿음이 실제로 수반하는 것이라면, 그가 정말로 그 믿음을 가지고 있다고 주장할 수 있는지를 자문하기 위해서, 믿음의 어려움에 관해 성찰하기를 원한다. 그렇지만, 다른 한편으로, 어떤 의미에서 믿음에 관한 요하네스 데 실렌티오의 설명은, 시적 언어와 약간의 상상력에 의한 이야기-하기의 도움으로, 그리스도교의 기본 교의, 즉 하느님은 각 개인을 직접적으로 사랑한다는 믿음, 하느님에게는 모든 것이 가능하다는 믿음을 해설하는 것일 따름이다. 아브라함에 의해 행해지고 또 당대의 믿음의 기사에 의해 실행된 내면적 운동들에 대한 그의 기술은 이러한 그리스도교의 믿음들의 함축들을 해명하는 것에 불과하다고 주장될 수도 있을 것이다.

만일『공포와 전율』의 독자가 그리스도교에 대한 이러한 해석을 수용한다면, 그렇다면 당연하게도 그 해석에 반응하는 두 가지 대안적 방

28　JP 6958 (1850).

법이 있다. 그는, 요하네스 데 실렌티오처럼, 믿음에 대한 찬미로 충만해져서 믿음을 최고의 영적 과제로 인정하는 것을 선택하고, 그리스도교인이 되는 길에 전심전력을 다하여 매달릴 것이다. 아니면 정확히 그가 아주 분명하게 믿음의 불합리성을 본다면 그는 한 이상으로서의 믿음을 거부할 것이다. 그 익명이 배제하려고 하는 것은 이러한 양 극단 사이의 중간인데, 이 중간적 입장에서는 믿음이 안락하고 쉬운 것으로 간주될 수 있다. 그것은 '정확히 체념을 전제하기 때문에, 어떤 심미적 정서가 아니라 훨씬 고귀한 그 무엇' 이다. '그것은 자발적인 마음의 애착이 아니라 실존의 역설이다' [40].

믿음에 대한 이러한 설명은 독자에게 결단을 제시하고 있는데, 결단의 관념은 그 자체가 키르케고르 철학의 중요한 요소이다. 이것은 『공포와 전율』이 발표되기 몇 달 전에 발표된, 그의 최초의 익명의 저작 『이것이냐 저것이냐』(1843)의 제목에 의해서도 나타나고 있다. 요하네스 클리마쿠스(Johannes Climacus)라는 익명하에 발표된 두 권의 저작에서, 결단의 주제가 깊이 있게 전개되고 있다. 『철학의 부스러기들』(1844)에서 클리마쿠스는 성육신이라는 그리스도교의 교리에 초점을 맞추고 있는데, 이것이 '절대적 역설' 이라고 주장하면서, 독자에게 이 역설에 걸려 넘어지는 것과 믿음으로 받아들이는 것 사이의, 다시 말하자면, 역설로서의 성육신을 부정하는 것과 인정하는 것 사이의 선택을 제시한다. 요하네스 데 실렌티오가 '오성' 이 역설 혹은 불합리성을 있는 그대로 볼 수는 있으되 꿰뚫어볼 수는 없다고 주장하는 것처럼, 요하네스 클리마쿠스 역시 이성의 역할은 역설을 인식하는 것, 그러나 걸려 넘어짐과 믿음 간의 결단은 이성적 기초 위에서는 행해질 수 없다는 것을 지적한다. 믿음 안에서, 이성은 믿음 앞에서 굴복한다. 『철학의 부스러기들』과 『결론으로서의 비학문적 후서』모두에서, 클리마쿠스는 현대에 그리스도교인들에게 당면한 문제는 믿음의 운동에 핵심적인 결단이 오랫동안 은폐되어 왔다는 것을 시사하고 있으며, 또 그래서 이 익명은 이 결단을 드러내서 그것을 독자들 앞에 내놓는 것을 스스로 과제로 삼고 있다. 19세기 그리스도교인들의 상황은, 그의 주장에 따르면, '**겉모습만 결단**'을 그 특징으로 하고 있으며, '…만일 마치 결단되기라도 한 것처럼 보인다면, 그래서 내가 이미 그리스도교인이라면(예컨대, 세례를 받았다면), 내가 그것을 정확히 깨닫게 되는 데 나에게 도움이 될 만한 아무것도 없는 것이다.'[29] 그리스도교에 대한 클리마쿠스의 분석은 참된 믿음에 핵심적인 결단의 자각을 제기하려고 시도하는 일종의 조정으로 간주될 수 있을 것이며, 또 『공포와 전율』이 이 목적을 공유하고 있는 것으로 보인다.

이것은 『공포와 전율』이 — 만일 이 목적을 성취하는 것이 충분히 잘 이해되었다면 — 철두철미 양면적이고, 또 양면적이어야 한다는 것을 의미한다. 이 저작은 서문과 에필로그에서 암시되고 있는 믿음의 쇠퇴를 저지하고 또 역전시킬 종교적 삶, 혹은 이러한 쇠퇴를 가속화하고 강화시킬 종교적 삶에 대한 설명을 제공한다. 그것의 효과는 독자의 결단에 달려 있다. 어떤 의미에서는, 그렇다면, 이 저작은 독자를, 그리고 심지어 그리스도교 자체를 위기의 지점까지 몰고 가려고 하고 있다. (믿음의 쇠퇴하는 가치에 관한 요하네스 데 실렌티오의 언급은 그가 그리스도교를 이미 이러한 위기를 향해 가고 있는 것으로 보고 있다는 것을 가리킨다.) 이 지점 이후부터, 믿음은 인간의 삶의 최고의 과제가 되거나, 아니면 우스꽝스럽고, 위험한 그리고 근거 없는 모험으로 의심받게 된다. 이러한 위기의 중요한 결론 하나는, 독자에게 결단을 제시

---

[29]   Kierkegaard, *Concluding Unscientific Postscript*, translated by Alastair Hannay, p. 307.

함으로써, 그것은 각자의 고유한 영적 삶에 책임이 있는 단독의 개인으로서의 모든 사람에게 말을 걸고 있다는 사실이다.

우리는 그렇다면 『공포와 전율』을 특별히 근대적인 형식의 종교성에 개입하는 것으로, 그리고 그리스도교의 역사적 현상을 이 종교가 예정되어 있는 것으로 생각되는 위기지점까지 몰고 가려고 시도하는 것으로 읽을 수 있을 것이다. 그러나 이것은 오늘날의 독자들에게 이 저작이 자신들에게 무엇을 말하는지 의아하게 생각하게 할 것이다. 특히 만일 현대의 독자들이 그리스도교적 범주들에 따라 살고자 하는 열망을 품고 있지 않다면 말이다. 역사적 관점에서 볼 때, 이것은 믿음이 불합리하다는 것을 부정하고자 하는 결단은 이미 이루어졌다는 것, 그래서 현대의 문화에 깊이 동화된 지 오래라는 것, 인간의 자율의 문제는 진즉에 해결되었다는 것을 나타내는 것인지도 모른다. 어쨌거나, 체념과 믿음에 대한 요하네스 데 실렌티오의 분석이 사랑, 수난 그리고 용기와 관련된 것인 한, 이것은 19세기에 그랬던 것처럼 지금도 역시 적절한, 인간으로 존재한다는 것에 관한 그 무엇을 전달하고 있다. 이 절의 앞부분에서 나는 사랑과 수난이 공존한다는 것을 시사한 바 있거니와, 이는 냉소적인 관찰이 아니라 우리의 삶이 일시적이고, 또 항상 변화의 과정에 놓여 있다는 명백한 사실에 기초를 두고 있는 것이다. 이것은 우리가 사랑하는 사람들을 언젠가는 잃을 것이라는 사실을 의미한다. 이러한 수난은 오직 우리가 세상을 떠날 때만 벗어날 수 있지만, 이 경우에는 우리를 사랑하는 사람이 고통을 느낀다. 우리는 죽어야 할 존재이기 때문에, 모든 사랑관계는 상실과 이별의 운명에 직면해 있으며, 이런 운명의 수난은 먼 가능성이 아니라, 우리가 그것을 의식하는 한 그리고 그것을 예측하는 한, 지금 영위되는 바의 삶을 조건 짓는 항상-존재하는 사실이다.

이것은 유한성의 수난에서 도망치려고 하는 대신, 어떻게 그것에 용기 있게 대처할 것인가 하는 문제를 제기한다. 체념의 반응은 궁극적 상실에 대한 불안한 예견을, 비록 고통스러울망정, 감소시키는 세속적 관계로부터 벗어나는 것이다. 믿음의 반응은, 죽음에 대한 온전한 자각과 인정 속에서, 사랑하고 또 사랑받을 용기, 그리고 여기에서 기쁨을 찾고자 하는 용기, 요하네스 데 실렌티오가 표현한 것처럼, '매 순간 불합리성의 도움으로 기쁘게 그리고 행복하게 살고자 하는, 매 순간 자신의 연인의 머리 위에 칼이 매달려 있는 것을 보면서도, 체념의 고통 속에서의 안식이 아니라, 불합리성의 힘에 의해 기쁨을 찾고자 하는'[43] 용기를 함축한다. 유한성에서의 이러한 기쁨이 불합리한 것은 그 기쁨이 연인을 잃을 때 찾아오게 될 수난에 비례한다는 것을 알기 때문이다. 사랑이 클수록 상실도 크고, 또 그렇기 때문에 사랑하고자 하는 결단은 합리적 계산의 결과일 수가 없다. 삶 속에서의 믿음의 기사의 기쁨이 은총의 형태를 취하는 것은, 그것도 지적으로가 아니라 정열적으로, '마음으로부터' 받아들여질 수 있는 것은 바로 이러한 이유 때문이다.

문제 I: 윤리적인 것의 목적론적 중지는 있는가?

여기에서 요하네스 데 실렌티오는 아브라함의 이야기에는 '윤리적인 것의 목적론적 중지'가 포함되어 있다는 생각에 집중한다. 이 생각은 키르케고르가 레기네 올센과의 파혼을 기술하기 위하여 은밀하게 이 구절을 사용하였다는 것을 드러내고 있다.

나는 시인이다. 그러나 시인이 되기 이미 오래 전에 나는 종교적 개별성의 삶을 위하여 예정되었다. 내가 시인이 된 사건은 윤리적 중지 혹은 윤리적인 것의 목적론적 중지였다.[30]

이것은 레기네와 키르케고르의 관계가 『공포와 전율』에서 제시되는 믿음을 분석할 생각을 하게 만들었다는 견해를 지지한다. 그러나 『공포와 전율』 그 자체에서는 이러한 연관이 명백하게 드러나지 않으며, 또 사실 문제 I의 첫 부분에서 요하네스 데 실렌티오는 전문적이고 상당히 추상적인 담론 양식을 채택한다. 윤리적인 것의 목적론적 중지라는 그의 개념을 검토하기 전에, 그리고 이것이 어떻게 아브라함에게 그리고 더욱 일반적으로는 종교적 믿음에 적용되는지를 고찰하기 전에, 우리는 이 익명이 이 저작의 이 절에서 사용하는 다양한 용어들, '윤리적인 것', '보편적인 것', '특수한 것' '중지', '매개', 그리고 '텔로스(목적)' 등을 해명할 필요가 있다.

윤리적인 것: 몇몇 핵심 개념들

요하네스 데 실렌티오의 물음 '윤리적인 것의 목적론적 중지는 있는가?'는 이 익명이, '보편적인 것'으로 정의되는, '윤리적인 것' [46]이라고 칭하는 바와 개인 간의 관계와 관련된 것이다. 윤리적인 것에 대한 그의 논의는 헤겔의 『법철학 요강』(1821)을 직접 겨냥하고 있거니와, 여기에서 이 독일 철학자는 공동체 안에서의 개인의 역할을 논구하면서, 의지의 자유에 대한 설명으로 시작하여 '이성의 형상과 현실태'로서의 국가에 대한 분석으로 끝을 맺는데, 국가에서 '자기-의식은 조

---

30 JP VI 6718.

직적 발전 속에서 그것의 실질적인 앎과 의지의 현실태를 찾는다'라고 말하고 있다.[31] 헤겔에게 있어서, '정의의 체계'는 — 이는 민법, 도덕 그리고 공동체적 삶의 공유된 관습과 관행을 포괄하는데 — '현실화된 자유의 영역, 제2의 천성처럼 그 자신으로부터 산출된 정신(Geist)의 세계'이다.[32]

『공포와 전율』의 이 절에서 요하네스 데 실렌티오는 특수자와 보편자 간의 차이에 입각한 개인에 대한 헤겔의 분석을 취한다.

> 감성적이고 심리적인 존재로 직접적으로 정의되는 단독의 개인은 보편자에 자신의 텔로스를 두고 있는 특수자이며, 또 끊임없이 자신을 이것에서 표현하는 것, 보편자가 되기 위해 특수성을 부정하는 것이 그의 윤리적 과제이다.[46]

'보편적'과 '특수한'은 상대적 개념이다. '보편적인 것'은 전체, 모든 것을 의미하며, 또 일반성의 차원을 지칭하는 반면, '특수성'은 특수한 것을 지칭한다. 따라서, 예를 들어, '색'이라는 개념은, 그것이 모든 물리적 대상에 적용되는 한, 보편적 범주인 반면, '붉다'는 특정의 색, 보편적 범주의 한 특수한 사례이다. 또 다른 분석에서는 그러나 '붉다'는 보편적 내지 종적 범주로 간주될 수 있는 반면, 우체통은 특정의 빨간 물체이다. 헤겔 사상의 특징 하나는 개념들 간의 차이가 엄격하고 정적인 것이 아니라, 역동적이고 관계적이라는 것이며, 보편적, 특수한 그리고 개별적 간의 차이의 경우에 이것은, 한편으로는 보편자가 특수자

31　*Hegel's Philosophy of Right*, translated by T. M. Knox (Oxford: Oxford University Press, 1952), §360; pp. 222-3.

32　같은 책, §4; p. 20.

와 개별자를 포괄하는 범주라는 것을 의미하는 반면, 다른 한편으로는, 개별자가 자신 안에서 보편성과 특수성을 종합한다. 개별적인 인간에게 있어서, 보편자는, 다른 개인들과 공통으로, 그 개인의 본질을 구성하는 인간성의 개념으로 간주될 수 있을 것인 반면, 특수자는 한 인간의 몸, 그의 생각, 그의 습관, 그의 경험, 그의 취향 기타 등등과 같은 한 인간의 특수한 특징들로 구성되어 있다. 윤리적인 것에 대한 요하네스 데 실렌티오의 논의의 맥락에서, '보편자'는 공동체, 개인을 부분으로 하는 전체를 의미한다.

윤리적 영역에 대한 요하네스 데 실렌티오의 논의가 특별히 헤겔 철학을 언급하고 있기는 해도, 헤겔이 보편성에 입각해서 윤리적인 것을 이해한 최초의 사상가는 아니었다. 칸트의 도덕이론은 도덕이 본질적으로 보편적이며, 만인에게 모든 시점에서 평등하게 적용된다는 견해에 기초해 있다. 그의 윤리학은 의무와 책임의 개념에 초점이 맞춰져 있으며, 사람은 무언가를 행해야 한다는 생각에서 표현되고 있는 도덕적 능력을 이해하려고 시도한다. 도덕적 판단은 명령 혹은 명법의 형태를 취한다는 사실에 입각해서, 칸트는 의무와 책임은 법의 필연성을 지니고 있다고 주장하는데, 이 필연성이란, 자연법의 물리적, 우연적 필연성이 아니라, 그것이 온전히 계몽된 모든 인간에게 공통적인 합리적 능력에 기초해 있기 때문에, 인간의 자유와 존엄성과 조화될 뿐만 아니라, 그것들의 한 조건이기도 한 그런 필연성이다. 칸트에게 있어서, 이성의 기능이 만인에게 똑같다는 점에서, 그리고 도덕적 의무의 힘을 합리적으로 이해한다는 것이 그것이 만인에게 타당한 원칙 혹은 격언에 합치한다는 것을 이해한다는 것이라는 점에서, 합리성은 본질적으로 보편성과 연관되어 있다. 도덕 법칙에 대한 칸트의 형식화 중 하나는 다음과 같다. '내 격언이 보편법칙이 될 것을 나도 또한 원할 수 없는

방식으로는 나는 결코 행위해서는 안 된다.'[33] '보편적인 것[윤리적인
것]은 만인에게 적용되기 때문에⋯그것은 매 순간 유효하다' 라는 요하
네스 데 실렌티오의 주장은 윤리학에 대한 이러한 칸트적 견해를 반영
하고 있으며, 사실 윤리적인 것에 대한 헤겔의 설명보다 칸트적 견해에
더 가까운 것처럼 보인다. 헤겔은 칸트의 도덕이론이 지나치게 추상적
이라고 비판한다. 그는 윤리적인 것에 속하는 보편성을, 칸트의 합리성
개념이 함축하는 것처럼 무시간적이고 영원한 것으로서가 아니라, 구
체적인 것으로 — 역사적으로 또 문화적으로 특정의 공동체의 삶의 형
식 속에 놓여 있고 또 구체화되어 있는 것으로 간주했다. 칸트가 도덕
법칙의 보편성을, 어떤 의미에서, 특수한 행위들과 전적으로 무관한 것
으로 간주하는 반면, 헤겔은 특수성을 보편자의 본질적 원소 내지 '계
기' 로 간주한다.

　개인의 윤리적 과제는 '보편자가 되기 위해서 특수성을 부정하는
것' 이라는 요하네스 데 실렌티오의 주장은 보편자가 인간의 바깥에 있
는 것이 아니라, 그 자신의 존재의 한 측면, 그 자신이 '될' 수 있는 그
무엇이라는 것을 나타내고 있다. 특수성을 '부정한다' 는 생각은 헤겔
철학의 특징적 요소를 가리키는데, 이는 독일어 Aufhebung(아우프헤
붕, 지양)에 의해 표현된다. 이 용어는 취소와 보존을 모두 의미한다는
점에서 양의적이다. 헤겔은 이 두 의미를 모두 포함하는 극복, 혹은 지
양의 운동을 지칭하기 위해서 자주 Aufhebung을 사용하곤 한다. 만일
특수성이 '폐기된다면', 그것은 단순히 파괴되는 것이 아니며, 분리된
어떤 것이 아닌, 더 큰 전체의 일부가 되는 그런 통일체로 편입되는 것

33　Immanuel Kant, *Groundwork for the Metaphysics of Morals*, edited by Thomas
E. Hill, Jr. and Arnulf Zwieg (Oxford University Press, 2002), chapter one: 13; p.
203.

이다.

헤겔의 Aufhebung 개념은 『공포와 전율』의 이 절의 맥락에서 아주 중요한데, 왜냐하면 그것은 윤리적인 것을 '중지시킬' 가능성과 관련한 요하네스 데 실렌티오의 물음에 반영되고 있기 때문이다. 다시 말하자면, 윤리적인 것을 중지시키는 것은 단순히 그것을 없애는 것이 아니라, 더 높은 차원에서의 역할을 그것에 부여하는 방식으로 그것을 극복하는 것이다. 이러한 운동에 의해 윤리적인 것은 파괴되지 않고 새로운 맥락 안에서 상대화된다. 이 익명이 표현하는 바, '중지되는 것은 무엇이든 상실되지 않고 그 반대로 더 높은 것에서 보존되는 바, 바로 이 더 높은 것이 그것의 텔로스이다' [47]. 비록 윤리적인 것이 중지되더라도, 그것은 개인에 대한 권리를 계속 지닌다. 우리가 『공포와 전율』의 앞 절에서 살펴본 것처럼, '아브라함이 행한 바에 대한 윤리적 표현은 그가 이사악을 살해하려고 했다는 것이다. 종교적 표현은 그가 이사악을 희생제물로 바치려고 했다는 것이다' [24]. 그리고 아브라함의 행위가 이러한 윤리적 의미를 지니고 있다는 사실은 바로 그 행위를 역설적인 것으로 만드는 것이며, 또 관찰자가 아브라함의 모리아산 여행을 이해하려고 헛되이 애쓸 때 그 관찰자의 '공포와 전율'을 불러일으키는 것이기도 하다.

이렇게 말한 다음, 요하네스 데 실렌티오는, 윤리적인 것의 중지로부터 따라 나오는 믿음의 관점은 '매개될 수 없으며…사유로는 접근이 불가능한 채, 영원히 역설로 남는다' 라고 주장함으로써, 윤리적인 것의 중지라는 자신의 개념과 헤겔의 Aufhebung 개념을 구별한다. 다시금, 이러한 매개의 관념은 특별히 헤겔의 개념을 지칭한다. 헤겔은 직접적인 것과 매개되는 것을 구별하며(물론 다시 한 번 이것들은 상대적 개념들로 간주되어야 할 것이다), 또 그의 철학에서 '매개'는 두 대립적 개념들을 더 높은 차원의 통일로 결합시키는 추론 과정을 지칭한다. 예를 들어, 헤겔의 논리학은 '존재' 개념에서 시작하는데, 이 개념은 '무'의 개념에 대립된다. 이러한 대립자들은 제3의 개념인 '생성'에 의해 결합되는 바, 이것은 존재와 무 간의 전이, 혹은 종합을 지칭하며, 그렇기 때문에 이러한 대립 개념들은 그것들 모두를 포괄하는 운동의 계기들로 파악된다. 존재와 무는 생성에서 **매개된다**. 헤겔은 이성을, 역사의 과정들 위에서 표류하는 추상적인 것으로서가 아니라, 구체적인 것으로 — 세계에서 사례화된 것으로, 그리고 역사의 과정에 있는 것으로 — 간주하기 때문에, 매개는 개념들 간의 관계들뿐만 아니라 사회적 관계들까지도 언급할 수 있다. 예컨대, 교회와 같은 사회적 제도는 개개의 사람들과 하느님을, 인간적인 것과 신적인 것 간의 차이를 인식하는 한편, 동시에 성찬식과 예배 등과 같은 삶의 구체적 형식들에서 그것들을 결합시킴으로써, 매개한다. 요하네스 데 실렌티오가 아브라함의 믿음은 매개될 수 없다고 주장할 때, 그가 말하고자 하는 바는 그것이 이성적 반성을 통해서는 이해될 수 없다는 것과, 그것이 다른 사람에게 전달될 수 없다는 것, 따라서 그것이 공유되고 있는 오성에 의존하는 사회적 결합을 파괴한다는 것이다.

또 한 가지 더 설명되어야 할 것은 telos(텔로스)인데, 여기에서 '목적론적'이라는 말이 파생되었다. 텔로스는 그리스어로 목적 혹은 목표를 의미한다. 텔로스는 행위 혹은 과정이 목표로 삼거나 지향하는 바이다. 요하네스 데 실렌티오는 윤리적인 것이, 보편자로 간주되는바, '자신의 바깥에 그것의 텔로스인 어떤 것도 가지고 있지 않으며, 오직 그 자체가 그것의 바깥에 있는 모든 것의 텔로스이다'[46]라는 것을 지적한다. 윤리적인 것에 고유한 과정은 그 자신의 바깥에 있는 것을 '동화시키는 것'인데, 이는 자신을, 말하자면, 특수한 존재자들의 텔로스로 구성하는 것을 의미한다. 한편, 그에 상응해서, '직접적인' 특수한 존재자의 과제는 그의 텔로스로서 보편적인-것-으로서의-윤리적인 것을 전유하는 것이다. 요하네스 데 실렌티오가 제안하는 그 '윤리적인 것의 목적론적 중지'는 별개의, 상위의 텔로스를 위하여 윤리적인 것을 중지시키는 것, 혹은 상대화하는 것을 함축하는데, 그것이 상위의 텔로스인 까닭은 그렇지 않다면 그것은 중지를 필요로 할 수 없거나, 혹은 중지를 요구할 만하지 못할 것이기 때문이다. 그러나, 이 익명에 따르면, 이것은 역설적인데, 왜냐하면 윤리적인 것은 정확히 '그것의 텔로스인 그 어떤 것도 그 자신의 바깥에 두고 있지 않은' 것이기 때문이다. 이것이 믿음이 매개될 수 없는, 혹은 이해될 수 없는 이유이다. 매개는 보편적인-것으로서의-윤리적인 것 그 자체에 속하는데, 왜냐하면 이것은 오성과 소통을 가능하게 해 주는 언어와 개념의 영역이기 때문이다. 매개는 오직 윤리적인 것 안에서만 발생할 수 있을 뿐, 윤리적인 것의 내부로부터 윤리적인 것 그 자체보다 더 높은 텔로스를 인식하는 것은 불가능하며, 또 그렇기 때문에 윤리적인 것의 중지를 정당화하거나 설명하는 것은 불가능하다.

아브라함은 윤리적인 것의 목적론적 중지를 필요로 하는가?

문제 I에서 요하네스 데 실렌티오에 의해 채용된 철학용어에 익숙해진 지금, 우리는 이제 윤리적인 것의 목적론적 중지의 관념의 내용과 의미를 평가할 수 있을 것이다. 여기에서 우리는, 아브라함의 정의로움의 문제, 즉 그가 어떻게 평가되어야 하는가 하는 문제는 이사악을 희생제물로 바치고자 하는 그의 내면의 의도와 관련이 있다는 것, 그래서 논의되고 있는 것은 그렇기 때문에, 결국은 희생으로 귀결되는, 마침내 이사악의 어깨 위로 칼을 높이 들어 올리는 것으로 끝나게 되는 시간의 기간이라는 것을 주목할 필요가 있다. 이 이야기의 결과는 아브라함이 사실은 살인자가 아니라는 것을 의미하지만, 요하네스 데 실렌티오는 우리가 아브라함을 이러한 결과에 따라서 판단해서는 안 된다는 것, 왜냐하면 이것이 그가 경험한 바 그의 상황의 본질을 흐리게 할 것이기 때문이라는 것을 강조하려고 애를 쓴다. 아브라함이 하느님에게 순종하겠다는 결단을 내렸을 때 그는 자신의 여행의 결과가 무엇일지를 알지 못했으며, 따라서 그는 결국은 이사악을 살해하라는 요구를 받은 것이 아니라는 사실은, 이 익명은 이렇게 주장하는데, 윤리적으로는 무관한 것이다.

　윤리적인 것의 목적론적 중지라는 관념이 명제의 형태가 아닌 물음의 형태로 도입되었다는 사실 역시 언급하는 것이 중요하다. 요하네스 데 실렌티오는 독자에게 양자택일할 두 대안을 제시하는데, 그것은 곧 윤리적인 것의 바깥에 아무것도 없다고 생각하던가, 즉 윤리적인 것 그 자체보다 더 높은 차원의 텔로스 같은 건 없다고 생각하든가, 이는 아브라함이 오직 윤리적인 것의 내부의 관점에서만 판단될 수 있다는 것, 그래서 유죄로 또 살인자로 저주받아야 한다는 것을 의미하거니와, 아니면 아브라함의 믿음은 윤리적인 것을 넘어서는, 이해될 수 없는 역설로 존재한다고 생각하는 것이다. 오직 두 번째 대안이 선택될 때에만 아브라함을 존경하는 것이 가능한데, 물론 그런 존경은 합리적 차원에서는 정당화될 수 없지만 말이다. 아브라함의 경우에, 윤리적인 것이 중지되는 목적인 더 높은 차원의 텔로스는 하느님과 그의 관계일 것이다. 따라서 이 상황이 윤리적인 것의 목적론적 중지를 함축하는가에 관한 문제는 하느님에 대한 개인의 관계가 윤리적인 것의 바깥에 존재하는가, 아니면 그것의 안에 포함되어 있는가의 문제와 분리불가능하다.

　그러나 요하네스 데 실렌티오가 '아브라함의 이야기는 윤리적인 것의 목적론적 중지를 포함하고 있다' [49]라고 주장하는 것은 옳은가? 이 주장은 아브라함의 행위가 윤리적으로는 인정할 수 없는 것이라는 견해에 기초를 두고 있는데, 이것은 자명한 것이 아니다. 아브라함이 이사악을 기꺼이 희생제물로 바치려는 의지의 윤리학적 위상에 관한 우리의 판단은 정확히 우리가 윤리적인 것을 어떻게 이해하는가에 달려 있다. 칸트적 관점에서 보자면, 아브라함의 행위는 사실 비도덕적인 것처럼 보이며, 또 실제로 칸트 자신이 아브라함이 자기 아들을 죽이라는 하느님의 명령에 복종한 것은 옳지 않다고 주장하고 있다. 자신의 소론 「기능들의 갈등」에서, 칸트는 하느님의 권위에 실제로 도전하지는 않지만, 하느님의 의지는, 오로지 우리가 이러한 신의 의지를 정확하게 그리고 절대적 확실성으로써 아는 경우에만, 선을 향한 인간의 행위를 규제할 수 있다는 것을 지적하고 있다. 여기에서 칸트는 특히 성서를 하느님의 계시된 말씀으로 인정하는 문제를 언급하고 있지만, 그는 아브라함의 희생의 이야기가 이 문제의 한 사례로 쓰이고 있음을 지적한다. 칸트에 따르면,

> 만일 하느님이 정말로 인간에게 말한다고 해도, 인간은 그럼에도 말하고 있는 이가 하느님이라는 것을 결코 알 수 없을 것이다…만일 그 음성이 인간에게 도덕 법칙에 반하는 뭔가를 하라고 명령한다면, 그 환상이 아무리 위엄이 있더라도, 또 그 환상이 아무리 자연의 모든 것을 초월하는 것처럼 보이더라도, 인간은 그것을 환영으로 간주해야 할 것이다.[34]

다른 말로 하자면, 인간은 자기가 정말로 하느님의 명령을 받은 것인지

---

34 Immanuel Kant, *The Conflict of the Faculties* …, translated by Mary Gregor (University of Nebraska Press, 1992), p. 115.

를 결정하기 위해서, 자신이 도덕 법칙을 파악하는 수단인, 자신의 이
성을 이용해야 한다. 만일 그 명령이 도덕 법칙과 갈등을 빚는다면, 그
는 그 명령이 하느님에게서 오는 것일 수 없다고, 왜냐하면 하느님의
의지는 도덕과 완벽하게 조화를 이루기 때문이라고 결론지어야 한다.
칸트에 따르면,

> 아브라함은 하느님의 음성으로 짐작되는 이 소리에, '내가 나의 선한 아들
> 을 살해해서는 안 된다는 것은 너무나 확실하다. 그러나 당신, 이 환영이
> 하느님이라는 것, 그것에 대해서 나는 확신하지 않으며, 또 결코 확신할
> 수도 없거니와, 설령 이 음성이 (눈으로 볼 수 있는) 하늘로부터 내게 내
> 려와 울린다고 하더라도 마찬가지다' 라고 응답했어야 한다.

이사악을 희생제물로 바치라는 하느님의 명령과 관련해서 아브라함이
착오를 범했을 수도 있다는 것, 그리고 더욱 일반적으로는, 믿음이 언
제나 확실성을 결여하고 있다는 것을 지적함에 있어서, 요하네스 데 실
렌티오는 칸트를 반영하고 있다. 이 익명에게 있어서, 이것은 논란이
많고 또 역설적인 믿음의 본질의 한 원인이 되는 것이다. '만일…그 개
인이 착오를 범했다면, 그에게는 어떤 구원이 있을까?…만일…그 개
인이 신성을 오해했다면, 그에게는 어떤 구원이 있을까?' [53]
　아브라함의 상황에 대한 칸트의 반응은 뛰어나게 분별력을 갖추고
있지만, 그러나 우리는 그 반응이 인간 이성에 최고의 권위를 부여하고
있다는 것에 주목해야 한다. 비록 이성이 하느님에 대한 것이 아닌 그
개인 자신의 (하느님의 계시처럼 보이는 것에 대한) 경험에 대한 판단
에 놓여지고 있지만, 이것은 결과적으로 사람이 이해하지 못하는 하느
님의 명령을 받아들이는 것을 불가능하게 만든다. 만일 하느님이 **존재**

한다면, 그리고 만일 이 하느님이 도덕 법칙과 갈등을 빚는 뭔가를 정말로 요구했다면, 칸트는 불순종을 지시하고 있는 셈이다. 그렇다면 이 설명에는, 종교와 윤리 간의 갈등의 가능성이 있다. 종교적 관점에서 보자면, 하느님에게 불순종하는 것이 죄인 반면, 윤리적 관점에서 보자면, 도덕 법칙을 어기는 것이 죄이다. 칸트는 그렇기 때문에 인간의 자율성의 옹호자로 드러난다. 우리는 선에 대한 이성적 지식에 기초해서 하느님의 의지를 인식하는 것이지 하느님의 의지에 입각해서 선을 정의하는 게 아니라는 것이다. 종교는 윤리학의 근원이 아니고, 그 반대로, 오직 그것이 윤리에서 따라 나올 때만 정당하며, 그렇기 때문에 이성의 경계선 안에 남아 있다는 것이다.

　칸트적 관점에서 보자면, 아브라함의 행위는 확실히 윤리적인 것을 위반하는 것이며, 또 이것에 대한 가능한 유일한 반응은 그 행위가 잘못된 것이라고 비난하는 것이다. 칸트는 하느님에 대한 개인의 관계를 위한 그 어떤 여지도 윤리적인 것의 바깥에 두고 있지 않다. 하느님의 의지는 선과 동일하며, 또 우리가 이성을 통해서 형식화하고 또 우리 자신에게 부여하는 도덕 법칙을 지키는 한에 있어서 우리는 이 의지에 복종한다는 것이다. 하느님에 대한 우리의 관계는 전적으로 윤리적인 것의 내부에 포함되어 있으며, 또 윤리적인 것의 본질은 오로지 이성으로부터만 나온다는 것이다. 칸트가 『순수 이성의 한계 안에서의 종교』에서도 쓰고 있듯이, '선한 삶의 영위와는 별개로, 인간 존재가 하느님을 기쁘게 하기 위해서 할 수 있다고 생각하는 그 어떤 것도 단순한 종교적 환상이자 하느님에 대한 허울뿐인 봉사이다.'[35] 이러한 칸트의 설명에 따르면, 요하네스 데 실렌티오의 물음, '윤리적인 것의 목적론적

35　Kant, Religion *Within the Boundaries of Mere Reason*, edited and translated by Allen Wood and George Di Giovanni (Cambridge University Press, 1998), p. 166.

중지는 있는가?' 에 대한 대답은 '없다' 가 되어야 한다.

그렇지만 윤리적인 것에 대한 헤겔적 견해에 입각해서는 아브라함은 어떻게 되는 것인가? 우리가 살펴보았다시피, 헤겔은 보편적인 것을 구체적이고 또 특정 상황에 놓여 있는 것으로, 공동체의 윤리적 삶에서 구체화된 것으로 그리고 공동체의 가치, 제도, 삶의 방식과 관습에서 성문화되는 것으로 간주한다. 헤겔은 이러한 공동체적인 윤리적 삶을 Sittlichkeit(시트리히카이트)로 부르고 있는데, 독일어 Sitte는 '관습'을 의미한다. 그는 Sittlichkeit(인륜)와 Moralität(도덕)를 구별하는데, Moralität(도덕)은, 그 기초가 이성이건, 감정이건 혹은 양심이건 간에, 개인의 도덕의 종류를 지칭하거니와, 이것이 칸트에게 있어서 윤리학의 영역이다. Sittlichkeit(인륜)은 일정한 역사적 기간과 지리적 장소에 특정한 것이며, 그렇기 때문에 헤겔은, 예를 들자면, 고대 그리스인들의 Sittlichkeit(인륜)을 논하고, 이것을 근대 독일의 윤리적 삶과 비교할 수 있는 것이다. 만일 우리가 아브라함의 희생의 윤리적 의의를 헤겔적 관점에서 평가한다고 하면, 우리는 그것을 고대 히브리인들의 Sittlichkeit(인륜)의 맥락에서 고찰해야 할 것이다.

아브라함의 이야기가 전개되는 세계에서는, 자녀 희생은 흔한 관습이었으며, 또, 더 일반적으로 말하자면, 종교적 영역과 윤리적 영역 간의 근대적 차이는 적용되지 않았다. '아브라함이 행한 바에 대한 윤리적 표현은 그가 이사악을 살해하려고 하였다는 것이다' 라는 요하네스 데 실렌티오의 주장은 아브라함의 시대에서의 아브라함의 행위의 의의를 정확히 반영하지 않는다. 그 시절에는 희생은 종교적으로 정당할 뿐만 아니라 윤리적으로도 정당한 것으로 간주되었을 것이다. 왜냐하면 이러한 형식들의 정당성은 같은 것이었기 때문이다. 그렇기 때문에 아브라함의 관점에서 보자면 윤리적 요구와 하느님의 명령 간에 그 어떤 갈등도 존재하지 않았다고 주장할 수 있을 것이다. 이것은 그가 갈등을 경험하지 않았다고 말하는 것은 아니지만, 이러한 갈등은 아마도, 자신이 사랑하는 이사악을 지키고자 하는 그의 개인적 희망과 이사악을 희생시키라는 하느님의 명령 간에 있었을 것이다. 요하네스 데 실렌티오는 '이사악에 대한 아브라함의 관계는, 윤리적으로 말하자면, 아주 단순히 이것, 즉 아버지는 자신보다 아들을 더 사랑해야 한다는 것이다'라고 말하지만, 아브라함이 이사악에 대한 자신의 사랑을 '윤리적 의무'로 간주했다고 생각할 아무런 이유도 없다[49]. 이 익명 자신이 『공포와 전율』의 앞의 절에서 지적한 바 있듯이, 아브라함이 자신의 아들을 기꺼이 희생제물로 바치고자 한 것이 그가 이사악을 사랑하지 않았다는 것을 함축하는 것이 아니다. 그와는 반대로, 그 희생이 희생으로서 가치가 있는 것은 정확히 아브라함이 이사악을 다른 그 어떤 것보다도 더 사랑했기 때문이다. 더욱이, 요하네스는 아브라함의 행위의 역설적이고 또 진실로 신앙심 깊은 요소는 희생 그 자체가 아니라, 그가, 하느님이 자신을 만국의 아버지로 만들겠다고 하신 약속을 지킬 것이라고 계속해서 희망하면서, 이사악을 되돌려 받은 방식이라는 것을 지적한 바 있다.

그렇다고 할 때, 아브라함의 시대에는 아버지가 아들을 희생제물로 바치는 것이 특정 법률이나 도덕 계율을 위반하였다는 것은 사실이 아니다. 어쨌거나, 아브라함의 경우에 이러한 행위는 상대적으로 규모가 큰 공동체에 있어서 파괴적인 함의를 지니고 있다. 개인의 윤리적 과제에 대한 헤겔적 설명은 사람은 무릇, '보편적인 것'으로 이해되는, 공동체를 위하여 자기 자신의 특수한 이해관계를 극복해야 한다는 것이다. 이러한 요구는, 부모의 역할, 선생의 역할, 도로청소부의 역할, 시장의 역할, 기타 등등과 같은, 역할의 수행이라는 형태를 취하는 바, 이에는 타인에 대한 특정의 의무와 책임이 포함된다. 요하네스 데 실렌티오가 아브라함의 이야기를 복창하여 해석하는 것도 바로 윤리적인 것에 대한 이러한 해석의 의미로서이다. 이 이야기에 대한 자신의 분석에서 이 익명은, 비록 윤리적 영역 안에 특별한 그리고 심지어 갈등을 빚는 의무들이 있을 수 있지만, — 예컨대, 한편으로 아버지의 아들에 대한 의무와, 다른 한편으로 공동체 전체에 대한 의무, — 보편적인 것에 대한 아브라함의 의무는 이사악에 대한 그의 의무와 동일한 것이라는 사실을 지적한다. 이것은 아브라함이 참여하고 있는 공동체가 이스라엘의 나라인데, 이는 아직 현실의 국가가 아니라 하느님에 의해 약속된 바 있는 국가이기 때문이다. 이스라엘의 나라는, 이사악과 함께 시작되는, 미래 세대들로 구성된다. 만일 이사악이 죽는다면, 그 다음 세대는 없을 것이며, 그렇게 되면 이스라엘의 나라도 없을 것이다…

> 아브라함의 삶에서 윤리적인 것에 대한, 이것, 즉 아버지는 아들을 사랑해야 한다는 것보다 더 높은 표현은 없다. 윤리적 삶의 의미에서 윤리적인 것의 문제는 전혀 있을 수가 없다. 보편적인 것이 현존하는 한, 그것은 여전히 이사악에게 잠재되어 있고, 이사악의 이른바 허리에 숨어 있으며, 또 그렇기 때문에 이사악의 입을 통하여 '그것을 행하지 말라, 그대는 모든 것을 파괴할 것이다.' 라고 외쳐야 할 것이다.[52]

다른 말로 하자면, 아브라함에 대한 '보편적인' 윤리적 요구는 그 자신의 인륜(Sittlichkeit), 그의 시대의 관습적 도덕에서 나오는 것이 아니라, — 왜냐하면 이것은 하느님에 대한 복종, 그리고 소유욕이 강한 사적 관계의 주장에 다름 아닌 것으로 보이기 때문이거니와 — 미래로부터, 하느님에 의해 약속된 공동체로부터, 아브라함이 그 조상이 될 거라고 한 바로 그 공동체로부터 나온다. 자신의 생명에 대한 이사악의 요구는 윤리적인 것의, 보편적인 것의 요구이다. 따라서, 그 희생을 끝까지 해냄으로써, 아브라함은 하느님에 대한 그 자신의 관계를 이러한 윤리적 요구보다 더 높이 두고 있는 것이다. 아브라함이 윤리적인 것보다 더 높은 것으로 인식하는 것이 하느님 그 자체가 아니라, 하느님과 아브라함 자신의 관계라는 것을 강조하는 것이 중요하다. 그가 하느님의 명령에 순종하는 것은 '하느님을 위해서이며, 또 이것과 전적으로 같은 것인 바, 그 자신을 위해서이다. 그가 그것을 하느님을 위해서 하는 것은 하느님이 그의 믿음에 대한 이러한 증거를 요구하기 때문이다. 그가 그것을 그 자신을 위해서 하는 것은 그가 그것을 증명하기 위해서이다.' [52]

윤리적 영역 안에서의 개인의 과제가 자신의 특수성을 지양하는 것, 사회적 의무의 수행을 통해서 공동체 전체를 위하여 자신의 자기-이해관계를 극복하는 것인 반면, 윤리적인 것의 목적론적 중지는, 말하자면, 보편적인 것에 대하여 개인의 특수성을 다시 회복시킨다. 보편적인-것-으로서의 윤리적인 것의 내부의 관점에서 볼 때, 이러한 특수성의 주장은, 개인이 자기 자신의 이해관계보다 공동의 선을 더 우위에 놓지 못한 실패로 이해되는, 죄와 구별불가능하다. 오직 윤리적인 것의 목적론적 중지가 있을 때만 윤리적인 것에 대한 개인의 위반을 바라볼 더 높은 입장이 있을 수 있으며, 이 입장은 개인을 단순히 죄인으로 존재하는 것으로부터 그의 믿음에 의해 의인(義認)되는 것으로 고양시킬 것이다. 물론, 이러한 운동에는 늘 긴장이 존재하는데, 왜냐하면 윤리적인 것은 완전히 취소된 것이 아니라 중지되었기 때문이다. 윤리적 판단은 남아 있으며, 그래서 윤리적인 것의 눈으로 보자면 그 개인은 죄인에 불과한데, 왜냐하면 윤리적 영역의 내부에서 볼 때 더 높은 텔로스는 그 자체로는 인식될 수 없기 때문이다. 따라서, 윤리적인 것의 관점에서는, 개인의 고양은 역설적이고 불합리하다.

> 믿음은 정확히 이러한 역설, 즉 특수한 존재로서의 단독의 개인이 보편자보다 더 높은 존재이며 또 보편자에 종속하는 것으로서가 아니라 더 우월한 것으로서 보편자에 대하여 정당화된다는 것이다…아브라함은 불합리성에 의해 행위하는데, 왜냐하면 불합리성은 정확히 그가 단독의 개인으로서 보편자보다 더 높다는 것이기 때문이다.[48-9]

자신의 '마음으로부터의 예비적 객출'에서 종교적 믿음이 어떻게 무한한 체념과 다른가를 보여 줌으로써 종교적 믿음의 본질을 밝히고 있는 것처럼, 문제 I에서 요하네스 데 실렌티오는 윤리적 영역에 대한 아브라함의 관계를 '비극적 영웅'의 그것과 비교하는데, 이러한 영웅의 상황은 아브라함의 상황과 비슷한 것처럼 보인다. 요하네스는 비극적 영웅의 세 가지 사례, 즉 에우리피데스의 비극 「아울리스의 이피게네이아」에 나오는 아가멤논(Agamemnon), 구약성서의 판관기에 나오는 입다(Jephthah), 그리고 로마의 공화정부를 세운 브루투스(Lucius Junius Brutus)를 제시한다. 이 세 인물은 모두 자신의 자식을 죽일 것을 요구받는 상황에 처한다. 바다에 바람이 전혀 불지 않는 탓에 자신의 부대가 트로이에 전쟁을 치르러 갈 수 없게 되자, 아가멤논은 예언자에게서 그리스군을 트로이까지 데려다 줄 바람을 얻는 대가로 자신의 딸 이피게네이아를 여신 아르테미스에게 희생제물로 바치라는 신탁을 받는다. 그리고 아가멤논은 기꺼이 이 희생을 치른다. 입다는, 암몬족과의 전투에서 승리를 거두고 개선한 후, 하느님에게 감사의 기도를 드리면서 자신의 집에서 자신을 맞이하러 나오는 첫 번째 피조물을 희생제물로 바치겠다고 맹세하는데, 그 첫 번째 피조물이 그 자신의 딸로 밝혀진다. 그리고 입다는 자신의 맹세를 지킨다. 브루투스의 아들들은 군주제를 복원하려는 반역음모에 연루되었는데, 로마 정부의 법률에 따라 브루투스는 자신의 아들들을 사형에 처했다.

이 세 가지 사례 각각에서, 영웅의 상황은 서로 다른 두 종류의 윤리적 의무, 즉 자신의 자녀를 사랑해야 한다는 의무와 전체로서의 공동체 혹은 국가의 복지를 추구해야 하는 의무 간의 갈등 상황이다. 아가멤논, 입다, 그리고 브루투스는 모두, 전쟁에서의 승리를 확보함으로써, 혹은 국가의 법률을 지지함으로써, 자신들의 더 사적인 부모의 책임을 희생하고 공동체에 대한 자신의 의무를 존중하는 선택을 한다. 요하네스 데 실렌티오는 '윤리적인 것은 그 범위 안에 몇몇의 단계를 포함한다'라고 말하고,[49] 다음과 같이 지적하고 있다.

> 비극적 영웅은…윤리적인 것의 표현으로 하여금 그 윤리적인 것의 더 높은 표현에서 그것의 텔로스를 갖게 만든다. 그는 아버지와 아들 혹은 딸 사이의 윤리적 관계를 일종의 감정으로, 즉 윤리적 삶의 관념에 대한 관계에 있어서 그것의 변증법이 담겨 있는 그런 감정으로 축소한다. 여기에서는, 그렇다면, 윤리적인 것의 목적론적 중지라는 문제는 전혀 존재할 수가 없다.[51-2]

비극적 영웅은 여기에서 윤리적인 것의 내부에 머물러 있다. 한 가지 윤리적 의무를 위반하고자 하는 그의 결단은 또 다른 윤리적 의무와의 관계하에서 정당화될 수 있다. 아브라함의 경우, 우리가 살펴본 바와 같이, 이사악을 희생시키고자 하는 그의 결단을 정당화할 수 있는 그 어떤 더 높은 윤리적 의무도 존재하지 않는데, 왜냐하면 이사악은 자기 아들에 대한 아브라함의 의무뿐만 아니라 자기 나라에 대한 아브라함의 의무를 대변하기 때문이다. '비극적 영웅은 그의 윤리적 덕 때문에 위대한 반면, 아브라함이 위대한 것은 순전히 개인적 덕에 의해',[52] 즉, 하느님에 대한 그 자신의 관계 때문이며, 이는 오로지 그 자신과만 관련되는 것이다.

아가멤논, 입다 그리고 브루투스는 모두 자기 자신의 자녀를 죽이고자 결단함으로써 슬픔을 겪지만 — 이것이 그들이 **비극적** 영웅인 까닭이거니와 — 그러나 그들에게는 자신들이 윤리적으로 옳은 일을 행하였음을 알고 있다는, 또 남들에 의해 이해되고 존경받는다는 이중의 위안거리가 있다. 비극적 영웅은 자신의 비탄과 슬픔을 남에게 전할 수 있다. 그는 보편적인-것으로서의-윤리적인 것에 적합한 공통의 언어를 마음대로 사용할 수 있다. 이와는 대조적으로, '아브라함은 자기 사정을 남에게 전할 수가 없는데, 이것은 또 아브라함은 말을 할 수 없다고 말하는 것으로도 표현될 수 있다. 내가 말을 하자마자, 나는 보편적인 것을 표현하는 것이며, 또 만일 내가 그것을 하지 못한다면, 그렇다면 그 누구도 나를 이해할 수 없다' [52].

아가멤논, 입다 그리고 브루투스가 아브라함과 다른 까닭은 그들이 윤리적 영역 안에 머물러 있기 때문만이 아니며, 또한 그들의 희생에는 그들의 자녀가 그런데도 그들에게 다시 주어질 것이라는 불합리한 믿음이 함축되어 있지 않기 때문이기도 하다. '만일 결정적인 순간에 이 세 사람이, 그들이 각자의 고통을 감내하면서 발휘한 영웅적 용기에, "그러나 그런 일은 일어나지 않을 것이다"라는 한 마디의 말을 덧붙인다고 한다면, 도대체 누가 그들을 이해할 것인가?' [51]라고 요하네스 데 실렌티오는 묻고 있다.

개인이 자신의 윤리적 의무를 수행하는 데 방해가 될 만한 것을 하고 싶은 유혹에 저항해야 한다는 점에서 일반적인 윤리적 상황은 시련으로 간주될 수 있을 것이다. 예컨대, 아내는 남편에게 성실하겠다는 자신의 약속을 지키기 위하여 부정의 유혹에 저항해야 한다. 그렇기는 하지만, 윤리적인 것의 목적론적 중지에 직면한 사람의 경우, 윤리적인 것 그 자체가 유혹이 되는데, 왜냐하면 이것이 더 높은 차원의 텔로스를 위하여 행위하는 것에 방해가 될 것이기 때문이다. 이 익명은 아브라함은 하느님에 의해 영적 시련에 직면했는데 이 시련에서 윤리적인 것에 의해서 유혹을 받았다는 것을 암시하고 있다. 윤리적으로 변론할 수 있고, 합리적으로 정당화할 수 있고, 또 그렇기 때문에 남들에게 이해받을 수 있다는 것을 그가 확실하게 알고 있는 방식으로 처신하고 싶은 유혹을 받았다는 것이다. 그는 사람들이 비극적 영웅에 대해 품고 있는 동정심과 경탄에 의해 유혹을 받았다. 앞에서도 살펴본 것처럼, 그리고 요하네스 자신이 인정하는 것처럼, 아브라함에게는 하느님에 대한 그의 관계와 명확히 구별되는 그 어떤 '윤리적 삶'도 없었지만, 그런데도 이사악을 희생시키지 않겠다는 그의 거부는 의심의 여지없이 그의 아내 사라의 동정과 이해를 얻었을 것이며, 또 이 결정 덕분에 생명을 구한 후대의 세대들에게 존경을 받았을 것이다.

다른 한편으로, 종교적 관점에서는 하느님의 명령에 순종하겠다는 그의 결단의 한 가지 결과는 미래 세대들이 그들의 삶을 아브라함에게 빚지고 있을 뿐만 아니라, 이사악을 살려 주겠다고 결정한 것이 하느님이라는 점에서, 하느님 덕분이기도 하다는 것을 알 수 있다는 것이다. 아브라함의 행위는 하느님이 이사악이라는 선물을 ― 또 그렇기 때문에 공동체 자체라는 선물을 ― 두 번째로 주는 것을 가능하게 만들었다. 이렇게 해서, 이제, 아브라함은 믿음의 아버지인데, 왜냐하면 하느님에 대한 그 자신의 관계가 그의 후손들의 믿음의 기초가 되기 때문이다.

그리스도교적 관점에서

문제 I에서, 요하네스 데 실렌티오는 아브라함의 이야기의 윤리적 의의를 그 원초적 맥락에서 검토하고 있을 뿐만 아니라, 그 이야기의 함의들을 훨씬 현대적인 관점에서 찾아내려고 노력하고 있다. 문제는 아브라함이 이사악을 기꺼이 죽이겠다는 의지가 그 시대에 윤리적으로 비난받을 만한 것인가 여부가 아니라, 그것이 19세기 그리스도교도에게 윤리적으로 비난받을 만한 것인가, 그리고 실제로, 그것이 지금 시점에서 비난받을 만한 것인가 여부이다. 하느님에 대한 개인의 사적인 관계를 위한 윤리적인 것의 목적론적 중지에 관한 문제는, 고대 히브리족속의 인륜(Sittlichkeit)이 아닌, 근대 북유럽 사회의 인륜(Sittlichkeit)과 관련이 있는데, 왜냐하면 자녀를 희생제물로 바치는 것은 오늘날 살인으로 간주되기 때문이다. 그리고 이것은 자신의 '마음으로부터의 예비적 객출'에서 요하네스 데 실렌티오가 아브라함의 이야기를 19세기의 설교자와 신도들의 관점에서 고찰하고, 또 그 내면의 운동이 아브라함의 그것과 동일한 현대의 믿음의 기사를 기술하고 있다는 사실에 의해 확인되는 것처럼 보인다.

　　문제 I 전반에 걸쳐서 요하네스 데 실렌티오가 아브라함의 이야기를 특별히 그리스도교적 관점에서 고찰하고 있다는 암시가 곳곳에 있으며, 이런 사실은 이 절의 끝부분에서 더욱 명확해진다. 아브라함은 그리스도교의 전통에서 믿음의 아버지로 유명하고, 믿음은 그리스도교도의 삶의 핵심에 있다. 믿음은 윤리적인 것의 목적론적 중지를 포함하고 있는 역설이라는 요하네스 데 실렌티오의 주장은 하느님에 대한 아브라함의 믿음뿐만 아니라 그리스도교도의 믿음에도 마찬가지로 적용되

며, 또 사실 『공포와 전율』에서 문제가 되고 있는 것은 일차적으로 그
리스도교도의 믿음인데, 왜냐하면 저자가 상정하고 있는 독자는 자신
을 당연히 그리스도교도인 것으로 여기고 또 자신의 믿음의 본질을 이
해하고 있다고 자부하는 사람이기 때문이다.

　요하네스 데 실렌티오가 아브라함이 처한 상황의 그리스도교적 의의
에 관심이 있다는 것은 문제 I의 세 번째 구절에서 암시되고 있는데, 여
기에서 그는 그리스 철학의 범주에는 아브라함을 찬미할 여지가 없다
고 주장한다.

> 만일 윤리적인 것, 즉 윤리적 삶이 가장 높은 것이며 또 그것과 절대적으
> 로 이질적인 그 어떤 것도 악을 구성하는 저 절대적 이질성과, 즉 보편적
> 인 것에서 표현되어야 하는 특수한 것과 다른 그 어떤 방식으로도 인간존
> 재에게 남아 있는 것이 없다면, 우리는 그리스 철학자들이 가지고 있던 것
> 과는 다른, 혹은 그것들로부터 추론될 수 있는 것과는 다른 그 어떤 범주
> 들도 필요하지 않을 것이다.[47-8]

이 말 바로 다음에 이교의 세계와 그리스도교 세계 간의, 그의 19세기
동시대인들 사이에서 자주 논의되던, 비교에 대한 언급이 나온다. '이
교에는 믿음이 없었다고 말하는 것은 전적으로 옳지만, 만일 뭔가가 그
것에 의해 이야기되었다는 것이 전제되었다면, 우리는 틀림없이 믿음
에 의해 이해하는 바에 관해서 조금 더 명확해질 것이다' [48]. 이것은
이 익명이 그리스도교적 믿음에 관심이 있다는 것을 분명하게 해 주며,
또 그 다음 구절에서 그가 믿음을 개인으로 하여금 보편적인 것보다 더
높은 존재가 되게 하는 역설로 기술할 때, 독자는 자연스럽게 이것을
그리스도교에 관한 언급으로 이해할 것이다. 아브라함과 비극적 영웅

간의 비교를 수단으로 믿음에 대한 이러한 설명을 정교하게 한 후, 요하네스 데 실렌티오는 '아브라함을 이해하기 위한 새로운 범주의 필요성이 명백해진다', 왜냐하면 '신적인 것에 대한 그런 관계는 이교에는 알려지지 않았기' [52] 때문이다라고 진술한다.

이교도와 그리스도교도 간의 차이를 예증하려는 이러한 시도는 키르케고르의 저서 『철학적 조각들』에서 훨씬 더 상세하게 전개되고 있는 바, 이 저서는 『공포와 전율』 몇 달 뒤에 발표되었다. 1844년의 저서에서 익명 요하네스 클리마쿠스는 진리에 대한 개인의 관계, 그리고 진리가 생성되는 경로인 교사와 학생 간의 관계의 본질에 대한 그리스도교적 설명은 기본적으로 소크라테스적 설명과는 다르다고 주장한다. 클리마쿠스에게 있어서, 그리스적 범주는 그리스도교적 믿음을 수용할 수 없다. 더 일반적으로 말하자면, 이것이 시사하는 바는 순전히 철학적 접근은 ─ 이에 대한 예증 사례로 소크라테스가 거론되거니와 ─ 그리스도교적 삶에서 문제가 되는 종류의 진리를 이해할 수 없을 거라는 점이다. 성육신이라는 그리스도교의 교리는, 이 익명이 주장하는 바, 전달될 수 없는 역설이다. 만일, 요하네스 데 실렌티오가 시사하는 바, 아브라함의 믿음을 이해하기 위해 '새로운 범주'가 필요하다면, 이 범주는, 그것이 오성으로는 접근불가능한 하느님에 대한 절대적 관계를 포괄한다는 점에서, 특별히 종교적일 것이다.

믿음은 윤리적인 것의 목적론적 중지를 포함한다는 요하네스 데 실렌티오의 주장이 지닌 그리스도교적 의의는 그가 죄와 정당화(의인, 義認)의 문제를 논의할 때 더 명확해진다. 윤리적인 것의 관점에서, 윤리적 요구를 위반하는 것은(아무리 그것이 이해된다고 하더라도) 죄를 저지르는 것이며, 또 만일 이러한 관점이 가장 높은 것이라면, 죄인의 그 어떤 정당화(혹은 의롭게 됨)도 있을 수 없을 것이다. 윤리적인 것의 목적론적 중지가 없다면, 요하네스가 말하듯이, '그렇다면 아브라함은 타락한 것이다' [47]. 의인(義認)의 관념은, 행위 과정이 도덕적 측면에서 합리적이고 또 이해될 수 있을 때 우리가 특정방식으로 행위하는 것이 '정당화' 된다는 의미에서, 순전히 윤리적 의미를 지니고 있지만, 그 관념은 또한 하느님의 관점에서 정의롭게 된다는 특별히 신학적인 의미도 지니고 있다. 그리스도교적 관점에서, 개인은 이것을 자기 자신의 노력을 통해서는 성취할 수 없으며, 오히려 하느님의 은총을 통해서 정의롭게 되어야 하는 바, 이러한 은총은 예수 그리스도를 통해서 그리고 성찬 등과 같은 교회의 의식을 통해서 전달된다.

인간의 자만에 대한 이러한 부정과 은총의 필요성에 대한 강조는 키르케고르의 덴마크에서 지배적이던 그리스도교의 프로테스탄트 형식인 루터파교회에서 특히 두드러진다. 16세기에, 루터(Martin Luther)는 윤리적 법률을 지키지 못하는 데 따른 자신의 절망을 통하여 '믿음에 의한 의인(義認, 의인이 됨)' 의 교리를 형식화했다. 그의 신학적 돌파구는 은총이 가치 있는 도덕적 행위를 통해서 얻어지지 않고, 또 얻어질 수도 없다는, 오히려 그것은 하느님에 의해, 순전히 사랑 때문에, 그것을 받기에 족한 믿음을 지닌 사람들에게 주어지는 은총이라는 깨달음에 있었다. 이런 사고방식은 『공포와 전율』에서 뚜렷하다. 우리는, 이 저작의 앞 절에서, 요하네스 데 실렌티오가 믿음을, 개인의 의지와 노력으로 성취되는 것이 아니라, 일종의 수용성으로 간주한다는 것을 살펴본 바 있다. 우리가 루터신학의 기본 원리를 염두에 두고 문제 I의 다음 구절을 읽는다면, 그 원리들의 그리스도교적 의의가 명백해진다.

어떻게…[윤리적인 것이] 중지되는 단독의 개인이 실존하는가? 그는 보편적인 것과 대조적으로 특수한 것으로 실존한다. 그는 그렇다면 죄를 짓는

가? 왜냐하면 이것은 죄의 형태이기 때문이다…만일 이 형태가 [즉, 보편
적인 것에 대립하는 특수한 것이] 그것이 죄가 아닌 그런 방식으로 되풀이
될 수 있다는 것을 부정한다면, 그렇다면 심판은 이미 아브라함에게 떨어
진 것이다. 그렇다면 아브라함은 어떻게 실존했는가? 그는 믿었다. 이것
이 그로 하여금 정점에 머물러 있게 하는 그리고 그로 하여금 다른 누구에
게도 이해될 수 없게 만드는 역설인데, 왜냐하면 이 역설은 그가 단독의
개인으로서 그 자신을 절대적인 것에 대한 관계에서 절대적 관계에 위치
시킨다는 것이다. 그는 의인(義認)되었는가? 그의 의인은 또 다시 역설인
데, 왜냐하면 만일 그가 의인되었다면 그것은 보편적인 어떤 것이기 때문
이 아니라 특수한 것이기 덕분이기 때문이다.[54]

신학적으로 해석했을 때, 이것은 아브라함이 하느님은 그를 개인적으
로, 특수한 개인으로서 사랑한다고 믿는다는 사상을 — 이는 우리가 앞
에서 살펴본 것처럼 요하네스 데 실렌티오가 그의 '아브라함에 대한
찬사'에서 수행하는 믿음의 기대에 대한 분석에 잠재하거니와 — 반향
한다. 만일 믿음이 하느님의 은총을 받아들이는 것, 그래서 하느님과의
관계에서 의인된다는 것을 의미한다면, 그렇다면 이것은 **한 개인으로
서**, 단독의, 특정의 존재로서, 믿는 자에게 일어나는 과정이다. 다시금,
우리는 요하네스 데 실렌티오가 아브라함의 사례를 이용해서, 적어도
그 루터파 형식에서의, 그리스도교의 교리의 기본 요소들을 뽑아내고
또 해명하고 있다는 것을 알 수 있다.

문제 I의 마지막 몇 구절은 믿음에 대한 요하네스 데 실렌티오의 분
석의 그리스도교적 의의에 더 분명하게 초점을 맞추고 있다. 이 익명이
여기에서 문제가 되고 있는 상황 혹은 사건의 '결과'에 입각해서 의인
(義認, 혹은 정당화)에 관한 주제를 고찰하는 것에 대해 경고한다는 것

이 의미심장하다. 그의 요점은 일반적인 것인 것처럼 보인다. 판단되어야 하는 그 어떤 행위도 — 아브라함의 경우, 그가 이사악을 기꺼이 희생시키고자 하는 의지 — 필연적으로 그 행위의 결과 이전에, 그 결과에 대해서 무지한 상태에서 발생한다. 요하네스가 말하고 있듯이,

> 만일 행위해야 하는 이가 그 결과에 의해 자신을 판단하기를 원한다면, 그렇다면 그는 결코 시작하지 않을 것이다. 비록 그 결과가 전 세계를 기쁘게 할망정, 그것이 그 영웅에게는 도움이 될 수 없는데, 왜냐하면 그는 오직 모든 것이 다 끝났을 때 그 결과를 알게 될 뿐이기 때문에, 또 그가 영웅이 된 것은 그것에 의해서가 아니라 그가 시작했다는 사실에 의해서이기 때문이다.[55]

이 논점이 그리스도교에 적용될 때, 요하네스 데 실렌티오에 따르면 결과에 의해 판단하는, 그리고 그렇게 함으로써 아직 그 결과에 도달하지 못한 사람의 상황을 특징짓는 '불안, 우울, 역설'[56]을 망각하는 경향은 믿음이 쉬운 것이라는 잘못된 견해에 이바지한다.

요하네스 데 실렌티오는 이러한 추론을 예수의 어머니 마리아와 예수의 제자들의 상황에 적용한다. 현대의 그리스도교도는 예수와 그처럼 가까이 있다는 것이 놀라운 일이라고 생각하겠지만, 이러한 태도는 예수의 삶의 '결과'에 의해, 먼저, 부활에 의해, 그리고 둘째, 많은 세기에 걸친 그리스도교의 종교의 성공에 의해 조건지어진 것이다. 물론, 부활은 그리스도교의 신자들에게 안전을 보장하는 확실한 사실이 아니지만, 그럼에도 그것은 지금 예수의 이야기의 결과로서 그리고 그의 신성한 위상의 표시로서 전통 안에 존재한다. 더욱이, 19세기쯤에는 그리스도교가 유럽에서 지배적인 종교가 되었다는 사실이 '숫자에 있어서

의 안전성'의 의미를 제공한 반면, 예수의 초기 추종자들은 극히 소수
인데다, 또 매우 취약했다. 이제 사도들에 관해서 성찰하면서, 이 익명
은 다음과 같이 제언한다.

> 사람들은 불안을, 우울을, 역설을 망각한다. 잘못을 저지르지 않는 것이
> 그렇게 쉬운 일이었는가? 사람들 사이를 걸어 다닌 이 사람이 하느님이었
> 다는 것이 끔찍한 일이 아니었을까? 그와 함께 앉아서 먹는 것이 무섭지
> 않았을까? 사도가 된다는 것이 그렇게 쉬운 일이었을까? 그러나 그 결과,
> 1900년의 세월, 그것이…일조한다….[58]

사실, 요하네스 데 실렌티오에게 있어서 예수의 삶의 '결과'를 아는 것
의 효과는 오직 환상적 의미에서만 '도움이 되며', 또 사실 그것은 믿
음의 역설을 은폐하기 때문에 현대인에게 그리스도교의 과제를 행하는
데 방해물로 작용하는 '자기-기만'을 조장한다.

  이 지점에서 잠깐 멈춰서 키르케고르가 '의식' 혹은 '정신'이[36] 공동
체의 삶의 구체적 형식에 새겨짐에 따라 '자연화'된다는 헤겔의 생각
에 적대적이라는 것을 언급할 필요가 있는데, 왜냐하면 이 주제를 고찰
하는 것이 키르케고르의 철학과 헤겔의 철학 간의 상이성을 명확히 밝
히고, 또 헤겔 사상에 대한 키르케고르의 비판과 현대의 정신의 몰락이
라는 키르케고르의 진단 간의 연관성을 조명하는 것이기 때문이다. 키
르케고르에게 있어서, 실존하는 각각의 개인은 그 자신의 자유에 가장
관심이 많아야 하는데, 이러한 자유는 (각 사람에게 특수한) 유일하고
또 순전히 내면적이거니와, 믿음의 결단에 맞닥뜨리는 것, 또 그렇기

---

36 이것들은 독일어 Geist의 다른 영어 번역어들이다.

때문에, 그리스도교도의 가장 높은 과제를 구성하는 것, 하느님의 은총에 대한 수용성에 책임이 있는 것은 바로 이러한 내적인 개인적 자유이기 때문이다. 우리가 이 절의 첫 부분에서 살펴보았듯이, 헤겔은 『법철학』에서 공동체의 윤리적 삶은, 가장 포괄적인 의미에서 이해할 때, '현실화한 자유의 영역'이다. '의식' 혹은 '정신'이 '제2의 본성'이 될 때, 그것의 자유는 현실화되고, 이 세계에서 구체적으로 바깥으로 표현된다. 덴마크의 신학자 마르텐센(Hans Lassen Martensen)은 그가, 그리스도교 역사의 후기 단계에서, '교회가 세계에 그 확고한 뿌리를 내렸을 때', '하느님의 왕국이 꼭 자연과 같이 되었다'[37]는 점에서, 종교적 삶의 형식이 변화되었다고 주장할 때, 이러한 헤겔의 견해에 대한 그리스도교적 해석을 명확히 선언하고 있다.

『철학적 조각들』에서, 익명 요하네스 클리마쿠스는 그리스도교의 가르침의 이러한 '자연화'는 원초적 그리스도교의 사건의 — 성육신의 — 세속적, 역사적 '결과'이며 또 그것은 믿음이 과제가 아니라 사람들이 태어나면서 들어가게 되는, 그리고 어쩌면 심지어 태어나면서 갖고 나오는 어떤 것이라는 환상에 일조한다고 주장한다.[38] 정확하게 이해하건대, 제2의 본성은 획득된 본성이어야 하며, 또 요하네스 클리마쿠스에게 있어서 이것은 그 본성이 개인의 삶의 과정을 통해서 획득되는 것이지, 역사를 통해서 획득되고 또 후속 세대를 통하여 그리스도교 문화에 태어난 이들에게 어떻게든 전달되는 것이 아니라는 것을 의미한다. 클리마쿠스에 따르면, 후자의 종류의 '자연화' 내지 '익숙해짐'은 그

37 Hans Lassen Martensen, *Den christelige Daab* [그리스도교적 믿음] (Copenhagen: 1843), p. 23. 이 구절에 대한 Hong 부부의 영어 번역과 관련해서는 Kierkegaard, Philosophical Fragments, p. 316을 보라.
38 Kierkegaard, *Philosophical Fragments*, pp. 94–8을 보라.

리스도교의 역설을 무효화한 결과이다. 처음에는 현저하고 강렬한 감
각경험이, 습관화의 과정을 통하여, 정상화되고 또 약화되어서 그것이
발생해도 마침내 주목되지 않는 것처럼, 그리스도교의 가르침이 문화
에 새겨져서 관습적인 것으로 되는 과정은 이러한 가르침의 낯설고 과
격한 성격에, 말하자면, 정신적 감각을 둔감하게 만드는 효과를 낳았다
는 것이다. 클리마쿠스에게 있어서, 이것은 그와 동시대의 그리스도교
도들이 여러 세기에 걸친 그리스도교 문화를 통하여 그들의 믿음의 역
설 주변에 쌓여온 관습 내지 자연화의 층들 아래에서 그런 역설을 드러
내야 하는 과제에 직면해 있다는 것을 의미한다. 그가 믿음의 역설의
불합리성과 난해함을 강조함으로써 그 역설을 '반자연화(反自然化)하
려고' 시도하고 있는 그 자신의 저술들은 이러한 탈은폐의 작업을 지
향하고 있다. 그리고 우리는 『공포와 전율』에서 제시된 아브라함의 해
석을 동일한 목적으로 가지고 있는 것으로 간주할 수 있다.

　요하네스 데 실렌티오는 짤막하게 아브라함에게 돌아가서, 그가 이
절의 첫 부분에서 독자에게 제시한 격언, '그 결과 이전의 시간 동안,
아브라함이 매 순간 살인자였거나 아니면 우리가 모든 전달보다 더 높
은 것인 역설에 처해 있거나이다'[58]라는 말을 되풀이함으로써 문제 I
을 끝마친다. 그는 계속해서 믿음을 '설명할 수 없는 것', '그 누구도
이해할 수 없는' 일종의 '기적'[58-9]으로 보는 자신의 해석을 요약한
다. 요하네스 데 실렌티오에 따르면, 믿음은 이성에 있는 것도 그렇다
고 윤리적 실천에 있는 것도 아니며, 다만 '정열'에 있는 것이다. 이 개
념이 『공포와 전율』에서 정의되고 있지는 않지만, 우리는 그것이 신체
적, 관능적 정열이 아니라 정신적 정열을 의미하는 것으로 이해해야 할
것이다. 키르케고르의 철학에서, 정열의 개념은 플라톤 사상에서 에로
스의 그것과 비슷한데, 플라톤 사상에서 에로스의 현저한 형태는 관능

적 쾌락이 아니라 진리에 대한 욕망이다. 요하네스 데 실렌티오는 계속해서 주장하기를 설령 믿음이 오성에는 접근 불가능한 것이더라도, 그것은 만인에게 이용 가능한 것인데, '왜냐하면 모든 인간의 삶을 결합시키는 것이 정열이기 때문' [59]이라는 것이다. 그 누구도 믿음으로부터 배제되어 있지 않다는 생각은 이 익명이, 칸트와 헤겔을 따라서, 초기에, 종교적 삶의 특수성과는 대조적으로, 윤리적 영역에 귀속시켰던 보편성을 믿음에 다시 회복시키는 것처럼 보인다. 그러나 이것은 다른 종류의 보편성이다. 칸트와 헤겔이 의심의 여지없이 '모든 인간의 삶을 결합시키는' 것이 이성이라고 주장하고 싶어 하는 반면, 요하네스에게 있어서 이러한 전 포괄적 성격을 지니고 있는 것은 정열이다. 그리고 그의 견해에 따르면, 정열은 공동체의 삶에 기초를 제공하는 공통의 오성을, 지식에 대한 그 저항에 의거해서, 파열시키는 역설에 속해 있다. 따라서 만일 정열이 모든 인간을 결합한다면, 그것은 오로지 그들을 각기 이러한 개인적인 종교적 관계에 무엇보다도 책임이 있는, 하느님 앞에 서 있는, 고유한 존재들로서 개별화함으로써만 그럴 뿐이다.

윤리적인 것을 중지시키다 - 하느님 없이

『공포와 전율』의 다음 절에서, 요하네스 데 실렌티오는 아브라함의 상황을 특별히 하느님에 대한 그의 관계의 문제와 관련하여 분석하게 된다. 하느님의 개념은 윤리적인 것의 목적론적 중지에 관한 그의 성찰에 핵심적인 것이 아니다. 물론 당연하게도 아브라함의 경우에 윤리적 요구는 하느님의 명령에 대한 반응으로 중지되어 있지만 말이다. 하느님에 대한 절대적 의무가 있는가에 대한 이 익명의 논의로 나아가기 전에, 우리는 여기에서 잠깐 멈춰서 하느님이 포함되어 있지 않은 윤리적인 것의 목적론적 중지의 또 다른 가능한 사례를 고찰해 볼 수 있을 것이다.

싯다르타 고타마(Siddhartha Gotama)의 이야기가 한 사례인데, 그는 인디아에서 기원전 5세기 혹은 6세기 무렵 인디아에서 부처가 된 사람이다. 스물아홉의 나이에, 고타마는 깨달음을 얻기 위해, 자신의 수난과 무지로부터 벗어나기 위해, 아내와 막 태어난 아들을 떠나 숲속으로 출가해서 수행자의 삶을 살기로 결단한다. 불경에 의하면, 그는 아내가 잠들어 있는 아침 일찍, 아내에게 떠난다는 말도 하지 않은 채, 집을 나선다. 아브라함처럼, 그는 자신의 의도를 가족에게 전달하지 않는다. 두 번째 사례는 19세기 프랑스 예술가 고갱(Paul Gauguin)의 이야기인데, 그는, 처음에는 브르타뉴에서 그리고 나중에는 타이티에서, 그림에 전념하기 위해서 파리에 있는 아내와 다섯 아들을 떠났다. (고갱의 이야기의 변형이 서머세트 몸(W. Somerset Maugham)의 1919년 소설 『달과 6펜스』에서 이야기되고 있다.) 또 그 다음에는, 당연하게도, 부분적으로는, 그렇게 보이거니와, 저술 작업에 전념하기 위해서 레기네 올센과 파혼한 키르케고르의 사례가 있다.

이 각각의 사례에서, 아내(혹은 약혼녀)와 자녀에 대한 자신의 의무를 위반하겠다는 영웅의 결단에 대한 우리의 평가는 우리가 이 결단의 결과에 관하여 아는 바에 의해 영향을 받을 가능성이 크다. 고타마는 깨달음을 얻었으며, 그 다음 50년을 자신이 배운 바를 남들에게 가르치는 데 바쳤다. 그의 가르침(dharma)은 전 세계에 퍼졌으며 오늘날 많은 사람들에 의해 수행되고 있다. 고갱은 당대의 가장 유명한 예술가 중 한 명이 되었으며, 또 원초적 그림과 조각에 대한 그의 관심은 20세기 예술에 커다란 영향을 끼쳤다. 키르케고르는 덴마크에서 가장 유명한 철학자가 되었으며, 또 여러 언어로 번역되고 계속해서 읽히고 있는, 많은 영향을 끼친 수많은 철학적 · 종교적 저서를 저술하였다. 레기네는, 그녀로 말하자면, 키르케고르와의 약혼이 깨진 후 바로 결혼했으며, 또 평생에 걸친 행복한 결혼생활을 누린 것으로 보인다. 이 이야기들이 마무리되는 방식은 우리로 하여금 고타마, 고갱 그리고 키르케고르가 자신들이 행한 바를 행하는 것이 옳았다고 결론짓게 할지도 모른다. 그러나 요하네스 데 실렌티오의 관점에서 보자면, 사정이 다르다. 결단들의 결과는 아무런 윤리적 의의도 없는데, 왜냐하면 결단들은 당연히 결과 이전에, 그리고 어느 정도는 결과에 대한 무지 상태에서 취해졌기 때문이다. 이것은 만일 우리가 한 사람의 결단을 평가하고 있다면 그때 우리가 초점을 맞추어야 할 모든 것은 선택의 순간 그 자체라는 것을 의미한다. 문제가 되는 것은 약속을 깨겠다는, 혹은 의무를 위반하겠다는 결단이다.

　그 대안으로, 이 익명이 제안하는 바, 만일 우리가 결단의 결과에 관해 성찰한다면, 그때 우리는 선택의 순간의 관점에서 그렇게 해야 한다는 것이다. 다시 말해서, 우리는 다양한 가능한 결과들을 고려해야 한다는 것이다. 고타마는 깨달음을 얻는 데 성공할 수도 있다 — 그러나 만일 그가 성공하지 않았다면 어떻게 되었을까? 만일 그가 숲으로 가는 도중에 또 다른 여성을 만나서 그녀와 눈이 맞아 달아났다면 어떻게 되었을까? 고갱은 예술가로 성공할 수도 있다. 그러나 만일 그가 자신이 평범한 재능 이상의 것을 가지고 있다고 믿은 것이 잘못이었다면 어떻게 되었을까? 만일 그의 아내가 병이 들었다면 아이들은 어떻게 되었을 것인가? 만일 그가 타이티로 가는 도중에 죽었다면 어떻게 되었을까? 키르케고르는 저자로서의 자신의 사명을 찾을 수도 있다. 그러나 만일 그가 가치 있는 뭔가를 저술하는 데 실패했다면 어떻게 되었을까? 그리고 만일 레기네가 파혼의 충격으로부터 영원히 회복되지 못한 채 외롭게 늙었다면, 혹은 상심한 채 요절했다면 어떻게 되었을 것인가?

　이 세 가지 사례 모두에서, 이야기의 주인공은 가족에 대한 의무보다 더 높고, 더 중요한 것으로 보이는, 자신의 삶에 대한 요구에 직면한다. 이 사람들이 그들이 떠나기로 결단했던 여성을, 자녀들을 사랑한다고 가정하자. 요하네스 데 실렌티오가 아브라함이 이사악을 사랑하는 것을 당연하게 여긴 것처럼 말이다. 그들이 취한 결단의 결과는 분명히 많은 다른 사람들에 대한 이익을 포함하지만, 이것이 고타마, 고갱 그리고 키르케고르가 남들을 위해서, '더 큰 선'을 위해서 결단을 내렸다는 것을 함축하지는 않는다. 물론, 우리가 그들의 동기를 알지 못하지만, 그들이 그들 자신을 위해서 행위했다는 것은 충분히 가능해 보인다. 그들의 결단의 고뇌, 남들에게 피해를 끼치는 것에 대한 마음의 고통, 그리고 그들이 사랑하는 이를 상실하는 슬픔에도 불구하고 말이다. 요하네스 데 실렌티오에 따르면, 윤리적 관점에서 그들의 결단은 규탄되어야 한다. 만일 그가 옳다면 (그리고 우리는 나중에 마지막 장에서 다시 이 문제를 살펴볼 것인데), 그렇다면 우리는 오직 우리가 윤리학에서는 인정되지 않는, 그러나 윤리적 요구보다 더 높은 텔로스의 가능성을 인정할 때만 이 세 영웅에 의해 취해진 결단을 존경할 수 있다.

문제 II: 하느님에 대한 절대적 의무는 있는가?

문제 II는 그 형식과 내용에서 문제 I과 아주 비슷하다. 여기에서, 요하네스 데 실렌티오는 이전의 절에서 제기된 주장, 즉 만일 믿음이 정말로 의미를 지니고 있다면 그렇다면 그것은 전달될 수 없는 역설이라는 주장, 그리고 믿음의 사람은 그렇기 때문에 윤리적 공동체와 질적으로 다르며, 또 그 공동체에게는 이해하기 어려운 것이라는 주장을 반복한다. 그리고 문제 I에서처럼 다시금, 그는 아브라함의 해석을 현대 철학의 배경과는 반대로 전개한다. 믿음에 대한 그 자신의 설명의 특별히 그리스도교적인 함의를 제시하고, 또 그렇게 해서 자신이 상정한 그리스도교도 독자에게 엄한 결단을 제안한다. 즉 하느님에 대한 절대적 의무가 있다**던가**, **아니면** 아브라함이 타락했다**던가**. 비록 요하네스 데 실렌티오가 헤겔을 자신의 표적으로 거명하지만, 이 절에서의 의무 개념에 맞춰진 그의 초점은 그의 분석이 최소한 칸트 윤리학과 관련이 있다는 것을 가리키고 있다.

하느님과 윤리적인 것

요하네스 데 실렌티오에 의해 논의되고 있는 세 '문제들' 각각은 동일한 출발점을 가지고 있다. 그것은 즉 윤리적인 것은 보편적인 것이라는 명제이다. 문제 I에서 이러한 보편성은 윤리적인 것이 만인에게 평등하게 적용되고 또 '매 순간 유효한' 방식에 입각해서 고찰되고 있다. 문제 II는 윤리적인 것은, 보편적인 것으로서, '신적인 것' [59]이다라는 주장으로 시작된다. 요하네스 데 실렌티오는 문제 II를, 그가 문제 I을 시작한 것처럼, 윤리적인 것을, 말하자면, 내부로부터 규정함으로써 시작한다. 순전히 윤리적 관점에서 그것은 자신을 초월한 그 어떤 것도 인정하지 않는다. 이렇게 이해할 때, 보편적인-것으로서-윤리적인 것은 하느님과 동일한데, 왜냐하면 하느님은 ,그 자체로서, 만인에, 그것도 언제나, 관계되는 최고의 선이기 때문이다. 윤리적 의무가 최고의 선에 의거해서 정의되는 한, 모든 의무는 하느님에 대한 의무로 간주될 수 있다. 다른 말로 하자면, 하느님은 의무 개념 그 자체에 함축되어 있다. 그렇기는 하지만, 이것은 하느님에 대한 의무와 관련하여 특별한 것이 없다는 것을 의미하는데, 왜냐하면 의무가 '하느님에 대한 것'이라고 말하는 것은 결과적으로 그것이 의무라는 것 이외의 그 어떤 것도 말하지 않는 것이다. 만일 **모든** 의무가 하느님에 대한 의무라면, 그렇다면 **어떤** 의무도 **특별히** 하느님에 대한 것이 **아니다**. 요하네스 데 실렌티오가 문제 II에서 탐구하는 바로 그 '하느님에 대한 절대적 의무'는, 이와는 반대로, 의미심장하게, 그리고 특별히, 하느님을 대상으로 하는 의무이다.

『공포와 전율』의 이 절에서 문제가 되는 것은, 그렇다면, 하느님에 대한 개인의 관계의 본질이다. 첫 구절에서, 요하네스 데 실렌티오는 윤리적인 것에 속하는 하느님의 개념은 비인격적이고 추상적이라는 것을 시사한다. 그런 하느님은 단순히 '보편성', 최고의 선, 기타 등등이라는 것이다. 이 익명은 이것을 이웃을 사랑해야 한다는 의무의 사례로써 예증하는데, 이것은, 우리가 주목해야 하는바, 기본적인 그리스도교의 가르침이다. 윤리적인 것에 대한 이런 관점에서 보자면, 이것은

> 하느님에게 귀속되고 있음에 의해서 의무이지만, 그 의무에서 나는 하느님에 대한 관계 속으로 들어가는 것이 아니라 내가 사랑하는 이웃에 대한 관계 속으로 들어간다. 만일 내가 그렇다면 이런 맥락에서 하느님을 사랑하는 것이 나의 의무라고 말한다면, "하느님"이 여기에서 완전히 추상적인 의미에서 신적인 것, 즉 보편적인 것, 다시 말하자면, 의무로 이해된다는 점에서 나는 실제로 오직 동어반복을 진술하고 있을 뿐이다.[59]

다른 말로 하자면, 이러한 윤리적 견해에 따르면 개인은 하느님에 대한 자신의 사랑을 오로지 이웃을 사랑함으로써 표현한다. 더 일반적으로, 그는 하느님에 대한 자신의 사랑을 오로지 보편적인-것으로서의-윤리

적인 것에 대한 자신의 관계를 통하여 표현한다. 만일 그가 자신의 윤리적 의무를 수행한다면, 그때 그는 하느님에 대한 자신의 의무를 수행하는 것이다. 만일 그녀가 윤리적인 것에 반하는 죄를 범한다면, 그때 그는 하느님에 반하는 죄를 범하는 것이다. 이것을 표현하는 또 다른 방법은 윤리적 영역이 개인과 하느님 사이에서 중재된다고 말하는 것이다. 하느님에게 직접 이어지는 대신에, 개인은 자신의 윤리적 행위를 통하여 하느님에게 이어진다. 그리고 만일 이것이 맞다면, 그렇다면 하느님에 대한 그 어떤 절대적 의무도, 하느님과의 그 어떤 직접적인, 매개되지 않은 관계도 존재하지 않는 셈이다.

하느님에 대한 관계를 이런 식으로 이해하는 것의 한 가지 결과는 하느님이 상당히 쉽게 없어도 되는 존재로 변한다는 것이다. 윤리적 영역은 하느님을 최고의 선과 동일한 것으로 간주함으로써 하느님에 대한 최고의 경의를 표하는 것처럼 보이지만, 사실 우리가 하느님의 관념을 누락시키고 개인의 의무를 — 개인의 도덕적 텔로스를 — 단순히 최고의, 보편적 선에 입각해서 정의하더라도 현실적으로는 거의 차이가 없게 된다. 일단 하느님이 윤리적인 것의 한 기능이 되면 — 하느님이 칸트 철학과 헤겔 철학에서 제각기 다른 방식으로 그렇게 되는 것처럼 — 그러면 하느님은 결과적으로 윤리적인 것으로 흡수되어서 마침내 완전히 사라지게 되는 것이다. 그리고 이것이 어쩌면 키르케고르가 예견한 바일 것이다. 그것은 곧, 현대의 윤리적 이론들은, 아무리 그것들이 명목적으로는 하느님에게 최고의 자리를 부여하더라도, 실제로는 이미 암암리에 세속적인 것이 되고 말았다는 것이다. 그것들은, 아직은 노골적으로 드러나지 않았지만, 인간의 자율의 주장의 한 징후, 또 따라서 하느님의 상실의 징후이다. 키르케고르의 익명들의 과제는 이러한 징후들을 해독하고 또 정신적 위기가 임박했음을 경고하는 것이다. 요하

네스 데 실렌티오가 쓰고 있는 것처럼,

인류의 전 실존은 완벽한 영역으로서 그 자체 안에서 그 자체를 마무르고 또 윤리적인 것은 그것의 한계이자 동시에 그것의 완결이다. 하느님은 눈에 보이지 않는 소멸점, 무기력한 사유가 되고, 그의 권능은 오직 윤리적인 것에만 있게 된다.[59]

키르케고르에게 있어서, 더욱이, 이러한 하느님의 상실은 또한, 정신적 존재로서, 하느님에 대한 자신의 관계에 의해 구성되어 있는, 또 그렇기 때문에 이러한 관계가 없다면 아무것도 아닌, 개인의 상실을 의미하는 것이기도 하다.

문제 II에서, 그런 다음, 요하네스 데 실렌티오는 보편적인–것으로서의–윤리적인 것 이상의 아무것도 아닌 것으로서의 하느님의 추상적 개념과 '믿음의 기사'가 개인적이고 특수한 관계를 맺고 있는 인격적 하느님 간의 대조를 강조하려고 노력한다. 그는 믿음의 기사가 '하느님의 막역한 친구, 주님의 벗이 됨으로써, 그리고, 아주 인간적으로 말해서, 천상의 하느님에게 "당신"이라고 말함으로써…놀랄 만한 영광'[68]을 얻는다고 진술한다. '그' 혹은 '그녀'라고 말하는 것보다 '당신'이라고 말하는, 2인칭 형식의 말 걸기는 종교적 믿음의 내용인 하느님에 대한 개인의 직접적, 개인적 관계를 의미하는 반면, '심지어 비극적 영웅조차도 [하느님에게] 오직 3인칭으로 말을 걸 뿐이다'[68]. 여기에서 이 익명은 그가 '마음으로부터의 예비적 객출'에서 '하느님은 사랑이다'[28]라는 그 자신의 믿음과, 하느님은 특수한 개인으로서 **자신**을 사랑한다는 아브라함의 믿음 간에 했던 비교를, 다른 방식으로, 되풀이한다. '하느님은 사랑이다'라는 믿음은 그것이, 최소한 이론적으로는, 자기 자신의 존재와 별개인 하느님에 관하여 뭔가를 말한다는 점에서 추상적인 반면, '하느님은 나를 사랑한다' 라는 믿음은 하느님에 대한 자신의 이해에 자기 자신을 관여시킨다. '당신' 으로서의 하느님에게 말을 거는 것은 이미 잠재적으로 '나' 라고 말하는 것, 하느님에 대한 관계 속으로 자신을 끌어들이는 것, 그리고 하느님을 자신에 대한 관계에 입각해서 인식하는 것이다.

  요하네스 데 실렌티오 자신은, 추상적·보편적 하느님과 인격적 하느님 간의 이러한 차이를 주장하는 동안, 그것들과의 관련하에서 애매한 입장을 점하고 있다. 그는 윤리적 영역의 경계를 초월해서 볼 준비가 되어 있는 것처럼 보이는데, 왜냐하면 그는 단순히 아브라함을 살인자라고 규탄하지 않기 때문이다. 다른 한편, 비록 그가 하느님에 대한 아브라함의 개인적 관계를 찬미할 수 있어도, 그 자신은 그가 윤리적인 것과 동일시하는 하느님의 추상적, 인격적 개념을 넘어갈 수 없다. 이 익명은 윤리적 영역과 믿음의 영역 사이에서 망설이는 과도기적 인물이다. 그는 믿음으로의 이행을 기술할 수 있지만 이러한 운동을 직접 실행할 수는 없다. 이 특수한 입장을 떠맡음으로써, 이 익명은 독자에게 거울을 들이댄다. **이것**이 믿음이 겉모습이다. 또 이것들이 그대가 행하는 운동인가? 그대는 그런 운동을 **할 수 있을** 것인가?

윤리적인 것에게 무슨 일이 일어나는가?

문제 I에서, 요하네스 데 실렌티오는 특수한 것과 보편적인 것에 대한 헤겔의 개념을 취해서, 이것들을 아브라함의 이야기에 적용시킴으로써 이 독일 철학자의 사상에 대한 비판을 제시한다. 문제 II에서는 아브라함의 상황에 담겨 있는 철학적 함의에 대한 그의 분석이 유사한 형태로 진행되지만, 특수성과 보편성의 개념을 차용하는 대신, 그는 여기에서 내재성과 외재성, 즉 '내적인 것', das Innere, 그리고 '외적인 것', das Äussere에 초점을 맞춘다. 요하네스는 이러한 개념들에 대한 설명을 제시하지는 않지만 그가 문제 I에서의 그의 논의를 반영하는 방식으로 그 개념들을 설명한다는 사실은 '내적인 것'이 특수성에 일치하는 반면, '외적인 것'이 보편성에 일치한다는 것을 암시한다. '헤겔 철학에서 외적인 것(外化)는 내적인 것보다 더 높다'[60]라고, 이 익명은 쓰고 있다. 인간은 보편적인 것에의 참여를 통하여 자신의 특수성을 '지양하라'고 윤리적으로 요구받는 것처럼, '단독의 개인의 [윤리적] 과제는 내면성의 조건을 벗어 버리고 그것을 외적 형식으로 표현하는 것이다. 단독의 개인이 이렇게 하는 것을 회피할 때마다, 감정, 정서, 기타 등등의 내면의 조건 내부에 머물러 있거나 혹은 다시 그 속으로 미끄러져 들어가기를 원할 때마다, 그는 걸려 넘어지는 것이며 또 유혹에 빠져 있는 것이다'[60]. 윤리학은 '내면의' 감정, 욕망, 정서 그리고 성향의 극복을 요구하는데 왜냐하면 이것들은 사적이고 비-이성적이기 때문이다. 도덕적으로 행위하는 것은 이성에 의해 인정될 수 있고 또 사람들의 개인적 감정과는 무관하게 만인에 의해 동의받을 수 있는 보편적 선을 위해 행위하는 것이다. 이 익명의 사상은 오직 그러한 감정들이 외화(外化)될 때만, 다시 말하자면, 설명되고, 합리화되고 또 납득될 때만 그것들은 윤리적 담론으로 취해질 수 있지만, 이러한 외면화의 과정을 통하여 그것들은 상이한 성격을 얻는다. 그것들은 특수성을 잃고, 일반화된다.

　믿음의 역설이 문제 I에서 특수한 것이 보편적인 것 위로 고양되는 것으로 정의되는 것처럼, 이 절에서 믿음은 외적 표현에 대한 윤리적 요구를 초월하는 '새로운 내면성'으로 기술된다. '믿음의 역설은 이것, 즉 외적인 것과는 질적으로 다른 내면성, 유념하시라, 최초의 것과 같은 것이 아니라 새로운 내면성인, 어떤 내면성이 있다는 것이다' [60]. 민음의 내면성은, 윤리적 관점에서는, 보편적인 것을 위하여 배제될 필요가 있는 특수성을 구성하는 감정, 정서 그리고 성향이라는 순전한 '직접성'이 아니다. 그러나 민음은 윤리적인 영역으로 동화될 수도 없다. 그리고 이것을 표현하는 또 다른 방식은 그것이 전달될 수 없다고 말하는 것이다. 따라서 만일 민음이 어떤 '새로운 내면성'이라면, 그것은 또한 새로운 직접성이기도 하거니와, 이는 윤리적인 것에 대한 개인의 참여에 선행하는 게 아니라 오히려 그 참여 이후에 따라 나오는 하느님에 대한 직접적 관계를 말하는 것이다.

　이것은 민음의 관점에서 윤리적 영역의 위상의 문제를 제기한다. 만일 개인이 하느님에 대한 자신의 관계 덕분에 윤리적인 것 위로 고양된다면, 그때 윤리적인 것에는 무슨 일이 일어나는가? 어떻게 단독의 개인은 그것에 관계되는가? 우리는 이미 앞 절에서 이 문제를 고찰한 바 있지만, 문제 II에서 요하네스 데 실렌티오는 그가 이전에 했던 것보다 훨씬 직접적으로 그것을 말한다. 만일 하느님에 대한 개인의 의무가 절대적이라면, '그렇다면 윤리적인 것은 상대적인 것으로 축소되지만', 이 익명은 신중을 기해서 다음과 같이 강조한다.

　　이것으로부터 윤리적인 것이 폐지되어야 한다는 결론이 따라 나오는 것이 아니라, 오히려 그것이 다른 표현, 역설적 표현을 얻는다는 것 그것도, 예컨대, 하느님에 대한 사랑이 민음의 기사로 하여금 이웃에 대한 자신의 사랑을 주게 할 수 있는 방식으로 그렇거니와, 이는 윤리적으로 말하자면 의무가 무엇인가에 대한 정반대의 표현이다.[61]

이 언급은 흥미로운데, 왜냐하면 이 절의 첫 부분에서 요하네스 데 실렌티오는 이웃을 사랑하라는 윤리적 의무만을 언급한 반면, 그는 이제 이 의무 자체와, 그것이 표현되는 방식을 구별하는 것이 가능하다는 점을 암시하고 있기 때문이다. 우리는 이것이 행위의 의도와 그것의 결과 간의 차이가 아니라는 것에 유의해야 한다. 의무의 '표현'은 여전히 의도의 영역에 (따라서 여전히 칸트에 의해 이해되는 바 도덕의 영역 안에) 있다. 그런 까닭에, 예를 들면, 아브라함의 의무는 그의 아들을 사랑하는 것이며, 또 그의 의무의 표현은 그가 아들을 기꺼이 죽이고자 하는 그의 의지 — 그의 의도 — 이다. 의무의 '표현'은 행위라기보다, **결단**이다.

의무와 그 표현 간의 이러한 차이의 한 가지 결과는 그것이 요하네스로 하여금 다음과 같이 주장할 수 있게 해 준다는 것이다. '절대적 의무는 우리로 하여금 윤리학이 금지하는 것을 행하게 만들 수 있지만, 그것은 믿음의 기사가 사랑하는 것을 멈추게는 결코 할 수 없다' [65]. 믿음 안에서, 이웃을 사랑해야 한다는 의무는 — 다시 말하자면, 다른 사람을 사랑해야 한다는 의무는 — 언제나 지지되지만, 이러한 사랑의 표현은 윤리적 기준에 부합되지 않을 수가 있다. 우리는 이것이 어떻게 아브라함의 이야기에 적용될 수 있는지 알 수 있다. 윤리적 관점에서는 이사악을 죽이라는 하느님의 명령에 순종하겠다는 그의 결단이 어떻게 아들에 대한 그의 사랑의 표현일 수 있는지 이해하는 것이 불가능하다. 종교적 관점에서는 그러나 아들을 죽이겠다는 결단은 희생의 결단인 바, 이는 이사악에 대한 아브라함의 사랑과 모순되기는커녕 이 사랑에 가능한 최고의 표현을 부여한다. 다시금, 나는 앞 절에서 이 사상을 논의한 바 있지만, 여기에서 그것은 이 익명에 의해 더욱 확실하고 명확하게 천명된다.

[아브라함은] 온 마음을 다 하여 이사악을 사랑해야 한다. 하느님이 이사악을 요구하는 한, 아브라함은 이사악을, 가능하다면, 심지어 더욱 끔찍이 사랑해야 하며, 또 오직 그럴 때만 그는 이사악을 **희생제물로 바칠** 수 있는데, 왜냐하면 하느님을 향한 그의 사랑에 대한 그 역설적 대립에 의해서 그의 행위를 희생으로 만드는 것은 정말로 이사악에 대한 그의 사랑이기 때문이다.[65]

이 희생은 바로 이사악에 대한 아브라함의 사랑 때문에 희생으로서 가치가 있다. 아브라함이 이사악을 사랑한다는 사실이 이사악을 죽이겠다는 그의 결단의 내용을, 실체를 구성하거니와, 이 결단에 그 특수한 성격을 부여하는 것이 이러한 사랑이라는 의미에서 그렇다. 바로 이것이 그 결단이 하느님에 대한 아브라함의 믿음을 표현하는 동시에 이사악에 대한 그의 사랑을 **표현한다**고 주장하는 것이 가능한 까닭이다. 우리는 같은 논리가 『공포와 전율』의 이 절에서 논의되고 있는 믿음의 또 다른 사례, 즉 예수를 따르기 위하여 가족을 떠나겠다는 제자들의 결단에서도 작용하고 있다는 것을 알 수 있다. 이 결단은 가족을 향한 제자들의 사랑을 표현하는데, 왜냐하면 그들의 결단을 결단 그 자체, 즉 제자가 되겠다는, 다시 말하자면, 그들의 믿음을 입증하는 예수에게 진정으로 헌신하겠다는 결단으로 만드는 것은 그들의 사랑이기 때문이다. 만일 그들이 각자의 가족을 사랑하지 않는다면, 그렇다면 가정을 떠나는 것은 별 의미가 없을 것이며, 또 그렇기 때문에 그들의 무관심 이상의 그 어떤 것도 예증하지 못할 것이다.

물론, 언제든 희생의 대상을 위하여 이의를 제기함으로써 이 논리에 반론을 제기할 수 있다. 이사악을 죽이겠다는 결단을 통해 표현되는 아버지의 사랑이 이사악에게 무슨 유익함이 있는가? 가족을 떠나겠다는

결단을 통해 표현되는 사랑이 제자들의 가족에게 무슨 유익함이 있는
가? 이것이 바로 윤리적인 것의 주장이며, 또 그것은 『공포와 전율』 전
체에 걸쳐서 크고 분명하게 울리고 있다. 문제 I에서 논의되는 비극적
영웅들의 경우에서, 이러한 이의 제기는 더 높은 윤리적 주장과의 관련
하에서 답변될 수 있다. 그러나 믿음의 기사의 상황은 이 점에서 다르
다. 그의 결단은 갈등을 빚는 윤리적 요구들을 비교 평가함으로써가 아
니라, 윤리적 영역 그 자체와 믿음의 요구 간의 갈등 속에 실존함으로
써 행해지고 있다. 요하네스 데 실렌티오에 따르면, 이러한 대안들을
비교 평가하는 것은 실제로 가능하지가 않은데, 왜냐하면 그것들은 피
차간에 전혀 다른 차원의 것들이기 때문이라는 것이다. 그것들은 전혀
다른 것들이며, 또 그것들 사이에는 선택을 하기 위한 기초를 제공할
수 있는 그 어떤 공통의 근거도 없다. 양측에 의해 인정될 수 있는 기준
도 존재하지 않는다. 이것이 키르케고르의 익명들이 윤리적인 것과 종
교적인 것을 다른 '영역들'로 기술할 때 의미하는 바이다. 키르케고르
의 철학 내부에서는, 비교 평가할 수 없고 계산할 수 없다는 것이 진정
한 결단의 표시이다. 결단을 위한 유일한 기준은 자기 자신의 내면성,
자기 자신의 주체성이다. 개인이 자신의 결단이 남들에게 설명될 수 있
고 또 정당화될 수 있는 근거 내지 기준을 찾기 시작하자마자, 그는 사
실은 결단을 회피한 것이고, 선택의 순간에 드러난 자유의 심연으로부
터 뒷걸음질 친 것이다.

'냉정한 말씀'

요하네스 데 실렌티오는 문제 II의 그리스도교적 함의를 루가의 복음서
한 구절에 초점을 맞춤으로써 고찰하고 있는데, 이 구절은, 그의 주장
에 의하면, '하느님에 대한 절대적 의무와 관련한 분명한 가르침'[63]

을 제시한다는 것이다. 이 복음서의 저자는 예수가 다음과 같이 말하고
있는 것으로 기록하고 있다. '누구든지 나에게 올 때 자기 부모나 처자
나 형제자매나 심지어 자기 자신마저 미워하지 않으면 내 제자가 될 수
없다' (루가의 복음서 14장 26절). 요하네스 데 실렌티오는 사람들이
이 '냉정한 말씀'을 무시하거나, 혹은 그것을 윤리적 관점에서 더 구미
에 맞는, 마음에 덜 걸리는 형식으로 바꾸려고 한다고 주장한다. 신학
자들은 '가족을 미워하라는 예수의 경고를 약화시켜서' '미워하는 것'
이 '덜 사랑하는 것, 덜 존경하는 것, 경의를 표하지 않는 것, 무로 평
가하는 것'으로 해석되게 함으로써 그 경고에 대한 '입맛에 맞는 설명'
을 제공하려고 할 수도 있다[63]. 이 익명에 따르면, 이러한 해석학적
전략은 두 가지 이유로 받아들일 수 없는데, 그 첫째 이유는, 이 가르침
의 최고도의 강력함을 회피하는 것은 믿음의 과제의 어려움을 약화시
키는 반면, 실제로 예수가 미움을 언급함으로써 전달되는 것은 정확히
이러한 어려움이라는 것이다. '이 말씀은 모든 사람이 제각기 스스로
를 점검할 수 있도록 가능한 한 두렵게 받아들여져야 한다'[63]. 이 말
씀은 — 이사악을 희생제물로 바치라는 하느님의 명령을 통한 아브라
함의 믿음의 시험과 비슷한 — 시험을 구성하며, 또 그렇기 때문에 그
것들은 예수를 따라야 하는 과제, 그리스도교도가 되어야 하는 과제를
택하고자 하는 자기 자신의 용의와 능력을 시험하는 데 개인에 의해서
이용되어야 한다는 것이다.

　루가의 복음서의 이 구절이 절대적으로 문자적으로 취해져야 한다는
요하네스 데 실렌티오의 주장의 두 번째 이유는 '미워하는 것'을 '덜
사랑하는 것' 등등으로 재해석하는 것은 우리가 남을 덜 사랑함으로써
하느님에 대한 우리 자신의 사랑을 예증한다는 것을 함축한다는 것이
다. 이와는 반대로, 이 익명은 주장하거니와, 하느님에 대한 우리의 사

랑을 증명하는 것은 우리가 희생하는 것에 대한 우리의 사랑이라는 것이다. 그는 한 남자의 사례를 이용해서 이것을 예증하는데 이 남자는 자신의 연인에게 자기와 결혼하기 위해 부모를 버리라고 요구한다.

> 만일 그가 자신을 위해서 그녀가 냉담하고 무관심한 딸 등등이 되는 것을 자신에 대한 그녀의 특별한 사랑의 징표로 삼는다면, 그렇다면 그는 이 세상 최악의 바보보다도 더 어리석다. 만일 그가 사랑이 뭔지를 조금이라도 안다면, 그렇다면 딸로서 그리고 누이로서 그녀가 완벽한 사랑을 한다는 것을 발견하고 또 그것에서 자신의 아내가 다른 그 누구를 사랑하는 것보다 더 자신을 사랑할 거라는 확신을 찾기를 원할 것이다.[64]

요하네스 데 실렌티오가 '[하느님에 대한] 절대적 의무는 윤리학이 금지하는 바를 우리가 하게 만들 수도 있지만, 그것이 믿음의 기사가 사랑하는 것을 멈추게는 결코 할 수 없다'고 주장하는 것은 바로 이러한 그리스도교적 맥락에서이다.

루가의 복음서의 구절의 경우에서, 요하네스의 요점은 예수의 제자가 된 사람들은 가족을 사랑하는 것을 그만 두라는 요구를 받은 게 아니라, 이해될 수 없는 방식으로 그 사랑을 표현하라는 요구를 받았다는 주장인 것처럼 보인다. 그렇기 때문에 예컨대 제자가 됨으로써 그들은 가족을 남기고 떠날 뿐만 아니라, 또한 가족에게 불명예를 안기고 또 아마도 위험에 빠뜨리게 되는데, 왜냐하면 예수는, 당연하게도, 자신의 공동체의 윤리적 계명들과 단절한 논쟁적 인물이었기 때문이다. 이러한 결단은 증오의 한 표현으로 해석될 것이며, 또 제자들은 이러한 해석에 이의를 제기할 수 없다. 그들은 순전히 각자의 믿음에 기초해서 행위하고 있으며, 또 그러한 행위에 아무런 정당화도 제공할 수 없다.

예수가 정말로 하느님의 아들이라거나 혹은 메시야라는 것을 입증하기 위하여 그들이 가리킬 수 있는 그 어떤 객관적인 징표도 존재하지 않는다. 윤리적 관점에서는, 제자가 되겠다는 그들의 결단은 이기적인 것으로 보인다.

> 믿음의 역설은…(자기 자신의 이익을 위하여 소름끼치는 일을 행하는) 최악의 이기주의이다. 다른 한편으로, 그것은 (하느님을 위하여 그것을 행하는) 가장 절대적인 헌신의 표현이다. 믿음 그 자체는 보편적인 것으로 매개될 수 없는데, 왜냐하면 그것은 그렇게 함으로써 무효가 되기 때문이다.[62]

사랑과 고독

우리가 앞에서 고찰한, 그리고 『공포와 전율』의 이 절에서 다시 살펴본 또 하나의 주제는 믿음에 대한 요하네스 데 실렌티오의 분석이 종교적 교리 혹은 이상(理想)의 명분하에 수행되는 폭력적 테러리스트들의 공격에 어떻게 적용될 수 있는가 하는 것이다. 우리가 앞에서 살펴본 바 있는 것처럼, 그리고 요하네스 자신이 이미 지적한 바 있는 것처럼, 개인이 윤리적 영역 위로 고양될 수 있다는 것은 위험한 생각인데, 왜냐하면 그것이 모든 종류의 비도덕적 행위를 정당화하는 것처럼 보일 수가 있기 때문이다. 그러나 하느님에 대한 절대적 의무와 관련한 이 익명의 논의의 몇몇 요소는 이 견해와 대립된다. 첫째, 믿음의 운동을 정당화하는 문제 같은 건 존재하지 않는데, 왜냐하면 정당화의 개념 자체가 윤리적 영역에 속하기 때문이다. 둘째, 앞에서도 살펴보았듯이, 요하네스 데 실렌티오의 주장에 따르면 믿음의 기사는 언제나 사랑 때문에 행위한다. 물론 그는 이 사랑을 이해될 수 없는 방식으로 표현하지만 말이다. 확실히, 이것은 버스나 기차를 날려 버리겠다고 결심하는 테러리스트가 자신의 표적들을 단순히 살해한다기보다 희생시키고 있을 가능성을 열어 두지만, 그가 희생자들을 자신보다 더 사랑할 때, 그래서 그들이 죽어가는 것을 지켜보면서 고통을 겪을 때 그 경우에 비로소 그의 행위는 일종의 종교적 행위로 간주될 수 있을 따름이다. 설령 이사악에 대한 아브라함의 행위, 그리고 가족을 향한 예수의 제자들의 행위가 윤리적 차원에서는 이해될 수 없어도, 사랑에 대한 요하네스의 강조는 이러한 '믿음의 기사'와 테러리스트를, 적어도 이론상으로는, 구별할 수 있게 해 준다.

　요하네스 자신이 믿음은 이해될 수 없는 것이라는 주장과 우리에게 믿음과 죄의 차이를 인식하게 해 줄 수 있는 기준을 제공하는 것 간의 불안한 균형을 유지하는 것처럼 보인다.

　　단독의 개인이 실제로 유혹의 상태에 놓여 있는 것인지 아니면 믿음의 기
　　사인지는 오직 그 개인 자신만이 결정할 수 있을 뿐이다. 그런데도 역설에
　　놓여 있지 않은 사람도 또한 역설을 이해할 수 있는 어떤 두드러진 특성을
　　역설로 구성하는 것은 분명히 가능한 일이다.[69]

사랑은 바로 그러한 '두드러진 특성'이다. 그리고 또 하나는 믿음의 기사의 '절대적 고립'인데, '그는 우주의 외로움 속에서 결코 다른 인간의 음성을 듣지 않고 다만 자신의 소름끼치는 책임을 걸머지고 걸을 뿐이다'[70]. 이 점에서 요하네스 데 실렌티오는 참된 믿음의 기사와, '종파주의자'인, '가짜'[69]의 차이를 강조한다. 물론 후자는 아주 작은 집단에 속하지만, 이 '동무들'은 그런데도 그들이 같은 언어, 동일한 가치관을 공유하고, 피차를 이해할 수 있고, 또 서로서로 자신들의 신

념과 행위의 정당성을 확신할 수 있다는 점에서 '보편적인 것을 대표한다'.

이것은 믿음의 기사가 반드시 외로워야 한다고 말하는 것이 아니다. 사실, 우리가 앞에서 살펴보았듯이 요하네스 데 실렌티오는 믿음이 언제나 이 세상에서의 삶의 방식인 반면, 체념은 이 세상으로부터 물러남을 함축한다는 것을 강조한다. 그리고 『공포와 전율』의 이 절에서, 그가 예수의 제자들과 관련해서 제시하는 사례는 또한 믿음의 기사가 실제로는 고독하지 않다는 것을 가리키기도 한다. 제자들은 그들의 믿음을 공유했다. 그렇기는 하지만, 믿음의 운동은 오직 내면적으로만 행해질 수 있다. 한 제자가 다른 제자에게 예수를 따르는 이유를 줄 수는 없는데, 왜냐하면 만일 그렇다면 두 번째의 제자는 첫 번째의 제자의 추종자가 될 것이기 때문인 바, 이는 그 자체가 주체적 결단이 될 것이다. 개인은 언제나 자기 자신의 자유, 자기 자신의 책임에 의지하고, 또 만일 그가 군중과 함께 하면서 이것을 회피하려고 한다면 그때 그는 하느님에게 직접적으로 그리고 절대적으로 이어지는 것이 아니며, 또 따라서 믿음의 기사가 아니다. 요하네스 데 실렌티오가 '믿음의 기사에게는 단순히 그리고 오로지 그 자신이 있을 뿐이다'[69]라고 쓸 때 그가 언급하는 것은 결단의 순간이다. 결단은 각 사람을 단독의 개인으로 만드는 내면성이다. 그러나 결단은 남들과 더불어 영위하는 삶 속에서 실천되어야 하며, 또 당연한 말이지만 남들을 관련시키는 경우가 잦은데다, 윤리적 함의를 포함하고 있다. 믿음의 과제의 어려움을 구성하는 것은 인생의 내적 측면과 외적 측면 간의 이러한 긴장인데, 왜냐하면 만일 오로지 내면성만 있었다면 모험성도 그렇게 높지 않을 것이고, 또 위험도 그렇게 크지 않을 것이기 때문이다. 이것은 우리를 용기의 필요성으로 되돌아가게 하는데, 이것을 요하네스 데 실렌티오는 그의 '마음으로부터의 예비적 객출'에서 강조하고 있으며, 또 그는『공포와 전율』의 이 절 전체에 걸쳐서 되풀이해서 이것으로 되돌아가고 있다.

문제 III: 아브라함이 그가 떠맡은 과업을 사라, 엘리에젤, 그리고 이삭에게 말하지 않은 것은 윤리적으로 변명의 여지가 있는가?

문제 III에서, 요하네스 데 실렌티오는 아브라함의 믿음의 의의를 은폐와 밝힘의 주제에 입각해서 고찰한다. 이것은『공포와 전율』의 가장 길고 가장 복잡한 절이다. 그리고 이것은 이 저서의 가장 따분한 동시에 가장 흥미로운 부분이기도 하다. 그것은 앞의 절들의 자료들을 되풀이하지만 이러한 반복에서 새로운 것이 출현한다.

　문제 III이 윤리적 영역의 관점에서 윤리적인 것의 특정의 성격규정을 개괄함으로써, 윤리적인 것의 이러한 성격규정을 헤겔 철학에 돌림으로써, 또 독자에게 윤리적인 것과 남아 있을 것인가 아니면 아브라함을 찬미하기 위하여 이 입장을 초월할 것인가 간의 양자택일이라는 딜레마를 제시함으로써 시작한다는 점에서, 문제 III은 문제 I과 문제 II와 같은 구조를 지니고 있다. 요하네스 데 실렌티오는 이러한 딜레마를 이 절의 끝부분에서 반복한다. 그렇지만, 문제 III의 조정 부분에서 이 익명은 처음에는 미학 일반과의 관련하에서 그 다음에는 그 상황이 아브라함의 그것과 대비되는 일련의 특수한 문학적 인물들과의 관련하에서 은폐와 밝힘의 주제에 대한 상세한 논의에 착수한다.『공포와 전율』의 이전의 절들에서처럼, 이러한 비교들 역시 아브라함의 믿음의 예외적이고 역설적인 본질을 조명한다. 여기에서는, 그래도, 그것들은 또한 죄와 속죄라는 특별히 그리스도교적 주제에 대한 반성을 촉진하기 위해 아브라함의 사례를 넘어서기도 한다. 그러나 동시에, 이러한 대안적 상황들이 공상적 관계들과 관련이 있다는 사실은 성서의 이야기에 의해 제기된 물음들이 종교적 맥락에 한정되어 있지 않다는 것을 가리키고 있으며, 또, 다시 한 번 레기네 올센과 키르케고르의 파혼이 아브라함의 이야기에 대한 요하네스 데 실렌티오의 철학적 해석의 배후에 잠복해 있다는 것을 시사한다.

아브라함의 침묵에 대한 루터의 해석

우리가 아브라함이 자신의 의도를 이사악, 사라 그리고 엘리에젤에게 감춘 것에 대한 요하네스 데 실렌티오의 상세한 논의를 고찰하기 전에, 창세기 설화의 이 측면에 대한 루터(Martin Luther)의 해석을 간략하게 살펴보는 것이 도움이 될 것이다. 앞으로 살펴보겠지만, 이것은 요하네스 데 실렌티오의 독해와는 많이 다르다. 창세기 22장 7-8절에서, 이사악이 아버지에게 '번제물로 드릴 어린 양은 어디 있습니까?' 라고 묻자, 아브라함은 '얘야! 번제물로 드릴 어린 양은 하느님께서 손수 마련하신단다' 라고 대답한다. 창세기 강론에서 이 구절을 언급하면서, 루터는 다음과 같이 주장한다. '아브라함은 아들을 장시간의 고통과 시련으로 괴로움을 당하게 하고 싶지 않다. 그렇기 때문에 그는 이사악 자신이 죽어야 한다는 것을 여전히 밝히지 않는 것이다.' [39] 이것은 이사악의 물음에 대한 아브라함의 대답이 단순히 둘러대는 것이라는 것, 그리고 그것의 의도는 이사악이 진실을 알지 못하게 보호하기 위함이라는 것을 함축한다. 요하네스 데 실렌티오는, 그렇지만, 윤리적 관점에서 이것이 아브라함이 하느님의 명령을 밝히지 못하는 것과 그 명령에

---

39 *Luther's Works*, vol. 4, edited by Jaroslav Pelikan, p. 112.

순종하고자 하는 그의 의도에 대한 정당화로 간주될 수 없다는 것을 주장하고자 한다.

루터는 계속해서, 일단 제단이 세워지고 장작이 그 위에 얹히면, '아버지와 아들 간에 어떤 대화가 오고 갔을 것인 바 — 이 대화를 통해서 이사악은 하느님의 의지에 관해서 알게 되었을 것이다' 라고 추측하면서, 창세기의 저자가 이러한 대화를 기록하지 않은 것에 놀라움을 표현하고 있다. 성서의 이야기의 빈 곳을 채우면서, 루터는 자신의 행위에 대한 아브라함의 설명을 다음과 같이 상상한다.

> 그는 아마도 다음과 같이 말했을 것이다. '하느님이 명령을 하셨다. 그렇기 때문에 우리는 그에게 순종해야 하며, 또, 그는 전지전능하기 때문에, 설령 네가 죽어서 재로 변해 버렸다고 해도 하느님은 약속을 지킬 수 있단다.' … 그렇기 때문에 다음의 두 대립적 명제들, 즉 이사악이 왕들과 백성들의 씨앗이자 조상이 될 것이라는 것 그리고 또 이사악이 죽어서 백성들의 조상이 되지 못할 것이라는 것을 조화시킨 것은 아들에게 한 아버지의 말이었을 것이다. 그런 모순 명제들은 인간 이성이나 철학에 의해서는 조화될 수 없다. 그러나 그 말씀은 이러한 두 명제, 즉 죽은 자가 산다는 것과, 또 살아 있는 자가 죽는다는 것을 조화시킨다. 따라서 우리는 살아 있고, 또 그렇지만 죽는 것이다. 왜냐하면 심지어 설령 우리가 지금 살아 있더라도, 우리는 죄 때문에 죽은 자로 간주되기 때문이며, 또 비록 우리가 죽었다고 하더라도, 우리는 살아 있는 것으로 간주되기 때문이다. 이 경우에 이러한 명제들이 아버지와 아들 사이에서 다루어지고 또 논의되었을 것이며, 또 그것들을 아브라함뿐만 아니라 이사악까지도 믿었을 것이다.[40]

---

40 같은 책, p. 113.

여기에서, 루터는 그 희생의 이야기를 재구성하는 데 있어서 요하네스 데 실렌티오보다 훨씬 시적인 자유를 이용한다. 그리고 아브라함과 이 사악 사이에서 '일어났음에 틀림없다'는 논의에 대한 그의 해석은 바울로의 그리스도교 신학에 의해 명확하게 그 틀이 형성되었다. 상상 속에서의 아브라함의 설명이 두 모순적인 주장을 결합시킨다는 그의 주장은, 이는 이성이나 철학에 의해서는 조화될 수 없거니와, 아브라함의 믿음의 역설적 본질에 대한 요하네스 데 실렌티오의 주장에 아주 가까운 것처럼 보인다. 그러나 이 익명의 견해는 아브라함이 이러한 믿음을 그 누구에게도 이해할 수 있는 것으로 만들 수 없었다는 것과 또 따라서 그는 자신을 이사악에게 설명할 수 없었다는 것이다.

'믿음은 심미적인 것이 아니다'

문제 III은 보편적인-것으로서의-윤리적인 것은 개인에게 스스로를 밝힐 것을 요구한다는, 다시 말하자면, 그의 행위를 정확하게 말하고, 설명하고 또 정당화하라고 요구한다는 주장과 함께 시작된다. '심미적이고 심리적 존재로서 직접적으로 정의되는 단독의 개인은 은폐되어 있다. 그의 윤리적 과제는, 그렇다면, 자신의 은폐로부터 벗어나서 보편적인 것을 통해서 드러나게 되는 것이다' [71]. 이것은 특수성으로부터 보편적인 것으로의, 자기 이해로부터 의무로의, 직접성으로부터 매개로의, 그리고 『공포와 전율』의 앞의 두 절에서 주장되고 있는 것처럼, 보편적인-것으로서의-윤리적인 것에서의 개인의 참여를 성취하는 내면성으로부터 외면화로의 운동의 또 다른 변형이다. 여기에서, 그런 다음, 요하네스 데 실렌티오는 아브라함의 이야기가 야기한 딜레마에 대한 세 번째 형식화를 제시한다.

만일 보편적인 것보다 더 높은 특수한 존재로서의 단독의 개인에게 있어
서 그 이론적 근거를 두고 있는 그 어떤 은폐도 존재하지 않는다면, 그렇
다면 아브라함의 행위는 변명의 여지가 없다…그러나, 만일 그런 은폐가
있다면, 그 경우 우리는 역설에 봉착하는 바, 이는 조정될 수 없는데 왜냐
하면 그것은 정확히 보편적인 것보다 더 높은 특수한 존재로서의 단독의
개인에 기인하지만, 보편적인 것은 정확히 [특수한 것의] 조정이기 때문이
다[71].

그렇게 문제 I과 문제 II에서 제출된 '이것이냐/저것이냐'를 되풀이한
후, 요하네스 데 실렌티오는 이 구절을 믿음과 '심미적인 것'을 비교함
으로써 끝맺는다. '믿음은 최초의 직접성이 아니라, 다음 단계의 직접
성이다. 최초의 직접성은 심미적인 것이다…그러나 믿음은 심미적인
것이 아니다'[71-2]. 여기에서 그는 '믿음은…심미적 정서가 아니라
훨씬 높은 것인데, 왜냐하면 그것은 바로 상기를 전제하기 때문이다.
그것은 자발적인 마음의 성향이 아니라 실존의 역설이다'[40]라는 주
장, 그리고 이러한 믿음의 역설은 여전히 윤리학의 요구를 수행하지 못
한 사람의 내면성과는 다른, 그리고 그보다 훨씬 높은 '새로운 내면
성'[60]을 포함하고 있다라는 주장을 되풀이하고 있다.
　　그러나 '심미적'이라는 개념으로 요하네스 데 실렌티오는 정확히 무
엇을 의미하고자 하는가? 이것을 지금 명확히 하는 것이 중요한데, 왜
냐하면 심미적인 것의 범주가 문제 III 전체에 걸쳐서 채용되고 있기
때문이다. 사실, '심미적인 것'은『공포와 전율』에서 두 가지의 상이한
의미를 지니고 있다. 한편으로, 그것은 철학적 관점에서 고찰된 예술의
영역을 의미하지만 — 그리고 다양한 문학적 인물들에 대한 요하네스
데 실렌티오의 논의는 이런 의미에서 '심미적'이다 — 그러나 다른 한

편으로 그것은 특정 종류의 삶, 특정 종류의 삶의 태도를 지칭한다. 그 익명이 '믿음은 심미적인 것이 아니다'라고 주장할 때 적용되는 것은 바로 이 두 번째 의미이며, 또 이 개념을 이런 방식으로 사용하는 것이 키르케고르 철학의 독특한 특징이다. 독자는 주제들의 개괄을 되돌아 보기를 원할지도 모르겠는데, 이 개괄에서 나는 『공포와 전율』을 포함한 키르케고르의 많은 저서에서 작동하고 있는 실존의 3영역, 즉 심미적, 윤리적, 그리고 종교적 영역 간의 차이를 개괄한 바 있다.

비록 요하네스 데 실렌티오가 분명하게 실존의 3영역을 논의하지는 않지만, 세 '문제들' 각각의 첫 구절에서의 아브라함에 대한 그의 분석은 아마도 이러한 3항 구조로 서술될 수 있을 것이다. 요하네스는 아브라함의 믿음을, '감각적이고 심리적 존재로' 고찰되는 사람을 특징짓는 '특수성'과 '직접성'으로부터, 그리고 윤리적 행위를 특징짓는 '보편성'과 '조정'으로부터 모두 구별한다. 첫 번째 형태의 삶은 대체로 심미적 영역에 해당하고, 두 번째는 윤리적 영역에 해당한다. (사실 이것은 논란의 여지가 있는데, 왜냐하면 '감각적, 심리적' 존재의 '직접성'은 세 영역 모두를 구성하는 반성성에 — 자기의식과 자기관계에 — 대립되는 까닭이다. 키르케고르의 많은 개념과 범주의 유동성은 이런 종류의 애매성을 허용한다. 그런데도 믿음에 대한 요하네스 데 실렌티오의 논의를 구축하고 있는 상이한 집단의 특징들 간의 연관을 고찰하는 것이 도움이 될 것이다.) 이 익명이 심미적 영역과 종교적 영역 간의 차이를 명료하게 밝히는 것이 특히 중요한데, 왜냐하면 이 영역들은 개인을 특수한 존재, 직접적 존재, 그리고 어찌되었든 보편적인 것의 바깥에 있는 존재로 보는 견해를 공유하기 때문이다. 그리고 이것이 우리에게 '믿음은 최초의 직접성이 아니라 제2의 직접성이다. 최초의 직접성은 심미적인 것이다…그러나 믿음은 심미적인 것이 아니다.'라는 그의 주장을 다시 생각하게 한다. 더욱 구체적으로는, 『공포와 전율』의 이 절에서 요하네스 데 실렌티오는 심미적 삶의 형식과 종교적 삶의 형식 모두 — 윤리적 영역과는 대조적으로, 왜냐하면 이 영역은 투명성을 요구하기 때문에 — 개인에게 그 자신을 은폐할 것을 요구한다고 주장하고 싶어 하지만 그는 또 종교적 영역에 적절한 은폐는 심미적 은폐와는 전적으로 다르다고도 주장하고 싶어 한다.

'믿음은 심미적인 것이 아니다' 라고 진술한 후, 요하네스 데 실렌티오는 '문제 전체를 순전히 심미적으로 고찰하겠다는 그리고 그 목적을 위하여 심미적 숙고에 착수하겠다는' [72] 의도를 선언한다. 여기에서, '심미적' 이라는 용어의 두 가지 의미가 결합된다. 한편으로, 이 익명은 은폐와 밝힘의 주제를 심미적 영역의 관점에서 계속 탐구하고 있으면서, 다른 한편으로는 이것을 행하는 그의 방법은 특정 문학 작품에 대한, 그리고 이러한 허구적 대화의 구조를 결정하는 일반 원칙에 대한, 논의를 포함할 것이다. 물론, 비록 '심미적인 것' 의 이러한 두 가지의 의미를 구별하는 것이 가능하지만, 그것들은 둘 다 현실성으로부터, '실제 삶' 으로부터 유리되어 있다는 점에서 서로 관련되어 있다. 요하네스 데 실렌티오는 여기에서 '심미적인 것' 은 '흥미로운 것' [72]의 범주에 의해 특징지어진다는 것을 시사하고 있는데, 또 다시 이것은 그 개념의 두 가지 의미 모두에 적용된다. 예술의 (그리고 특별히 이 익명이 여기에서 초점을 맞추고 있는 극적 문학이라는 예술형식의) 효과는 흥미를 자극하고, 재미를 느끼게 하며, 사유를 자극하고, 즐겁게 하며, 감동을 자아내고, 기분을 자극하는 것을 포함한다. 그리고 이것들은 모두 삶의 심미적 방식의 동기가 되고 또 그렇기 때문에 그런 삶의 방식에 형태를 부여하는 요소들이다.

이것을 말한 다음, 은폐의 심미적 의의에 대한 이 익명의 논의는 또

윤리적 주제를 언급한다. 이것은 자연스러운 일인데, 왜냐하면 문학 작
품은 으레 윤리적 주제, 즉 기만, 배신, 정의, 복수, 가족 간의 유대, 도
덕적 딜레마, 기타 등등을 다루기 때문이다. 요하네스 데 실렌티오가
말하고 있듯이, '흥미로운 것은 경계 범주, 즉 미학과 윤리학 사이의
공통의 경계이다' [72]. 한편으로, '흥미로운 것'은 심미적 영역의 초연
함을 포함한다. 다른 한편으로, 그것은 윤리적 영역을 특징짓는 개인적
관심과 관여, 문제가 되고 또 의미심장한 그 무엇이라는 뜻을 함축한
다. 어떤 것이 흥미롭다고 말하는 것은 우리가 그것을 초연한 관점에
서, 그 상황의 바깥에서 보고 있다는 것을 함축한다. 예를 들자면, 우리
는 뉴스에 관심이 있을 수도 있고, 혹은 친지가 자신의 배우자가 자기
에게 불성실해 왔다는 사실을 깨달은 후 그녀의 결혼생활이 파경에 이
르는 과정을 더듬어 보는 것이 흥미로울 수도 있다. 그렇지만, 이 여성
자신은 아마도 자기 자신의 상황을 '흥미롭다고' 기술하지는 않을 것
이다. (이것은 다른 누군가의 상황에 흥미를 느낀다는 것이 반드시 냉
담해야 한다는 것을 함축하지는 않는다. 우리는 친구의 불행에 연민의
정을 느낄 수도 있지만, 그럼에도 그것에 관해서 상세히 알고 싶어 하
고 또 심지어 서로 아는 사람들끼리 그 일에 관해서 뒷공론을 주고받는
것을 즐기는 것이다.) 만일 그 배신당한 아내가 자신의 상황을 흥미로
운 것으로 생각한다면 그 경우 이것은 특정의 초연함을 가리키는 것일
텐데, 이는 키르케고르의 관점에서는 그녀가 자기 자신의 삶에 대하여
심미적 관계를 갖고 있다는 것을 의미할 것이다. 우리가 앞에서 보았듯
이, '흥미로운 것'은 — 유쾌한 것, 기분을 좋게 하는 것 그리고 기타
등등과 함께 — 심미적 영역 내부의 가치이다. 그러나 행위와 사건은
정확히 그것들이 현실과 접하고 있다는 점에서 흥미로운 것이며, 또 이
런 이유 때문에 윤리적 상황이 심미적 관점에서 흥미로운 것이다. '흥

미로운 것'은 따라서 심미적 영역과 윤리적 영역 모두와 이어지는 범주이다. 비록 그것이 각각의 영역 내부에서 상이한 위상을 지니고 있지만 말이다. 그것은 심미적 가치이지 윤리적 가치는 아닌데, 왜냐하면 악의적 행위는 덕스러운 행위 못지않게 흥미로울 수 있기 때문이다. 그것은 윤리적 내용 위에서 번성하지만, 그것은 윤리적 형식을 바깥에서, 혹은 초연한 방식으로, 다시 말해서, 심미적 관점에서 바라본 결과이다.

우리가 은폐와 밝힘의 문제와 관련한 요하네스 데 실렌티오의 '심미적 사색'에 착수하기 전에, 이 지점에서 잠깐 멈춰 서서 실존의 세 영역에 대한 키르케고르의 설명이 어떻게 『공포와 전율』에 적용되는지 살펴보아도 될 것이다. 『공포와 전율』은 어떤 종류의 저서인가? 그것은 심미적인가, 윤리적인가, 아니면 종교적인가 — 혹은 어쩌면, 아이러니하게도, 동시에 심미적이면서 윤리적이면서 종교적인 것일까? '흥미로운 것'에 대한 요하네스 데 실렌티오의 논의는 분명히 아브라함의 이야기에 대한 그 자신의 해석에도 적용된다. 이 성서 이야기는, 바깥에서 보았을 때, 흥미로운 동시에 감동적으로 마음을 끄는 윤리적 내용을 담고 있다. 더욱이, 아브라함의 윤리적 상황은 이 익명에게 믿음의 본성에 관한 철학적 반성의 계기를 제공한다. 키르케고르의 도식에 따르면, 이러한 지적 반성은 심미적 영역에 속하는데, 왜냐하면 그것은 관찰자의 초연한 관점을 표현하기 때문이다. 그것은 그 상황 자체에 관련되어 있는 사람들에게는 상당히 낯선 것이며, 또 이런 이유 때문에 아브라함과 이사악은 모리아산으로 여행하는 동안 믿음의 의의에 관해서 철학적 논의를 하기가 어려운 일이다. 그러나 『공포와 전율』이 단순히 심미적인 것이 아니라고 주장하는 것 또한 가능할 것인데, 왜냐하면 그것은 독자와 접촉해서 독자에게 그 자신의 실존에 관한 결단(윤리적 운동)을 행하도록, 또 어쩌면 믿음의 과제를 택하도록 촉구하려고 애쓰기 때문이다. 만일 이것이 옳다면, 이 저서는 — 저자와 독자 간의 상호 소통으로 간주되거니와 — 단순히 상상이나 관념의 산물이 아니며, 그것을 윤리적 영역으로 인도하는 현실성을 지니고 있는 것이다. 그리고 만일 이 저서의 근원이 하느님에 대한 키르케고르 자신의 내면의 관계라면, 그것은 심지어 종교적 영역에도 속하는 것으로 간주될 수 있을 것이다. 믿음의 문제에 대한 요하네스 데 실렌티오의 심미적 접근은 일종의 아이러니인데, 왜냐하면 여타의 키르케고르의 익명들처럼 그는 자신이 직접 — 특히 그것이 현대 철학과 문화 비평에서 예증되는 바의 — 심미주의를 보여 주는 동시에 그것을 비판하고 있기 때문이다. 이런 종류의 아이러니는 키르케고르의 저작 전체, 그리고 특히 그의 익명의 저작들에 핵심적이다.

요하네스 데 실렌티오 자신이 '믿음과 믿음의 삶 전체가…심미적 취급의 주제가 될 수 있는가' [77]의 문제를 제기하고 있다. 물론 자신은 이 주제를 '미결 상태로' 남겨 두겠다고 말하지만 말이다. 『공포와 전율』의 이 절에서의 그 자신의 방법에 관한 이 익명의 언급은 중요하다. 자신의 '아브라함에 대한 찬사'에서 그는 영웅과 시인의 역할을 비교하는데, 그 자신이 아브라함과의 관계에서 시인의 역할을 떠맡는 것처럼 보였지만, 여기 문제 III에서 그는 '나는 시인이 아니며 또 매사를 오로지 변증법적으로만 처리한다' [79]라고 말한다. 비록 시와 변증법이 모두 심미적 영역에 속하더라도, 그것들은 두 종류의 상이한 글쓰기 방식이다. 이러한 맥락에서 시는 문학, 즉 이야기, 등장인물, 비유 그리고 기타 등등을 이용하는 전달의 형식, 그리고 정서적인 상상의 차원에서 독자를 끌어들이는 전달의 형식을 의미한다. 변증법은, 다른 한편으로, 철학적 사유의 형식이다. 그것은 추론, 즉 개념들, 관점들 혹은 입

장들 간의 차이와 연관의 해명을 포함하고 있으며 또 상상이 아닌 지성
에 호소한다. 아브라함의 이야기에 대한 요하네스 데 실렌티오의 접근
은, 사실, 시적인 동시에 변증법적이며, 혹은 오히려 그는 이 두 형식
사이를 오간다. (이것이 『공포와 전율』이 '변증법적 서정시'라는 부제
를 달고 있는 이유이다.) 『공포와 전율』의 이 절에서, 그는 자신은 이야
기를 구성하고 있는 것이 아니라, 다양한 문학 작품에서 나타나는 바,
상이한 상황들과 윤리적 입장들 사이에서, 이것들에 관해서 철학적으
로 성찰하기 위해서, 움직이고 있다고 솔직히 말하고 있다. 그래서 예
컨대 그는 우리에게 '나는 몇몇 시적 인물을 불러낼 것이다. 변증법의
힘을 통해서 나는 그들을 똑바로 서 있게 함으로써…그들의 불안을 통
해서 그들이 이런 저런 것을 조명할 수 있게 하고자 한다' [77]라고 말
한다. 다른 말로 하자면, 그가 묘사하는 등장인물들은, 연극 이야기가
아닌, 철학적 논의에서 각자의 역할을 담당하라고 소집된 것이다.

심미적 그리고 윤리적 은폐

그가 종교적 믿음에 속하는 특정 종류의 은폐를 조명할 일련의 '시적
인물들'에 관한 자신의 반성을 시작하기 전에, 요하네스 데 실렌티오
는 심미적 그리고 윤리적 영역에서의 은폐와 밝힘의 역할에 관한 몇몇
일반적 언급을 제시한다. 그는 아리스토텔레스의 연극 분석을 언급하
는 것으로 시작하는데, '인식이 연극적 삶에서 갈등을 해소하고 긴장
을 완화시키는 요소인 것처럼, 은폐는 긴장의 요소이다' [73]라고 주장
한다. 이러한 요지의 현대적 실례는 텔레비전의 범죄 드라마가 살인자
의 정체와 동기의 은폐와 드러냄 위주로 짜이는 방식을 포함한다. 또는
연속극 구성은 흔히 성탄절에, 아니면 결혼식에 결국은 드러나는 은밀
한 정사와 비밀의 부자관계를 포함한다. 어떤 때는 비밀이 청중에게 알

려진다. 어떤 때는 비밀이 극중 등장인물은 물론이고 청중에게도 감춰진다.

헤겔의 미학을 본따서, 요하네스 데 실렌티오는 고대와 현대의 연극 안에서 이러한 은폐와 드러냄의 변증법 간의 비교를 수행한다. 고대의 연극에서 ─ 그리고 이 익명은 특별히 그리스 비극에 관여하는데 ─ 구성은 처음에 영웅으로부터 은폐되고, 그 다음 드러나는 운명에 의해 통제된다. 비극은 이런 드러남이, 예를 들어, '아들이 아버지를 살해하지만, 그러나 오직 훗날에야 그것이 자신의 아버지라는 것을 알게 될' [73] 때처럼, 너무 늦게 이루어진다는 사실에 있다. 현대 연극에서는, 이와는 대조적으로, 행위와 사건은 주인공의 자유 선택의 산물이다. '현대 연극은 운명의 관념을 포기하였으며, 연극적으로 스스로를 해방하였고, 눈이 뜨였을 뿐만 아니라, 내성적이고, 운명을 그것의 연극적 의식 속으로 동화시킨다. 은폐와 밝힘은 그렇다면 영웅 자신에게 책임이 있는 영웅의 자유 행위이다' [73]. 자유와 책임에 대한 이러한 강조는 은폐와 밝힘이 고대 연극에서보다 현대 연극의 내부에서 더 큰 윤리적 의의를 지니고 있다는 것을 암시한다. 무엇인가를 은폐하거나 혹은 드러내겠다는 현대 영웅의 결단은, 연극이나 소설의 플롯을 구성하는 한 장치로서, 비극적 혹은 희극적 효과로, 기능할 뿐만 아니라, 청중 혹은 독자의 도덕적 판단에도 종속될 수 있다.

요하네스 데 실렌티오는 '내가 택해야 하는 길은 미학과 윤리학을 통하여 변증법적으로 은폐를 수행하는 것인데, 왜냐하면 요점은 [종교적 영역에 고유한] 심미적 은폐와 역설이 그것들의 절대적 부동성에 있어서 출현하게 하는 것이기 때문이다' [74]라고 선언하고, 또 그는 주인공이 윤리적 이유로 간주될 수 있을 것 때문에, 또 다른 사람이 수난당하는 것을 막기 위하여, 뭔가를 은폐할 것을 선택하는 가상적 상황을 묘사하는 것으로 시작한다. 사실, 요하네스 데 실렌티오는 이것이 진정한 윤리적 동기가 아니라 심미적 동기라고 주장하고 싶어 하는데, 왜냐하면 그것은 '보편적인 것' 보다 오히려 특수한 개인과 관련되는 것인까닭이다. 우리는 어떤 사람과, 그가 누군지 모른 채, 비밀의 사랑에 빠진 한 어린 소녀를 상상하라는 권유를 받는다. 그녀의 부모는 그녀가다른 남자와 결혼하기를 원한다. 그녀는 자신이 사랑하는 남자를 다치지 않게 하기 위해서 자신의 감정을 그 남자에게 감추겠다는 선택을 한다. (요하네스는 또 주인공이 소녀 대신에 젊은 남자인, 이러한 상황에대한 대안적 각색을 묘사하고 있다.) 이 사례에서, 소녀의 은폐는 연극적 구성의 기초인 긴장을 창조한다. 미학의 허구적 영역에서, 이러한긴장은, 은폐된 사랑을 드러내고 또 행복한 결말을 촉진하는 특정 종류의 일치를 통해서, 해소될 수 있으며, 또 그렇게 이야기는 전개된다. 한편으로, 이 소녀는 자신의 감정을 은폐함으로써 용기와 이타심을 보여주었다. 다른 한편으로, 그녀의 덕에 대한 이러한 증거를 손상시키지않은 채, 그녀의 사랑은 그런데도 공개되어서, 그녀가 침묵을 지킴으로써 얻었던 행복을 얻을 수 있게 해 준다.

이 사례는 미학이 플롯을 창조하기 위하여, 그 상황을 흥미롭게 만들기 위하여, 그 소녀를 우리가 공감할 수 있는 영웅으로 만들기 위하여, 어떻게 은폐를 '요구하는가'를 보여 준다. 요하네스 데 실렌티오는 이것을 밝힘에 대한 윤리적 요구와 대조한다. 윤리적 영역 안에서는, 관심사는 흥미롭고 감동적인 이야기를 구성하는 것이 아니라 옳은 바를행하는 것이다. 그리고 심미적 영역이 감정과 관련되어 있고, 또 그래서 그 소녀가 자신이 사랑하는 사람들의 감정을 소중히 여기기 위해서행위하는 반면, 윤리적 영역의 관심사는 자유, 각 개인의 자율인데, 왜냐하면 이것이야말로 개인 자신의 윤리적 행위의 기초가 되는 것이기 때문이다. 윤리적 관점에서, 사람은 타인에게 투명해야 할 의무가 있는데, 왜냐하면 타인의 자유를 보호할 의무가 있기 때문인데, 이 자유가 그를 도덕적으로 존재하게 해 주는 것이다. 타인과 관련된 것을 그에게 은폐하는 것은 그에게 자율을 박탈하는 것이며, 어떻게 그 상황에 반응할 것인가를 결정할 수 있는 그의 능력을 빼앗아 버리는 것이다. 소녀의 은밀한 사랑 이야기에서, 바람직한 결과는 사실상 이미 나와 있다. 그녀의 부모, 그들이 그녀와 결혼시키고 싶어 하는 남자, 그리고 그녀가 사랑하는 남자는 모두 그녀의 감정을 알게 되었으며, 또 이것은 그들에게 자신들이 올바르다고 판단하는 방식으로 반응할 기회를 제공하고 있다. 그러나 이것은, 그 소녀 자신의 결단에 의해서가 아니라, 우연히, 우연한 사건에 의하여 일어난다. 윤리적으로 말하자면, 자신의 감정을 은폐하려는 그녀의 시도는, 설령 그것이 타인의 행복에 대한 배려에 의해 동기 유발되었다고 하더라도, 잘못된 것이다. (윤리적 요점은 여기에서 그녀가 타인이 고통받는 것을 막기 위함보다는 타인의 자유를 지키는 데 더 관심을 가져야 한다는 것인데, 왜냐하면 자유는 윤리학의 근거 그 자체이고, 또 그렇기 때문에 가장 기본적인 윤리학적 요구이기 때문이다.) 윤리학은 현실을 다루는데, 현실에서 우리는 우연의 일치가 옳은 결과를 낳을 거라고 믿을 수 없다. 우리는 이에 대한 책임을 스스로 져야 하며, 또 그 다음은 우리 행위의 결과를 감당하고 살아야 한다. 요하네스 데 실렌티오에 따르면, '심미적 사상은 현실에서 수행되어야 하는 순간 자기모순에 빠진다. 윤리학은 그렇기 때문에 밝힘을 요구하는 것이다' [76].

요하네스는 여기에서 '비극적 영웅' 의 인물로 돌아가는데, 그는 '마음으로부터의 예비적 객출' 에서 처음 소개되었으며, 그 다음에는 문제 I에서, 윤리적인 것의 목적론적 중지의 문제와 관련해서, 더 포괄적으로 논의된 바 있다. 요하네스는 이제 비극적 영웅은 자신의 행위에 영향을 받을 사람들의 정서적 반응에 맡겨져야 한다고 주장한다. 왜냐하면 이러한 반응이 그를 비극적 영웅으로 만드는 윤리적 시련의 일부이기 때문이라는 것이다. 예를 들어, 아가멤논은 국가에 대한 자신의 의무를 행하지 말라는 '유혹을' 받는데, 그 의무란 딸 이피게네이아와 아내 클리템네스트라의 눈물에도 불구하고 이피게네이아를 희생시키는 것을 의미한다. 여인들의 고통을 면전에서 지켜보면서 자신의 더 높은 윤리적 의무를 수행해야 한다는 것이 그의 괴로움을 더 증대시키며, 또 이것이 그의 비극과 그의 영웅적 행위를 동시에 강화한다. 에우리피데스의 희곡 「아울리스의 이피게네이아」에서, 아가멤논이 '여인들에 대한 배려 때문에' 자신의 상황을 은폐해야 한다는 '심미적' 주장은 적절한 것이며, 따라서 이피게네이아가 조국을 위해 희생될 거라는 것을 우연히 알고 이 사실을 클리템네스트라에게 알려 주는 것은 한 늙은 노예이다. 어쨌거나, '윤리학에는 우연의 일치란 존재하지 않으며 또 옆에서 대기하는 늙은 노예 따위도 없다'[76]. 윤리적으로 말하자면, 아가멤논은 이피게네이아와 클리템네스트라에게 자신의 계획을 직접 말해 주어야 한다.

우리가 지금까지 살펴본 것처럼, 이런 밝힘은 타인의 자유를 보지하기 위하여 꼭 필요하다. 그러나 그것이 중요한 또 한 가지 이유는 은폐가 이기적일 수 있기 때문이다. 아가멤논이나, 또는 자기가 사랑하는 남자와 결혼하기로 되어 있지 않은 소녀는, 스스로 자신들이 관련 당사자들의 고통을 줄여 주기 위하여 그들에게 자신들의 상황을 은폐할 것이라고 다짐할 것이다. 그러나 만일 그들의 진짜 동기가 이러한 타인들의 고뇌를 직접 다루어야 하는 고통으로부터 **스스로를** 구하기 위함이라면 어쩔 것인가? 인간의 영혼은 자기기만에 익숙하기 때문에, 우리 자신의 동기에 관해 명확히 안다는 것은 어려운 일이며, 또 인간의 행위의 윤리적 위상을 결정하는 것은 (최소한 『공포와 전율』에서 영향을 끼치고 있는 윤리학의 견해에 따르자면) 바로 이러한 동기이기 때문에, 그렇다면 이러한 자기기만의 경향은 도덕적 삶에 대한 위협을 야기한다. 그런 까닭에 이렇게 허구적, '심미적'으로 묘사된 것과는 다른, 실재하는 비극적 영웅은 감추는 것이 없어야 하는데, 왜냐하면 이것이 바로 그가, 단순히 자기 자신을 위해서가 아니라, 남을 위해 행위하고 있다는 것을 보증하는 것이기 때문이다.

사실, 이 주제에 대한 요하네스 데 실렌티오의 논의는 단순히 심미적 영역과 윤리적 영역 간이 아닌, 윤리적 삶 그 자체의 내부의 특정 긴장을 드러내는 것으로 생각된다. 다른 한편, 윤리학은 개인에게, 타인의 자유를 보지하기 위하여, 그리고 그 자신이, 심지어 부지불식간에라도, 타인의 감정을 존중하기 위해서라기보다 그 자신을 위해 비밀을 지키고 있는 것이 아님을 보증하기 위하여 그의 의도를 밝힐 것을 요구한다. 그러나 다른 한편으로, 이러한 밝힘은 자기 자신의 책임을 회피하는 한 가지 방법이 될 수 있다. 요하네스는 '만일[비극적 영웅이] 침묵을 지킨다면, 그는 밖에서 제기될 수 있는 주장을 무시하는 한 단독의 개인으로서 책임을 떠맡는 것이다'[76]. 자신의 의도를 은폐함으로써, 그는 자신이 내리는 결단이 전적으로 자기 자신의 것이라는 점을, 그리고 그럼으로써 자신이 그것에 대해 전적으로 책임이 있다는 것을 분명히 할 수 있다. 이러한 책임이 윤리적 삶의 본질적 측면이다. 앞의 고찰이, 윤리적 관점에서는, 뒤의 것보다 더 중요하다는 것이 이 익명에게는 분명한 것으로 생각되지만, 여전히 긴장은 남아 있는 것처럼 보인다. '윤리학이 밝힘을 요구하는 엄격함에도 불구하고, 비밀과 침묵이 실제로 사람에게 있는 위대함을 낳게 하는 것인데 왜냐하면 그것들이야말로 바로 내면성의 조건들이기 때문이다'[77]. 만일 은폐가 타인의 감정에 대한 배려보다 이기심에 의해 동기유발된다는 점에서 도덕적으로 애매하다면, 분명히 밝힘도 또한 애매한 것일 수 있다. 표면상으로는 의무에 의해 동기유발되지만, 책임으로부터의 도피에 의해 동기유발되는 것도 가능하지 않겠는가? 우리는 결정권을 남에게 미루기 위해서, 혹은 적어도 남을 우리 자신의 결정에 연루시키기 위해서 자신의 상황을 남에게 알릴 수도 있다. 우리는, 예를 들어, 스스로 자신의 의무인 것을 알고 있는 바를 수행하기를 원치 않는다는 바로 그 이유 때문에 이피게네이아를 희생시키려는 자신의 의도에 관해서 클리템네스트라에게 털어놓는 아가멤논을 상상할 수 있다. (이 상상 속에서 아가멤논은) 아내가 눈물을 흘리면서 그에게 딸을 죽이지 말라고 사정할 때, 자신은 이 희생을 할 '수 없다'는 것을, 아마도 심지어 클리템네스트라의 반응 때문에 국가의 이익보다 자신의 가족을 더 먼저 생각하는 것 이외의 '어떤 다른 선택이 없다'는 것을 선언할 수도 있을 것이다. 이것은 결국 그 자신의 자유를 부정하는 정직하지 못한 시도나 다름없을 것이다. 20세기 프랑스 철학자 장 폴 사르트르(Jean-Paul Sartre)는 ─ 그의 '실존주의는, 결단과 책임에 대한 강조와 같은, 키르케고르 사상의 특정 측면에 영향을 받은 바 있거니와 ─ 자유에 직면해서의 이러한 회피성향을 기술하기 위해서 '나쁜 믿음'이라는 개념을 사용한다. 사르트르에 따르면, 나쁜 믿음이란 윤리적 삶에 늘 붙어 다니는 인간의 보편적 성향이다.[41]

더욱 최근에는, 자크 데리다(Jacques Derrida)가 『공포와 전율』에 대한 독해에서 책임과 비밀의 주제를 강조하면서, 아브라함의 침묵에

---

41   Jean-Paul Sartre, *Being and Nothingness*, translated by Hazel E. Barnes (London: Routledge, 2003), pp. 70-94를 보라.

대한 요하네스 데 실렌티오의 논의는 책임의 개념 자체가 역설적이라
는 점을 보여 주고 있다고 주장한다. 데리다가 주장하기를 '윤리적인
것은',

> 결국 우리를 무책임한 존재로 만들어 버릴 수가 있다. 알려 주지도 또 설
> 명도 하지 않는 책임이라는 이름하에 이따금 거부되어야 하는 것이 유혹,
> 경향, 혹은 재능이다…그런 책임은 비밀을 유지하는데, 그것은 스스로를
> 제시할 수도 없고 또 그럴 필요도 없다.[42]

책임이 이런 식으로 역설적인 것이기 때문에, '아브라함은 그런 까닭
에 가장 도덕적인 동시에 가장 비도덕적이고, 가장 책임 있는 사람인
동시에 가장 무책임한 사람이다.'[43] 데리다의 독해는 아브라함이 비도
덕적인 존재로도 또 도덕적인 존재로도 간주될 수 있다는 이러한 주장
을 한다는 점에서 요하네스 데 실렌티오와 결별한다. 이 익명에게 있어
서, 아브라함은 자신의 침묵으로 윤리적인 영역을 벗어나며, 또 그의
침묵은 윤리적 영역과 종교적 영역 간의 모순을 특징짓는 반면, 데리다
는 책임의 역설이 윤리적 영역의 안에 있다고 주장한다.

비밀성이 '사람에게 있어서 위대함에 공헌하는' '내면성'의 표시라
는 요하네스 데 실렌티오의 주장은 이러한 내면성이 윤리적 영역 안에
수용될 수 없다는 것을 의미하는 것인가? 요하네스는 그렇다고 생각하
는 것처럼 보인다. '비극적 영웅은, 이는 윤리학의 총아이거니와, 순전
히 인간적이다. 그를 나도 이해할 수 있으며, 또 그의 모든 과제 역시

---

42 Jacques Derrida, *The Gift of Death*, translated by David Wills (University of
Chicago Press, 1995), pp. 61-2.
43 같은 책, p. 72.

마찬가지로 공개되어 있다. 만일 내가 더 나아간다면, 나는 언제나 역설에 걸려 넘어진다…' [77]. 이 익명의 입장을 해석하는 한 가지 방법은 '순전히 인간적인' 윤리적 영역이 그 자체 너머를 가리키고 있으며, 그 자체의 불완전함을 나타내는 것을 시사하는 것으로 보는 것이다. 이것은 밝힘과 은폐 간의 긴장이며, 한편으로는 공동체에서의 조정의 요구와, 다른 한편으로는 자기 자신의 행위에 대하여 온전히 책임져야 한다는 요구 간의 긴장이다. 우리가 바로 앞에서 살펴보았듯이, 인간의 자기기만의 경향은 은폐와 밝힘 모두에 혼란과 애매성을 끌어 들이는데, 왜냐하면 그 두 결단에 대한 동기는 언제나 문제시될 수 있기 때문이다. 은폐는 타인의 자유와 책임을 위협한다. 밝힘은 자기 자신의 자유와 책임을 위협한다. 이 견해에 따르면, 독립적이고 자립적이어야 한다는 윤리적 영역의 주장은 오도되었다는 것이다. 윤리적인 것은 사실 완벽한 영역을 구성하고 있는 게 아니라, 오히려 다른 것, 더 높은 것, 그것을 초월하고 또 그것을 문제삼는 것을 향하여 전개된다는 것이다. 이것이 아마도 키르케고르의 실존 영역들의 논리학에 핵심적일 것이다. 바로 『이것이냐/저것이냐』 I에서의 심미가의 묘사는 삶의 심미적 형식을 구성하는 쾌락과 자극의 추구가, 역설적으로, 우수와 권태로 귀결되며, 그런 까닭에 은폐와 밝힘에 대한 요하네스 데 실렌티오의 논의는 윤리적으로 선한 삶의 추구가 그런 삶의 조건인 자유의 보존을 좌절시키는 내적 긴장들에 의해 침해된다는 것을 시사한다.

종교적 영역: 죄, 절망, 그리고 불안

심미적 그리고 윤리적 영역들의 이러한 부적합성은, 키르케고르의 도식 안에서는, 우리가 종교적 영역을 단순히 인간의 삶의 '가장 높은' 또는 '최상의' 형식만이 아닌, 인간의 삶 **기초를 세우는** 형식으로 간

주한다면 그리 놀랄 일도 아니다. 종교적 영역은 하느님에 대한 — 믿
음에 의한 — 개인의 관계에 의해 구성되며 또 종교적 관점에서 보건대
이러한 하느님-관계는 개인의 실존 전체의 기초, 개인의 자신에 대한,
타인에 대한, 하느님에 대한 관계의 기초이다. 종교적 삶의 가능성은,
적어도 『공포와 전율』에서 묘사되는 바에 있어서, 아브라함에 의해 예
증되고 있지만, 이러한 가능성은 키르케고르의 후기 저작 『죽음에 이
르는 병』에서 훨씬 이론적 방식으로 해명되고 있는데, 여기에서 익명
안티클리마쿠스는 인간의 자기를 하느님에 의해 세워지고 또 하느님에
게 기초를 두고 있는 정신적 존재로 정의한다. 아리스토텔레스의 가능
태와 현실태 간의 구별을 예로 인용하면서, 안티클리마쿠스는 자기가,
잠재적으로, 하느님에 대한 관계이다라고, 그러나 각 개인은 그런 자기
가 되어야 하는 과제, 자신의 가능성을 실현시켜야 하는 과제를 가지고
있다고 주장한다. 그렇기 때문에 실존의 심미적 형식과 윤리적 형식은
인간이 이러한 자기실현을 성취하지 못하는 두 방식을 나타낸다고 말
할 수도 있을 것이다. 어쨌거나, 이렇게 말하는 것은 전적으로 정확하
지가 않다. 하느님에게 적절하게 그리고 온전히 이어지지 못하는 것은,
설령 인간이 본질적으로 이러한 관계라고 하더라도, 익명 안티클리마
쿠스가, 그리고 아마도 키르케고르도 또한, 죄로 이해하는 바이며, 또
그리스도교적 가르침에 따를 때 인간은 모두 죄인이다. 사람이 종교적
으로 사는 것은 그가 죄인이 아니라는 것을 — 혹은, 이것을 다르게 표
현하자면, 그가 하느님에게 적절하게 그리고 온전히 이어져 있다는 것
을 — 의미하는 것이 아니라 오히려 그가 이러한 죄성을 깨닫고 하느님
관계를 실현하는 과제, 그리고 그럼으로써 자기를 실현하는 과제를, 이
과제가 하느님의 도움 없이는 성취될 수 없다는 것을 이해하는 가운데,
떠맡는다는 것을 의미하는 것이다. 그렇다면 삶의 심미적 형식과 윤리

적 형식은 단순히 하느님에게 그리고 자신에게 이어지지 못하는 방식들이 아니다. 오히려, 그것들은 이런 과제를 회피하는 방식들이다. 그것들은 하느님 없이 살려고 시도하는 방식들이다. 종교적 관점에서 보건대, 이러한 실존방식들은 실패할 수밖에 없는데, 왜냐하면 자기는 하느님에 대한 관계이기 때문이다.

죄의 범주는 『공포와 전율』의 문제 III에서 조용하지만 중요한 역할을 맡고 있으며, 또 이런 이유 때문에 그것을 여기에서 명확히 밝히고자 할 필요가 있다. 죄는 하느님에게 이어지지 못한 실패인 동시에, 자신의 인간적 가능태를 실현하지 못한 실패이다. 죄가 가능한 것은 오로지 인간이 정신적 존재이기 때문이며, 오직 인간이 하느님에 대한 관계에 의해 구성되어 있기 때문이다. 이것은 죄가 종교적 영역 안에서만 가지적(可知的)일 뿐이라는 것을 의미한다. 죄의 범주를 채용하는 데 가장 적극적인 인물이 키르케고르의 모든 익명 가운데, 공공연하게 그리스도교적 저술가인, 안티클리마쿠스인 것은 결코 우연의 일치가 아니다. 키르케고르의 익명의 저술에 널리 퍼져 있는 실존의 3 영역 간의 차이는 정교한데, 왜냐하면 한편으로는 그것이 심미적 영영과 윤리적 영역의 한계를 종교적 관점에서 조명하고 있기 때문이며, 그런가 하면 다른 한편으로 그것은 많은 사람이 종교적 영역에 살고 있지 않다는 것을 인정하면서 이 영역 바깥의 다양한 음성들을 들을 수 있게 허용하고, 그럼으로써 많은 그리스도교적 저작의 독단주의를 피하고 있기 때문이다.

요하네스 데 실렌티오가 아브라함의 믿음을 조명하기 위하여 일련의 '시적 인물들' 을 고찰하겠다는 자신의 의도를 선언할 때, 그는 자신이 '절망의 교리를 그들에게 휘두르' 겠다는[77] 것을 암시하는 것이다. 절망에 대한 이러한 언급은 중요하다. 요하네스는 아무런 설명 없이 이

용어를 사용하지만, 다시 한 번 우리는 그것의 종교적 의의를 명확히
밝히기 위하여 잠시 『죽음에 이르는 병』을 살펴볼 수 있을 것이다. 절
망은 자신으로 존재하지 못하는, 혹은 자신이 되지 못하는 실패에 나타
나는 수난이다. '자기가 그 자신이 되지 못하는 한, 그것은 그 자신이
아니다. 그런데 그 자신으로 존재하지 않는 것이 바로 절망이다.'[44] 자
기는 하느님에 대한 관계에 의해 구성된 것이라는 종교적 견해에 따르
면, 절망은 죄의 주체적 측면으로, 또 죄의 조건이 개인에게 영향을 미
치는 방식으로 간주될 수 있다. 안티클리마쿠스는 (마치, 그리스도교
적 관점에서, 죄가 보편적인 것처럼) 절망이 보편적이라고 주장한다.
'정말로 인류를 아는 사람은 누구나 조금도 절망하지 않는 단 한 명의
살아 있는 사람도 없다고 말할 것이다.'[45] 이렇게 주장하려면, 이 익명
은 많은 사람이 의식하지 못한 채 절망에 빠져 있다는 점을 인정해야
하는데, 사실 이러한 점은 단순히 순진성의 표시가 아니라, 자기 자신
의 실존을, 그리고 하느님에 대한 자신의 관계를 무시하려는, 인정은
하지 않을지 몰라도, 고의적인 시도의 증거라는 것이다. 절망이 보편적
이라고 말하는 것이 모든 사람이 같은 방식으로 절망에 빠져 있다는 것
을 함축하는 것은 아니다. 몇몇 다른 형태의 절망이 『죽음에 이르는
병』에서 기술되고 있다. 안티클리마쿠스에 따르면, 절망의 대립자는
믿음인데, 이는 자기가 '자신을 성립시킨 권능', 다시 말하자면, 하느
님에, '투명하게 의존하는' 상태로 정의되고 있다.

　『공포와 전율』의 이 지점에서 요하네스 데 실렌티오는 절망뿐만 아
니라 불안의 개념도 인용하면서, 그가 논의하고자 하는 문학적 인물들
이 공통적으로 불안의 경험을 가지고 있음을 암시한다. 키르케고르가

44　Kierkegaard, *The Sickness Unto Death*, p. 30.
45　Kierkegaard, *The Sickness Unto Death*, p. 22.

생각하기에 불안은, 절망과 마찬가지로, 죄와 연관되어 있다. 1844년
에 키르케고르는, 익명 비길리우스 하우프니엔시스(Vigilius Hafnien-
sis, 코펜하겐의 야경꾼이라는 뜻임; 옮긴이)의 이름하에, 『불안의 개
념』을 발표하는데, 이 저서는 그리스도교의 죄의 교리에 대한 (신학적
혹은 교의학적 탐구와는 대비되는) 심리학적 탐구를 제공하고 있다.
비길리우스 하우프니엔시스에 따르면, 인간은 자신의 자유를 의식하게
될 때 불안을 느낀다. 그리고 맨 처음에 죄를 가능하게 하는 것은 이러
한 자유의 자각이다. 이것은 죄의 행위가 언제나 불안의 상태에서 수행
된다는 것, 그리고, 어떤 의미에서, 각각의 새로운 죄의 근원이 되는 것
은 불안이라는 것을 의미한다. 『결론으로서의 비학문적 후서』에서, 익
명 요하네스 클리마쿠스는 『공포와 전율』에서의 불안의 역할을 암시하
는, 불안에 관한 약간의 언급을 하고 있다.

'공포와 전율' 이 하느님이 인간을 시험할 때 목적론적으로 중지된 사람의
상태인 것처럼, 불안 또한 윤리적인 것을 수행하는 것에 대한 절망적인 면
제에 처해진, 목적론적으로 중지된 사람의 마음 상태이다. 진리가 주체성
일 때, 실존하는 개인에게 있어서 불안으로서의 죄의 내면성은 진리로부
터 가능한 가장 멀리 떨어져 있는 상태이고 또 가장 고통스럽게 떨어져 있
는 상태이다.[46]

그렇기 때문에, 키르케고르의 익명들의 경우, 죄는 언제나 불안과 절망
을 모두 동반한다. 이 둘은 구별될 수 있는데, 불안이 느껴지는 경험인
반면, 사람은 절망에 빠져 있으면서도 의식하지 못할 수 있다는 점에서

---

46   Kierkegaard, *Concluding Unscientific Postscript* (trans. Hong and Hong), p.
269.

그렇거니와, 후자가 의미하는 바는 절망이 사실상 경험으로 기술될 수 없다는 것이다. 불안과 절망 간의 차이를 설명하는 한 가지 방식은 불안이 심리학적인 반면, 절망은 실존적이라고 말하는 것이 될 것이다. 절망은 우리가 빠져 있는 상태이다. 그것은 죄의 상태의 주체적인, 당연한 결과이며, 개인은 객관적으로 그것 '안에' 빠져 있다고 말할 수 있을 것이다. 불안은 각각의 새로운 죄가 자유롭게 생성될 때 그 죄에 수반되는 경험이다. 절망은 죄인으로 존재함에서 비롯되는, 자신으로 존재하지 않음에서 비롯되는 고통이다. 불안은 개별적인 죄들을 범할 때 수반되는 고통이다.

문제 III에서 요하네스 데 실렌티오는 믿음과 죄 모두 종교적 영역에 속한다고 주장하는데, 왜냐하면 이것들이 모두 각 개인이 하느님에 대한 각자의 관계에 의해 구성되어 있다는 생각에 기초하고 있기 때문이다. 죄는 이 관계의 깨짐이다. 이 둘이 피차의 경상(鏡像)이라는 것은 죄가 '최초의 직접성이 아니라 나중의 직접성이다' [86]라는 이 익명의 주장에 함축되어 있는데, 이는 이 절의 앞부분에 있는, '믿음은 최초의 직접성이 아니라 나중의 것이다' 라는 그의 주장을 되풀이하는 것이다. 믿음과 죄에 대한 이러한 성격규정은 바울로의 로마인들에게 보낸 편지까지 소급될 수 있는데, 이 편지에서 바울로는 죄에 대한 앎은 윤리적 법률에 대한 앎에서 비롯된다고 쓰고 있다. '율법을 주시기 전에도 죄는 세상에 있었습니다. 다만 율법이 없었기 때문에 그 죄가 법의 다스림을 받지 않았을 뿐입니다' (5 : 13). '그러면 율법이 곧 죄라고 말할 수 있겠습니까? 절대로 그럴 수 없습니다. 그러나 율법이 없었던들 나는 죄를 몰랐을 것입니다. 탐내지 말라는 율법이 없었더라면 탐욕이 죄라는 것을 나는 몰랐을 것입니다. 죄는 이 계명을 기화로 내 속에 온갖 탐욕을 일으켰습니다. 율법이 없다면 저는 죽은 것이나 다름없습니다.' (7: 7-8) 이러한 바울로의 신학에 키르케고르의 실존의 세 영역 간의 차이의 근원 한 가지가 있다. 윤리적 요구는 사람을 심미적 범주를 벗어나게 하고, 종교적 삶은 윤리학의 요구에 부응해서 살지 못한 실패에 대한, 윤리적 영역을 초월한 권능에게 도움과 용서를 호소함에 의한, 반응을 함축한다는 것이 그것이다.

요하네스가 침묵은 '신성한' 혹은 '악마적인' 것일 수 있는 역설이라고 쓸 때, 그는 침묵은, 그리고 은폐는, 죄와 믿음 모두에 속하는 것임을 시사하고 있는 것이다. 이 익명은 하느님에 대한 개인의 관계가 — 이것이 죄의 형식에서 영위되건, 아니면 믿음의 형식에서 영위되건 간에 — 윤리적 영역을 초월해 있다는 것을 주장하고 싶어 하는데, 왜냐하면 그것은 밝힘의 윤리적 요구와는 질적으로 다르기 때문이라는 것이다.

다섯 가지의 이야기 – 그리고 몇몇 그리스도교의 가르침

우리는 이제 요하네스 데 실렌티오가, 문제 III의 마지막 몇 쪽에서, 아브라함에 대한 논의로 돌아가기 전에 다루고 있는 일련의 문학적 인물들을 고려할 것이다. 이러한 인물들의 대부분은 결혼 문제에 직면해 있는 커플들이다. 이것은 레기네 올센에 대한 키르케고르의 관계와의 비교를 시사하고 있는데, 독자는 『공포와 전율』의 이 절을 읽으면서 이러한 비교 가능성에 관해서 성찰하고 싶어질 것이다. 우리는 또 이 지점에서 요하네스 데 실렌티오가 자신은, 그것들이 다양한 문학적 극본에서 제기되는 바, 은폐와 밝힘의 주제에 대한 자신의 '탐구' 를 수행하고 또 '그럼으로써 아브라함이 [이러한 탐구]에 의해 더욱 이해 가능한 존재가 되는 것이 아니라 그의 이해불가성이 더욱 명백해질 것' [99]이라고 하는 언급에 주목해야 한다. 그가 논의하는' 시적 인물들 '은 아브라함에 대한 몇몇 유사점을 드러낼지 모르지만, 아브라함과는 달리 그들은, 설령 그들이 스스로를 은폐하겠다는 선택을 할망정, 모두 이해될 수 있다.

(i) 델포이 신랑과 신부

이 이야기는 아리스토텔레스의 『정치학』에서 인용된 것인데, 요하네스 데 실렌티오가 이것을 고찰하는 것은 고대의 은폐 형식과 현대의 은폐 형식 간의 차이를 밝히기 위함이다. 문제 III에서 이용되고 있는 죄의 주제에 비추어볼 때, 고대의 것과 현대의 것 사이의 이러한 차이는 단순히 극예술의 두 형식 간의 비교뿐만이 아니라, 그리스적 세계관과 그리스도교적 세계관 간의 비교도 촉진한다. 이러한 비교는 키르케고르의 저술에서 종종 이루어지는 것인데, 이것은 헤겔 철학에서 시작되어, 19세기 사유의 상당 부분을 형성하고 있는 역사적 발전의 의미를 반영하고 있다.

이 이야기에 나오는 신랑은 그가 결혼에 의해 야기될 불행을 겪을 거라고 말하는 예언을 받는다. 마지막 순간에 그는 자신의 신부와 결혼을 하지 않기로 결정하고서, 면사포를 입고 기다리고 있는 신부를 떠난다. 요하네스 데 실렌티오는 신랑이 스스로 처해 있다고 그 자신이 생각하는 상황에 대한 몇몇 가능한 반응을 고찰한다. 그는 어떻든 침묵을 지키고 결혼해야 하는가? 침묵을 지키고 결혼하지 않아야 하는 것인가? 아니면 말을 해야 하는가? 윤리학은, 우리가 이미 고찰한 바 있는 여러 이유 때문에, 마지막 결정을 요구한다. 이 이야기의 의의는 그것이 '모든 것은 주인공이 예언자의 선언과 관련해서 어떤 입장을 취하느냐에 달려 있으며, 이는 어찌 되었든 그의 삶에 결정적인 것이 될 것'이라는 사실을 강조하는 데 기여한다는 것이다. '이러한 선언은 공적 영역에 속하는 것인가, 아니면 그것은 사적인 문제인가?' [81] 여기, 고대 그리스적 환경에서, 삶을 바꾸는 선언은 공개적이다. 그것은 '영웅뿐만 아니라 만인에게도 이해될 수 있으며, 신적인 것에 대한 그 어떤 사적인 관계도 그 선언으로부터 유발되지 않는다.' [81] 여기에서 요하네스 데 실렌티오의 논지는 이것이 신랑의 상황을 아브라함의 그것과는 완전히 다른 것으로 만들고 있다는 것인데, 아브라함의 상황은 하느님에 대한 사적이고 전달 불가능한 관계를 함축하고 있다. 더욱이, 다른 측면에서는 말할 것도 없고 이런 측면에서, 아브라함의 이야기는 그리스도교적 믿음의 한 원형으로 존재한다. 이 익명은 다음과 같이 자신의 분석을 요약한다. '만일 [그 신랑이] 말하기를 원한다면, 그때, 그는 아주 잘 그렇게 할 수 있는데, 왜냐하면 그는 자신의 말을 남들에게 이해시킬 수 있기 때문이다'. 이와는 대조적으로,

> 만일 하늘의 뜻이…아주 은밀하게 그에게 알려졌다면, 만일 그 뜻이 그에 대한 전적으로 사적인 관계 속에 놓인다면, 우리는 역설에 봉착하는 것인데, 다시 말해서, 그것이 존재한다고 하더라도 말이다(왜냐하면 내 사색은 딜레마의 형태를 취하기 때문이다). 그 경우에는 설령 그가 아무리 간절히 말을 하고 싶어 하더라도 말할 수 없을 것이다[81].

이것은, 이 절 뒷부분의, '아브라함은 말할 **수 없다**' [100, 101]라는 요하네스의 반복되는 주장을 예견하게 한다. 아브라함에 대한 하느님의 명령은 사적인 것이다. 그것은 아브라함 혼자에게만 드러났으며, 다른 누구에게도 이해될 수 없는 것이다. 어떤 의미에서, 그것은 아브라함에게조차 이해될 수 없는 것이다. 만일 그 신랑이 말하지 않는다면, 그렇다면 그것은 '단독의 개인으로 존재함으로써 그가 보편적인 것보다 더

높은 존재이기를 원하고, 자신이 어떻게 해야 빨리 이 슬픔을 잊을 것
인가 기타 등등에 관한 온갖 종류의 환상적 생각들로 스스로를 기만하
기를 원하기 때문인데,' [81] 이것은 그를 윤리적 관점에서 경멸받아 마
땅한 존재로 만든다. 아브라함의 경우에는 그러나 윤리가 그를 비난하
지만, 그것은 그를 이해하지 못한 채 그렇게 하는 것이다.

(ii) 아그네스와 인어

저 신랑의 상황과는 달리, 이 상황은 종교적 영역을 특징짓는 역설에
미치지 못하거니와, 요하네스 데 실렌티오가 아그네스와 인어에 관한
덴마크의 민속 전설을 형식을 바꾸어 말하는 장면이 '악마적인 것을
따라 나온다' [82]. 전통적 우화에 따르면, 인어가 바다에서 나와서 탐
욕스럽게 아그네스를 강제로 낚아챈다. 이 익명은, 그렇지만, 의지를,
그리고 내면성을 아그네스에게 귀속시키는 '변화를 가한다.' 그녀는
유혹당하기를 기다리고 있다. 인어의 유혹은 그녀 자신의 욕망을 이끌
어 낸다. 그녀는 기꺼이 인어를 따라 바다로 간다(바다는, 그 거칠게
일렁거리는 움직임에 있어서, 성(性)을 상징한다). 그러나 아그네스가
신뢰하는 눈초리로 인어를 바라볼 때, 바다는 잠잠해지고, 또 인어는
성적 능력을 상실한다. '인어는 쓰러진다…그는 아그네스를 유혹할 수
없다' [83]. 은폐 혹은 밝힘의 문제가 제기되는 것은 바로 이 지점에서
이다. 인어는 아그네스에게 자신이 그녀를 유혹하려고 애쓰고 있다는
것을, 이는 그녀에게 그를 용서하게 허용할 것이려니와, 설명하는가?
그렇다면 그는 아그네스와 결혼할 수 있다. 혹은 그는 진상을 밝히지
않은 채 남아 있는가? 그래서 아그네스로 하여금 자신이 그녀를 원하
지 않는다고 생각하게 만들고, 또 자신의 정열로 하여금, 홀로 그리고
만족하지 못하는 절망 속에서, 계속 광포하게 날뛰도록?

요하네스 데 실렌티오는 인어에게 '인간의 의식'을 부여하고 또 그가 인어로 존재하게 만드는 것은 '그의 삶이 올가미에 빠지는 결론을 가져오는 인간의 선-실존의 표시'[84]라고 주장한다. 이것은 이 이야기에 대한 그리스도교적 주석을, 상당히 불투명하게, 의미한다. 인어로 존재하는 상태는 — 다시 말해서, '그 어떤 처녀에게도 성실하게 속할 수 없는'[83] 유혹자는 — 죄의 상태를 나타낸다. 우리는 죄가 하느님에게 적절하게 그리고 진실되게 이어지지 못한 실패로 정의될 수 있다는 것을 살펴본 바 있는데, 인어의 상황은 그가 여자에게 적절히 그리고 진실되게 이어질 수 없다는 점에서 그것과 유사하다. (성적 욕망과 결부된 무기력이라는, 그리고 죄책감이라는 이처럼 상당히 애매한 성격규정은 레기네 올센과 결혼하지 않기로 한 키르케고르의 결정과 관련한 암시를 제공해 줄 수도 있을 것이다.) 그러나 인어에 대한 아그네스의 신뢰는 인어를 변화시킨다. '유혹자는 격파되고, 순수의 힘에 굴복했으며, 결코 다시는 유혹할 수 없다.' 이제 그의 내면에서 서로 싸우는 '두 힘', 즉 '회개, 그리고 아그네스와 회개'[84] 간의 선택이 존재한다.

'회개'라는 용어는 특별히 그리스도교적 의미를 지니고 있다. 마태오의 복음서에 따르면, 세례 요한과 예수는 공히 사람들에게 '회개하시오. 하늘나라가 다가왔습니다'(마태오의 복음서 3장 2절과 4장 17절)라고 촉구하였다. 여기에서 회개로 옮겨지고 있는 그리스어는 metanoia인데, 이것은 마음의 변화, 심정의 변화를 의미한다. 이러한 그리스도교적 맥락에서, 이것은 심오한 실존적 재정립을 의미한다. 인어의 경우에, 일단 그가 자신의 욕망의 죄를 '회개한' 이상, 그는 '결코 다시는 유혹할 수 없다'. 하지만 그는 자신의 욕망을 내면으로 돌려서, 홀로 (그리고 독신으로) 남을 것인가? 요하네스 데 실렌티오는 이처럼 단순한 회개의 선택은 무한한 체념의 '금욕적 운동'[88]과 유사하다는 점을 지적한다. 혹은 인어는 회개하고 또 아그네스와 함께 있으면서, 자신의 욕망을 그들의 결혼 생활에서 공개하고, 또 그렇게 함으로써 그 욕망을 사랑과 정절의 표현으로 변화되게 할 것이다.

　인어가 어떤 선택을 하건 간에, 그는, 요하네스 데 실렌티오에 따르면, 윤리적 영역을 초월한다. '죄 안에서 단독의 개인은 이미 보편적인 것보다, 악마적 역설의 방향에서, 더 높은 영역에 들어가 있는데, 왜냐하면 보편적인 것이 그 자체를 필수조건을 결여하고 있는 이에게 요구하기를 원하는 것은 모순이기 때문이다'[86]. 인어의 경우, 그는, 인어로서, '그 어떤 처녀에게도 진실되게 속할 수 없는 까닭에' 결혼이라는 윤리적 관여에 돌입할 필수조건을 결여하고 있다'. 우리는 여기에서 아마도 인어의 조건이 어떻게 죄의 조건을 나타내는지를 조금 더 명확하게 알 수 있을 텐데, 왜냐하면 전통적인 그리스도교 신학에 따르면 — 특히, 어느 정도는 플라톤 철학의 영향하에서, 아우구스티누스에 의해 형식화된 신학에 따르면 — 죄는 개인이 윤리적으로 옳은 것을 행하지 못하도록 저해하는 이기적 욕망에 대한 구속의 형태를 취한다. 이것은 죄인을 윤리적 영역의 바깥에 처하게 한다. 그렇지만, 이것이 죄는 아무런 윤리적 결과를 낳지 않는다는 것을 의미하는 건 아니다. 그와는 반대로, 요하네스 데 실렌티오에 따르면, 죄가 윤리적인 것을 넘어서는 까닭은 바로 그것이 사람으로 하여금 윤리적 요구를 수행하지 못하게 만들기 때문이다. 지금까지 살펴본 바와 같이, 죄는 그것이 하느님-관계의 파열이라는 점에서 종교적 영역에 속하지만, 그것은 윤리적 영역에서 비도덕적 행위로 나타난다. 이것은 하느님에 대한 개인의 관계가 자신에 대한 그의 관계와 뗄 수 없는 것이기 때문이며 (왜냐하면 전자가 후자의 기초이기 때문이다), 그렇기 때문에 하느님-관계에서의 결함은 또한 그의 자기관계에서, 다시 말하자면, 그의 자기에서의 결함일 것이다. 인어의 경우, 그가 성실할 수 없다는 성질은, 그의 성적 욕망과 짝을 이뤄서, 그로 하여금 아그네스를 기만하게 만든다. 요하네스 데 실렌티오는 유혹의 시도 자체가 아그네스에게 상처를 준다는 견해에 의문을 제기하지만 — 그가 각색한 이야기에서는, 아그네스도 인어를 욕망하거니와 — 인어의 기만은 도덕적으로 덜 애매한데, 왜냐하면 우리가 지금까지 살펴본 바와 같이 다른 사람을 기만하는 것은, 윤리적 관점에서는, 언제나 잘못된 행위이기 때문이다.

『공포와 전율』의 이 지점에서 윤리적 영역에 대한 죄 있는 개인의 관계에 관한 저 익명의 논의는 중요하고 또 계몽적이다. 우리가 문제 I에서의 윤리적인 것의 목적론적 중지의 가능성에 관한 그의 성찰을 고찰했을 때, 우리는 이것이 윤리적 영역의 폐기 내지 반증을 함축하는 게 아니라, 그 영역의 자율성에 대한 거부와 또 그렇기 때문에 그 자신보다 더 높은 것에 대한 관계 속에 윤리적인 것을 위치시키는 전이를 함축한다는 것을 살펴본 바 있다. 이제 우리는 더욱 분명하게, 그리스도교적 관점에서, 윤리적 영역의 자율을 해치는 것이 죄라는 것을 알 수 있다. 요하네스 데 실렌티오가 인어의 상황을 논할 때, 그는 인어가 — 회개함으로써, 그런 다음에 아그네스와 결혼함으로써 — 윤리적 영역으로 복귀하는 것이 가능하다고 기술하고 있으며 또 그는 이 운동을 체념과 믿음의 '이중 운동'에 대한 그의 이전의 기술을 연상시키는 용어들로 기술하고 있다.

인어는 그렇다면, 회개의 무한 운동을 실행한 후에, 또 한번의 운동, 불합리성의 도움으로 그 운동을 수행하지 않고서는 아그네스에게 속할 수가 없다. 그는 회개의 운동은 그 자신의 힘으로 행할 수 있지만, 그는 또한 그

운동에 자신의 모든 힘을 절대적으로 사용하고 또 그렇기 때문에 아마도
그 자신의 능력으로 돌아와서 현실을 다시 붙잡을 수가 없을 것이다.[87]

이 '회개의 무한한 운동'은, 체념의 무한한 운동과 마찬가지로, 개인에
의해 그 혼자 힘으로 수행될 수 있지만, '돌아와서 다시 현실을 붙잡는
것'은 — 다시 말해서, 윤리적 영역으로 귀환하는 것은 — 믿음의 운동
과 마찬가지로, 그가 혼자서 행할 수 있는 것 이상이다. 여기에서 저 익
명은 믿음이 실제로, 개인이 타인들 사이에서 행복하게 그리고 개방적
으로 삶을 영위하는, 윤리적 영역으로의 복귀에 있을 수 있다는 것을,
그가 이전에 했던 것보다 더 분명하게, 주장한다. 그러나 윤리적 영역
으로의 이러한 복귀는 오로지 윤리적 영역을 떠나서 더 높은 영역을 인
식한 후에야 비로소 가능하다. 만일 인어가 아그네스와 결혼한다면,
'그럼에도 그는 역설에 호소하지 않으면 안 된다. 왜냐하면 단독의 개
인이 자신의 죄책감에 의해서 보편적인 것의 바깥으로 나왔을 때, 그는
오로지 단독의 개인으로서 절대적인 것에 대한 절대적 관계 속으로 들
어감으로써만 보편적인 것으로 복귀할 수 있을 뿐이기 때문이다'[86].
　그러나 만일 개인이 그 자신의 노력으로 윤리적 영역에 복귀할 수 없
다면 — 만일 회개하는 것이 이 운동을 수행하기 위한 충분조건이 아니
라면 — 그런 운동은 어떻게 해야 수행될 수 있는가? 요하네스 데 실렌
티오는 이 물음에 대한 직접적인 답을 제시하지 않지만, 아마도 우리는
그가 각색해서 들려주는 아그네스와 인어의 이야기를 기초로 해서 그
의 답을 구성할 수 있을 것이다. 그는 우리에게 인어가 아그네스에 의
해 '구원' 받았다고 말한다. 인어는 아그네스에 의해 용서받고, 받아들
여지고 또 사랑받는다. 여기에 그리스도교적 함축이 있다. 인간의 죄에
대한 반응으로서의 이러한 용서, 수용 그리고 사랑이, 그리스도교의 가

르침에 의하면, 예수의 구원의 능력에 핵심적인 것이다. 아그네스라는 이름이 양을 의미하는 라틴어 agnus의 한 어형이라는 것은 우연이 아니다. 요한의 복음서에서 예수는 '세상의 죄를 씻겨 주는 하느님의 어린 양'으로 기술되어 있는데, '하느님의 어린 양'(Agnus Dei)이라는 구절은 흔히 그리스도교의 기도서에 포함되곤 한다. 그러나 아그네스의 사랑과 용서를 얻기 위해서 인어가 먼저 아그네스에게 스스로를 밝혀야 하는 것이 확실한가? 그리고 이러한 밝힘은 정확히 윤리적 영역으로의 복귀가 아닌가? 만일 그렇다면, 이것은 인어가 이 운동을 혼자 힘으로, 그 자신의 밝힘의 행위에 의해, 수행한다는 것을 암시하는 것일 것이다. 이것이 믿음이 들어오는 지점이다. 인어는 '밝혀지게 되고 또 스스로를 아그네스에 의해 구원받게 하며', 또 이러한 밝힘의 행위는 아그네스가 그를 그의 본래의 모습으로 받아들일 거라는 믿음을 통해서 감행된다. 우리는 능동성과 수동성이 이 운동에 함께 속해 있는 방식에 주목해야 한다. 한편으로 믿음은 개인의 편에서 결단과 행위를 포함하지만, 다른 한편으로 이것은 구원이 타자에 의해 주어질 것이라는 그의 기대에 기초해 있다. 요하네스 데 실렌티오가 '아브라함에 대한 찬사'에서 제안한 것처럼, 기대는 믿음의 핵심적 요소이다. 비록 그가 인어는 스스로를 밝히기 위하여 믿음을 가지고 있을 필요가 있다고 실제로 진술하지는 않지만, 이 익명이 이런 식으로 행위하는 인어를 '내가 상상할 수 있는 가장 위대한 사람'으로, 그리고 '영웅적 인물'로 기꺼이 간주할 용의가 있다는 사실은 이 인어가 '믿음의 기사'에 관한 그의 초기의 기술에 딱 들어맞는다는 것을 암시한다.

요하네스는 죄에 관한 논의에 대한 각주에서 '죄가 들어오자마자, 윤리학은 정확히 회개에서 좌초하는데, 왜냐하면 회개는 가장 높은 윤리적 표현이지만 바로 그 자체로서 가장 심오한 자기모순이기 때문이다' [86]. 회개가 윤리적 영역에 속하는 것으로 — '가장 높은 윤리적 표현'으로 — 간주될 수 있는 것은 개인이 자기 자신의 노력에 의해 회개할 수 있기 때문이며, 또 이것이 그가 할 수 있는 가장 최선의 것이다. 인어는, 예컨대, 자신의 욕망을 억제하고 또 젊은 처녀들을 유혹하는 것을 자제할 수 있다. 그러나 회개는 죄에 대한 반응이며, 우리가 지금까지 살펴본 것처럼 죄가 개인을 윤리적 요구를 수행하지 못하도록 방해한다는 점에서 죄는 이미 개인을 윤리적 영역에서 제거해 버린다. 더욱이, 회개는 윤리학보다 더 높은 것에 의해서, 타자의 용서에 대한 믿음에 의해서, 개인을 윤리적 영역으로 복귀시킨다. 이것이 회개가 또한 '가장 심오한 윤리적 자기기만'인 까닭인 것으로 생각된다. 믿음과 용서는 둘 다 윤리학을 넘어서는데 왜냐하면 그것들은 이성과 정의를 초월해 있기 때문이다. 정의의 기본 원칙은 인간이란 각자의 도덕 행위에 비례해서 행복해야 한다는 것이다. 이것이, '사법 제도'로 일컬어지는 바에 의거해서, 불법적 행위가 그것의 정도에 따라 처벌되는 까닭이다. 실제로는 이러한 사법 제도가 복잡하고 또 애매할 수 있지만, 이론상으로는 그것은 각각의 개별적 범죄 원인, 맥락, 결과 그리고 전례와의 관련하에서 공정한 것을 결정하는 합리적 계산에 따라 작동한다. 용서는, 그렇지만, 처벌 대신에 사랑으로써 윤리적 위반에 반응한다. 행위의 정도를 평가하고 적절한 반응을 계량하는 대신에 오히려, 그것은 합리적 계산의 결과일 수 없는, 또 아마도 합리적으로 옹호되고 정당화될 수 없는 절대적, 무조건적 방식으로 반응한다. 이런 이유 때문에, 요하네스 데 실렌티오는 윤리적 영역으로의 인어의 복귀가 '역설을 통해서' [86], '불합리한 것 덕분으로' [87] 일어날 것이라고 주장한다.

아그네스와 인어의 이야기에 관한 논의의, 생각해 보아야 할, 또 다른 한 가지 요소는 한편으로는 금욕적 삶에 대한 이 익명의 태도이고,

다른 한편으로는 현대이다. 이러한 주제들에 대한 그의 간략한 논의에서 우리는 자기 앎의 확언과, 종교적 삶에 대한 19세기의 태도에 대한 그의 우려와 관련한 반복적 표현을 발견한다. 지금까지 살펴본 것처럼, 아그네스와 결혼하는 것과 대조적으로, 회개하고 또 은폐된 채로 남아 있겠다는 결단은 무한한 체념과 비교되고 있으며 또 '금욕적 운동'으로 기술된다. 요하네스 데 실렌티오는 19세기에는 '아무도 수도원에 들어가지 않는'다고, 그리고 이러한 속세를 떠난 삶의 방식이 그의 동시대인들에게 경시되고 있다고 주장한다. 하느님에 대한 자신의 관계에 집중하기 위하여 세상으로부터 물러나는 것은, 요하네스의 실존적 도식에 따르면, 유한한 세상으로의 복귀를 성취하는 믿음보다 '낮은 것'이기 때문에, 그는 '수도원에 들어가는 것이' 인생의 '가장 높은 형식이 아니라는' 것에 동시대인들과 의견을 같이한다. 그렇지만, 믿음은 체념의 운동에 뒤따르는 것이기 때문에 — 체념의 운동은 수도승이나 수녀가 되고자 하는 결단에서 구체적으로 예증되거니와 — 요하네스는 금욕적 운동의 어려움을, 또 그렇기 때문에 그 가치를 열심히 강조하고 있으며, 또 이것이 그의 동시대인들의 정신적 성취의 차원을 넘어서 있는 반면, 믿음은 심지어 훨씬 멀리 있는 것이라는 점을 열심히 지적하고 있다. '수도원에 들어가는 것을 포기한 날 이후로 이 시대는 어떤 더 높은 운동을 발견하였는가? 명예의 전당에 앉아서 사람들로 하여금 그들이 최고의 것을 획득했다고 비겁하게 꼬드기는, 그리고 사람들이 심지어 더 하찮은 것을 얻는 것조차도 교활하게 방해하는 것은 야비한 세속적 지혜, 분별, 소심함이 아닌가?' [88]. 여기에서, 이 익명은 자기기만적 거만함이 현대의 전형적인 현상이라는 사실을 확인한다. 자신들이 '최고의 것을 얻었'다는 사람들의 잘못된 믿음은 그들이 심지어 체념의 과제를 취하는 것조차 방해하는데, 이는 아직 믿음이 아니다.

이러한 세속적인 자기기만이, 적어도 그 이상적 형식에 있어서, 금욕적
삶에 핵심적인 자기 앎의 엄격하고 심오한 추구와 비교된다.

> 이런 식으로 자신의 양심에 시간을 투자한다는, 잠 못 이루며 인내하는 가
> 운데 온갖 개개의 은밀한 생각을 탐구하는데 시간을 투자한다는, 그래서
> 만일 그 운동이 인간 존재에게 있어서 가장 고귀하고 또 가장 거룩한 것에
> 의해서 매 순간 이루어지지 않는다면, 불안과 두려움으로, 오로지 불안 그
> 자체를 통하는 것 말고는 다른 어떤 방법도 없다고 하더라도, 모든 인간의
> 삶에 여전히 은폐된 채 놓여 있는 어두운 정서를 발견하고 또 불러일으키
> 게끔 하는 바로 그런 생각…[88]

한 각주에서 요하네스 데 실렌티오는 주의 깊은 자기반성의 이러한 정
신적 도야를 자기 앎의 그리스의 철학적 전통의 내부에 위치시키고 있
다. 그는 피타고라스와 소크라테스 같은 고대 사상가들이 '너 자신을
알라'라는 격언을 그들의 삶의 방식을 위한 자극으로 택했다는 점을
지적한다. 이것은 그들의 철학활동이 단순히 지적인 것이 아니라 실천
적 · 윤리적이었다는 사실을 가리킨다는 것이다.

'금욕적 운동'에 관한 저 익명의 논의와 관련해서 흥미로운 것은 그
것이 은폐와 밝힘의 주제를 내면의, 주체적 영역으로 옮겨 놓는다는 사
실이다. 윤리적 관점에서, 요구는 자신을 남들에게 밝히는 것이다. 그
러나 체념에 대한 노력의 일부는 인간의 자기기만의 경향을 극복하고,
또 자신을 더욱 정확하게 통찰하는 것이다. 그런데 어떻게 우리는 자신
을 알게 되기 전에 자신을 남들에게 밝힐 수 있단 말인가? 이것은 요하
네스 데 실렌티오가 동시대인들에게 귀속시키고 있는 '윤리적' 견해가
위선적이라는 것을 암시한다. 한편으로 이 사람들은 밝힘을 도덕적 명

법으로 간주하지만, 다른 한편으로 그들은 자신들을 정직하게 그리고
열린 마음으로 바라보려고 하지 않는다는 것이다.

(iii) 사라와 토비야스

제2경전(혹은 經外書)에 속하는 토비트서의 등장인물인 사라는 결혼
할 수 없다는 점에서 인어를 닮아 있다. 그렇지만, 인어가, 요하네스 데
실렌티오가 상상하는 것처럼, 정직하지 못한 방법으로 아그네스를 유
혹하려고 함으로써 아그네스에 대한 죄를 범하고 또 그런 다음에는 오
직 이 죄를 회개한 이후에 비로소 윤리적 영역에 들어가는 반면, 사라
는 전적으로 무고하다. 그녀를 사랑하는 한 사악한 악마는 그녀가 결혼
하는 남자가 누구든 결혼식 날 밤에 살해하려고 하고, 또 그래서 그녀
는 자신이 결혼의 행복에서, 그리고 윤리적 삶에서 배제되어 있다고 믿
는다.

히브리성서의 원래 이야기에서, 사라는 천사 라파엘에게 구원을 받
는다. 토비아스는 사라를 사랑하고 또 그의 부모 역시 그와 사라가 결
혼하기를 원하지만, 사라와 결혼하기를 두려워하는데, 라파엘이 그에
게 악령을 쫓으려면 결혼식 날 밤에 신방에서 물고기의 심장과 간을 태
우고 또 하느님에게 보호해 달라는 기도도 올리라고 조언한다. 토비아
스는 이 충고를 받아들이고, 이 젊은 한 쌍은 결혼해서 첫날밤을 함께
무사히 보낸다. 요하네스 데 실렌티오는 냄새가 진동하는 물고기 간의
쓰임새는 언급을 하지 않는데, 추측건대 이런 세세한 것들은, 매우 지
루할 뿐만 아니라, 이 이야기가 보여 주는 하느님에 대한 믿음의 예증
의 효과를 떨어뜨리기 때문일 것이다.

이 익명은 이 이야기에 대한 다양한 변형을 창작하는 많은 시인들이
토비야스의 용기에 초점을 맞추는 경향이 있는 반면, 자신은 사라가 가

장 영웅적 인물이라고 생각한다고 말한다.

> 왜냐하면 사람이 이런 식으로 처음부터 죄도 없이 해를 입었을 때, 처음부
> 터 상처 입은 인간일 때 스스로를 치유하기 위해 하느님의 어떤 사랑이 과
> 연 필요할 것인가! 자신이 사랑하는 이에게 그런 담대한 모험을 용납하는
> 책임을 스스로 감당하기 위해서 어떤 윤리적 성숙함이 필요할 것인가! 다
> 른 사람 앞에서 어떤 겸손함이! 그 다음 순간 그가 모든 것을 빚지고 있는
> 사람을 미워하지 않으려면 하느님에 대한 어떤 믿음이![91]

토비아스는 그의 연인을 위하여 죽음을 무릅쓰지만, 사라가 성취하는
것은 자신이 치유되는 것이다. 아그네스와 인어의 이야기에서처럼, 우
리는 여기에서도 이 이야기의 그리스도교적 의의를 파악할 수 있다. 토
비아스는 적극적이고 단호한, 인간적 용기를 보여 주지만, 사라는 겸손
한, 정신적 용기로써 구원에 응하고 또 받아들인다. 요하네스 데 실렌
티오는 사라가 영웅적이라고, 왜냐하면 '다시 말해서, 만일 우리가 평
소에는 그것 없이도 잘 해 나갈 수 있는 용기를 가지고 있었고 또 곤경
에 처했을 때 겁쟁이임을 입증하지 않았더라도, 주는 것보다 받는 것이
훨씬 어렵다는 저 커다란 수수께끼'[91] 때문이라고 주장한다. 사라가
'없어도 되는 용기'를 가지고 있었다는 것은 그녀가 그 다음 단계인 믿
음의 운동을, 이 운동을 통해서 그녀는 다시 윤리적 영역으로 복귀하게
되는데, 하기 전에 체념의 운동을 한다는 것, 결혼할 수 있게 되는 것을
영원히 포기한다는 것을 암시한다.

요하네스 데 실렌티오는 사라와의 관련하에서는 은폐와 밝힘에 관해
서 거의 말을 하지 않는다. 물론 그의 논의가 문제 III의 나머지 분량
전반에 걸쳐서 결혼하는 것이 밝힘의 한 형태라는 것을 나타내기는 하

지만 말이다. 어쨌거나, 그는 만일 남자가 사라의 입장이라면 그때 '악
마적인 것이 [그리고 그것의 은폐가] 즉시 목전에 있을 것이라고' [91],
왜냐하면 남들이 그런 입장에 처해 있는 순수한 사람을 바라보면서 느
끼게 될 동정심을 남자가 견뎌 내기란 어려울 것이기 때문이라고 주장
한다. 동정을 받는 '모욕감'을 피하기 위하여, 남자는 '악마적인 것을
선택하고, 자신의 내면에 스스로를 가두며, 또 악마적 본성이 은밀하게
말하는 방식으로 말'[92]할 것이며, 사라가 받아들인 구원에 스스로를
여는 쪽보다는 여러 명의 젊은 아내들이 결혼 첫날밤에 죽는 것을 지켜
보는 쪽을 선호할 거라는 것이다. 요하네스의 논점은 남자들이 여자들
보다 동정심을 견디기가 훨씬 어렵다고 생각하는 것처럼 보이는데, 왜
냐하면 추측건대 동정심이 남자들을 힘이라는 전통적으로 남자다운 가
치에 대립되는 연약함의 입장에 처하게 만들기 때문이라는 것이다. 그
러나 물론, 동정심과 모욕감을 견뎌 내는 능력은 힘과 용기의 상징이
다. 예수가 십자가에 못 박히는 모욕감을 견뎌 낸 것과, 제자들이 박해
를 견뎌 낸 것에 비추어 보건대, 특별히 그리스도교적 덕목으로 간주될
수 있는 '겸손한 용기'가 바로 그것이다. 요하네스 데 실렌티오는 이런
종류의 용기가 남자들보다는 여자들에게 더욱 자연스럽게 나타나는 것
이라고 생각하는 것처럼 보인다. 물론 당연한 것이지만 그는 아브라함
이 믿음이라는 '역설적이고 겸손한 용기'[41]를 예증하고 있다고 주장
하지만 말이다.

(iv) 글로체스터

셰익스피어의 「리처드 III세」에 등장하는 글로체스터를 논하면서,
요하네스 데 실렌티오는 계속해서 이러한 동정심의 주제에 관하여 성
찰하고 있다. 글로체스터는 (키르케고르처럼, 그도 척추가 휘고 절름

발이였다) 미숙아로 태어나서 신체적으로 장애가 있는데, 이것 때문에 그는 자신이 여성에게 매력이 없다고 생각한다. '나는, 조제화폐라고 나 할까 사랑의 위엄을 원하노니/요염하게 새침하여 거니는 님프 앞을 활보할 만한.'[47] 글로체스터의 성품은 모욕당하는 것에 대한 자신의 분노 때문에 뒤틀려 있으며, 그래서 자신의 신체적 결함에 대한 그의 반응은 도덕적 혹은 정신적 결함으로 모습을 드러낸다. '나는, 이 아름다운 신체의 균형은 빼앗긴 채,/ 사기꾼 같은 자연에게 속아서,/ 불구에다, 설익은 채로 나의 시간 앞으로 내던져지다니/ 이 살아 있는 세상 속으로 절반도 완성되지 않은 채-/ 그것도 이렇게 불구에다 멋없이 생겨 먹어서/ 내가 옆을 지나가면 개조차 나를 보고 짖는구나.'[48] 또한, 글로체스터의 성격이 인용되는 것은 그가 보편적인 것을 초월해 있어서, 그의 통제를 벗어난 결함 때문에 공동체 속으로 들어갈 수 없다는 주장을 하기 위함이다.

글로체스터의 것과 같은 본성은 사회의 관념 속으로 그것들을 조정해 편입시킴으로써 구원받을 수 없다. 윤리학은 사실 그것들을 그저 조롱할 따름이다. 이는 마치 사라에게 '어째서 당신은 보편적인 것을 표현하고 결혼하지 않는 것인가?' 라고 말하는 것이 사라를 조롱하는 셈이 되는 것이나 마찬가지다. 그런 본성들은 철두철미 역설 속에 있으며, 또 그들이 다른 인간들보다 덜 완벽한 것이 결코 아니거니와, 오로지 악마적 역설에 빠져 있거나 아니면 신적 역설에서 구원받을 따름이다… 자연적 환경이나 혹은 역사적 상황에 의해 본래부터 보편적인 것의 바깥에 놓여 있다는 사실이 악마적인 것의 시초이지만, 이 때문에 그 개인이 개인적으로 비난받을 수

---

47 William Shakespeare, *King Richard the Third*, Act I, scene I.
48 같은 책, Act I, scene I.

는 없다.[93]

글로체스터가 '다른 인간보다 덜 완벽한 것이 결코 아니'라고 요하네
스 데 실렌티오가 말하는 것에 주목할 필요가 있는데, 이 발언은 신체
적으로 정상인 사람들이 글로체스터의 도덕적 결함을 공유하고 있다는
것을 함축한다. 이것은 글로체스터에 대한 — 그리고 사라에 대한 —
요하네스의 논의가 모든 인간존재가 공유하는 죄의 조건을 언급하고
있음을 암시하고 있다.

　그렇지만 여기에서 훨씬 중요한 것은 이러한 작중인물들이 그들의
조건 때문에 '개인적으로 비난받아서는 안된'다고 하는 이 익명의 언
급이다. 그는 여기에서, 유비적으로, 그리스도교적 관점에서 사람들이
각자의 죄 때문에 비난받아서는 안 된다는 것을 암시하는 것인가? 이
것은 전통적인 신학적 입장에 반하는 것인데, 이 입장에 따르면 개인은
— 비록 그들이 태어나면서부터 그 상태 속에 있는 것이지만 — 각자
의 죄의 상태에 대해서 개인적으로 책임이 **있다**는 것인데, 왜냐하면 그
들은 자유롭기 때문이라는 것이며, 또 그런 까닭에 그들은 예수 그리스
도를 통하여 주어지는 죄로부터의 개인적 구원을 필요로 한다는 것이
다. 사실, 요하네스 데 실렌티오는 이러한 전통적 그리스도교의 가르침
에 도전할 의도가 전혀 없다. 오히려, 그는 그것을 강화하려고 노력하
고 있다. 문제 III에서 고찰되고 있는 모든 문학적 형상은 어떤 식으로
건 아브라함과는 다르거니와, 사라와 글로체스터의 경우 이 차이는 정
확히 이 둘은 자신들에게 책임을 물을 수 없는 (물론 사실 글로체스터
의 경우에는, 자신의 장애에 대한 그 자신의 대응에 책임이 있기 때문
에, 애매한 면이 적지 않지만) 환경 때문에 윤리적인 영역에 들어가는
것이 좌절되고 있는 반면, 아브라함은 그 자신의 행위에 의해 스스로를

윤리적인 것을 넘어서게 하고 있다는 사실에 있다. 그리고 아브라함의 믿음이 — 그의 가정으로의 복귀능력, 그의 윤리적 의무를 감당할 수 있는 능력이 — 이해될 수 없는 반면, 사라와 인어 등의 형상은 위대하고, 불합리하며, 역설적인 등등의 믿음을 가지고 있기는 하지만, 그래도 아브라함의 믿음보다는 훨씬 더 이해 가능한 것이라는 사실은 바로 그 차이에 기초해 있는 것이다. 그런 까닭에 그리스도교도의 상황을 예견케 하는 것이 아브라함의 상황이며, 또, 요하네스 데 실렌티오의 분석에 의하건대, 특별히 그리스도교적 믿음을 위한 전형을 제공하는 것이 그의 믿음인 것이다.

(v) 파우스트와 마가레트

파우스트(Faust)의 전설에 의하면 — 이 전설은, 독일의 시인이자 사상가인 괴테의 비극을 포함한, 몇몇 문학작품의 기초가 되었는데 — 이 영웅은 젊음, 지식 그리고 쾌락을 얻는 대가로 자신의 영혼을 악마 메피스토펠레스(Mephistopheles)에게 판다. 우리는 요하네스 데 실렌티오가 이 이야기를 이용해서 종교적 영역으로부터 심미적 영역으로의 의도적인 이행을 묘사할 것이라고 생각하기 쉬운데, 그러나 사실 그는 전통적 서사를 바꿔서 파우스트를 '공감적 본성'[95]을 지닌 '탁월한 회의론자'로 바꿔 놓는다. 이 파우스트는 악마와 계약을 체결하지 않으며, 오히려 자신의 영혼을 팔겠다는 전통적 형상의 결정의 근저에 있는 — 자신의 영혼의 불멸에 관한, 하느님이 약속하신 구원에 대한 — 의심과의 투쟁을 계속한다. 요하네스 데 실렌티오의 파우스트는 '보편적인 것'을 위하여, 타인들에게 경각심을 불러일으키고 또 그들의 믿음을 뒤흔들어 놓기 위하여, 자신의 의심을 은폐한다. '그는 침묵을 지킨다…그는 가능한 한 남들과 보조를 맞추려고 애쓰지만, 그의 내면에서 나타나는 것은 내적으로 소모되고, 또 이런 식으로 그는 스스로를 보편적인 것을 위하여 희생한다.'[96] 파우스트의 의심의 내면성에 대한 이러한 강조는 그가 윤리적 영역보다 더 높은 내면성에 대한 또 다른 사례를 제시하고 있다는 것을 가리킨다. 회의론자로서, 파우스트는 '일용할 양식보다 정신의 양식을 더 갈망한다.'[96] 다시 말해서, 그는 윤리적인 것에 속하기를, 결혼하기를, 남들과 조화를 이루기를 원하지만, 그가 하느님에 대한 신실한 관계를 유지할 수 없는 것처럼, 그는 그렇게 할 수가 없다. 전통적인 전설에 의하면, 파우스트는 순진한 처녀 마가레트(Margaret)를 유혹한다. 요하네스 데 실렌티오의 각색에서는 파우스트가 마가레트와 사랑에 빠지며, 그녀와 결혼하기를 원하면서도 자신의 사랑을 그녀에게 감춘다.

윤리적 관점에서, 파우스트가 자신의 의심을 은폐하는 것은, 설령 그것이 다른 사람을 위하는 것일망정, 잘못된 것이다. '만일 그가 침묵을 지키면, 그때 윤리학은 그를 비난할 것이다. 왜냐하면 윤리학에서는 "그대는 보편적인 것을 인정해야 하고, 그것도 정확히 말을 함으로써 그것을 인정해야 하며, 또 감히 보편적인 것을 동정해서는 안 된다."라고 말하기 때문이다'[97]. 여기에서 우리는 이 절 앞에서 제시된 것과 동일한 논증을 발견한다. 동기부여를 확실하게 성립시키기가 어렵거나 혹은 심지어 불가능하기 때문에, 언제나 은폐된 채로 남아 있겠다는 결정은 진정으로 자기 자신을 위한 것이지, 타인들을 위한 것이 아닐 가능성이 상존한다는 것이다. 파우스트의 경우, 그는 너무나 자부심이 대단해서 자신의 의심을 인정할 수가 없는 것인지도 모른다.

만일 그가 자신의 책임하에 침묵을 지킨다면, 그때 그가 고결하게 처신하는 것도 당연한데, 왜냐하면 보편적인 것은 끊임없이 그를 괴롭히면서 이렇게 말할 것이기 때문이다. '그대는 말을 했어야 한다. 그대의 결단을 촉구한 것이 결국 감춰진 자존심이 아니었다는 것을 그대는 어떻게 확신할 것인가?' [98]

그의 딜레마의 윤리적 측면을 정치하게 진술한 다음, 요하네스 데 실렌티오는 다른, 종교적 측면을 제시한다. '어쨌거나, 만일 그 회의론자가 특수한 존재로서 절대적인 것에 대한 절대적 관계에 있어서 존재하는 단독의 개인이 될 수 있다면, 그때 그는 자신의 침묵에 대한 권위를 얻을 수 있을 것이다' [98].

파우스트를 논하는 이 익명의 주된 목적은 스스로에게 그가 『공포와 전율』의 서문에서 도입한 의심의 주제로 복귀할, 그리고 특히 모든 것을 의심한다고 고백하는 어떤 당대의 사상가에 대한 그의 비판으로 복귀할 기회를 부여하기 위함인 것처럼 보인다. 자신의 서문에서, 우리가 기억하건대, 요하네스 데 실렌티오는 덴마크의 신학자 마르텐센(Martensen)을 표적으로 삼고 있는데, 이 사람은 자신의 저작과 강의에서 끊임없이 라틴어 구절 '데 옴니부스 두비탄둠 에스트'(de omnibus dubitandum est), 모든 것은 의심되어야 한다)를 사용하고 있으며, 또 철학은 의심과 더불어 시작되어야 한다는 견해와 결부될 뿐만 아니라, 또한 이러한 의심을 넘어서서 '더 나아가고자 하는' 열망과도 결부되는 사상가이다. 『공포와 전율』의 이 절에서, 이 익명은 '나의 파우스트는…교회의 강대(講臺)에서는 매 학기마다 한 시간씩 의심하지만 다른 모든 곳에서는 다른 모든 것을 할 수 있는, 그것도 그들은 정신의 도움이나 혹은 정신의 힘이 없이도 할 수 있는, 저 학자연하는 회의론자들에 속하지 않는다' [97]라고 언급하고 있다. 자신의 서문에서처럼, 그는 여기에서도 마르텐센이 고백하고 있는 의심은 가짜인데다, 천박하고,

단순히 말뿐인 것이며, 혹은 기껏해야 단순히 이론적인 것이라고 주장하고 있으며, 또 그는 이것을 파우스트의 의심과 대조하는데, 파우스트의 의심은 파우스트 자신의 전 삶에 영향을 미치고, 심지어 파우스트가 자신이 사랑하는 여인과 결혼하는 것을 방해한다. 요하네스 데 실렌티오의 경우, 의심과 믿음은 일치하는 것인데, 왜냐하면 그것들은 모두 하느님에 대한 개인의 관계와 관련되기 때문이다. 만일 믿음이 진실되고 또 의미 있는 것이라면, 그것은 의심과 논쟁했어야 마땅하며, 또 계속해서 의심과 논쟁해야만 한다. 이것은 믿음의 가치와 의의가 의심의 경험에 의해 유발된 정신적 시련의 깊이와 강렬함과 결합되어 있다는 것을 의미한다. 바로 이러한 이유 때문에, 파우스트의 의심에 대한 이 익명의 강조는, 그가 주장하는 바, 종교적 믿음의 과제를 지식에 대한 철학적 추구보다 더 쉽고 덜 중요한 것으로 간주함으로써 그 과제를 하찮게 보는 저 근대의 사상가들 — 특히 마르텐센과 같은 헤겔주의자들의 면전에서 믿음의 가치를 높이고자 하는 그의 시도의 일부이다.

　이러한 다양한 문학적 형상들을 논의하는 것과 아브라함의 이야기로 복귀하는 것 사이의 일종의 변이로서, 요하네스 데 실렌티오는 신약성서에 관한 몇 마디 언급을 제시하면서, 그리스도교의 성서가 침묵을 명령하는 구절을 담고 있다는 사실을 지적하고 있다. 이 익명은 여기에서 예수가, 병든 사람을 치료한 후에, 그들에게 무슨 일이 일어났는지 사람들에게 말하지 말라고 하는 경우들을(예컨대, 마태오의 복음서 8:4, 9:30, 그리고 마르코의 복음서 1:34, 1:44를 보라) 염두에 두고 있는지도 모른다. 어쨌거나, 그는 종교적 의식은 사적인 상태로 유지되고, 남들에게 알려지지 않아야 한다는 예수의 가르침에 초점을 맞추고 있다.

　산상설교는 이렇게 말한다. '단식할 때에는 얼굴을 씻고 머리에 기름을 발

라라. 그리하여 단식하는 것을 남에게 드러내지 말라.' 이 구절은 주체성
이 현실과는 전혀 어울리지 않는 것이라는 사실을, 심지어 그것은 기만할
권리도 가지고 있다는 것까지도 직접 입증하고 있다.[98]

요하네스 데 실렌티오의 경우, 이러한 종교적 가르침은 윤리적 영역이
심미적 영역에 속하는 것보다 더 높은 은폐에 의해 중단될 수 있다는
것을 암시한다. 그는 이것이 현대의 그리스도교도들을 도발한다고 주
장하는데, 왜냐하면 '우리 시대의 사람들은 현실성보다 더 높은 주체
성에' — 다시 말해서, 보편적인-것으로서의-윤리적인 것 위로 고양
되는 특수한 개별적 존재에 — '그 근거를 두고 있는 [운동]에 관해서
아무 것도 알고 싶어 하지 않기'[98] 때문이라는 것이다. 다시금, 이 익
명은 여기에서 합리적, 단순히-인간적인 윤리적 영역의 자율과 완결성
에 대한 특별히 근대적인 주장을 확인하고 또 비판하고 있으며, 또 그
는 비록 이러한 윤리적 영역이 그리스도교적 공동체와 동일한 것으로
생각되고 있을망정, 그것은 사실 암암리에 그리스도교적 가르침의 거
부를 알리는 것이라고 주장하고 있다. 요하네스 데 실렌티오가 세 '문
제들' 전반에 걸쳐서 독자에게 제시해 오고 있는 딜레마의 일반적 형
태는 여기에서 특별히 그리스도교적 표현을 취하고 있다. 그것은 즉 밝
힘에 대한 윤리적 요구보다 더 높은 것은 없다고 인정하든가, 그래서
예수의 가르침을 거부하든가, **아니면** 침묵을 지킴으로써 종교적으로
정당화될 수 있는 내면성의 더 높은 형태를 인정하고, 또 그럼으로써
그리스도의 복음에 충실하든가.

'아브라함은 말할 수 없다'

지금까지 살펴본 바와 같이, 요하네스 데 실렌티오는 이사악을 희생시

키는 것과 관련해서 침묵을 지켜야겠다는 아브라함의 결정의 특이한
'이해불가성'을 조명하기 위하여 은폐와 밝힘의 주제에 대한 심미적·
변증법적 논의에 착수한다. 문제 III의 말미에서 아브라함의 이야기로
복귀하면서, 자신은 아브라함을 이해할 수 없으며 오직 그를 찬미할 수
있을 따름이라는 앞서의 주장을 되풀이하면서, 요하네스는 다음과 같
이 힘주어 주장하고 있다.

> [문학적 형상들의 사례들을 통하여] 기술된 그 어떤 단계도 아브라함에 대
> 한 유비를 포함하고 있지 않았다. 그 사례들을 펼쳐 놓은 것은 오로지, 그
> 각각의 영역 안에서 제시되는 동안, 그것들이…변주의 지점에서 미지의
> 영역의 경계를…가리킬 수 있기 위함이었다.[99]

다른 말로 하자면, 아브라함은 이해될 수 없지만, 그러나 그의 상황과
다른 인물들의 상황 간의 차이를 밝히는 것은 우리에게 정확히 비밀이
어디에 놓여 있는가를 보여 주는 데 도움이 된다. 아브라함이 남의 고
통을 방지하기 위하여 침묵을 지키는 심미적 영웅도 아니고, 그렇다고
보편적인 것을 위하여 공개적으로 스스로를 희생시키는 윤리적인 '비
극적 영웅'도 아니라는 것은 분명하다. 아브라함은 '자기 자신을 위하
여 그리고 하느님을 위하여' 행위하는 것이지, 이사악을 위한 것도 또
보편적인 것을 위한 것도 아니거니와, 어쨌거나 이 둘은 일치하는 것으
로 드러나는데, 왜냐하면 이사악은 이스라엘의 미래세대의 선조로서
공동체 전체를 대표하기 때문이다.

요하네스 데 실렌티오는 아브라함에 대한 유비의 최고의 근사치가
'죄의 역설'[99]일 거라고 주장하는데, 이것은 지금까지 살펴본 바와
같이 그가 각색한 아그네스와 인어 이야기에서 극화되고 있다. 거기에

서, 이 익명은 죄가 개인을 윤리적 영역의 바깥에 위치시킨다고 주장했
는데, 왜냐하면 그것이 개인으로 하여금 윤리학의 요구를 수행할 수 없
게 만들기 때문이라는 것이다. 그는 또 그러한 개인이 일단 회개하고
용서를 받으면 윤리적 영역에 복귀할 수 있다는 것도 암시하였다. 그러
나 아브라함의 경우에는, 인어의 경우와는 달리, 그가 타인에 대한 윤
리적 의무를 수행하는 것을 방해하는 그 어떤 결함도 그의 본성에는 존
재하지 않는다. 그가 하느님에게 순종해서 기꺼이 이사악을 희생시키
고자 하는 용의는 단순히 선택의 문제일 따름이다. 인어는 아그네스가
없이는 결코 이 죄로부터 풀려날 수가 없기 때문에 죄에 묶여 있는 것
처럼 보이는 것에 반해서, 아브라함은 자유롭다. 이 익명에 따르면,
'죄의 역설은…아브라함을 설명할 수 없으며 또 그 자체가 아브라함보
다 설명하기가 훨씬 쉽다' [99].

　그러므로 아브라함의 침묵은 심미적으로 변호될 수 없으며, 또 그 어
떤 침묵도 윤리적으로 옹호될 수 없다. 그는 그에게 책임이 없는 원초
적 죄의 상태에 의해 윤리적 영역에서 배제되어 있는 게 아니다. 그는
자신이 선택하는 그 어떤 방식으로든 하느님의 명령에 응답할 수 있다.
이사악을 희생시킴으로써, 그는 자신을, 심미적으로도 아니고, 타인을
위해서도 아니고, 오로지 자기 자신을 위해서 윤리적인 것의 바깥에 위
치시킨다. 문제 III에 대한 전체의 분석이 향하고 있는 핵심적인 논점
은 아브라함이, 그가 자신을 남에게 이해시킬 수 없다는 의미에서, '말
을 **할 수 없다**' [100, 101]라는 주장이다. 그는 이사악을 희생시키고자
하는 자신의 의도를 **설명할** 수 없다. 물론, 그는 사라, 엘리에젤 혹은
이사악에게 자신은 '하느님의 명령이 영적 시험이기 때문에' — 자신
의 믿음에 대한 시험이기 때문에 — 그 명령에 따를 생각이라고 말할
수도 있을 것이다. 그는 그런 다음 자신은 그 무엇보다도, 심지어 자기

자신보다도 더 이사악을 사랑한다고 말함으로써 그들의 슬픔을 달래며 위로하려 할 것이다. 그러나 그때 그들은 대답하여 가로되 '그렇다면 당신은 어째서 이런 일을 하려는 것입니까? 결국, 당신은 내버려 둘 수도 있으니 말입니다' 라고 물을 것이다. 어째서 아브라함은 영적 시험에 떨어지고자 하는 결단을 할 수 없다는 것인가? 이 결단의 그 어떤 결과도 자기 자신의 손으로 이사악을 죽이는 것보다 더 나쁘지는 않을 텐데 말이다. 이 물음에 대한 그 어떤 이해가능한 답도 있을 수 없다는 사실이 아브라함의 앞서의 발언의 이해 불가능성을 드러낼 것이다. 아브라함은 이사악을 희생시키는 것이 어떻게 아들에 대한 사랑의 표현일 수 있는지를 설명할 수 없다.

> 말할 수 없다 그는. 그는 인간의 언어를 말하지 못한다. 설령 그가 세상의 모든 언어를 이해할지라도, 설령 저 사랑받는 이들이 또 그 언어들을 이해할지라도, 그는 그렇다고 해도 말할 수 없다. 그는 하느님의 언어로 말하며, 그는…혀로 말한다. 언제라도 아브라함은 멈출 수 있으며, 그 모든 것이 일종의 유혹이라고 후회할 수도 있다. 그때 그는 말할 수 있으며, 그때 모든 사람은 그를 이해할 수 있을 테지만 [이것이 언어가 회개하고 윤리적인 것으로 복귀할 때 수행하는 운동이다] ─ 그렇다면 그는 더 이상 아브라함이 아니다. 아브라함은 말을 **할 수 없는데**, 왜냐하면 그는 (모든 것이 이해가 되도록) 모든 것을 설명할 수 있는 것을 말할 수 없기 때문이며, 그것이 윤리적인 것이 유혹이 되는, 당신이 원한다면, 어떤 종류의 시험이라고 말할 수 없기 때문이다. 그런 상황에 처하게 되면 누구라도 보편적인 것의 영역을 벗어날 것이다[10].

요하네스 데 실렌티오는, 보편적인 것으로부터 그리고 아브라함이 사

랑하는 이들로부터 고립된, 아브라함의 상황의 '비탄과 불안'을 강조
한다. 비극적 영웅에게는 타인들에게 자신을 설득해서 자신의 행동을
막을 기회를 자신이 주었다는 것을 알고 있다는 위안거리와, 또 보편적
인-것으로서의-윤리적인 것에 의거해서 자신의 선택을 설명하고 또
자신이 사랑하는 이들과 함께 울면서, 그들의 비판을 함께 할 수 있다
는 이중의 위안거리가 있는 반면, 아브라함은 '외로움이라는 끔찍한
책임'[101]을 견뎌야 한다.

　이것보다 더한 것은, 그렇지만, 이사악을 희생시키겠다는 아브라함
의 결단이 오직 그의 '이중의 운동'의 한 측면에 불과하다는 것이다.
그는 또한 믿음의 운동을 행하고, '분명히 그런 일은 일어나지 않을 것
이며, 혹은 설령 그런 일이 일어난다고 해도 주께서 나에게, 다시 말하
자면 불합리한 것의 힘으로, 새로운 이사악을 주실 것이다'[101]라고
믿는다. 이것은, 이 익명의 주장에 의하면, 아브라함이 이사악을 포기
하는 것만큼이나 이해 불가능하다. 아브라함은 자기가, 하느님이 약속
하신 것처럼, 열방의 조상이 될 거라는 자신의 영속적인 기대를 설명할
수가 없는데, 이는 어째서 자신이 이사악을 희생시켜야 하는가를 설명
할 수 없는 것과 마찬가지다. 정말로, — 체념과 믿음이라는 — 이러한
두 운동은 서로서로 양립이 불가능한 것인 것처럼, 그래서 그것들을 함
께 작동하게 하는 것은 역설적이고 설명 불가능한 것처럼 보인다.

아브라함의 '마지막 말'

아브라함은 말할 수 없다고 강력하게 주장한 다음, 요하네스 데 실렌티
오는 이사악의 물음, '번제물로 드릴 어린 양은 어디 있습니까?'에 대
한 아브라함의 대답을 고찰한다. '번제물로 드릴 어린 양은 하느님께
서 손수 마련하신단다'라는 아브라함의 대답은, 이 익명에 의하건대,

이 이야기의 핵심이다. '이 말이 없다면 이 사건 전체는 뭔가가 결핍되어 있는 셈이다. 만일 그 말이 달랐더라면, 모든 것은 아마도 뒤죽박죽이 되고 말았을 것이다'[102]. 요하네스는 주장하기를, '최후의 순간에 아브라함은, 말없이 칼을 들어 올림으로써가 아니라, 할 말이 있음으로써, 자신의 능력을 완전히 발휘해야 할 필요'[104]가 있다. 그래서 아브라함은 말을 하는 것인가, 아니면 하지 않는 것인가? 그는 말할 수 있는가, 아니면 할 수 없는가?

우리가 지금까지 살펴본 바, 루터는 아브라함의 대답을 이사악으로 하여금 필요 이상으로 오랫동안 고통을 겪지 않도록 하기 위한 교묘한 대꾸로 간주한다. 심미적이고 윤리적인 은폐에 대한 요하네스 데 실렌티오의 논의에 비추어 보건대, 어쨌거나, 우리는 이것이 윤리적 검사에 견디지 못할 은폐의 '심미적' 형태라는 것을 알 수 있다. 루터의 해석은 우리로 하여금 아브라함의 비밀을 확실하게 종교적인 것으로 간주할 수 있게 하지 못한다.

요하네스 데 실렌티오는 이사악에게 한 아브라함의 대답이 침묵과 말의 모순을 결합시키고 있다고 주장한다. 마치 그의 행위가 '이중의 운동'에 있어서 그의 체념과 믿음을 한데 묶고 있는 것처럼 말이다. 아브라함은 '아무 말도 하지 않으며, 또 이런 식으로 그는 자신이 말해야 하는 바를 말한다.'[104] 사실, 아브라함의 말은 표현할 수 없는 '이중의 운동'을 역설적으로 표현하는 것이다. 어째서 이것이 그런 것인가에 대한 요하네스의 설명은 특별히 분명하지는 않지만, 내가 생각하기로는 그의 해석에는, 최소한 이 이야기에 대한 그의 독해의 맥락 전체로 볼 때는, 나름대로 일리가 있다. 아브라함은 하느님의 명령과 이사악을 희생시킴으로써 그 명령에 따르겠다는 자신의 의도와 관련해서 한 마디도 말하지 않는데, 만일 그가 말을 한다면 그 말은 이사악의 물음이 요구하는 밝힘이 될 것이며, 또 그 말은 윤리적으로 요구되는 것이기도 하다. 그러나 '사실은, 네가 오늘 희생제물이 될 거란다'라고 이사악에게 말하는 것은 적절한 대답이 될 수 없는데, 왜냐하면 이것은 이사악을 그럼에도 다시 되돌려 받을 거라는 아브라함의 모순된 믿음을 전달하지 못할 것이기 때문이다. '번제물로 드릴 어린 양은 하느님께서 손수 마련하신단다'라는 아브라함의 대답은 중의적인데, 왜냐하면 한편으로 그것은 이사악이 — 정말로 하느님이 주신 선물이 — 희생제물로 바쳐질 '어린 양'이 될 거라는 사실을 의미한다. 그러나 다른 한편으로 그것은 하느님이 어린 양을 마련하실 거라는, 그래서 이사악을 자신에게 되돌려 주실 거라는 아브라함의 기대를 표현하고 있다. '이로부터 우리는 아브라함의 영혼에서 이중의 운동을 알 수 있다.'[105]라고 요하네스 데 실렌티오는 쓰고 있다. 다른 말로 하자면, 아브라함은 자신의 체념과 믿음 모두를 진실되게 표현하고 있지만, 그러면서도 이사악에게 그를 희생시키고자 하는 자신의 의도를 드러내지 않는다. 이사악은 아버지의 말을 이해할 수 없는데, 왜냐하면 그는 아버지의 말들이 사실상, 비록 간접적으로이긴 하지만, 분명하게 표현하고 있는 체념의 운동을 그 말들에서 감지해 낼 수 없기 때문이다.

지금까지 살펴본 것처럼, 루터는 아브라함이 하느님의 약속과 명령 간의 모순을 직접적으로 명확하게 말할 수 있었다고 — 또, 실제로, 아브라함이 그렇게 했다고 — 그리고 이사악이 그 말을 이해했을 거라고 생각한다. 요하네스 데 실렌티오는 이러한 가능성을 고려하지 않는데, 왜냐하면 그는 성서에 있지 않은 말을 아브라함의 것으로 간주할 생각이 없기 때문이다. 어쨌거나, 창세기에 기록되어 있는 아브라함의 '마지막 말'에 대한 이 익명의 해석은, 제단에서의 아버지와 아들 간의 대화가 모순, 역설의 진실한 표현을 포함하고 있다는 점에서, 루터가 그

대화를 상상에 의해 재구성한 것과 닮아 있다.

요하네스 데 실렌티오는 아브라함의 말이 희생의 결과에 대한 아브라함의 반신반의 내지 우유부단을 가리키는 것이라고 해석하는 것은 불가능하다는 점을 강조한다.

아브라함에게 그 과업이 주어진 것을 감안할 때, 그 자신은 정말로 행동해야 한다. 그래서 결정적인 순간에 그는 그 자신이 무엇을 할 것인지를 알아야 하고, 또 결과적으로 이사악이 희생되어야 한다는 것을 알아야 한다. 만일 그가 이것을 명확하게 알지 못했다면, 그때 그는 [더 나아가 믿음의 운동은 당연히 말할 것도 없고] 체념의 운동을 하지 못했을 것이다. 그렇다면 그의 말이 분명히 거짓인 것은 아니지만, 그는 여전히 아브라함이라고 하기에는 멀어도 한참 멀며, 비극적 영웅보다도 훨씬 더 무의미하다. 사실, 그는 어떻게 하든 자신의 마음을 결정할 수 없는 우유부단한 사람이며 또 그런 이유 때문에 언제나 수수께끼 같은 말을 한다. 그러나 그와 같이 결단력이 없는 사람은 믿음의 기사에 대한 일종의 서투른 흉내쟁이일 뿐이다[105].

아브라함의 말은 하느님의 명령에 따라 아들을 죽이고자 하는 그의 의도를 그의 아들에게 은폐한다. 동시에 이러한 은폐는, 공개적으로 그리고 분명하게, 아브라함의 믿음의 진실을 드러낸다. 물론 요하네스 데 실렌티오가 '그의 침묵은 결코 이사악을 구하고자 함이 아니'[99]라고 주장하지만, 아브라함의 말의 취지는 아브라함 자신과 하느님 모두에 대한 이사악의 믿음을 보존하고자 함이다. 문제 III의 말미에서, 요하네스 데 실렌티오는 아브라함의 성취가 아브라함이 변함없이 '그의 사랑에 충실하다는' 점에 있으며, 또 우리는 하느님과 자신의 아들 모두에

대한 아브라함의 사랑이, 아브라함의 수수께끼와 같은 말이 표현하고
있는 체념과 믿음의 '이중 운동'이 그 두 종류의 사랑 모두로 채워지고
또 그 사랑을 원동력으로 삼고 있다는 점에서, 이사악에 대한 그의 대
답에 반영되어 있다는 사실을 알 수 있다. 아브라함은 그 두 종류의 사
랑 간의, 인간적으로 말할 때, 해소 불가능한 모순으로 존재하는 것에
직면해서 그 두 사랑에 변함없이, 깊이를 헤아릴 수 없을 정도로, 충실
하다.

　이사악에게 해 준 아브라함의 '마지막 말'에 대한 요하네스 데 실렌
티오의 해석은 여기에서 내가 행하고 있는 논의와는 상당히 다른 방식
으로 다양한 해석자들에 의해 분석되어 오고 있다. 『공포와 전율』의 이
절에 의해 제기된 종류의 주제를 지적하기 위해서, 나는 짧게 그것에
대한 몇몇 대안적 반응을 개괄하고자 하는데, 이 반응들은 나 자신의
독해와도 많이 다르지만 그것들 상호간에도 못지않게 다르다. '아브라
함의 마지막 말'이라는 제목의 최근의 논문에서 다니엘 콘웨이(Daniel
Conway)가 제시한 첫 번째 반응은 요하네스 데 실렌티오에 대해서,
그리고, 암암리에, 키르케고르에 대해서도 또한, 아주 비판적이다. 콘
웨이는 희생이 취소되기 직전의 아브라함의 마지막 말은 '번제물로 드
릴 어린 양은 하느님께서 손수 마련하신단다'가 아니라, '여기에 내가
있습니다'('Here I am', 창세기 22 : 11, 우리 말 성서에는 '어서 말씀
하십시오.'로 되어 있다; 옮긴이)인데, 이 말은 아브라함이 자기 이름
을 부르는 천사에게 하는 대답이다. 콘웨이에 따르면, 이것이 아브라함
의 희생 이야기에 대한 요하네스 데 실렌티오의 독해 전체를 훼손하고
있다. 그는 이 익명이 '여기에 내가 있습니다'라는 마지막 말을 교묘히
'회피한다'라고 주장하는데, 그 말은 '사실 아브라함이 자신의 하느님
에게 불복종하기로 한 결정을 선언한다는 것이다.'[49] 콘웨이는 그의 독

해를 다음과 같이 개괄한다.

> 요하네스가 희생이 이루어질 모리야산 정상에서 일어난 사건들에 대한 음
> 미를 포함시키는 데까지 문제 III을 확장시키지 **않는** 데에는 그럴 만한 이
> 유가 있다. 그렇게 하게 되면 그는 별 수 없이 이사악을 풀어 준 아브라함
> 이 자신의 믿음을 잃었거나 혹은 처음부터 그런 믿음을 애당초 가진 적이
> 없었을 거라는 사실을 고려할 수밖에 없었을 것이며, 어쩌면, 그런 사실을
> 인정할 수밖에 없었을 것이다… 설령 요하네스가 그렇게 인정하지 않더라
> 도, 그가 그렇게 확장된 음미를 한다면 **아케다**(Akedah, 결박이라는 뜻,
> 옮긴이)의 이야기를 마치 그 이야기가, **두 명의** 아브라함을 주인공으로 하
> 는, **두 종류의** 이야기인 것처럼 다룰 수밖에 없을 것이다. 첫 번째 이야기
> 는 믿음의 기사와 관련된 것으로 그의 '마지막 말'이 창세기 22 : 8에 기록
> 되어 있다…두 번째 이야기는 '우유부단한 사람' 아브라함에 관한 것으
> 로, 이 아브라함은 명령받은 희생제사를 좌절시키고 따라서 자신의 하느
> 님에게 불복종한다.[50]

내 생각에 이것은 『공포와 전율』과 창세기 22장 모두에 대한 잘못된 독
해이다. 물론 콘웨이가 아브라함에게 이사악 대신에 양을 희생제물로
바치라고 말하는 천사에게 아브라함이 기꺼이 귀를 기울이는 자세는
하느님의 처음 명령에 대한 그의 순종을 규정한다고 주장한 첫 번째 연
구자는 아니다.[51] 비록 이사악의 물음에 대한 아브라함의 대답이 사실

---

[49] Daniel W. Conway, 'Abraham's Final Word' in Edward F. Mooney (ed.),
Ethics, Love and Faith in Kierkegaard, pp. 175-95 ; p. 189.

[50] 같은 책, pp. 190-1.

[51] 예를 들면, Emmanuel Levinas는, 이 사상가의 『공포와 전율』 독해를 나는 마지
막 장에서 논의할 것인데, 아브라함이 천사가 그를 부르는 소리를 들을 수 있는 것은

은 그의 마지막 말이 아니라고 주장하는 것이 문자적으로는 옳지만, 우리는 문제 III에서 요하네스 데 실렌티오가 관심을 기울이는 것이 이사악과 — 그리고 사라, 또 엘리에젤과 — 아브라함의 소통의 문제라는 사실, 더 일반적으로는 종교적 영역 안에서 인간의 소통의 가능성이라는 사실을 유념해야 한다. 요하네스 데 실렌티오는 아브라함이 마지막으로 **이사악에게** 한 말에 관심을 갖고 있다. 이런 맥락에서, 그렇다면, 아브라함이 하느님에게 혹은 천사에게 하는 말은 특별히 관련이 없다. 그리고 아브라함이 희생제사를 '좌절시키고' 또 그럼으로써 하느님에게 불복종하는 '우유부단한 사람'이라는 콘웨이의 주장은 아브라함이 하느님의 사자인 '**주**의 천사'에게서 이사악을 죽이지 말라는 명령을 받았다는 사실을 간과한 것으로 보인다.

　내가 여기에서 살펴볼 아브라함의 '마지막 말'에 대한 두 번째 해석은 콘웨이의 그것보다는 『공포와 전율』과 덜 불일치하는 것이다. 물론 그럼에도 불구하고 『공포와 전율』을 너무 멀리 밀어붙이지만 말이다. 스티픈 멀핼(Stephen Mullhall)은 강력한 그리스도교적 독해를 옹호하는데, 그런 독해에 의하면 '어린 양'을 하느님께서 손수 마련하신다는 아브라함의 언급은 예수, 즉 골고다에서 희생될 '하느님의 어린 양'을 가리킨다는 것이다. 멀핼에게 있어서, 아브라함의 믿음의 그리스도교적 의의와 관련한 요하네스 데 실렌티오의 '암시'는 '예언적 차원'을 가리키는 것으로서, 이것에 대하여 정작 아브라함 자신은 알아차리지

오로지 그가 하느님의 처음 명령에 대한 '자신의 복종에서 멀어지기' 때문이라고 주장한다. Levinas, 'Existence and Ethics' in Jonathan Rée and Jane Chamberlain (eds), *Kierkegaard: A Critical Reader*, (Wiley-Blackwell, 1998), pp. 26-38; pp. 34-5를 보라. 더 최근에는, Howard J. Curzer가 'Abraham, The Faithless Moral Superhero' in *Philosophy and Literature* 31 (2007), pp. 344-61에서 이러한 독해의 더욱 강한 변형을 제시하였다.

못하고 있다는 것이다.

> [아브라함이] '애야! 번제물로 드릴 어린 양은 하느님께서 손수 마련하신
> 단다'라고 말할 때, 그가 예언하는 바는 문자적으로는 틀린 것으로 드러나
> 는데, 왜냐하면 하느님은 모리야산에서의 번제물로 쓸 어린 양이 아니라
> 숫양을 마련하셨기 때문이다. 그러나 그것은 여전히 예언의 차원에서 진
> 실인 것으로 남아 있는데, 왜냐하면 하느님은 훗날 하느님의 어린 양을 마
> 련하시기 때문이다…아브라함의 시련은 그리스도의 속죄-성육신, 수난,
> 죽음, 그리고 부활, 즉 인간의 죄를 극복하기 위한 하느님 자신의 희생을
> 미리 나타내고 있다. 하느님이 이사악을 숫양으로 대체한 것은 따라서 인
> 간의 후손을 당신 자신의 아들로 대체하는 것을 미리 나타내는 것이다…
> 그리고 이사악이 아버지의 뜻에 절대적으로 순종하는 것은 (이사악이 희
> 생제사의 장소까지 그 자신을 희생할 장작을 지고 가는 것은) 그리스도가
> 당신 자신의 아버지에게 순종하는 것을 미리 나타내고 있다.[52]

이것은 창세기 22장에 대한 흥미로운 독해이며, 또 이 이야기와 예수의
죽음의 이야기 간의 유비는 정말로 놀랄 정도이다. 그렇지만, 나는 이
러한 독해가 『공포와 전율』에 잠재되어 있는지에 대해서는 확신할 수
없으며, 또 그것이 문제 III에서 제시된 아브라함의 '마지막 말'에 대한
논의를 이해하는 데 꼭 필요한 것도 전혀 아니다. 요하네스 데 실렌티
오가 아브라함의 이야기에서 찾아내고 있는 그리스도교적 의의는, 내
가 생각하기에, (멀핼의 해석이 시사하는 바와 같이) 그리스도교적 믿
음의 내용과 관련이 있는 것이 아니라, 그 믿음의 형식과 관련이 있다.

---

52 Stephen Mullhall, *Inheritance and Originality: Wittgenstein, Heidegger, Kierkegaard* (Oxford University Press, 2001), pp. 379-80.

그렇기 때문에, 예를 들어, '번제물로 드릴 어린 양은 하느님께서 손수
마련할' 거라는 — 다시 말해서, 이사악을 다시 돌려받을 거라는 — 아
브라함의 기대는 용서, 영원한 삶, 하느님의 은총, 기타 등등에 대한 그
리스도교도적 기대를 미리 나타내고 있다. 아브라함과 그리스도교도가
똑같은 것을 기대한다는 것이 아니라, 각각의 경우에 기대가 믿음에 핵
심적인 것이라는 말이다. 그리고 더욱이, 두 경우 모두에 있어서 — 요
하네스 데 실렌티오에 따르면 — 이러한 기대는 이성에 반하는 것이며,
또 특히 신실한 사람의 단독의, 개별적인 실존과 관련되어 있다는 것이
다. 이런 식으로, 그리고 또 다른 방식으로도, 아브라함의 믿음과 그리
스도교도의 믿음 간의 구조적 혹은 형식적 유비가 존재한다. 『공포와
전율』에서 문제가 되는 것은 하느님-관계를 맺는 주체성의 종류이지,
그리스도교적 믿음의 역사적 내용이 아니다. 이것은, 내가 생각하기로
는, 『공포와 전율』에 관하여, 키르케고르가 훗날 했던 다음의 발언에서
도 확인된다.

> 아브라함이 믿음의 아버지로 일컬어지는 것은 그가 믿음의 형식적 조건을
> 가지고 있으면서, 오성에 반해서 믿기 때문이다. 물론 아브라함의 믿음이
> 본질적으로 후대의 역사적 사건과 관련 있는 그리스도교적 믿음의 내용을
> 지니고 있다는 생각을 그리스도교 교회가 한 적은 결코 없지만 말이다.[53]

물론, 멀헬이 아브라함의 '마지막 말'에, 유대인의 조상이 실제로 신약
성서에 기록되게 되는 미래의 사건에 관한 믿음을 표현하고 있다는 의
미에서, 그리스도교적 내용이 담겨 있다고 주장하고 있는 것은 아니다.

---

53 앞의 책.

그런데도 이러한 그리스도교적 내용에 대한 멀헬의 강조는, 내가 보기에는, 요하네스 데 실렌티오의 주 관심사를 반영하는 것이 아니다.

'아브라함은 무엇을 성취하였는가? 그는 자신의 사랑에 변함없이 충실하였다'

『공포와 전율』의 이 절에서의 이 익명의 맺음말은 문제 III의 결말을 나타낼 뿐만 아니라, 아브라함 이야기에 대한 그의 분석의 결말도 나타내고 있다. 아브라함이 '자신의 사랑에 변함없이 충실하였다' 라는 그의 주장은 『공포와 전율』의 핵심에 놓여 있는데, 왜냐하면 이것은 아브라함을 살인자라는 비난으로부터 구해 줄 근거가 되는 특정 진리의 개념을 가리키고 있기 때문이다. 이 진리는 인식의 대상이 아니라 실천의 대상이다. 그것은 사랑에 속하는 진리의 종류로서, 합리적 지식에 속하는 것과는 대비되는 것이다. 그것은 철학의 진리와 대립되는 것으로서의 믿음의 진리이다. 요하네스 데 실렌티오가 주장하는 것은 아브라함이 진리를 **알고 있다**는 것이 아니라, 그가 **진실하다**는 것이다. 삶의 진리와 앎의 진리 간의 구별은 『공포와 전율』에서는 암시적 상태로 머물러 있지만, 『공포와 전율』의 짝을 이루는 저서인 『반복』의 첫 구절에서는 분명하게 인용되고 있다. 거기에서, 익명 콘스탄틴 콘스탄티우스(Constantin Constantius)는 새로운 진리의 범주가 — '반복' 이 — 진리는 상기의 과정을 통해서 도달되어야 한다는 그리스적 견해를 대체해야 한다고 주장한다. '[그리스인들이] 모든 **앎**은 상기라고 가르친 것처럼, 현대 철학은 모든 **삶**이 반복이라고 가르칠 것이다.'[54]

아브라함의 '자신의 사랑에 변함없이 충실함' 에서 문제가 되는 진리

54　Kierkegaard, *Repetition*, p. 131.

의 종류의 또 다른 특징은 그것이 뭔가**에** 충실하다는 것을 함축한다는 것이다. 그런 진리는 관계적이다. 그것은 ― 하느님에 대한, 타인에 대한, 혹은 아마도 자신에 대한 ― 충실함을, 정절을, 관여를 의미한다. 아브라함의 사례가 예증하고 있듯이, 이러한 정절은 진실된 종교적 믿음의 형식일 뿐만 아니라 인간의 참된 사랑의 형식이기도 하다. 성서의 이야기에 대한 요하네스 데 실렌티오의 해석에 따르면, 아브라함은 하느님에 대한 그의 사랑에 충실한 것과 같이 이사악에 대한 그의 사랑에도 마찬가지로 충실하다. 이것은 『공포와 전율』이 하느님에 대한 개인의 관계뿐만 아니라 타인에 대한 개인의 관계에도 마찬가지로 관심을 갖고 있다는 것을 시사한다. 그것은 또한, 더욱 구체적으로는, 키르케고르가 아브라함의 이야기에 대한 독해에서, 그리스도교도가 된다는 것이 무엇을 의미하는가 하는 문제뿐만 아니라, 레기네 올센에 대한 그 자신의 정절의 문제까지도 철두철미 성찰할 방법을 찾았다는 것을 시사한다. 키르케고르 자신에게 있어서, 내 생각으로는, 이러한 두 가지 문제는 분리 불가능한 것이며, 지금까지 우리가 살펴본 것처럼, 그는 레기네와의 파혼을 믿음의 실패로 간주하였던 것이다.

더욱이, 그것은 단순히 아브라함이 진실하다는 것이 아니라, 아브라함이 **계속해서 변함없이** 진실하다는 것이다. 이것은 믿음의 불변성을 나타낸다. 그의 저작 전체에 걸쳐서 키르케고르는 인간 존재가 시간적이라는, 항상 생성의 과정에 있다는 사실을 강조하는데, 이것은 진실되게 살아야 한다는 과제가 시간 속으로 펼쳐지는 것이라는 사실을 의미한다. 이것이 콘스탄틴 콘스탄티우스가 삶에서 실천되는 진리가 반복의 형태를 취한다고 주장하는 까닭이다. 뭔가에, 혹은 누군가에게, 시간 속에서 **변함없이** 진실되게 **남아 있기** 위해서는 우리는 지속적으로 이 타자에 대한 자신의 관여를 반복해야 한다. 『공포와 전율』에서, 아브라함의 3일에 걸친 모리아산 여행은 이러한 반복을 구체적으로 표현하는데, 왜냐하면 그가 내딛는 매 발자국마다 아브라함은 이사악을 포기하고 또 하느님에게서 그를 되돌려 받을 것을 기대하는 '이중의 운동'을 반복하기 때문이다. 이러한 반복의 관념은 은총의 논리에도 또한 핵심적인데, 이 논리는 『공포와 전율』에서 중요한 주제이다. 처음부터 이사악은 하느님이 주신 은총이다. 일단 이사악을 얻은 다음, 아브라함은 ― 그를 희생할 준비를 함으로써 ― 그를 포기하고 또 그 다음에 그를 '두 번째로' [7] 되돌려 받는다. 아브라함이 이사악을 '계속 붙잡고 있는' 것은 오로지 이사악이 그에게 반복적으로 주어지기 때문이다. 아들에 대한 그의 관계의 시간 속에서의 지속은 하느님으로부터의 끊임없는 은총의 갱신에 그 근거를 두고 있다. 그의 입장에서는, 아브라함이 이사악을 되풀이해서 포기해야 하는 것이 그를 다시 되돌려 받기 위함인데, 왜냐하면 은총은 아직 그것을 소유하고 있지 않은 사람에게만 주어질 수 있기 때문이다. 그리고 은총을 베푸는 것은 사랑의 표현이다. 아브라함이 은총을 받을 수 있는 것은 오로지 그가 하느님이 그를 사랑한다고 믿기 때문이다. 이것이, 우리가 『공포와 전율』의 이전의 절들에서 알아본 것처럼, 그의 믿음의 내용이다.

'아브라함을 이해할 수 있는 사람은 아무도 없었다. 그런데 그는 무엇을 성취했는가? 그는 변함없이 자신의 사랑에 충실한 상태로 남아 있었다.' 요하네스 데 실렌티오가 윤리적 영역보다 더 높은 영역에 놓고자 원하는 것은 바로 이처럼 삶속에서 실천되는, 관계적, 시간적인 사랑의 진리이다. 이 익명에 따르면, 아브라함의 사례는 자신의 사랑에 충실함으로써 개인은 윤리적 요구를 위반할 수 있으며, 또 타인에게, 심지어 그의 충실함의 대상이 되는 사람에게조차도 이해되지 못할 수 있다는 것을 보여 준다. 그런 상황은 외로운, 불안한 수난으로 가득 차 있다고 이 익명은 확신하고 있으며, 또 문제 III의 말미에서 그는 자신에게는 아브라함이 했던 것과 같이 말하거나 행동할 용기가 부족하다고 되풀이해서 말하고 있다. 우리는 그렇게 해서 '자신의 사랑에 변함없이 충실하게 남아 있다는' 요하네스 데 실렌티오의 관념에서 그의 '예비적 객출'에서 처음에 논의된 마음의 모든 성질들을 발견한다. 그것은 사랑의 진리로서, 수난을 수반하는데, 이는 용기를 요구하고 또 정열적 관여를 통하여 지속된다.

  은폐된 믿음의 수난은 사랑에 의해 — 자신이 사랑하는 이에게 상처를 주고 또 그를 잃는 고통에 의해 — 야기되지만 그것은 또 사랑에 의해 해소되기도 한다.

> 하느님을 사랑하는 이에게는 그가 누구든 눈물도, 찬미도 필요치 않으며, 그는 사랑 안에서 수난을 잊어버리되…너무나도 완벽하게 잊어버리는 까닭에…만일 하느님이 손수 그것을 기억하지만 않는다면 훗날 그의 티끌만큼의 고통의 흔적도 남아 있지 않을 것이다. 왜냐하면 하느님은 비탄을 은밀한 가운데 보고 또 알고 있으며 눈물을 헤아리고 아무것도 잊지 않기 때문이다.[106]

윤리적 영역은 오로지 하느님과만 공유되는 '비밀'에 의해 위배되고 또 흔들린다. 다른 한편, 종교적 관점에서는 윤리학이 요구하는 공식적인 성실함의 기초가 되는 것은 사랑에 속하는 내면적인 사적 진리이다. 그리고 이러한 후자의 종류의 성실성이 가능한 곳에서, 그것의 실현은 정확히 타인에 대한 사랑의 표현일 것이다. 요하네스 데 실렌티오는 사랑이 도덕 법칙보다 더 높다고 주장하고 있다. 이것은 사랑이 도덕 법칙에 따라 행위할 동기를 제공할 수 없다는 것을 의미하는 것이 아니

고, 다만 갈등의 가능성을 열어 놓고 있을 뿐인데, 이 갈등 속에서 도덕
법칙은 중지될 수 있다. 어쨌거나, 이 익명은 아브라함에 대한 논의를
끝맺으면서 독자에게 이러한 관념을 제시하는 딜레마의 최종적인 형식
화를 제시하고 있다. '그렇다면, 개별자로서의 단독의 개인이 절대적
인 것에 대한 절대적 관계 속에 존재하거나, 혹은 아브라함이 타락했거
나 이다.'[106]

에필로그

아브라함은 『공포와 전율』의 에필로그에서는 언급되고 있지 않다. 서
문과 함께, 이 마지막 절은 아브라함 이야기를 요하네스 데 실렌티오가
형태를 바꾸어 다시 말하는 것과 또 그 이야기에 대한 그의 분석의 앞
뒤 상황을 설명하는 틀을 제공한다. 서문에서 도입된 두 핵심 관념이
이 책의 끝부분인 여기에서 다시 되풀이된다. 현대에서의 믿음의 가치
의 몰락에 대한 우려, 그리고 특별히 헤겔파 신학자 마르텐센과 결부되
는, 믿음보다 '더 나아가고자 하는' 야망에 대한 공격이 그것이다. 독
자는 이 주제들에 대한 논의와 관련해서는 서문에 대한 내 언급을 돌아
볼 수 있을 것이다.

에필로그에서 정신세계에서의 믿음의 가치의 몰락과 상업세계에서
의 가격 하락 간의 비교로 돌아가서 요하네스 데 실렌티오는, 이 비교
를 그는 『공포와 전율』의 바로 첫 부분에서부터 했거니와, 믿음의 가치
를 고양시키기 위해서는 뭔가가 행해져야 할 필요가 있다는 것을 시사
한다. 아브라함의 이야기에 대한 그 자신의 해석을 정확히 그런 전략적
개입으로 간주하는 것은 일리가 있다. 아브라함의 믿음을 이해하는, 그

리고 그것을 성취하는 어려움을 강조함으로써, 그는 독자들에게 단순히 그들이 이미 믿음을 획득했는가가 아니라, 그들이 심지어 믿음을 획득할 능력이 있는가에 대한 물음을 제기한다. 이 익명은 '현재의 세대는 자기기만의 기술에 관해서는 완벽해[졌다]'[107]라고 주장하며, 또 믿음의 가치의 몰락의 문제는 '과제들에 주의를 환기시키는…과제들을 젊고, 아름다운, 보기에 기쁜 상태로 유지시키는, 그리고 모두에게 매력적인, 그러면서도 또 어려운 동시에 고귀한 정신의 소유자에게는 경외심을 불러일으키기도 하는 (왜냐하면 고귀한 본성은 오로지 어려운 것에 의해서만 영감을 얻는 때문이다)' '정직' 과 '진지함' 으로써 접근되어야 한다고 주장한다[107]. 요하네스 데 실렌티오가 여기에서 관심을 갖고 있는 '과제' 는, 그의 주장에 따르면, 인생에서 최고의 것인 바, 즉 사랑과 믿음의 '정열들' 의 추구이다. 이것은, 정열이 아니라 이성이 인간존재의 가장 본질적인 측면이라는, 그리고 합리적 사유에 의한 진리 추구가 인간의 가장 고귀한 노력이라는, 많은 철학자에 의해 공유되는, 견해와는 대립된다.

자신의 에필로그에서 요하네스 데 실렌티오는 운동의 두 상이한 개념 간의 대립을 정립한다. 한편으로, 진보의 운동이 있는데, 이는 '믿음보다 더 나아가는 것' 을 포함하며, 또 헤겔의 점진적, 발전적 역사 해석과 관련된다. 이 익명은 이런 종류의 운동에 문제를 제기하고자 하는데, 부분적으로 그는 그것이 믿음의 가치를 훼손한다고 믿기 때문이다. 다른 한편, 믿음의 과제를 구성하는 운동이 있다. 이것은 점진적 진보의 운동이 아니라, 내면의, 깊이를 더해 가는 운동으로서 어디를 가는게 아니라 ─ 그리고 그것은 분명히 믿음을 넘어서서 나아가지 않는데 ─ 오히려 그 자리에서의 운동, 지속적인 반복의 운동이다. 요하네스 데 실렌티오는 믿음의 과제와 관련해서, '모든 세대는 처음부터 시작

하고, 각각의 전 세대와 같은 과제를 가지고 있으며, 또 전 세대보다 더
나아가지 않는다…따라서 그 어떤 세대도 다른 세대로부터 사랑하는
법을 배워 안 적이 없다.'[107]라고 주장한다. 사랑하는 법을 배우는 것
은 — 이것이 믿음의 과제를 구성하는데 — 평생의 과업이며, '평생 동
안 하기에 항상 족한'[108] 과업이다. 이 익명에 따르면, 믿음은 사람이
획득하고 또 그런 다음 그것에서 안식을 취하는 그런 목적이 아니다.

> 믿음에 도달한 사람은…믿음 안에서 멈추게 되는 것이 아니다. 정말로,
> 만일 누군가가 이런 말을 그에게 한다면, 그는 충격을 받을 것이다. 마치
> 사람이 자신은 사랑 안에서 멈추게 되었다고 말한다면 그의 연인이 화가
> 나게 되는 것처럼 말이다. 왜냐하면 그는 다음과 같이 대답할 것이기 때문
> 이다. '나는 결코 멈추지 않거니와 내 삶이 그 안에 있는 까닭이다.' 그런
> 데도 그는 더 이상 나아가지 않고, 다른 어떤 것에도 전혀 착수하지 않는
> 다…[109]

산다는 것은 지속적인 생성의 과정에 있다는 것이며, 따라서 '자신의
삶을' 어떤 것에 '두고 있다' 는 것은 그것에 돌아가서 그것을 반복적으
로, 날마다, 그리고, 정말로, 순간마다 새롭게 한다는 것을 의미한다.
예를 들어, 타인을 사랑하는 것은 단번에 성취되는 일이 아니다. 우리
가 계속 사랑하는 것은 오로지 이 사랑이 반복적으로 느껴지고 또 표현
됨으로써 충만한 상태로 유지되기 때문일 뿐이다.

  에필로그의 마지막 구절은, '더 나아감' 의 소위 점진적 운동의 한 사
례로서, 모든 것은 움직이고 있다는 헤라클레이토스의 견해로부터 운
동의 실재에 대한 엘레아 철학자들의 부정으로의, 고대 그리스 사상에
서의 이행을 인용하고 있다. 플라톤은, 자신의 대화편 『크라틸로스』에

서, '존재하는 것들을 강물의 흐름에 비유하면서, [헤라클레이토스는] "그대는 같은 강에 두 번 들어갈 수 없다"[55]고 말하고 있다'라고 기록한 다. 엘레아학파는, 파르메니데스가 그 창시자로서, 운동은 환상이라고, 또 존재하는 모든 것은 불변한다고 주장하였다. 이것은 우연히 선택한 사례가 아닌데, 왜냐하면, 우리가 지금까지 살펴본 것처럼, 겉보기에 이러한 고대 철학자들을 대립시키는 운동이 헤겔 철학에 대한 키르케 고르의 비판에서 반영되고 있기 때문이다. 운동과 변화와 관련한 소크 라테스 이전 철학자들의 논쟁에 대한, 『공포와 전율』의 말미에서의, 요 하네스 데 실렌티오의 짤막한 논의는 『반복』의 첫 구절에서 익명 콘스 탄틴 콘스탄티우스에 의해 다시 채택되고 있다. '엘레아학파가 운동을 부정했을 때, 디오게네스는, 모두가 알고 있는 바와 같이, 그 반대자로 앞에 나섰다. 그는 말 그대로 앞으로 나섰는데, 왜냐하면 그는 한 마디 도 말하지 않고 그저 몇 번 앞뒤로 왔다 갔다 했을 뿐이며, 그럼으로써 자신이 충분히 그들을 반박했다고 생각했기 때문이다.'[56] 그렇게 『반 복』은 『공포와 전율』이 끝나는 곳에서 시작한다 — 운동의 문제로써.

고대 그리스 철학자들은 어떻게 운동이 가능할 수 있는 것인지 이해 하지 못했다. 만일, 헤라클레이토스가 생각한 것처럼, 만물이 — 세상 에 있는 모든 것이 아니라, 우리 자신의 몸과 마음의 내부에 있는 모든 것이 — 흐름 속에 있다면, 그렇다면 어떻게 자아가 가능할 것인가? 그 리고 어떻게 참과 거짓이 가능할 것인가? 만일, 엘레아학파가 믿은 것 처럼, 운동과 변화가 실재하는 것이 아니라면, 그 경우 우리는 어떻게 우리의 경험을 이해해야 하는 것인가? 만일 사물이 우리에게 나타나는 방식이 환상이라면 우리는 어떻게 진리에 접근할 수 있을 것인가? 이

---

55 Plato, *Cratylus*, 402a.

56 Kierkegaard, *Repetition*, p. 131.

것들은 난해하기 짝이 없는 철학적 문제들이며, 만일 독자 여러분이 이 문제들을 철두철미 따져 보고 대답을 찾으려고 노력한다면 의심의 여지없이 그렇다는 것을 알게 될 것이다.

키르케고르는 그런 문제들을 이해하려고 노력하고 있었는데, 『공포와 전율』이 이러한 노력을 명확하게 보여 주고 있다. 그에게 있어서, 가장 절박한 문제는 실존적이고 윤리적인 것이었지, 형이상학적인 것이 아니었다. 자신을 포함한 존재자들이 변화하고 있는데, 어떻게 우리는 타인에게 진실할 수 있는가? 어떻게 우리는 우리의 미래의, 미지의 자기를 타인의 불가지의 미래의 자기에게 구속시키는 약속을 할 수 있단 말인가? 어떻게 우리는 결혼하고, 또 아이를 가질 수 있는가? 이러한 인간사를 자기기만 없이 행하는 것이 과연 가능한 것인가? 우리가 타인을, 하느님을, 어쩌면 자신을 사랑하는 것을 배울 때 어떤 종류의 변화를 우리는 겪는 것인가? 키르케고르가 그런 물음에 답을 찾았는지는 분명치 않다. 자신은 아브라함을 이해하지 못한다는 요하네스 데 실렌티오의 고백은 아마도, 키르케고르가 주장하는 바, 아브라함의 믿음을 구성하는 운동을 어떻게 실행하는지를 키르케고르 자신이 이해할 수 없다는 것을 표현하고 있을 것이다. 아마도 이것은 또한, 더욱 적극적으로는, 사람이 운동을 실행함으로써만 — 미지의 미래로 비약함으로써만 — 운동을 실행하는 것을 배운다는 그의 인식을 표현하는 것이기도 할 것이다. 『공포와 전율』의 에필로그에서 제안되고 있는 한 가지 결론은 그런 것들이 책을 읽음으로써 얻어질 수는 없다는 것 — 이는 각 세대로 하여금 이전 세대의 지식에 의지하게 하는 것을 가능하게 할 것인데 — 각 사람은 사랑하는 법을 스스로, 실존함으로써, 수난을 통해서, 사랑에 실패하고 또 그 과제를 다시 시작하는 용기를 발견함으로써, 배워야 한다는 것이다.

3 장
수용과 영향

『공포와 전율』은 아케다 이야기와 관련한 장구한 세월의 유대-그리스 도교적 전통에 대한 비교적 최근의 공헌으로 존재하지만,[1] 그러나 아브라함의 믿음에 대한 그것의 재구성과 분석은 신학뿐만 아니라 철학 내부에서도 지속적인 영향을 끼쳐 왔다. 요하네스 데 실렌티오가 전개한, 그리고 키르케고르의 다른 익명들이, 『이것이냐 저것이냐』, 『반복』, 『철학의 부스러기들』, 『결론으로서의 비학문적 후서』 그리고 『죽음에 이르는 병』과 같은 저서들에서 전개한 주제와 관념들은 20세기 중반에 유럽 철학을 지배하게 된 '실존주의' 전통을 위한 개념적 기본 요소 몇몇을 제공해 왔다. 예를 들어, 프랑스 작가 알베르 카뮈(Albert Camus)는 요하네스 데 실렌티오가 아브라함의 믿음을 규정하기 위해 사용하는 '불합리한 것'의 개념을 채택해서 인간 실존 전반에 적용하였다. 장-폴 사르트르(jean-Paul Sartre)는, 우리가 이미 앞에서 살펴본 것처럼, 결단에 대한 키르케고르의 강조를 그 자신의 철학에 편입시켰다. 그리고 더 최근에는, 프랑스 사상가 알랭 바디우(Alan Badiou)가 키르케고르의 결단 개념을 자신의 주체성의 정치 철학에 핵심적인 요

---

1 창세기 22장에 관한 이러한 비평의 전통에 관한 논의와 관련해서는, Louis Jacobs, 'The Problem of the *Akedah* in Jewish Thought'와 David A. Pailin 'Abraham and Isaac: A Hermeneutical Problem Before Kierkegaard', both in Robert L. Perkins (ed.), *Kierkegaard's Fear and Trembling: Critical Appraisals* (University of Alabama Press, 1981), pp. 1-9 그리고 pp. 10-42를 보라.

소로 만들었다. 독일에서는, 마르틴 하이데거(Martin Heidegger)의 영
향력 있는 초기 저서 『존재와 시간』(1927)이 우리가 『공포와 전율』에
서 발견한 바 있는 불안, 반복 그리고 죽음의 운명에 대한 의식 등의 주
제를 이용하였다. 이 모든 철학자들은 — 이들에게 '실존주의자'라는
용어는 다소간 느슨하게 적용될 수 있을 텐데 — 키르케고르의 개념을
그리스도교적 맥락에서 끄집어내서 심미적 구조 안에서 전개하고 있
다. 그러나 실존주의의 영향은 또 폴 틸리히(Paul Tillich)와 루돌프 불
트만(Rudolf Bultmann) 등의 몇몇 20세기 신학자들의 저서에서도 명
백하다.

　20세기 초엽의 영국 철학은 실존주의보다 헤겔과 베르그송과 같은
대륙 사상가들을 더 받아들였으며, 또 20세기 전체에 걸쳐 전개된 것처
럼, 실용주의, 실증주의, 그리고 논리 분석에 대한 초점에 의해 지배되
었다. 사실, 버트란드 러셀(Bertrand Russel)의 고전 『서양철학의 역
사』는, 1946년에 초판이 발표되었는 바, 키르케고르에 관해서는 아무
런 언급도 하지 않았다. 별나게도 러셀은 헤겔에 대한 그의 논의의 뒤
에 시인 바이런경(Lord Byron)에게 바친 장을 덧붙이고 있다. 아마도
러셀은 키르케고르가 철학자라기보다는 종교적 사상가였다는 하이데
거의 견해를 공유하였을 것이다. 어쨌거나, 키르케고르의 사상은 루트
비히 비트겐슈타인(Ludwig Wittgenstein)에게 깊은 영향을 끼쳤는데,
비트겐슈타인 자신이 영국 철학의 내부에서 가장 영향력 있는 현대 사
상가의 일인으로 남아 있다. 비트겐슈타인은 그리스도교도는 아니었지
만, 종교적 내지 영적 기질을 지니고 있었으며, 또 그리스도교에 대한
그의 성찰은 뚜렷이 키르케고르적이다. 자신의 『종교적 믿음에 관한
강의』에서 그는 자신을 매료시키는 주제를, 그런데도 이해하지 못하는
그 자신의 무능력을 강조함으로써 요하네스 데 실렌티오를 닮아 있다.

앵글로-색슨 전통의 많은 철학자들과는 달리, 비트겐슈타인은 자신이 종교적 신념을 이해하기가 어렵다고 해서 그런 신념을 간단히 처리하지는 않는다. 『문화와 가치』라는 제목으로 출판된 초고에서, 그는 믿음이 '키르케고르가 **정열**이라고 부르는 것'이라고, 신뢰가 종교적 믿음의 기초라고, 그리고 '그리스도교는 교리가 아니라, 내 말은, …에 관한 이론이 아니라 인간의 삶에서 실제로 일어나는 그 무엇에 관한 기술'[2]이라고 쓰고 있다.

키르케고르의 가장 유명한 지적 후계자는, 일반적으로, 그의 저작에 대한 가장 주의 깊고 또 통찰력 있는 독자가 아니다. 이 장에서 우리는 『공포와 전율』에서 한 발 물러나서 그것이 제시하는 관념들과 그것이 제기하는 물음들에 관하여 반성하고, 또 우리가 요하네스 데 실렌티오 그리고 키르케고르와 의견을 같이 하는 것인지 아니면 달리 하는 것인지를 스스로에게 물을 것이다. 이 목적을 위하여, 나는 영어로 이용할 수 있는, 『공포와 전율』에 관한 아주 방대한 ─ 그리고 지금도 계속 늘어나고 있는 ─ 2차 자료 중에서 극히 일부를 이용할 것인데, 이는 학자들이 취해 온 해석 방향의 다양성의 의미를 전달할 것이다.

이러한 비평가들을 살펴보기 전에, 어쨌거나, 우리는 우리의 비평 과제를 특별히 어렵게 만드는 『공포와 전율』의 몇몇 특징들이 있다는 것을 유의해야 할 것이다. 첫째, 비록 이 저서가 논쟁적인 것은 분명하지만, 그것의 표적이 무엇인지, 그리고 누구인지 설정하는 것은 쉽지 않다. 이것은 우리가 키르케고르의 논적들을 확인하는 약간의 해석적 작업을 하지 않고서는 ─ 예를 들어, 헤겔 철학에 대한 키르케고르의 설명이 정확한 것인지, 그리고 그것에 대한 그의 공격이 정당화되는 것인

---

2 Ludwig Wittgenstein, *Culture and Value* (University of Chicago Press, 1980), pp. 53; 72; 28 (생략은 원저자의 것임).

지를 묻는 ─ 논적들에 대한 그의 비판을 간단히 평가할 수는 없다는 것을 의미한다. 비평가들은 요하네스 데 실렌티오가 제시한 '윤리적인 것'의 성격규정이 칸트적인지 아니면 헤겔적인지를 계속 논쟁해 오고 있다. (그것이 어떤 가치가 있는가와 관련하여, 내 의견은 그것이 일차적으로는 헤겔적이라는 것, 왜냐하면 그것은 윤리적 의무를 특수한 사회적 역할의 수행의 측면에서 간주하기 때문에, 그러나 ─『공포와 전율』에 대한 칸트적 독해의 점증 현상이 증명하는 것처럼 ─ 요하네스 데 실렌티오가 제기한 논점들은 분명히 칸트의 도덕 철학과도 관련이 있다는 것이다.) 비슷하게, 덴마크 바깥의 비평가들이 덴마크 헤겔학파, 특히 마르텐센이 '믿음보다 더 나아간다'는 근대 철학의 주장에 대한 이 익명의 비판의 적어도 몇몇 측면의 초점이라는 사실을 인식한 것은 극히 최근의 일일 따름이다.[3]

『공포와 전율』에 관한 다소간의 비판적 입지를 확보하는 것이 어려운 두 번째 이유는 그것이 본질적으로 여러 가지 해석이 가능한데다 결론이 나지 않은 상태라는 것이다. 우리가 지금까지 살펴본 바와 같이, 그리고 이 장에서 내가 더 설명할 테지만, 이것은 요하네스 데 실렌티오의 입장에서는 정교한 전략의 일부이다. 그는 반복적으로 독자에게 딜레마를, 윤리적인 것의 내부에 남아 있는 것과 아브라함을 찬미하는 것을 가능하게 하는, 그리고, 더욱 일반적으로는, 특별하고 독특한 역할을 종교적 믿음에 부여하는 것을 가능하게 하는 '더 높은 요구'를 인정하는 것 간의 선택을 제시한다. 이것은『공포와 전율』을 상당히 파악하기 어려운 것으로 만드는 개방성을『공포와 전율』에 제공하고 있다.

---

3 덴마크 헤겔학파의 의의에 대한 이러한 평가는 주로 존 스튜어트(Jon Stewart)의 저서, 특히 2003년에 발표된 그의 저서 *Kierkegaard's Relations to Hegel Reconsidered*에 기인하는 것이다.

이 저서는 또한 요하네스 데 실렌티오와 키르케고르 간의 공간, 불확실한 간격도 포함하고 있다. 이 저서에 대한 많은 독해들이 이러한 구멍의 하나, 혹은 두 개 모두에 빠지는 것으로 끝이 난다. 혹은 아마도 그것은, 그와는 반대로, 우리 자신을 이러한 개방성으로 끌려가게 하는 물음, 그래서 그렇게 하기를 거부하는 것은 이 저서에 대한 우리의 이해를 저해하게 하는 그런 물음일 것이다. 어쨌든, 『공포와 전율』의 해석이나 혹은 이 저서에 대한 비판적 음미를 전개할 확고한 발판, 단단한 토대를 발견하는 것은 어려운 것으로 보인다.

나는 이제 이 저서를 평가하는 우리의 과제를 밝히는 데 도움이 될 방식으로 이 저서의 구조에 대한 개괄을 간략하게 기술할 것이다.

믿음, 윤리학, 그리고 요하네스 데 실렌티오의 딜레마

우리는 『공포와 전율』의 핵심에서 두 개의 서로 다르지만 밀접하게 연관된 물음을 확인할 수 있다. 첫째, 믿음의 본질은 무엇인가? 둘째, 믿음과 윤리의 관계, 종교적 삶과 윤리적 삶의 관계는 무엇인가? 이 물음들 모두 특수한 역사적 맥락에 녹아 들어가 있다. 우리는 이 물음들이 모두 1843년에 특정의 문화적 환경에 대한 반응으로 제기되고 있다는 사실을 기억할 필요가 있다. 이 문화적 환경은 한편으로는, 분명히 그리스도교적이며, 다른 한편으로는, — 키르케고르가 보기에는 — 태도의 변화를, 그리고 추측건대 아직은 온전히 명백해지지 않은 가치의 몰락을 그 특징으로 하고 있다.

우리가 지금까지 살펴본 것처럼, 믿음의 본질에 관한 물음에 대한 요하네스 데 실렌티오의 반응에는 믿음이 체념과 기대의 '이중 운동'으로 구성되어 있다는 주장, 이러한 이중의 운동은 모순적이고 또, 적어도 국외자의 관점에서는, 불합리하다는 주장, 이러한 불합리성은 단순히 이론적인 것이 아니라 실천적, 혹은 실존적이라는, 왜냐하면 그것이 손실과 소득을, 고통과 기쁨을 함께 결합시키기 때문이라는 주장, 믿음은 은총에 대한 기대를 포함한다는 주장, 그리고 믿음은 '역설적이면서 겸손한 용기'를 요구한다는 주장이 포함되어 있다. 이제, 믿음에 대한 이러한 성격규정이 윤리와 종교 간의 관계에 관한 두 번째 물음에 대한 특별한 반응으로 직접적으로 귀결된다는 것이 그렇게 명백한 것은 아니다. 그렇기는 하지만, 아브라함의 이야기는 그런 믿음을 가진 사람은 윤리적 관점에서는 받아들일 수 없는 것을 기꺼이 행할 준비를 갖추고 있다는 것을 보여 준다. 이것은 이러한 믿음이 보편적 법칙을 준수하고 공동체 전체의 선을 위해 행위해야 한다는 개인의 의무에 의거해서 이해될 때, 단순히 윤리적 영역으로 축소될 수는 없다는 것을 암시한다.

『공포와 전율』에서 현안이 되고 있는 두 기본적인 물음을 이렇게 구별한 후, 우리는 그 물음들이 어떻게 한데 묶이는지 알기 위해 『공포와 전율』을 되짚어 일별할 수 있을 것이다. 이 『공포와 전율』의 구조는, 이 저서의 부제가 가리키고 있듯이, 변증법적이다. 첫째 서문이 있는데, 이것은 믿음의 몰락하는 가치와 관련한 우려를 분명히 표명하면서도, 믿음이 무엇인가를 진술하지도 않고 또 윤리에 대한 믿음의 관계의 문제를 제기하지도 않는다. '조율하기'는 그런 다음 아브라함의 이야기를 소개하고 아브라함은 이해될 수 없다고 주장함으로써 우리를 조율한다. 여기에서, 아브라함의 이야기의 반복과 그의 실존적 상황의 — 아브라함이 이사악을 희생시키라는 하느님의 명령에 어떻게 반응할 것인가와 관련한 선택을 해야 한다는 사실의 — 집중적 부각 때문에 우리는 이 이야기의 결과에 관심을 갖지 않게 되고, 또 그렇게 해서 아들을 죽이겠다는 아브라함의 결단은 윤리적으로 논란의 여지가 있다는 주장을 시작한다. 다음으로, 요하네스 데 실렌티오의 '아브라함에게 바치는 헌사'는 믿음의 요소들을 구성하는 특정의 내면적 성질들, 사랑, 기대 그리고 투쟁을 구체적으로 적시한다. 이 익명은 또한 여기에서 믿음의 의의와 가치를 강조하기도 하면서, 만일 인간존재에게 '영원한 의식'이 — 하느님에 대한 의식, 하느님에 대한 관계, 믿음의 가능성이 — 없다면, 그렇다면 삶은 공허하고 인간은 절망에 빠질 것이라고 주장한다. 이것 다음에는 '마음으로부터의 예비적 객출'이 이어지는데, 여기에서 요하네스는 체념과 믿음의 운동을 기술함으로써 믿음에 대한 그의 설명을 계속해서 전개한다. 아브라함의 믿음은, 그의 주장에 의하면, 이사악을 포기하는 데 있는 게 아니라, 이사악을 되돌려 받을 것을 기대하는 데 있다.

우리는 또 이 모든 것이 어떻게 세 문제에서 명시적으로 정확하게 표현되고 있는 딜레마, 즉 윤리적인 것의 목적론적 중지가 가능**하든지, 아니면** 아브라함을 — 그리고 그가 제공하는 믿음의 사례를 — 잃**든지**, 하느님에 대한 절대적 의무가 **있든지, 아니면** 아브라함과 그의 믿음을 잃**든지**, 믿음이 밝힘의 윤리적 요구에 구속될 수 **없든지 아니면** 아브라함과 그의 믿음을 잃**든지**로 귀결되는지를 알 수 있다. 선택의 모험성은 매우 크다. 이렇게 『공포와 전율』에서 이 익명은 우리에게 아브라함의 믿음을 다른 무엇보다 더 비중 있게 평가해야 한다고, 그것을 인간의 가능성의 가장 높은 것으로 간주해야 한다고 촉구해 왔으며, 믿음이 없다면 오직 절망이 있을 뿐이라고 주장해 왔다. 문제 I로 넘어가는 문장에 면밀한 주의를 기울이는 것이 중요한데, 여기에서 믿음은 살인을 하느님을 아주 기쁘게 하는 거룩한 행위로 만들 수 있는 역설, 이사악을 아브라함에게 되돌려 주는 역설 '[46]로 기술되고 있다. 이것은 만일 아브라함이 오로지 체념 속에서만 행위했다면, 그는 단순히 살인자에 불과했을 거라는 사실을 가리킨다. 그의 믿음이 **그의 행위의 의의를 변화시킨다.** 그 믿음이 그를 윤리적 영역 위로 고양시킨다. 이것은 그의 믿음이 그가 이사악이 죽기를 **원하지** 않는다는 것을 의미하기 때문이 아니라 ─ 체념의 기사 역시 자신이 사랑하는 이를 잃기를 **원하지** 않는데 ─ 이사악이 살 거라는 것을 **기대하기** 때문이다.

이런 이행과 함께, 우리는 믿음의 본질에 대한 물음에서 윤리와 믿음 간의 관계에 관한 물음으로 넘어간다. 문제 I에서의 아브라함과 비극적 영웅들 간의 비교는 아브라함이 윤리적 영역의 바깥에 있는 반면에, 비극적 영웅들은 윤리적 영역의 내부에 있으며 또 윤리적 차원에서 정당화되고 찬양할 만하다는 것을 보여 준다. 아브라함의 믿음은 초대 그리스도교도들의 믿음과 구조적으로 비슷하다는 것이 입증된다. 그것이 착각될 가능성이 따라다니는 윤리적인 것과의 대립의 '고통, 불안, 역설' 을[58, 66] 포함한다는 점에서 그렇다. 문제 I과 문제 II 모두의 요점은 그런 믿음이 ─ 칸트 철학과 헤겔 철학에서 그런 것처럼 ─ 윤리적 영역으로 환원될 수 없다는 것과 그것은 비도덕적이든지, 아니면 윤리적 의무보다 더 높은 텔로스에 대해 직접적으로 그리고 절대적으로 관계하든지이다라는 것을 예증하는 것이다. 물론, 이러한 주장을 전개하면서, 요하네스 데 실렌티오는 믿음의 본질을 계속해서 구체화시키고 있지만, 이제 전면에 등장하는 것은 윤리에 대한 믿음의 관계의 문제이다.

문제 III은 이러한 문제들을 본격적으로 끄집어낸다. 믿음은 표현 불가능한 역설이라는 것이 입증되고, 믿음에 속하는 은폐는 심미적 영역에 고유한 은폐와는 전적으로 다르다는 것도 입증된다. 믿음은 심미적

인 것이 **아니라**는 주장도 제기된다. 그러나 믿음은 밝힘에 대한 윤리적
요구를 충족시키지 않는다. 만일 진정한 믿음이 심미적인 것도 아니고
윤리적인 것도 아니라면, 그것은 전혀 실존하는 것이 아니거나 ― 그리
고 따라서 아브라함의 이야기에서 믿음으로 통하는 것은 사실은 사악
하거나 혹은 미혹된 폭력일 텐데 ― 그렇지 않으면 하느님에 대한 개인
의 관계는 윤리적 영역과는 구별되고 그보다 높은 영역에서 삶으로 실
천되는 것이거나이다.

요하네스 데 실렌티오의 딜레마는 윤리적 영역과 종교적 영역 간의
이러한 차이를 명확하게 표현한다. 이것은 특수한 역사적 상황의 맥락
에서 이해되어야 하는데, 이 익명은 에필로그에서 그 맥락으로 돌아간
다. 그가 말을 거는 독자들은 그리스도교 사회에서 살았는데, 이 사회
에서 윤리적 삶과 종교적 삶은, 실제로는, 동일한 것이다. 다시 말하자
면, 공유되는 공동체적 가치, 관습 그리고 의식은 ― 헤겔이 인륜(Sit-
tlichkeit)이라고 이름 붙인 것은 ― 그리스도교적 가치, 관습 그리고
의식이다. 개인에게 그의 도덕적 의무와 책임을 부여한 사회적 역할과
관계가 그런 그리스도교 문화에 새겨져 있다. 그것에 직면해서, 윤리와
종교 사이에서 결정할 구체적 필요성 같은 것은 존재하지 않았다. 어쨌
거나, 이러한 역사적 상황은 사태의 우연적 상태였다. 요하네스 데 실
렌티오가 지적하고 있듯이, 그리스도교적 가르침이 인륜과 동일하지
않았던 때, 즉 예수가 살고 있던 시대, 예수가 파괴분자로 사형에 처해
졌던 시대, 그리고 그를 따르던 제자들이 각자의 가족의 유대를 파괴하
고 또 박해에 직면했던 시대가 있었다. 바울로는, 예를 들면, 초기 그리
스도교 성서의 저자로서, 투옥되고 끝내 처형되었다. 그리고, 더욱 적
절하게는, 미래 언젠가는 이러한 그리스도교적 인륜이 윤리적 삶이라
는 상이한 삶의 형태에 ― 아마도 철저히 세속적인 도덕에 ― 자리를

내주는 때가 올지도 모른다. 물론, **실제로는**, 개인이 하느님에 대한 자신의 관계를 유지할 수 있으면서 동시에 공동체 안에서 자신의 윤리적 역할을 수행하는 것이 완벽히 가능할 수도 있다. 사람이 실제로 윤리적인 것을 '중지시키는 것'을 요구받을 때 그리고 오직 그럴 경우에만 그가 믿음을 가지고 있는 것이라고 주장하는 것은 옳을 수가 없으며, 추측건대 아브라함은 이사악을 희생시키라는 명령을 받기 전에 이미 믿음을 가지고 있을 것이다. 그러나 만일 믿음의 영역과 윤리의 영역이 **실제로** 다르다면, 개인이 하느님에 대한 의무와 윤리적 의무 간의 갈등에 직면할 것이라는 것 또한 가능하다. 아브라함의 이야기는 이러한 가능성을 예증하고 있다.

키르케고르는 (적어도 그 외적 운동에 있어서는) 그리스도교와 공동체적 삶이 우연히도 19세기 덴마크에서 일치하였다는 사실이, 그가 보기에는, 그리스도교인이 된다는 과제에 본질적인 것인 결단을 은폐하였다고 생각했다. 사람들은 그저 기존 관습과 의식에 따름으로써, 덴마크국교회와 같은 제도에 참여함으로써, 특정의 공유되는 어휘를 사용함으로써 스스로를 그리스도교인으로 간주할 수 있었다. 『공포와 전율』에서 그처럼 생생하게 제시되는 딜레마는 윤리적 영역과 종교적 영역을 분리시키며, 따라서 그리스도교적 결단을 내면의 것으로, 각 개인이 안락한 그리스도교 문화가 제공하는 보증 없이 응답해야 하는 것으로 드러낸다. 이것은 종교적 삶이 반드시 개인주의적이거나 혹은 초세속적이어야 한다는 것을 의미하지 않는다. 그 반대로, 우리가 지금까지 살펴본 것처럼, 하느님에 대한 관계는 이 세계에서, 타인들과의 관계를 통하여, 삶 속에 실천되어야 한다. 어떻게 이것이 행해져야 하는가가, 내가 생각하기로는, 『공포와 전율』의 핵심 문제이다. 더욱이, 키르케고르가 후기 저작들에서 제시하는 '현대'의 분석은 사회적 파편화에 대

한 우려, 사람들 간의 의미 있는 관계의 파괴에 대한 우려를 표현하고
있다.[4]

윤리적인 것을 옹호하여

우리는 이제 『공포와 전율』에 비판적으로 응답하기에 더 나은 상황에
놓여 있을 것이다. 『공포와 전율』에 대한 나의 비평에서 나는 역사의
의의에 대한 겉보기에 일관성 없는 설명 (요하네스 데 실렌티오의 서
문에 대한 나의 논의를 보라), 그리고 종교적 삶의 깊이 새겨진 공동체
적 측면들에 대한 간과 (예를 들어, '아브라함에게 바치는 헌사'에 관
한 절을 보라) 등과 같은 이 저서의 다양한 측면에 도전했다. 여기에서
는, 어쨌거나, 나는 요하네스 데 실렌티오가 점하고 있는 입장이 아브
라함에 대한 직접적인 옹호가 아니라, 윤리적인 것의 내부에 머물러 있
는 것과, 윤리적 의무보다 더 높은 주장을 인정하는 것 간의 딜레마의
한 측면에서 다른 측면으로 나아가는 운동이라는 사실에서 출현하는
문제에 초점을 맞출 것이다. 우리는 독자가 도리 없이 이 딜레마를 받
아들여야 하는가를 물을 필요가 있다. 그것이 얼마나 눈에 거슬리고 난
해한 딜레마인 것으로 보이는가에 주목하라. 우리가 순진한 아이에 대
한 살인이 찬미할 만한, 거룩한 행위일 수 있다는 것을 인정하**든지, 아
니면** (믿음은 윤리적 의무에 의해 사라지기 때문에) 믿음 같은 그런 것

---

4 『공포와 전율』에서 문제가 되고 있는 종교와 윤리 간의 관계의 이론적 문제에 키
르케고르의 근대 사회 비판을 연결시키고 있는 키르케고르의 근대 사회 비판에 대한
탁월한 요약과 관련해서는, Anthony Rudd, *Kierkegaard and the Limits of the Ethical*
(Oxford: Clarendon Press, 1993), pp. 113–73 그리고 특히 pp. 117–31을 보라.

은 존재하지 않**든지**이다. 요하네스 데 실렌티오가 그것을 그런 말로 표현할 때 그는 하느님과 타인에 대한 개인의 관계의 본질과 관련하여 자신의 기본적인 딜레마의 가장 충격적인, 극단적인 함의를 정교하게 표현하고 있는 것이다. 그리고 우리는 '우리가 아브라함을 닮을 수 있는 것은 오직 믿음에 의해서이지 살인에 의해서가 아니다' [25]라는 그의 가장 위안이 되는 주장을 놓쳐서는 안 될 것이다. 어쨌거나, 그 딜레마는 그런데도 루터를 따라서 아브라함의 '맹목적 믿음'을 찬미함으로써, 하느님의 명령에 대한 합리적 반성의 거부를 찬미함으로써, 오로지 우리에게 아브라함을 찬미하게 해 줄 따름인 것처럼 보일지도 모른다. 『공포와 전율』의 독자는 실제로 한편으로는 이러한 루터적 견해와, 다른 한편으로는 아브라함이 그가 행한 바를 행하는 것이 단순히 잘못이었다는 칸트적 견해 사이에서 선택할 수밖에 없는 것인가?

이 익명의 딜레마는 믿음에 대한 특정 설명에, 그리고 윤리적인 것에 대한 특정 설명에 의존하고 있다. 믿음은 정말로 그가 주장하는 것처럼 불합리한 것인가? 그리고 그가 규정하는 윤리적인 영역이 우리에게 유효한 단 하나의 것인가? 종교적 믿음을 수용할 수 있는 윤리적인 것의 확장된 개념이 있을 수 있을까? 몇몇 비평가들은 『공포와 전율』에 대하여 답하면서 윤리적인 것에 대한 이 저서의 설명이 결함이 있다고 주장하였다. 그런 한 가지 주장이 프랑스 철학자 에마뉘엘 레비나스(Em-manuel Levinas)에 의해 표현된 것으로, 레비나스는 『공포와 전율』에서 제시된 윤리적인 것에 대한 설명과 아브라함 이야기에 대한 해석을 모두 비판하고 있다. 그는 자신이 키르케고르의 '폭력'에 '충격을 받았다'고 진술하면서, 키르케고르적 성격이 '그 비타협적인 열정과 중상(中傷)에 대한 취향을 통하여' 현대 실존주의 철학의 '거친 남성적 풍조'를 형성하였다고 주장한다.

실존이, 그 심미적 단계를 넘어선 후에, 믿음의 영역인 종교적 단계를 시작하기 위하여 윤리적 단계를 (혹은 차라리, 그것이 윤리적 단계인 것으로 간주하는 바를) 포기하도록 강요받을 때, 키르케고르적 폭력이 시작된다…그것은 윤리적 현상을 2차적 위상으로 떨어뜨린 원천이자, 니체를 거쳐서, 현대 철학의 비도덕주의로 귀결된, 존재의 윤리적 근거에 대한 경멸의 원천이다.[5]

레비나스의 『공포와 전율』 독해는 특별히 상세하거나 면밀하지 않으며, 또 이 인용문에서 그는 윤리적인 것이 『공포와 전율』 전체에 걸쳐서 강력한 주장을 발휘하고 있는 방식을 간과하는 것으로 보인다. 그럼에도 레비나스는 몇 가지 중요한 논점을 제기하고 있다. 그는 키르케고르가, 헤겔과 함께, 윤리적인 것을 '본질적으로 일반적인 것'으로 보는 생각, 그리고 '일반성으로의 우리의 편입과 사라짐'을[6] 요구하는 것으로 보는 생각을 공유한다고 주장하고 있으며, 또 『공포와 전율』에 대한 그의 비판은 그가 윤리적인 것에 대한 이러한 설명을 물리치는 것에 초점을 맞추고 있다.

타인을 향한 우리의 책임에 대한 의식으로서, 윤리적인 것은 우리를 일반성으로 사라지게 만들지 않는다. 오히려, 그것은 우리를 개체화하며, 모든 사람을 고유한 개인으로, 자기로 취급한다. 키르케고르는 이것을 인식할 수 없었던 것으로 보이는데, 왜냐하면 그는 윤리적 단계를 초월하기를 원했는 바, 이 단계를 그는 일반성과 동일한 것으로 보았기 때문이다.[7]

---

5 Emmanuel Levinas, 'Existence and Ethics' in *Kierkegaard: A Critical Reader*, edited by Jonathan Rée and Jane Chambelain pp. 26–38; p. 31.
6 같은 글, pp. 31–2.

어쨌거나, 우리는 레비나스의 독해에서 일반성에 대한 이러한 강조에 다음과 같은 물음을 제기하고 싶을 수도 있을 것이다. 요하네스 데 실렌티오의 아브라함은 바로 그 구체적인, 특수한 윤리적 요구에 의해 — 외아들에 대한, 그리고 하느님이 그에게 약속한 바 있는 그의 백성의 미래의 세대들에 대한 그의 의무에 의해 — '시험당한' 것이 아니겠는가?

레비나스는, 윤리적인 것이 타인에 대한 책임으로의 개별적 부름이라는 그 자신의 설명과 일치하는, 창세기 설화에 대한 대안적 독해를 제시한다. 아브라함이 하느님에게 기꺼이 순종하고자 하는 의지와, 또, 요하네스 데 실렌티오에 따를 때, 이 의지가 함축하고 있는 내면의 운동에 초점을 맞추는 대신, 그는 모리아산에서의 드라마의 절정이 다음의 순간이라는 것이다. 그것은 즉

아브라함이 잠시 멈춰 서서, 그에게 사람을 희생시키지 말라고 명령함으로써 그를 윤리적 질서로 다시 복귀시키는 음성에 귀를 기울인 순간이다. 그가 처음의 음성에 순종할 자세가 갖추어져 있었음에 틀림없다는 것은 물론 놀라운 일이다. 그러나 핵심은 그가 두 번째 음성에도 마찬가지로 귀를 기울일 수 있기에 충분할 정도로 그의 순종으로부터 거리를 둘 수 있었다는 사실이다.

아브라함이 두 번째 명령에 귀를 기울일 수 있었다는 이러한 주장은 첫 번째 음성에 대한 순종으로부터의 '거리'가, 내가 생각하기에는, 문제의 여지가 있다는 것을 함축한다. 아브라함은 그가 명령을 받을 때마다

---

7 앞의 글, p. 34.

그저 순종할 따름이다. 그러나 이것이 레비나스의 논지를 약화시키지는 않거니와, 레비나스의 논지는 아브라함의 이야기가 어떻게 '타자들에 대한 무한한 책임으로부터 파생되는 의미를 갖는 유한한 삶에 대한 아무런 주권도 죽음이 가지고 있지 않은지' 보여 주는 것으로 독해될 수 있다는 것이다.

> 주체의 단일성에 대한 이의가 제기될 수 있는 것, 그리고 죽음에도 불구하고, 삶에 의미가 부여될 수 있는 것은 오로지 여기 윤리적인 것에서일 따름이다.[8]

키르케고르와 마찬가지로, 레비나스는 인생의 최고의 과제를 '무한한' 차원을 포함하는 것으로 간주하지만, 레비나스의 경우 이것은 윤리적 영역 안에, 타인에 대한 개인의 책임 안에 놓여야 하는 것이다.

사실, 키르케고르는 윤리적 요구를 '무한한 것'으로 간주하기도 하지만, 그에게 있어서는, 그 요구가 그것을 수행하는 우리의 유한한 능력을 벗어난다는 사실이 윤리적 영역 저 너머를 가리키고 있는 것이다. 1845년의 저서 『인생길의 여러 단계』에서 우리는 이 논점의 간명한 표현을 발견한다. '심미적 영역은 직접성의 영역이고, 윤리적인 것은 요구의 영역이며 (그리고 이 요구는 절대적으로 무한한 까닭에 개인은 언제나 파멸하게 된다), 종교적인 것은 성취의 영역이다.'[9] 프랑스 철학자 데리다(Jacques Derrida)는, 그의 저서 『죽음의 은총』에서, 무한한 윤리적 요구라는 레비나스의 관념을 전개하는 동시에, 레비나스와

---

8 앞의 글, pp. 34-5.

9 Søren Kierkegaard, *Stages on Life's Way*, translated by Howard V. Hong and Edna H. Hong (Princeton University Press, 1988), p. 476.

302 키르케고르의 「공포와 전율」 입문

키르케고르를 더욱 밀접하게 한데 묶으려는 시도를 하고 있다. (데리다는 레비나스처럼, 『공포와 전율』을 요하네스 데 실렌티오가 아니라 키르케고르의 것으로 간주하면서, 이 저서의 딜레마적 형식을 간과하고 있다.) 데리다에 의하면,

> 키르케고르는, 레비나스가 우리에게 상기시켜 주는 것처럼, 윤리가 또한…일반성…의 질서뿐만 아니라…절대적 단일성의 질서이자 그에 대한 존중이기도 하다는 사실을 인정해야 할 것이다…그는 그렇기 때문에 그처럼 마음 편하게 윤리적인 것과 종교적인 것을 구분할 수 없는 것이다.[10]

그러나 비슷하게, 레비나스가 인간 존재에게 무한한 타자성을 귀속시키는 것은 신적 '타자'와 인간적 '타자' 간의 구분의 근거를 훼손시키며, 따라서 '그의 윤리학은 이미 종교적인 것이다'. 두 사상가 모두에게 있어서, 데리다는 주장하기를, '윤리적인 것과 종교적인 것 간의 경계는 미심쩍은 것 이상의 것이 된다.'[11]

데리다의 분석에도 불구하고, 윤리적인 것에 대한 레비나스의 설명과 아브라함 이야기에 대한 그의 독해가 요하네스 데 실렌티오의 딜레마에서 그처럼 분명하게 구별되고 있는 윤리적 영역과 종교적 영역을 반드시 결합하는 것은 아니라는 사실에 유의하자. 레비나스에게 있어서, 아브라함은 이사악에 대한 그의 '무한한 책임'을 오직 그가 하느님에 대한 순종으로부터 '멀어지는' 정도까지만 수행한다. 이것은 레비나스의 비판이 실제로는 하느님에 대한 관계와 윤리적 영역의 요구가

---

10 Jacques Derrida, *The Gift of death*, translated by David Wills (University of Chicago Press, 1995), p. 84.
11 같은 책, p. 84.

원칙적으로 다르다는, 그래서 아마도 실제로 갈등을 빚을 가능성이 클 거라는,『공포와 전율』에 핵심적인, 사상에 찬성한다는 것을 의미한다. 다른 한편, 레비나스는 또 하느님에 대한 관계는 오직 윤리적 삶에서만 수행된다고 주장한다는 점에서, 물론 그러한 윤리적 삶에 대한 그의 설명이 칸트의 그것과 최소한 겉보기에는 다를망정, 칸트를 따르고 있는 것으로 보인다. 창세기 22장에 대한 그의 독해는 칸트의 훨씬 더 귀에 거슬리는 분석의 상대적으로 완화된 변형처럼 보이는 것으로 귀결되는데, 이에 따르면 아브라함은 자신의 윤리적 의무를 위하여 하느님의 명령에 불복종하지 않으면 안 된다.

『공포와 전율』의 조금 더 최근의 논의들은 그것에 대한 레비나스의 분석의 여러 측면들을 반영하고 있다. 하워드 커저(Howard J. Curzer)는 창세기 22장에 대한 윤리적 독해를 제시하는 데 있어서 이 프랑스 사상가를 따르고 있다. 그 희생 이야기에 대한 그의 상당히 비정통적인 해석은 아브라함이 자신의 윤리적 의무를 위반하는 믿음의 사람이 아니라, 그와는 반대로, '믿음을 결여한 도덕적 초영웅'이라고 주장한다. 커저는 창세기 22장에서 하느님이 '아브라함의 윤리를 시험하고' 있다고, 또 아브라함은 이사악을 희생시키라는 하느님의 명령에 불복종함으로써 이 시험을 통과한다고 주장한다. 이 독해에서, '아케다(ake-dah)의 아브라함은 끔찍한 의식을 과감히 거부하는 세련된 도덕적 혁명가인 것으로 드러나거니와', 그는 이사악에게 '번제물로 드릴 어린양은 하느님께서 손수 마련하신다'라고 말할 때 '암묵적으로는 "양을 준비하세요, 하느님, 아이를 희생시키는 것은 잘못된 것이고, 또 나는 그런 일은 하지 않을 테니 말입니다"[12]라고 말하고' 있는 것이다. 커저

---

12 Howard J. Curzer, 'Abraham, The Faithless Moral Superhero' in *Philosophy and Literature* 31 (2007), pp. 344-61; pp. 350-1.

의 주장은 확실히 참신하지만, 그의 해석은 '네가 네 아들마저 서슴지 않고 바쳐…네가 이렇게 내 말을 들었기 때문에'(창세기 22 : 16-18) 아브라함이 축복을 받을 거라는 천사의 말이 잘못 기록되었다는 주장에 의존하는 것으로 드러나기 때문이다. '이 구절에서의 "않고"라는 말의 위치는 고대의 오식(誤植)임에 틀림없다'고 커저는 주장한다.[13] 물론, 성서가, 다른 모든 서적들처럼, 잘못을 포함하고 있을 가능성은 상존하지만, 그와 같은 잘못이 현재 논의되고 있는 저서의 특정의 독해를 기초로 해서 발생하고 있는 장소와 관련된 고찰은 그런 독해를 강화하기보다는 오히려 훼손할 가능성이 크다. 설령 그렇다고 해도, 창세기 22장 전체에 걸쳐서 아브라함이 하느님에게 전적으로 순종하는 것이 아니라는 주장은, 레비나스에 대한 반론에서 내가 시사한 바 있듯이, 받아들이기 어렵다.

훨씬 철학적인 주석에서, 스티픈 멀핼(Stephen Mulhall)은 『공포와 전율』에서 작동중인 윤리적인 것에 대한 설명에 도전하면서, '아브라함은 말할 수 없다는 침묵의 [요하네스의] 생각은…단순히 윤리적인 것의 영역과 보편적인 것의 영역이 동일한 것이라는 헤겔의 생각을 뒤집는 것이고 또 그렇기 때문에 그런 생각을 암묵적으로 전제한다'라고 주장한다는 점에서 레비나스를 닮아 있다. 멀핼이 보기에는, 그 익명이 '윤리적인 것과의 관련하에서 믿음의 특이성을 옹호하는 모양새를 취하'지만, 실제로는 '믿음에 대한 자신의 설명을, 윤리적인 것을 정신적으로 유의미한 실존의 포괄적인, 유일한 가지적 형식으로 정의하는 헤겔의 왜곡된 성격규정에 정확히 일치하는 방식으로 왜곡하고'[14] 있다는

---

13   앞의 책, p. 351.
14   Stephen Mulhall, *Inheritance and Originality: Wittgenstein, Heidegger, Kierkegaard* (Oxford University Press, 2001), p. 382.

것이다. 어쨌거나, 레비나스의 『공포와 전율』의 독해의 관건은 윤리적인 것에 대한 이러한 설명에 있으며, 또 그것을 이 작품에 대한 그의 비판의 표적으로 삼고 있는 반면, 멀헬은 그리스도교에서는, 죄의 깨달음 때문에, 윤리적인 것에 대한 개인의 관계가 바뀐다는 취지로 '숨은 전언'을 주장한다.

> 우리의 죄를 인정한다는 것은 우리가 윤리적 영역의 요구에 부응해서 살 능력이 없음을 인정한다는 것이다. 그리스도를 인정하는 것은 그런 요구들이 그럼에도 우리 자신의 것보다 훨씬 위대한 권능의 도움으로, 충족되어야 한다는 것을 의미한다. 다른 말로 하자면, 믿음은 윤리적인 것을 우리에게 되돌려 주지만, 그 영역 안에서의 우리의 실존은 그것의 무게 중심을 이동시켰다. 우리는 더 이상 자족적이지 않으며, 오히려 외부의, 절대적, 신적인 판단기준 혹은 텔로스에 걸려 있다.[15]

『공포와 전율』에 대한 멀헬의 정교한 분석에 대한 심지어 이처럼 간략한 개괄조차도 레비나스의 비판이 얼마나 단순하고 피상적인지를 시사하고 있다. 만일, 레비나스와 더불어서, 우리가 무한한 윤리적 요구로 무한한 종교적 요구를 대신한다면, 적어도 키르케고르의 그리스도교적 관점에서는, 이것은 오직 절망으로 귀결될 뿐인데, 왜냐하면 인간존재는 무한한 요구는 말할 것도 없고 심지어 유한한 윤리적 요구조차 수행할 수 없기 때문이다. 윤리와 종교 간의 관계의 문제에서 중요한 것은 이처럼 필연적으로 도덕적 의무에 미치지 못한다는 사실이다. 만일 종교적 삶이 윤리적 삶 이상의 것이 아니라면, 타인에 대한 우리의 관계

---

15   같은 책, pp. 386-7.

가 깨질 때, 우리가 타인들에 대한 우리의 의무를 다하지 못할 때, 하느
님에 대한 우리의 관계는 어떻게 될 것인가? (물론, 이 문제는 인간 존
재가 하느님에 대한 관계를 가지고 있을 가능성을 받아들이지 않는 사
람들에게는 무시될 수 있을 것이다. 아마도 이 경우에 말할 수 있는 것
은 우리는 그저 이럭저럭 해 나가고, 우리 실수를 되풀이하지 않으려고
노력하고, 또 서로서로 용서하기 위해 최선을 다한다는 것이리라.) 스
티픈 에반스(C. Stephen Evans)에 따르면, 『공포와 전율』의 '요점'은
종교적 믿음이 도덕적 추구의 삶으로 환원될 수 없다는 것이며, 또 이
것이, 그는 주장하기를, 중요한데 왜냐하면

> 어떤 사람에게는, '윤리'가 최종적인 말이 아닐 가능성이 아주 중요하기
> 때문이려니와, 그 까닭은 만일 윤리가 최종적인 말이라면, 그의 삶은 절망
> 적인 때문이다⋯어떤 사람에게는 최소한, 그가 규정된 방식으로 자신의
> 사회적 역할을 수행할 수 없다는 깨달음에서 윤리적 인생관이 무너진다.[16]

에반스의 경우, 이것은 특별히 그리스도교적 사상이지만, 우리가 앞으
로 살펴보겠지만 특정 신학에 의존하지 않는, 그것을 전개하는 방식들
이 존재한다.

멀헬이 『공포와 전율』은 인간이 도덕적으로 자립적이라는 생각에 이
의를 제기한다는 사실을 강조하고 있는 것은 옳은 일이며, 또 그가 '믿
음은, 윤리적 의무의 변형을 요구할 수는 있을지 몰라도, 그런 의무의

---

16 C. Stephen Evans, 'Faith as the Telos of Morality: A Reading of Fear and Trembling' in Robert L. Perkins (ed.), *The International Kierkegaard Commentary on Fear and Trembling and Repetition* (Macon, George: Mercer University Press, 1993), pp. 9-27; p. 20.

위반을 요구할 수는 결코 없을 것'이라는 견해를 요하네스 데 실렌티오에게 귀속시키는 것 또한 옳을지도 모른다. 그렇지만, 이러한 독해는 세 문제들에서 이루어지는, 아브라함의 믿음과 그리스도교적 믿음 간의 비교를 간과하고 있는 것으로 보인다. 요하네스 데 실렌티오는, 문제 II에서, 가족을 떠난 제자들이 윤리적 의무를 위반하고 있다는 것을 암시하고 있지 않은가? 만일 우리가 멀헬의 해석을 따르고 싶다면, 우리는 그가 믿음의 바깥에 있는 이 익명의 관점과, 믿음의 내부의 관점 간에 하고 있는 훨씬 강한 구별을 할 필요가 있을 것이다. 윤리적 영역의 내부의 관점에서 보자면, 아브라함의 행위는 윤리적인 것의 목적론적 중지를 가리키지만, 이런 입장에서는, 윤리적인 것에 대한 그 어떤 목적론적 중지도 있을 수 없는데, 왜냐하면 윤리적인 것은 '그것의 텔로스인 그 어떤 것도 자신의 바깥에 두고 있지 않기'[46] 때문이며, 그렇기 때문에 아브라함은 길을 잃은 것이다. 종교적 관점에서는, 멀헬은 주장하기를, 믿음은 윤리적 의무를 위반하지 않으며 또 그렇기 때문에 윤리적인 것이 '중지될' 것을 요구하지도 않는다는 것이다. 이것은 멀헬의 입장이 요하네스 데 실렌티오의 한 면, 즉 종교적인 면만을 반영하는 것이며, 그래서 그것에 대한 반응으로서의 멀헬 자신의 결정을 나타내는 것이다. 그러나 우리가, 우리 스스로를 윤리적인 영역이나 혹은 종교적인 영역의 내부에 위치시킴으로써, 제각기 저마다의 응답을 완전히 할 때까지, 그 딜레마는 여전히 남아 있을 것으로 생각된다.

신뢰의 가치

몇몇 비평가들은 하느님에 대한 아브라함의 복종이 아닌 신뢰를 강조

함으로써 아브라함을 옹호하려는 시도를 하였다. 이것은 분명히 『공포
와 전율』에 충실한 해석인데, 『공포와 전율』은 우리가 지금까지 살펴본
것처럼 아브라함이 위대한 까닭은 이사악을 죽이라는 하느님의 명령에
대한 아브라함의 순종 때문이 아니라, 하느님이 그럼에도 당신의 첫 약
속을 반드시 지킬 거라는 아브라함의 신뢰에 찬 기대 때문이라고 보고
있다. 아브라함의 신뢰에 초점을 맞춤으로써 우리는 '맹목적 믿음'에
대한 루터적 옹호에 의지하지 않고서도 그를 찬미할 수 있는 길을 찾을
수 있으며, 또 신뢰는 윤리적 관점과 종교적 관점 모두에 공통적인 윤
리적 가치의 한 기준을 제공하기도 할 것이다. 가치들에 — 정의, 관용,
용기 그리고 정직과 같은 긍정적인 성격 특징들에 — 기초한 윤리이론
이 아브라함에게는 의무의 윤리보다 더 호의적이며, 아마도 신뢰는 그
런 가치들의 목록에 포함될 수 있을 것이다.

　이런 식으로 주장하는 비평가는 로버트 애덤스(Robert M. Adams)
인데, 그는 어째서 — '요컨대 어려운 모든 것이 찬미의 대상이 아니
라' — 믿음의 운동이 찬미의 대상인가라는 물음을 제기하면서 아브라
함의 믿음을 찬양할 가치가 있게 만드는 것은 하느님에 대한 아브라함
의 신뢰라고 주장한다.[17] 어찌 되었든, 이것은 어째서 신뢰가 찬미의 대
상인가라는 또 다른 문제를 제기할 따름이다. 물론, 만일 하느님-관계
가 이미 최고의 텔로스로 인정되었다면, 신뢰는 그러한 텔로스의 일부
로서의 그 가치를 얻는다. 만일 하느님이 은총을 주시겠다면, 그것을
얻을 능력이 있다는 것은 좋은 일인데, 왜냐하면 이러한 수용이 곧 하
느님-관계의 실현**이기** 때문이다. 그러나 우리가 하느님-관계가 최고
의 텔로스라는 견해를 정당화하기 위하여 신뢰의 가치에 호소하고 있

17　Robert M. Adams, 'The Knight of Faith', in *Faith and Philosophy* 7 (4)
(1990), p. 392를 보라.

는 것이라면, 우리는 이것 이상의 뭔가를 더 말할 필요가 있다. 신뢰할
가치가 있는 사람을 신뢰하는 것은 좋기만 하다는 것이 확실한 것일
까? 요하네스 데 실렌티오에 따르면, 그렇지만, 아브라함의 위대함은
그가 '불가능한 것'을 기대했다는 사실에 있으며, 또 불가능한 것을 기
대하는 것은 가능할 뿐만 아니라 있음직한 것을 기대하는 것보다 더
'위대하다'는 그의 주장은 합리적 근거가 전혀 없거나 혹은 거의 없는
것을 신뢰하는 것이 훨씬 더 확실한 근거가 있는 것을 신뢰하는 것보
다 더 우월하다는 것을 함축한다. 하느님에 대한 아브라함의 신뢰를
찬양하는 것은, 내 생각으로는, 아브라함은 그를 인도하는 자신의 이
성을 신뢰했어야 한다는, 그래서 이사악을 죽이라는 명령이 정말로 하
느님의 것이라고 믿는 것을 거부했어야 한다는 칸트의 반박에 노출되
어 있다.

　또 다른 비평가인 융 리(Jung H. Lee)는 주장하기를, 우리가 이 희
생의 이야기를 아브라함의 삶과 하느님에 대한 지속적인 관계라는 더
포괄적인 맥락에서 읽을 때, 아브라함이 그의 신뢰에 대한 근거를 가지
고 있음을 알 수 있다는 것이다. 리는 창세기 전체에 걸쳐서 아브라함
과 하느님에 의해 예증되는 상호 성실성과 응답성을 강조하면서 다음
과 같이 주장한다.

　독단적이고 이해불가능한 하느님의 명령에 대한 맹목적 복종보다 **오히려**,
　신뢰와 배려가 아브라함의 도덕 구조를 정의하고 또 아브라함으로 하여금
　그의 '시련'을 견딜 수 있게 해 준다. 아브라함은 그가 보여 주는 하느님
　을 향한 신뢰를 통해서, 이사악을 챙기겠다는 하느님의 선의와 권능에 대
　한 확신을 드러낸다…이것이 아브라함이 살인자가 아닌 이유이다. 이것
　이 아브라함이 길을 잃지 않은 까닭인 것이다.[18]

이런 식으로 아브라함의 신뢰에 대한 근거를 주장하는 데 따른 한 가지 문제는 이 주장이, 이사악을 희생시키라는 하느님의 명령 그 자체가 아 브라함이 그의 신뢰를 포기해야 하는 이유로 간주되어야 한다는 — 칸 트라면 분명히 제기했을 — 반론으로 곧장 연결된다는 것이다. 논란의 여지가 그렇게 많은 상황에서, 누군가를 지금까지의 그의 신뢰성에 기 초해서 신뢰한다는 것이 합리적인가? 그러나 이렇게 말했다고 해서, 아브라함의 신뢰에 가득 찬 기대가 단순히, 그의 경험을 통해서 하느님 이 스스로가 믿을 수 있는 존재라는 것을 입증했다는 사실로부터 따라 나오는 것은 결코 아니다. 아브라함과 사라에게 아들이 있을 거라는 약 속의 성취가 하느님이 믿을 수 있는 존재라는 것을 아브라함에게 납득 하게 하는 것은 전혀 아니며, 다만 그의 가능성의 지평을 변화시키고, 가능한 것에 대한 그의 개념을 확장시키며, 또 아브라함으로 하여금 '하느님에게는 모든 것이 가능하다' [39]라고 믿게 해 주는 것이다. 아 브라함의 믿음은 이런 측면에서 그리스도교적 믿음의 전형을 제공해 준다. 하느님이 예수에게서 육화했다고, 그리고 예수가 십자가 처형 후 에 부활했다고 믿는 사람은 자기 자신의 미래와 관련하여 무한히 확장 된 가능성의 개념을 가지고 있어야 한다. 그리스도교적 관점에서, 성육 신은 하느님의 무한한 권능의 표식일 뿐만 아니라, 그의 사랑의 표식이 기도 하며, 또 그렇기 때문에 이 사건에 대한 믿음은 아브라함이 예증 하는 개인적 신뢰의 종류에 대한 기초를 제공할 수 있을 것이다.

이것은, 그렇지만, 착각의 위험을 남겨 놓는다. 명령이 실제로 하느 님에게서 나온 것이라고, 자신이 그 명령을 정확히 들었다고, 자신이 온 마음을 다하여 이사악을 사랑한다고 확신하기 위해서 아브라함은

18   Jung H. Lee, 'Abraham in a different voice: Rereading *Fear and Trembling* with care' in *Religious Studies* vol. 36, no. 4 (2000), 377–400; p. 393.

먼저 스스로를 신뢰해야 한다. 마찬가지로, 제자들은 예수가 자신들이 따를 바로 그 사람이라는 각자의 판단, 또 가족을 떠나겠다는 그들의 결정이 추호라도 가족들에 대한 무관심에 의해 동기유발된 것이 아니라는 각자의 판단을 신뢰해야 한다. 그리고 사실, 아브라함의 순종에 대한 칸트의 비판은 하느님의 신뢰성의 문제가 아니라 아브라함이 스스로를 신뢰할 수 있는가라는 이러한 문제에 더 초점이 맞춰져 있다. 그리고 요하네스 데 실렌티오의 경우 또한 이 후자의 문제가 적어도 전자의 문제에 못지않게 중요하다. 만일 키르케고르가 자기기만을 인간의 본성에 핵심적인 것으로 간주한 것이 옳다면, 이것은 자신을 신뢰하는 것의, 자신의 참된 동기를 확인하는 것의 어려움을 강조하는 것이다. 예를 들어, 자기 자신의 내적 이중성은 누군가를 신뢰하는 것과, 사람들이 말하는 것이 사실이라고 자의적으로 희망하는 것을 분별하는 일을 어렵게 만들 것이다. 이것은 아브라함에 대한 요하네스 데 실렌티오의 해석을 반박하는 논증이라기보다, 그가 『공포와 전율』에서 붙잡고 씨름하고 있는 문제이다.

여기에서 중요한 것은, 내가 생각하기에는, 이 문제에 대한 순전히 지적인 접근을 채택하는 것에 대해서 신중해야 한다는 것이다. 아마도 칸트의 강경한 회의론에 대한 최선의 대응은 타인에 대한 신뢰가 오랜 시간을 통해서 그를 알아감에 따라 점차 커지는 것처럼, 자신에 대한 신뢰 역시 자신의 생각, 감정, 동기 기타 등등에 대해 점점 익숙해짐에 따라 커질 수 있음을 지적하는 것일 것이다. 이것은 오류를 범할 가능성을 없애지는 못하지만, 정확히 이러한 가능성에 대한 현실적인 반응을 암시한다. 종교적 전통의 내부에는 이러한 자기 이해의 과제를 지지하는 — 예컨대, 기도, 고백, 성찰 등의 — 의식들이 있으며, 실제로, 정신분석과 인지행동주의 심리학적 요법에서 채택되는 것들과 같은,

유사한 세속적 실천들과 기법들이 있다. 요하네스 데 실렌티오 자신이
문제 III에서 금욕 생활을 '모든 개개의 내밀한 생각을 탐구하고…또
모든 인간의 삶에서 여전히 은폐된 채로 있는 어두운 정서들을…불러
내겠다는' [88] 서약이라고 찬양할 때 그는 이러한 자기 앎의 개발의 의
의를 강조하고 있는 것이다. 그리고 1843년의 키르케고르의 일지에서
우리는 이런 종류의 실천에 대한 언급을 찾아볼 수 있다.

> 나는 자리에 앉아서 내 내면의 존재의 소리에 귀를 기울인다…그것들을
> 종합하는 것은 작자를 위한 과제가 아니라 삶에 대한 더 큰 요구가 부재하
> 는 가운데 자신을 이해하기를 원하는 단순한 과제에 스스로를 한정하는
> 사람을 위한 과제이다.[19]

종교적 가르침과 믿음이 그런 실천들을 구체화하는 삶의 방식들에 깊
이 새겨져 있는 것이다.

애덤스와 리처럼, 샤론 크리셰크(Sharon Krishek)는, 아브라함의 복
종이 아니라, 하느님에 대한 아브라함의 신뢰를 아브라함의 믿음에 핵
심적인 것으로 간주하고 또 더 나아가 어째서 이런 신뢰가 찬미의 대상
이 될 수 있는가에 대한 설명을 전개한다. 그녀는 '아브라함이 잘 견뎌
내고 있는 **시험**은 기꺼이 아들을 죽이겠다는 그의 의지에 있는 게 아니
라, 오히려 하느님의 약속에 대한 그의 **신뢰**에 있다'[20]고 주장한다. 『공
포와 전율』에서의 믿음과 윤리 간의 관계에 대한 그녀의 해석은 믿음
이 윤리에 대립된다는 것을 부정한다는 점에서 그리고 인간은 윤리적

---

19 JP 5651 (1843).
20 Sharon Krishek, *Kierkegaard on Faith and Love* (Cambridge University Press, 2009), p. 106n.

요구를 수행할 능력이 없다고 강조한다는 점에서 스티픈 멀핼의 해석
과 매우 비슷하다.

> 아브라함의 믿음은 윤리적 이상을 위반하지 **않을** 뿐만 아니라, 그런 이상
> 을 수행하는 최고의 방법을 제시하기까지 한다. 그 이상은 동일한 것으로
> 남아 있으며, 다만 믿음의 맥락에서의 그것에 대한 우리의 전유가 완전히
> 바뀌었을 뿐이다…따라서, 윤리에 대한 단순히 합리적인 접근과 종교적
> 접근(믿음의 접근)을 구별하는 본질적 요소는 신뢰이다. 인간의 오성과
> 능력의 한계 안에 머물러 있는 윤리만으로는 윤리적 이상을 수행하는 도
> 중에 불가해한 장애에 직면할 때 파멸하게 되는 것을 깨닫는다. 우리에게
> 는 이러한 수행의 가능성을 단단히 붙잡을 수 있기 위하여 믿음에 함축되
> 어 있는 신뢰가 필요하다.[21]

크리셰크의 독해와 관련하여 특별히 흥미로운 것은 그녀가 윤리적 영
역을 역할과 의무의 수행이 아닌 사랑과 관련해서 이해하는 방식이다.
그녀의 이러한 방식은, 윤리적인 것에 대한 요하네스 데 실렌티오의 개
념이, 레비나스, 데리다 그리고 멀핼이 주장하는 것처럼, '일반성'에
가깝다는 사실에도 불구하고, 『공포와 전율』에 충실한 것이다. 『공포와
전율』은, 우리가 지금까지 살펴본 바와 같이, 인간적 관계에 관여 되어
있는 사람들로 넘쳐 난다. 사라와 토비아스, 아그네스와 인어, 아가멤
논과 이피게네이아, 아기의 젖을 떼는 엄마를 생각해 보라. 더욱 적절
하게는, 크리셰크가 사랑을 윤리적인 것 안에 포함시키는 것은 인간이
삶을 영위하는 방식에 더욱 충실한 것이다. 좋은 어머니, 좋은 남편, 혹

21　같은 책, pp. 106-7.

은 좋은 친구가 된다는 것은 단순히 다른 사람에 대한 책임의 문제가
아니라, 그들을 사랑하는 문제라는 것은 쉽게 이해할 수 있는 일이다.
그러나 다른 사회적 역할에서도 또한, 사랑에 의해 생명력을 얻는 책임
의 가능성이 존재한다. 즉 자신의 일에 대한, 가정에 대한, 정의에 대
한, 자연에 대한, 조국에 대한, 축구팀 기타 등등에 대한 사랑 말이다.
인간의 세계-내-존재를 수난과 기쁨 모두의 원천으로 만드는 것은 바
로 이러한 사랑이며, 또 당연하게도 이러한 것들이 『공포와 전율』의 중
요한 주제인 것이다.

크리셰크의 독해의 강점 중 하나는 그것이 내가 위에서 언급한 두 개
의 문제, 즉 종교적 믿음의 문제와, 윤리와 믿음 간의 관계의 문제를 결
합한다는 것이다. 우리가 지금까지 살펴본 것처럼, 몇몇의 비평가들은
『공포와 전율』에서 인간은 그들이 윤리적 요구를 수행하지 못하도록
방해하는 죄의 상태에 처해 있다는 그리스도교적 사상을 발견한다.
『공포와 전율』에 대한 크리셰크의 논의가 강조하는 것은 단순히 자기
이익만이 아니라, 이는 도덕적 결함으로 간주될 수 있으려니와, 또한
상실의 두려움까지도 우리가 사랑하는 데 방해요소로 작용한다는 사실
이다. 존 데이븐포트(John DavenPort)의 최근의 소론을 인용하자면,[22]
그녀는 오로지 믿음만이, 신뢰의 의미에서, 우리가 상실에 직면했을 때
사랑을 계속하게 해 줄 수 있다고 주장한다.

우리는 이제 유한한 것과의 회복된, 바람직한 관계가 어째서 '믿음'이라
는 명칭에 합당한지를 이해할 수 있는 입장에 있는지도 모른다. 데이븐포

---

22 John J. Davenport, 'Faith as Eschatological Trust in *Fear and Trembling*' in
Edward F. Mooney (ed.), *Ethics, Love and Faith in Kierkegaard* (Indiana Universi-
ty Press, 2008), pp. 196–233을 보라.

트의 용어를 빌자면, 여기에서 우리의 관심사가 되고 있는 윤리적 이상은 **사랑**의 관계를 유지한다는 것이다. 이 이상을 성취하는 것에 대한 장애는 **상실**이다. 결론적으로, 상실의 장애에도, 이 이상을 성취하는 방법은 **믿음**이다. 다시 말하자면, 유한한 것에 대한 모든 요구를 완전히 포기하면서 그것을 확고히 붙잡는…방법, 우리의 윤리적 희망 가운데 심지어 절대로 얻을 수 없는 것에 대한 성취를 신뢰하는 방법 말이다…우리는 은사(恩賜)와 박탈의 복잡한 현실 속에 살고 있다…우리에게 찬란한 선을 주지만 이따금 그것들을 빼앗아 가고, 우리를 고통과 비탄 속에 빠트리는 현실 말이다. 우리에게는 그렇기 때문에 우리가 세상을 향하여 말하고 또 세상에 귀 기울일 수 있는 방법인 — 하느님과 유한성과의 이중의 결합에 심오하게 주의 깊은 — 믿음의 독특한 언어가 필요한 것이다. 이러한 대화는 모든 것을 포기하는 데 함축된 무한한 고통을 담고 있지만, 또한 모든 것을 다시금 확고히 붙잡는 강렬한 기쁨도 포함하고 있다. 따라서, 우리에 대한 세상의 수용성과 관련하여 실존적인, 그리고 궁극적으로 종교적인 직관에 실질적인 공간을 부여하는 것은 오직 믿음뿐이다. 이러한 직관은 우리가 우리에게 주어진 모든 것에 대하여, 그리고 특별히 우리가 사랑하는 이에 대하여 유지하는 것을 목표로 삼아야 하는 바람직한 관계에 대한 — 믿음이 가득한(믿음으로-충만한) 관계에 대한 — 토대이다.[23]

물론, 『공포와 전율』에 대한 크리셰크의 독해는 **어떻게** 우리가 '우리의 윤리적 소원 중에서 심지어 결코 얻을 수 없는 것에 대한 성취를 믿는' 입장 속으로 들어갈 수 있는가 하는 문제를 해결할 수 없다. 다시금, 이러한 **어떻게**의 — '어떻게 사람이 [믿음] 속으로 들어갔는가, 혹은 어

---

23 Krishek, *Kierkegaard on Faith and Love*, p. 107.

316 키르케고르의 「공포와 전율」 입문

떻게 믿음이 사람 안으로 들어왔는가' [5]의 — 문제는 정확히 요하네스 데 실렌티오가 제기한 문제이지만, 이 문제에 대한 답을 그는 찾지 못하고 있다. '어떻게 [아브라함은] [역설] 속으로 들어갔는가 하는 것은 어떻게 그가 그것 안에 머물러 있는가와 정확히 같은 정도로 불가해한 것이다' [58]. 크리셰크가 기술하고 있는 신뢰가, 사랑하는 이의 상실에 대한 불안에 사로잡히는 것보다 오히려, 이 세계에서 행복하게 살 수 있는 유일한 방법이라는 것이 사실일 수도 있다. 그러나 뭔가를 믿는 것이 좋은 일일 거라고 생각하는 것과, 실제로 그것을 믿을 수 있는 것 간에는 분명히 차이가 있다. 만일 인간 존재가 윤리적 요구를 수행할 수 없다면 — 이 요구들이 도덕적 의무의 좁은 의미에서 이해되건, 아니면 타인들을 상실할 가능성에 직면해서 그들을 사랑하는 것을 포함하는 광범위한 의미에서 이해되건 간에 — 그렇다면 이러한 한계는 신뢰에 대한 근거를 제공하지 못한다. 설령 그것이 어째서 신뢰가 바람직한가를 보여 준다고 하더라도 말이다. 결국, 칸트의 철학에서 우리는 윤리적 영역의 자율에 대한 주장, 요하네스 데 실렌티오에 따르면, 하느님을 '눈에 보이지 않는 소멸점, 무의미한 생각' [59]으로 바꾸어 버리는 주장과 함께, 인간 존재는 불가피하게 도덕 법칙에 미치지 못한다는 것에 대한 인정을 발견한다. 칸트는 사실 — 불멸의 영혼에 대한, 그리고 덕을 행복으로 보상하는 정의로운 하느님에 대한 — 종교적 믿음을 옹호하는데, 왜냐하면 이것이 이승에서의 삶에서는 불가능한 도덕적 완전성과 정의를 가능하게 만들기 때문이다. 그러나 이것은 아브라함이 예증하는, 그리고, 요하네스 데 실렌티오의 경우, 그리스도교적 믿음의 과제를 구성하는 **이승에서의** '성취'에 대한 믿음과는 매우 다르다. 따라서 크리셰크의 독해는 이 익명의 딜레마에서 문제가 되고 있는 것을 보여 주는 정도까지만 나아가는 것처럼 생각된다. 그의 독해는 만일 우리가 아브라함을 찬미할 수 없다면, 우리는 우리로 하여금 우리의 일시적인 관계들을 향유하게 해 주는 믿음 내지 신뢰를 철저하게 상실할 것 같다는 것을 우리에게 보여 준다.

또한, 우리가 신뢰에 초점을 맞출 때, 우리는 종교적 틀 안에 머물러 있는 것으로 생각된다. 결국, 아브라함은 그에게 위대한 것들을 제공하고 또 약속하는 신을 신뢰하는 것이다. 물론, 다른 인간존재를 신뢰할 수 있다는 것은 중요하지만, 여기에서 문제가 되는 것은 유한한 인간의 영역을 뛰어넘는 것에 대한 신뢰이다. 혹은 어쩌면 아닐지도 모른다. 결국, 사랑할 수 있는 모든 타인의 자유는 우리 자신의 능력을 벗어나는 것이며, 또 그렇기 때문에 신뢰는 언제나 어떤 의미에서는 초월적이다. 그러나 『공포와 전율』에서는, 아브라함의 특수한 상황과, 또 그리스도교 신자의 경우 모두에서, 기대와 신뢰의 대상은, 죽음에 직면해서의, 삶 그 자체의 지속이며, 상실에 직면해서의, 은총의 회복이다. 아마도 어떤 사람들은 삶 자체에 대한 믿을 만한 관계의 관념을 이해할 것인 바, 이는 매 순간이 미끄러져 달아날 때 새로운 순간이 그 자리를 채울 것이라는 믿음이 될 것이며, 그래서 '하느님이 주실 것이다' 라는 아브라함의 기대는 삶은 계속해서 자신을 선물할 거라는 신뢰를 의미하게 되는 것이다. 이러한 자연주의적 해석은, 아브라함의 믿음에서 문제가 되는 것이 단순히 삶의 재생이 아니라, 그것의 회복이고, 정말로 상실된 것의 되돌려 받음이라는 점에서, 그 한계를 지니고 있다. 그렇지만, 심지어 이것조차도 자연주의적으로, 상실된 시간이 용서를 통하여 회복되는 것으로, 이해될 수 있다. 일반적으로 이해될 때, 과거는 우리에게 상실된 것이다. 우리는 과거를 되돌려 받을 수 없고, 그것을 반복할 수 없으며, 또 이것은 우리가 우리의 잘못과 놓친 기회들을 상기할 때 특히 더 고통스러운 상실이다. 물론, 용서는 글자 그대로 상실된 과거를 회복할 수 없지만, 그것은 과거에 대한 우리의 관계를 바꿀 수 있으며, 그 결과 과거의 행위는 죄책과 후회의 근원이 되기를 멈추고, 심지어 그 대신 지혜와 동정을 발전시킬 기회가 되기도 한다. 이것은 용서받은 이와, 용서하는 이 모두에게 적용된다.

겸손한 용기

하느님에 대한 아브라함의 신뢰가 『공포와 전율』을 비합리주의와 비도덕성이라는 비난으로부터 열렬히 옹호하는 비평가들에게 많은 관심을 받은 반면, 그의 용기는 — 그리고 더 일반적으로 믿음의 용기는 — 거의 논의되지 않았다. 요하네스 데 실렌티오가 수없이 그것을 언급했는데도 말이다. 용기는 종교적 삶과 직접적으로는 연관되지 않은 세속적 덕목이다. 우리는 종종 병사의 용기, 소방수의 용기, 혹은 심각한 질병과 "투쟁하는' 누군가의 용기에 대한 찬양의 표현을 듣곤 한다. 그러나 이러한 사례들이 가리키는 것은 용기가 특별히, 비록 유일하지는 않을지라도, 죽음에 대한 직면과 관련된 덕목이라는 것이다. 용기는 특정 종류의 상처입기 쉬움과 위협에 대한 반응이다. 요하네스 데 실렌티오가 말하는 것처럼,

> 매 순간 사랑하는 이의 머리 위에 매달려 있는 칼을 보면서도, 체념의 고통에서의 안식이 아니라, 불합리한 것의 덕분으로 기쁨을 발견하는 것 — 그것은 기적적인 것이다. 그것을 행하는 사람은 위대하거니와, 단 한 명의 위대한 사람이다.[43]

용기는 또한 신뢰와 관련하여 중요한 덕목이기도 하다. 하느님에 대한, 종교적 가르침에 대한, 타인에 대한, 자신에 대한 — 신뢰를 유지하는 어려움은 용기에 대한 필요성을 가리킨다. 용기는 상처 입기 쉬움뿐만 아니라 위기와 불확실성에도 반응한다. 요하네스 데 실렌티오가 아브라함에 대한 그의 해석에서 강조하는 '공포와 전율', 혹은 불안을 감안하면, 용기가 아브라함의 영웅적 행위에 대한 그의 설명에서 핵심적인 역할을 하는 것도 놀랄 일이 아니다. 체념의 운동 내지 믿음의 이중 운동을 행하는 사람을 기술하기 위해서 '기사'라는 말을 사용하는 것은, 그것의 군사학적 의미와 더불어서, 용기 혹은 용감성의 의의를 표현하는 것이다.

물론, 만일 아브라함의 용기가 그의 위대함의 표지로 간주되어야 한다면, 우리는 용기와 관련하여 무엇이 좋은 것인지 자문해야 한다. 우리가 신뢰의 가치의 물음을 제기한 것처럼 말이다. 첫째, 그렇더라도, 우리는 용기가 무엇인가를 밝혀야 한다. 그것은 물러남 없이 위험 내지 어려움에 직면하는 능력을 포함한다. 모든 가치처럼, 용기는 두 극단 사이의 중용이다. 아리스토텔레스에 따르면, 그는 덕에 관한 가장 영향력 있는 철학자로 남아 있는데, 용기는 위험에 직면해서의 비겁함과 무모함 간의 중용 내지 중간이다. '아브라함은 지나치게 이르지도 않게 그리고 지나치게 늦지도 않게 도착했다'[29]. 용기는, 말하자면, 기백(氣魄)의 적절한 양이다. 이러한 성질이 너무 없으면 우리가 위험에 감연히 맞서는 데 방해가 되는 반면, 그런 성질이 지나치게 넘치면 무모한 종류의 모험을 택하게 된다. 용기의 덕목은 또한 두려움에 적합한 것, 또 그것을 위해 싸울 가치가 있는 그런 것 — 그리고 심지어 그것을 위해 자신의 목숨을 걸 만한 가치가 있는 그런 것을 깨닫는 지혜를 포함하기도 한다.

용기는 전통적인 가치이지만, 그것은 확실히 『공포와 전율』에서 윤리적인 것의 확장된 개념 안에 장소를 차지하고 있거니와, 이 확장된 개념에는, 크리셰크가 주장하는 것처럼, 특별한 타인들에 대한 의무뿐만 아니라 그들에 대한 사랑도 포함된다. 윤리적인 것의 이러한 확장된 개념에 상응하는 것은 이기심과 외고집(다시 말하자면, 자신이 옳지 않다는 것을 알고 있는 바를 행하는 성향)뿐만 아니라 상실의 두려움까지도 포함하는 죄의 개념의 확장이다. 신학자 존 밀방크(John Milbank)는 '아우구스티누스가 "자만심"으로서의 초월적 죄를 위치시킨 곳에, 이 자만심은 이미 무한한 것을 그 자신의 손아귀에 있는 것으로 생각하거니와, 키르케고르는 두려움을 대체하는데, 두려움은 인정된 불확실성의 매체 안에서 떠다닌다'[24]라고 주장한다. 그런 두려움이 필멸성의 사실로부터의 불안한 벗어남으로 귀결되는 한, 죄를 하느님에게, 그리고 자신에게 진실하지 못한 실패로 간주하는 전통적인 그리스도교적 이해는, 우리가 하느님에 대한 우리의 관계로 구성되어 있는 한, 자신의 참된 본질에 진실하지 못한 — 자신의 우연성, 유한성, 상처받기 쉬움에 진실하지 못한 — 실패로 해석될 수도 있을 것이다.

크리셰크는 '[사랑이라는] [윤리적] 이상을 성취하는 것에 대한 장애는 상실이다'라고 주장하는 반면, 이러한 '장애'가 상실**에 대한 두려움**임을 확인하는 것이 훨씬 정확할 것이다. 그리고 이러한 확인은 초점을 초월적 회복 내지 성취에 대한 신뢰로부터 자기 자신의 두려움에 직면해서의 용기로 옮긴다. 『공포와 전율』에서, 우리가 살펴본 것처럼, '사랑하는 이의 머리 위에 매달린 칼'에 의해 상징적으로 표현된 — 사랑하는 이를 상실하는 두려움은 사람들이 사랑하는 것에 대한, 또한,

---

24   John Milbank, 'The Sublime in Kierkegaard' in The Heythrop Journal 37 (1996), 298–321 ; p. 310.

중요하게는, 자신들이 타인들에 의해 사랑받는 것에 대한 장애가 될 수 있다. 이것은 특별히 사라와 토비아스의 이야기에 대한 요하네스 데 실렌티오의 논의에서 분명해졌는데, 왜냐하면 이 익명은 사라를 사랑하는 것에서 토비아스의 용기를 인지하는 반면, 그는, '[사랑을] 받는 것이 [그것을] 주는 것보다 훨씬 더 어렵다는 커다란 수수께끼'[91]에 의해, 자신이 토비아스에게 사랑받는 것을 허용했다는 점에서 사라의 용기를 훨씬 더 높이 찬양하고 있기 때문이다. 상실의 두려움은 개인 자신의 윤리적 삶을 훼손할 뿐만 아니라, 윤리적 삶 그 자체를 훼손하기도 하는데, 왜냐하면 그런 두려움은 타인들이 사랑하는 것을 방해하고, 또 그럼으로써 타인들 자신의 윤리적 요구를 수행하는 것을 방해하기 때문이다. 요하네스 데 실렌티오에게 있어서, 믿음에 속하는 용기의 덕은 첫째 자신의 상실에 대한 두려움과 맞서고 또 그 다음 사랑하는 이의 상실의 불가피함을 받아들일 수 있는 능력이다. 그 다음은 은총의 형태로, 하느님으로부터의 은총, 삶으로부터의 선물, 죽음으로부터의 선물, 혹은 모든 살아 있는 존재에게 있어서 육화되는 사랑으로부터의 선물의 형태로 사랑하는 이를 되돌려 받는 능력이다. 첫 번째 구절은 체념의 운동이며, 두 번째 구절은 믿음의 운동이다.

최근의 저서 『근본적 희망: 문화적 황폐에 직면한 윤리학』에서 미국의 철학자 조나단 레어(Jonathan Lear)는 믿음의 용기에 대한 요하네스 데 실렌티오의 설명에 동의하는 용기에 대한 논의를 제시하고 있다. 『공포와 전율』이 아브라함의 이야기를 이용해서 믿음, 윤리, 그리고 인간의 조건에 관한 문제에 관해서 성찰하는 것처럼, 『근본적 희망』 역시 아메리카 인디언족인 크로우족의 이야기를 이용해서 특정의 유사한 문제들에 관해서 성찰한다. 비록 레어가 키르케고르를 상세하게 논의하고 있지는 않지만, 그는 크로우족의 전통적인 삶의 방식이 끝이 날 때의 이 부족의 반응의 성격을 규정하기 위하여 '윤리적인 것의 목적론적 중지'의 관념을 채택하거니와, 더욱 일반적으로는 인간의 조건에 대한 그의 이해는 유한성과 연약함에 대한 그것의 강조에 있어서 『공포와 전율』과 동조(同調)한다. 용기의 덕의 문제에 대한 레어의 대답은 인간의 삶의 다음과 같은 특징들에 초점을 맞추고 있다.

용기는 덕이라고 나는 생각하는데, 왜냐하면 그것은 우리에 관한 기본적인 사실, 즉 우리가 유한한 애욕의 존재라는 사실에 대처하고, 대응하고, 또 그런 사실을 입증하는 탁월한 방법이기 때문이다. **유한하다**라는 말로 내가 의미하는 바는 인간의 조건을 규정하는 한계들의 집합이다. 우리는 전능하지도 또 전지하지도 못하다. 우리의 창조능력은 제한적이다. 원하는 것을 얻는 능력 또한 그렇다. 우리의 믿음은 잘못될 수도 있다. 그리고 심지어 우리가 세계를 이해하는 수단이 되는 개념들은 취약하기 이를 데 없다…**애욕의**라는 말을 나는 기본적으로 플라톤적 개념으로, 즉, 우리의 유한한 결핍의 조건에 있어서, (아무리 착각에 의한 것일지라도) 우리가 가치 있는 것이라고, 아름답고 선한 것이라고 간주하는 것에 대한 열망과 동경, 그리고 찬미를 통해서 세상과 접촉하려고 한다는 것으로 이해한다…[우리는 용기를 다음과 같은 것으로 간주할 수도 있다] 불가피하게 인간의 실존에 수반되는 위험들을 잘 견딜 수 있는 능력. 인간으로 존재한다는 것은 필연적으로 취약하기 짝이 없는 위험을-택하는-자로 존재한다는 것이다. 용기 있는 인간으로 존재한다는 것은 그것에 능하다는 것이다.[25]

25 Jonathan Lear, *Radical Hope* (Harvard University Press, 2006), pp. 119-23.

만일 용기가 취약함에 대처하는 좋은 방법으로서의 가치를 지니고 있다면, 『공포와 전율』에서, 이것은 덧없음에 대처하고 또 그것을 받아들이는 것을 의미한다. 용기는 사랑하는 이에게 집착하는 것과 그에게서 물러나는 것 사이의 중용이거니와, 이 둘 다 상실의 고통을 회피하려는 시도들이다. 우리가 레어의 분석에 덧붙일 수 있는 한 가지 요점은 용기에는 정적(靜寂)이 있다는 것이다. 두려움에 겨운 도피와 무모한, 분별없는 싸움 간의 중용으로 간주되는 용기는 보기에 무서운 것은 무엇이든 똑바로 서서 정면으로 직시하고자 하는 자발적 의지를 포함한다. 그런 용기는 지혜의 발달을 위한 조건인데, 왜냐하면 우리는 오직 이러한 정적에서만 모든 것을 명석하게 보고, 자신의 상황의 본질을 판단하고, 또 그것에 대한 가장 적절한 대처방법을 발견할 수 있기 때문이다. 키르케고르는 그의 익명 비길리우스 하우프니엔시스가, 『불안의 개념』에서, '모든 인간 존재는…불안한 상태로 존재하는 것을 배워야 한다' [26]라고 쓸 때 그런 견해를 표현하고 있는 것으로 보인다. 여기에서 요점은 불안이 좋은 것이라는 게 아니라, 불안이 인간의 조건의 일부라는 것을 감안할 때, 우리는 불안한 상태로 **존재하는** 것을 배워야 하며, 불안으로부터 도망치는 것이 아니라, 불안 속에 머무는 것을 배워야 한다는 것이다. 비길리우스 하우프니엔시스에 따르면,

올바르게 불안한 상태로 존재하는 것을 배운 사람은 누구나 궁극적인 것을 배운 것이다…그럴 때 불안의 엄습은, 비록 그것이 아무리 끔찍하더라도, 그가 그로부터 도망치는 그런 것은 아닐 것이다. 그에게, 불안은 봉사하는 정신, 정신 자신의 의지에 반해서 그가 가고자 원하는 곳으로 그를

---

[26] Søren Kierkegaard, *The Concept of Anxiety*, translated by Reidar Thomte (Princeton University Press, 1980), p. 154.

인도하는 그런 정신이 될 것이다.[27]

용기에 대한 레어의 논의와 관련해서 특별히 흥미로운 것은 그가 인간
의 취약함과 유한성을 윤리적 영역 그 자체로 확장하는 방식이다. 1880
년대에 크로우족이 인디언 보존구역으로 이주했을 때, 수렵 및 타 부족
과의 전쟁이라는 그들의 전통적인 유목민적 삶은 파괴되었다. 물론, 그
들의 상황은 정치적 문제를 야기했지만, 레어가 가장 관심을 가졌던 것
은 그 철학적 의미였다. 크로우족의 경험이 예증하다시피, 삶의 방식
이, 이것에는 선한 삶에 대한 이해의 틀을 체계화하는 공유 개념들이
포함되거니와, 끝장이 날 수도 있다는 것은 언제나 가능한 일이다. 레
어가 주장하듯이, '심지어 우리가 거주하는 세계에 관해서 우리가 생
각하려고, 우리 자신과 우리의 삶에 관해서 생각하려고 노력할 때조차,
우리는 우리의 사고의 수단이 되는 바로 그 개념들이 이해하기 어려운
것이 될 수도 있는 위험을 무릅쓴다.'[28] 윤리적 영역의 이러한 취약함은
용기의 대처를 요구할 뿐만 아니라, 모든 주어진 인류(Sittlichkeit)을
넘어선 데로부터의 요구의 가능성을 불러온다. 레어는 크로우족이 다
만 살아남을 수 있고 또, 만일 '자신들이 선한 삶과 관련해서 이해하는
거의 모든 것을 포기할 용의가' 있다면, 그들이 최소한 번창의 가능성
을 유지할 수 있다는 것을 설명하기 위하여 윤리적인 것의 목적론적 중
지라는 요하네스 데 실렌티오의 개념을 이용하고 있다. 그는 다음과 같
이 주장하고 있다. '이것은 선한 삶에 대한 선재(先在)하는 개념들에
입각해서 추론될 수 있는 선택이 아니었다. 사람에게는 선에 대한 자신
의 현재의 이해를 넘어선 선에 대한 어떤 개념이 ― 혹은 관여가 ― 필

---

27   같은 책, p. 159.
28   Lear, *Radical Hope*, p. 120.

요하였다.'[29]

이것은, 내가 생각하기로는,『공포와 전율』에 적절한 주장인데, 특히 우리가 이 저작을 특수한 역사적 상황에 대처하는 것으로 간주할 때 더욱 그렇다. 물론, 19세기 유럽에서의 그리스도교도들의 구체적 상황은 동시대의 크로우족의 그것과는 전혀 다르고, 심지어는 정반대인 것처럼 보인다. 크로우족의 삶의 방식이 붕괴하고 있는 동안, 그리스도교도들은, 키르케고르에 따르면, 그리스도교계에서, 즉 그리스도교적 믿음이 제도, 관습, 공동의 가치관 등등과 일치하는 사회에서, 자기만족에 취해서 정착해 있었다. 그러나 레어가 그처럼 잘 기술하고 있는 본질적 취약성을 뒤덮고 있던 것은 바로 이러한 외면적 안정이었다. 믿음의 상실과 윤리적 영역의 내재성 간의 자신의 두드러진 딜레마를 분명하게 진술하면서, 요하네스 데 실렌티오는 독자들에게 윤리적인 것이 그리스도교도가 된다는 과제와 일치하지 않을 수도 있을 가능성과 맞닥뜨릴 것을 촉구하고 있다.[30] 이러한 가능성은, 그가 지적하다시피, 초기의 그리스도교도들의 상황에서 예증되고 있으며, 또 20세기에 어떻게 그것이 다시금 예증될 수 있는지를 우리는 아주 분명히 알 수 있다. 오늘날 우리는 사람들이 그리스도교도, 무슬림, 혹은 불교도, 혹은 사회주

---

29 같은 책, p. 92.

30 에반스(C. Stephen Evans)의『공포와 전율』의 독해는 또 이 저서의 다음 구절도 강조하고 있다. '하느님이 사회질서를 초월하고, 사회 질서는 스스로를 신격화하려고 하고 또 신의 권위를 찬탈하려고 하는 한, 믿음과 '이성' 간에는 불가피한 대립이 있게 마련인데, 이는『공포와 전율』에서 "윤리적인 것"이라고 불리는 것과 믿음 간에 긴장이 존재하는 것과 같다…믿음의 관점에서는, "이성"과 "윤리적인 것"의 상대성과 역사적 성격이 분명해지고, 또 새로운 사고방식과 행동 방식이 보이게 되는데, 이는 사회에 의해서 "불합리하고" 또 "비윤리적인 것"으로 단죄될 수도 있지만, "단독의 개인"에 의해서는 사회 자체가 지지한다고 주장하는 이상들을 훨씬 본래적인 방식으로 성취하는 것으로 간주될 수도 있다'. Evans, 'Faith as the Telos of Morality', p. 24를 보라.

의자, 혹은 철학자, 혹은 기타 등등이 되어야 한다는 각자의 과제를, '윤리적인 것이' 이러한 과제와 일치하지 않는 사회에서, 추구하는 세상에 살고 있다. 심지어 **인간 존재**가 된다는 과제가 윤리적 삶의 그것보다 더 높은 요구의 가능성을 포함하고 있다는 것이 사실인 것은 아닐까?

요하네스 데 실렌티오가 언급하는 용기가 특정 종류의 용기라는 것에 주목할 필요가 있다. 이 익명에 따르면,

> 영원한 것을 얻기 위하여 시간성 전체를 부정하는 데는 순전히 인간적인 용기가 요구되지만…그 다음에 불합리한 것에 의하여 시간성 전체를 붙잡는 데는 역설적이고 겸손한 용기가 필요하며, 또 이것이 믿음의 용기이다.[41]

이러한 '역설적이고 겸손한 용기'는 무엇을 함축하는가? 우리를 겁에 질리게 하는 것에 대항해서 싸우고 위험과 맞서는 것과 관련해서 우리는 일반적으로 의지의(혹은 마음의) 힘으로서의 용기를 생각하는 반면, 믿음의 용기는 저항이 아니라 수용성의 형태를 취한다. 그것은 적극적이라기보다 수동적이다. 단순히 용감할 뿐만 아니라, 너그럽기까지 하다. 아브라함이 그를 부르는 천사의 음성에 귀를 기울일 수 있는 것은, 하느님의 명령에 대한 복종심이 없기 때문도 아니고 압도적인 도덕적 양심 때문도 아니며, 그의 마음이, 심지어 그가 이사악의 몸을 향해 칼을 높이 들어 올릴 때조차도, 충분히 고요하고 상냥하기 때문이다. 그의 용기가 그로 하여금 귀 기울여 들을 수 있게 하는 것이다.

조지 패티슨(George Pattison)은, 철학자이자 키르케고르 연구자로서, 자신의 『기술의 시대에 하느님에 관하여 성찰하다』에서 용기의 이

러한 독특한 형태를 논하고 있는데, 이 저서에서 그는, 제목이 암시하
는 바와 같이, ― 키르케고르가 하는 것처럼 ― 특별히 근대적 맥락에
서 종교적인 사고행위와 실존함의 과제를 탐구하고 있다. 패티슨은 이
러한 과제를 떠맡는 데 있어서 용기가 필요함을 강조하면서, 이러한 용
기의 내부에서의 수용성의 요소를 지적하고 있다.

> 하느님의 문제는 그 결과가 전적으로 우리의 의지에 달려 있을 수 없는 문
> 제로 남아 있다. 오히려, 하느님에 관해서 성찰하기는 그 대상을 기다리지
> 않으면 안 된다…그리고 그 용기는 기다림의 용기이다. 하느님에 관해서
> 성찰하기의 한 종류를 그려보기도 한 『교화를 위한 강화집』에서, 키르케
> 고르는 바로 이러한 인내의 요소를 지속적으로 강조하였으며, 또, 그렇게
> 하는 데 있어서, 인내의 덴마크어 Taal-mod의 어원을 이용하였는데, 이
> 말은 그 자체에 용기와 인내의 배가(倍加)를 함축하고 있는바, 그것의 뜻
> 은, 문자 그대로, '참을 수 있는 용기'이다.[31]

패티슨에 따르면, '만일 용기에 인내심의 구속이 필요하다면, 인내심
에도 또한 용기의 힘이 필요하거니와, 만일 그것이 그 자신에게 충실해
야 하고 또 그것의 오랜 기다림의 긴장을 견뎌 낼 수 있는 것이어야 한
다면 말이다.'[32] 이런 식으로, 우연히도, 그는 실존적 사유와 결합된 완
강한 격렬함이 ― 우리가 지금까지 살펴본 바와 같이, 레비나스가 불평
하면서 『공포와 전율』의 탓으로 돌리고 있는 그 사유의 '거친 남성적
풍조'가 ― 어떻게 상대적으로 더 고요하고, 훨씬 더 여성적인 형태의

31　George Pattison, *Thinking About God in an Age of Technology* (Oxford University Press, 2005), pp. 121-2.
32　같은 책, p. 122.

용기로 간주될 수 있는 것에 대한 강조에 의해 키르케고르 자신의 사유
에서 완화되고 있는지를 보여 준다.

　'인내하는 가운데 우리 영혼을 보존함'과 '기대하는 가운데 인내함'
이라는 강화에서, 이 강화들은 1844년에 함께 발표되었는데, 키르케고
르는 신뢰, 인내 그리고 용기 간의 연관을, 이 모든 것이 모두 믿음 안
에 속한다는 것을 암시하는 방식으로, 논구하고 있다. '인내는 삶에서
의 신뢰를 가르쳐 준다'고 그는 쓰고 있다.[33] 이 강화들의 제목이 용기
를 능가하는 인내심에 대한 강조를 시사하고 있어도, 키르케고르는
'인내는 그것이 수동적인 것에 못지않게 적극적이기도 하다'[34]라고 주
장하고 있으며, 또 첫 번째 강화는 특히 권능, 위험, 두려움 그리고 ―
전사와 전장의 이미지를 수반하는 ― 죽음과의 투쟁에 대한 언급으로
넘쳐 난다. 예를 들어, 우리가 다음의 부분을 읽을 때 문제가 되는 것이
용기라는 점은 분명하다.

　　만일 모두가 평화와 안전을 이야기하는 동안 누군가 위험을 발견했다면,
　　만일 그가 공포를 발견했다면 그리고 그 자신으로 하여금 그것에 대해서,
　　다시금 눈앞의 공포심을 가지고서, 충분히 의식하게 하기 위해서 자신의
　　영혼의 건강하기 짝이 없는 힘을 사용한 후에, 이제 자신의 삶이 위태로운
　　지경에서 투쟁한 이와 같은 영혼의 힘, 죽음과 싸운 이와 똑같은 내면성을
　　개발하고 또 보존하였다면 ― 그렇다, 그렇다면 우리는 그를 찬양해야 할
　　것이다…나의 청중들이여, 틀림없이 여러분 또한 이 갈등에서 투쟁해 온
　　것이다…[35]

33　Søren Kierkegaard, *Eighteen Upbuilding Discourses*, edited and translated by
Howard V. Hong and Edna H. Hong (Princeton University Press, 1990), p. 192.
34　같은 책, p. 187.

이 강화들에서는, 『공포와 전율』에서도 그런 것처럼, 믿음의 기사의 '역설적이고 겸손한 용기'가, 그리스도교의 독자들에게, 특별히 그리스도교적 덕목으로, 제시되고 있다. 그러나 그것이 이러한 맥락에만 국한된 것은 아니다. 결국, 그것은 아브라함의 믿음에 이미 현존해 있는 것이며, 또 그것은 비종교적인 사람에게도 윤리적 삶의 일부일 수 있는 것이다. 그렇지만, 이러한 용기는 윤리적 영역의 고유한 한계와 취약함을 인정하고 또 그것에 대처하기도 하는 한편 윤리적 요구에 응답한 윤리적 삶의 특징일 것이다. 『공포와 전율』은 그런 근본적이고 감응적인 종류의 용기와 관련해서 우리에게 가르쳐 주는 뭔가를 가지고 있는 것처럼 보인다. 물론 우리는 '역설적이고 겸손한 용기'와 '순전히 인간적인 용기' 간의 요하네스 데 실렌티오의 차이를 다시 음미할 필요가 있을지 모르지만 말이다. 우리는 믿음의 용기를, 그것의 특징적인 수용성의 성질과 함께, 순전히 인간적인 가능성으로 간주할 수 있는가?

---

35 같은 책, p. 201.

더 읽어야 할 책들

여기에서 추천된 자료들은 키르케고르 철학 일반과, 특별히 『공포와 전율』과 관련된 방대한 문헌 가운데 상대적으로 적은 양의 선집들임을 밝힌다.

키르케고르의 저서

만일 『공포와 전율』이 여러분이 읽은 키르케고르의 첫 번째 저서라면, 여러분은 그 다음에 『불안의 개념』, 『철학의 부스러기들』, 『죽음에 이르는 병』, 『18편의 교화를 위한 강화집』 등을 보고 싶을 수도 있다.

키르케고르 사상 입문서

Carlisle, Clare. *Kierkegaard: A Guide for the Perplexed* (London: Continuum, 2006)

Evans, C. Stephen. *Kierkegaard: An Introduction* (Cambridge University Press, 2009)

Hannay, Alastair. *Kierkegaard: The Arguments of the Philosophers* (London: Routledge, 1982)

Hannay, Alastair and Gordon Marino (eds). *The Cambridge Companion to Kierkegaard* (Combridge University Press, 1988).

Pattison, George. *The Philosophy of Kierkegaard* (Chesham: Acumen Publishing, 2005)

키르케고르 전기

Garff, Joakim. Søren *Kierkegaard: A Biography*, translated by Bruce Kirmmse
(Princeton University Press, 2005)

Hannay, Alastair. *Kierkegaard: A Biography* (Cambridge University Press,
2001).

Kirmmse, Bruce (ed.). *Encounters with Kierkegaard: A Life as Seen by His
Contemporaries* (Princeton University Press, 1996).

Lowrie, Walter. *A Short Life of Kierkegaard* (Princeton University Press,
1942)

키르케고르의 「공포와 전율」 관련 문헌들

Adams, Robert M. 'The Knight of Faith' in *Faith and Philosophy 7* (1990),
383-95.

Buber, Martin. 'The Question to the Single One' and 'The Suspension of
Ethics' in Will Herberg (ed.), *Four Existentialist Theologians* (New
York: Doubleday Anchor, 1958).

Conant, James. 'Putting Two and Two Together: Kierkegaard, Wittgenstein
and the point of view for their work as authors' in T. Tessin and M.
von der Ruhr (eds), *Philosophy and the Grammar of Religious Belief*
(London: Macmillan, 1995).

Crocker, Sylvia Fleming. 'Sacrifice in Kierkegaard' s *Fear and Trembling*' in
The Harvard Theological Review 68 (1975), 125-39

Davenport, John and Anthony Rudd (eds). *Kierkeggard After MacIntyre: Es-*

says on Freedom, Narrative and Virtue (Chicago: Open Court, 2001).

Derrida, Jacques. The Gift of Death, translated by David Wills (The University of Chicago Press, 1995).

Green, Ronald M. 'Enough is Enough! Fear and Trembling is Not about Ethics' in Journal of Religious Ethics 21 (1993), 191-209.

Hall, Ronald L. The Human Embrace: The Love of Philosophy and the Philosophy of Love. Kierkegaard, Cavell, Nussbaum (The Pennsylvabia State University Press, 2000)

Krishek, Sharon. Kierkegaard on Faith and Love (Cambridge University press, 2009).

Levinas, Emmanuel. 'Existence and Ethics' in Jonathan Rée and Jane Chamberlain (eds), Kierkegaard: A Critical Reader (Oxford: Blackwell, 1998).

Lippitt, John. Kierkegaard and Fear and Trembling (London, Routledge, 2003)

Milbank, John. 'The Sublime in Kierkegaard' in The Heythrop Journal 37 (1996), 298-321

Mooney, Edward F. Knights of Faith and Resignation: Reading Kierkegaard's Fear and Trembling (Albaby, NY:State University of New York Press, 1991).

Mullhall, Stephen. Inheritance and Originality: Wittgenstein, Heidegger, Kierkegaard (Oxford University Press, 2001).

Perkins, Robert L. (ed.) Kierkegaard's Fear and Trembling: Critical Appraisal (The University of Alabama Press, 1981).

_____. International Kierkegaard Commentary: Fear and Trembling and Rep-

etition (Macon, GA: Mercer University Press, 1993).

Phillips, D.Z. and T. Tessin (eds). *Kant and Kierkegaard on Religion* (London: Macmillan, 2000)

Rée, Jonathan and Jane Chamberlain (eds). *Kierkegaard: A Critical Reader* (Oxford: Blackwell, 1998).

Rudd, Anthony, *Kierkegaard and the Limits of the Limits of the Ethical* (Oxford: Clarendon Press, 1993)

찾아보기

|ㄱ|

가능성
 모든 것의~ 38-39, 55, 113, 182,
  238, 249, 274, 281, 293, 310,
  313-314, 324, 326
가능태(잠세태)
 ~와 현실태 238
개인(단독자) 170, 173, 187, 195,
 204, 217-218, 222-223, 234, 245,
 248, 250, 281
개인주의 111
결단(결정) 35, 41, 49, 52, 54, 63,
 94, 169, 171, 179, 188-190, 197,
 201-204, 211-218, 230-237, 251,
 262, 267-271, 287, 293, 296
결혼 35-36, 98, 100, 139, 202, 233,
 243-248, 255-258,
겸손 12, 25, 49, 72, 145, 162, 256-
 257, 292, 318, 326, 329
고갱(P. Gauguin) 201-203
고뇌 ☞ 불안; 절망을 보라 36, 54, 93
고백 109, 123, 285, 311
공포(두려움) 114-116, 137, 254,
 314, 319, 320-323, 328

과거 12, 14, 40, 317-318
과제
 그리스도교도가 되어야 하는~ 26,
  214
 믿음의~ 27, 29, 31, 55-56, 74,
  89, 124, 154, 214, 218, 228,
  263, 282-283, 316
관계
 하느님에 대한~ 23, 27, 29, 31,
  41, 56, 145, 206, 208, 238-
  240, 293, 296, 302-303, 306
관념(이념) 23, 33, 53, 61, 66, 86,
 112-113, 117, 125, 131, 133, 144,
 157, 168, 179, 188, 194, 206,
 228, 230, 258, 279-281, 287-289,
 322
관습 26, 173, 183, 199, 295-296, 325
관행 26, 173
관여 41-43, 107, 226, 248, 278, 280,
 324
괴테(J. W. v. Goethe) 260
그리스도교 24-25, 43, 46, 62, 78,
 146, 167-170, 194-199, 205, 241,
 251, 259, 263, 289, 296, 329

그리스도교계 325
그리스도교도가 된다는 과제 60
글로체스터 257-259
금욕적 삶(금욕생활) 252, 254
기대 110-111, 115-127, 147-148,
　　163-164, 195, 251, 268, 270, 276,
　　291, 308, 310, 317
기도 43, 69, 73, 123, 187, 255, 311
기쁨(즐거움) 30, 92, 96, 146, 148,
　　153, 155, 165, 171, 292, 314-318

|ㄴ|
나쁜 믿음 235
내재성
　~과 외재성 209
니체(F. W. Nietzsche) 55, 299
닐센(R. Nielsen) 66

|ㄷ|
다윈(C. Darwin) 54
단독(개인) 170, 173, 187, 194-195,
　　209-210, 217-218, 222-223, 234,
　　245, 248, 250, 262, 281, 325
데리다(J. Derrida) 235-236, 301-
　　302, 313
데이븐포트(J. Davenport) 314-315
데카르트(R. Descartes) 67-72, 76
드라마
　고대와 근대의~ 58
딜레마
　요하네스 데 실렌티오의~ 291

|ㄹ|
러셀(B. Russel) 288
레비나스(E. Levinas) 298-305, 313,
　　327
레어(J. Lear) 321
루가의 복음서 117, 213-215
루터(M. Luther) 25, 46-49, 62, 194-
　　195, 220-222, 269-270, 298
리(J. H. Lee) 309
리피트(J. Lippitt) 11, 14, 164

|ㅁ|
마르코의 복음서 117, 263
마르크스(K. Marx) 54
마르텐센(H. L. Martensen) 57, 66,
　　70-72, 80, 141
마리아 196
마음(심정) 24, 28, 35, 37, 44, 49-50,
　　74, 77, 81, 95-96, 101, 117-120,
　　128-140, 152, 165, 168, 203, 212,
　　214, 223, 227, 255, 271, 310
마태오의 복음서 117, 247, 263
매개(조정) 158, 172, 176-178
멀핼(S. Mullhall) 274-277, 304-307,
　　313
명령
　아브라함에 대한 하느님의~ 245
모순 46-47, 92, 133, 136, 138, 164-
　　166, 236, 269
몸(W. S. Maugham) 201
무한성; 무한자(무한한 것) 145-146,

151-159, 162

미래 185, 285, 300, 310

믿음 ☞ 곳곳에 있음

　～과 이성 45, 49-50

　～과 체념 146

　～의 가치(덕) 53-56, 70, 78, 104,
　　110, 123, 125, 167, 263, 281-
　　282

　～의 과제 27, 29, 31, 55-56, 74,
　　89, 124, 154, 214, 218, 224,
　　228, 263, 282-283, 316

　～의 기사 134, 149, 167, 191,
　　207, 210-218, 251, 271, 273,
　　329

　～의 문제(물음) 67, 85, 103, 107,
　　133, 139-140, 150, 166, 228,
　　314

　～의 이중의 운동 39, 269-270,
　　292

밀방크(J. Milbank) 320

|ㅂ|

바디우(A. Badiou) 287

바울로 24-25, 125, 242-243, 295

바이런(A. Byron) 288

반복 13, 86, 91, 94, 112-113, 277-
　279, 288

반성 24, 26, 34-36, 41, 47, 60, 98,
　157, 219

밝힘 219, 225, 227, 229-237, 243,
　246, 251, 254, 256, 265, 270,

293, 295

베르그송(H. Bergson) 288

변증법 153, 155, 158, 188, 228-230

보편적 172-178, 184-189, 192, 195,
　204-210, 240

복종(순종) 110, 121-123, 185, 307

부정 25, 31, 120, 168, 190, 194, 326

부처 201

분리 97-99, 102

불가능성 61, 159, 161-163, 167

불안 28, 34, 54, 73, 91, 95, 132,
　135-136, 196-197, 229, 240-242,
　254, 268, 288, 294, 316

불의 28, 133

불트만(R. Bultmann) 288

불합리(성, 함); 불합리한 것 51-52,
　152, 159-171, 187, 199, 292

브란데스(G. Brandes) 99

브루투스 187-189

비극적 영웅 96, 187-192, 207, 213

비길리우스 하우프니엔시스 241, 323

비약 39, 153, 157-158

비트겐슈타인(L. Wittgenstein) 288-
　289

|ㅅ|

사라, 아브라함의 아내 32, 82-85, 91-
　94, 116-117, 190, 206, 219-220,
　255-260, 266, 274, 310, 313, 321

사라와 토비아스 313, 321

사랑 13, 22-23, 28, 32-39, 44, 47,

73, 75-76, 83, 87, 92-93, 97,
100-101, 108, 110-111, 118, 124,
129, 138, 144-149, 156-159, 170,
210-217, 231-232, 248, 258, 261,
271-272, 277, 278-280, 310-314,
320

사르트르(J. P. Sartre) 235, 287

상실 31, 40, 76, 97-99, 102, 170-
171, 206-207, 314-317, 320-323

상처입기 쉬움(연약함) 318

생성 13, 40, 156, 158, 177, 278, 283

선물(은총) 30-34, 85-86, 102, 118-
119, 160-161, 171, 194-195, 276,
279, 292, 308, 317, 321

선택 ☞ 결정(결단); 자유를 보라 100,
202, 213, 230, 235, 266

성육신 102, 168, 193, 198, 275

성찰 13-14, 35, 105, 200, 249, 278,
288, 311

세례 요한 247

셰익스피어(W. Shakespeare) 58, 257

소크라테스(Socrates) 88-89, 109,
130, 142, 193, 254

속물, 부르주아 150-153

수동성
~과 능동성 251

소통 228, 274

수용성 112, 194, 198, 315, 326-329

순종(복종) 24, 33, 46, 48, 84-85, 95,
179, 186, 190, 211, 221, 266,
273, 275, 300-302, 304, 308, 311

시간 36, 39-40, 72, 74-75, 110, 146-
147, 153, 156, 178, 254, 258,
278-279, 311, 317

시간성 121, 146, 149, 162, 326

시인
~의 역할 108-109, 228

신뢰, 사랑 316

실존(의) 영역(들) 41

실존의 세 영역 42, 243

실존주의 35, 235, 287-288, 298

심미적(인 것) 223-225
~실존의 영역 41

심정(마음) 247

|이|

아가멤논과 이피게네이아 313

아그네스와 인어 58, 246, 250, 252,
256, 265, 313

아담(Adam) 102

아리스토텔레스(Aristoteles) 229,
238, 244, 319

아우구스티누스(A. Augustinus) 69,
248, 320

아우프헤붕(Aufhebung, 지양) 175

아이러니 228

악마 58, 135

악마적(인 것) 243, 246, 257-258

안셀무스(C. Anselmus) 69

안티클리마쿠스 155-156, 238, 240

애덤스(R. M. Adams) 163-164, 166,
308, 312

아브라함(Abraham)

　～의 '마지막 말' 272

　～의 침묵 235, 266

아케다(Akedah) 48, 273, 287, 303

악의 문제 87, 133-134, 147, 149

에로스 130, 199

에반스(C. S. Evans) 12, 19, 306, 325

에우리피데스(Euripides) 58, 187

엘레아학파 284

역사 28, 43, 71, 75, 78-79, 116, 177,
　198, 297

역설 49-50, 69-70, 137-138, 141-
　142, 166, 168, 176, 187, 191-203,
　216-217, 223, 230, 236, 243,
　245-252, 258, 265-266, 270,
　293-294, 316

연약함(상처 입기 쉬움) 318

예수 30, 44, 62-63, 102-107, 159,
　166, 194-197, 212-218, 247, 251,
　257, 259, 263-264, 274-275, 295,
　310-311

올센(R. Olsen) 34, 61, 97, 138, 156,
　171, 201, 220, 243, 247, 278

외로움 54, 217, 268

외면화 209, 222

요하네스 클리마쿠스 29, 36-38, 76,
　78, 130-131, 193, 198, 241

요한

　～의 복음서 122, 251

욕망(욕구) 42, 53, 129-130, 200,
　209, 246-249, 252

욥(Job) 32, 113

용기 12-13, 34, 44, 122, 126, 129,
　132, 138-140, 144-146, 170-171,
　189, 231, 255-257, 280, 285, 292,
　308, 318-329

용서 243, 250-252, 266, 276, 306,
　317-318

운동 39-40, 50, 110-113, 122-127,
　130, 136-137, 140, 142-166, 169,
　175-177, 186, 191, 208, 216, 218,
　222, 228, 248-256, 264, 267-272,
　282-285, 291-297, 308, 319, 321

유한성 31, 121, 139, 146-162, 171,
　315

윤리적(인 것)

　～실존의 영역 41

　～의 목적론적 중지 48, 171-172,
　　178-180, 186-194, 200, 232,
　　249, 293, 307

윤리(학)

　～와 종교 45, 292, 295, 305

　～의 신성한 명령 이론 48

은총(선물) 30-34, 85-86, 102, 107,
　109, 116-119, 160-161, 171, 194-
　195, 198, 276, 279, 292, 308,
　317, 321

은폐 219-237, 243-244, 246, 253-
　257, 260-271, 294

의무 30, 33, 36, 42, 92, 174, 185,
　188-189, 201-206, 210-216, 222,
　232-235, 260, 292, 296, 300, 306,

308, 313, 320

의심 28-30, 34, 48-51, 66-73, 77,
  101-102, 121, 167, 260-263, 285

이브 102

이성 44-46, 48-50, 56, 68, 70, 139-
  140, 168, 172, 177, 181-182, 200,
  209, 221-222, 252, 276

이스마엘 82-85

이중의 운동
  믿음하의~ 268-270

익명
  ~에 대한 키르케고르의 사용 21-
    22, 27-39, 41-53, 55-66, 173,
    193, 200, 206, 213, 228, 239,
    241, 249, 262, 282, 290, 293

인간의 조건 40, 146, 322-323

인륜(Sittelichkeit) 183, 185, 191,
  295, 324

입다 187-189

|ㅈ|

자기 30, 40, 43, 83, 119, 146, 155-
  156, 180, 215, 233, 238-240, 285,
  299

자기기만 233-234, 237, 252, 254,
  282, 285, 311

자기 앎 253-254, 312

자기만족(자만) 26, 77, 88-89, 104,
  108-109, 126, 135, 142, 325

자부왕(自負王) 타르퀴니우스 60

자비 33, 118

자유 13, 35, 41, 95, 100, 102, 112,
  134, 157, 172-174, 197-198, 213,
  218, 222, 230-241, 317

자율
  인간의~ 104, 161, 170, 206

잠세태(가능태)
  ~와 현실태 238

전유(專有) 131, 313

절망 73, 92-93, 106-107, 120-121,
  126, 139, 156, 194, 239-242, 293,
  305

정열 53, 86, 130, 140-141, 157-158,
  161, 199-200, 282, 289

정의 33, 44, 89, 117, 133-134, 147,
  149, 155, 252, 314, 316

제자(들), 예수의 215-218

조정(매개) 169, 219, 223-224, 237

종교적
  ~영역의 실존 29

죄 22, 28-29, 92-93, 182, 186, 193-
  195, 206, 217, 219, 221, 238,
  259, 265-266, 305, 314, 320

주체성 74, 213, 241, 264, 276, 287

죽음 75, 121, 171, 256, 275, 288,
  301, 317-321, 328

즐거움(기쁨) 30, 92, 96, 146, 148,
  153, 155, 165, 171, 292, 314-318

지양(Aufhebung) 175

지텔리히카이트(Sittelichkeit, 인륜)
  183, 185, 191, 295, 324

지혜 44, 48, 88, 109, 122, 142, 253,

318-319, 323

진리   13, 23, 34-40, 49, 55, 68-76,
　　87-90, 130-132, 158, 193, 200,
　　241, 277-284

직접성   210, 223-224, 242, 301

|ㅊ|

창세기
　　~서   24, 26, 46, 48, 57, 59, 62,
　　82, 93-94, 103, 115, 220-221,
　　270-275, 303-304, 309

책임   13, 25, 40-41, 94, 148, 170,
　　174, 185, 188, 198, 200, 217-218,
　　230, 234-237, 256, 259, 266, 268,
　　295, 299-302, 314

철학
　　~에 대한 키르케고르의 견해   13,
　　39, 60

체념   96, 134-135, 140, 145

침묵   61, 110, 231, 234-236, 243-
　　244, 260-266, 269, 271, 304

요하네스 데 실렌티오
　　~의 성격   254-259

|ㅋ|

카뮈(A. Camus)   287

칸트(I. Kant)   12, 45-47, 63, 149,
　　174-175, 180-183, 200, 211, 290,
　　303, 311, 316

콘스탄틴 콘스탄티우스   99, 112-113,
　　277-278

콘웨이(D. Conway)   272-274

크리셰크(S. Krishek)   163, 165-166,
　　312-316, 320

키르케고르(S. Kierkegaard)
　　『결론으로서의 비학문적 후서』   29,
　　37, 76, 130-131, 155, 168,
　　241, 287
　　'기대하는 가운데 인내함'   328
　　『두 편의 건덕적 강화집』   100
　　『반복』   13, 19, 22, 33-39, 98-99,
　　112-113, 277, 284, 287
　　『불안의 개념』   95, 323, 331
　　『세 편의 건덕적 강화집』   222
　　『이것이냐 저것이냐』   35, 38, 42,
　　98, 168, 237, 287
　　'인내하는 가운데 우리 영혼을 보존
　　함'   328
　　『인생길의 여러 단계』   35, 301
　　『죽음에 이르는 병』   117, 155, 240,
　　287
　　『철학의 부스러기들』   168, 287,
　　331

|ㅌ|

텔로스   44, 76, 172-173, 176-179,
　　188, 190, 203, 206, 294, 305, 308

토비트   58

투쟁   101, 110-113, 121-124, 127,
　　132, 137-138, 140, 260, 293, 328

특수성   118, 173-175, 186, 200, 208-
　　210, 222, 224

특수한 것 172-173, 192-195, 208-
209, 223
틸리히(P. Tillich) 288

|ㅍ|
파르메니데스 284
파우스트
　~와 마가레트 260-261
판관기 187
패티슨(G. Pattison) 326-327
플라톤(Platon) 39, 88-89, 108, 130,
142-143, 199, 248, 283
피타고라스 254
필멸성 31-32

|ㅎ|
하느님
　~에 대한 관계 27, 31, 56, 145,
206, 208, 238-240, 293, 296,
302-303, 306
　~에 대한 절대적 의무 30, 203-
205, 213-216, 293

하갈 85
하만(J. G. Hamann) 60
하이데거(M. Heidegger) 288
행복 44, 133, 147, 149, 231-232,
316
행위
　~와 수동성 251
헤겔(G. W. F. Hegel) 46, 52-53,
56-57, 63, 67, 71-72, 76, 141-
142, 158, 172-177, 183, 197-198,
200, 204
헤라클레이토스 13, 283-284
헤이베르(J. L. Heiberg) 56-57, 66
현실성
　~과 가능성(잠세태) 156-157
회개 247-252
확실성 67-68, 180-181
흥미로운 것 225-226, 254, 313, 324
희생 30, 33, 46, 58, 61-62, 90-94,
103, 110, 115, 119, 122, 126-127,
137-138, 148, 164, 178, 180, 183-
184, 211-212, 222, 271-272, 275